修訂七版

國際金融

International Finance

理論與實際

Theory and Practice

康信鴻 著

三民書局

國家圖書館出版品預行編目資料

國際金融理論與實際／康信鴻著.－－修訂七版一刷.－－臺北市：三民，2019
面；　公分

ISBN 978-957-14-6663-7　(平裝)
1.國際金融

561.8　　108009862

著作人　康信鴻
發行人　劉振強
發行所　三民書局股份有限公司
地址　臺北市復興北路386號
電話　(02)25006600
郵撥帳號　0009998-5
門市部　(復北店) 臺北市復興北路386號
(重南店) 臺北市重慶南路一段61號

出版日期　初版一刷　1994年2月
修訂七版一刷　2019年7月
編號　S 561870
行政院新聞局登記證局版臺業字第〇二〇〇號

ISBN　978-957-14-6663-7　(平裝)

http://www.sanmin.com.tw　三民網路書店

修訂七版 序

本書自修訂六版出版至今，已歷時五年，此期間國際金融局勢有很大的變化，為使本書的內容更加貼近當前的國際金融情勢，更新數據及圖表資料，而推出修訂七版。本次修訂的內容主要如下：

⑴更新書中所列的圖表資料，內容亦配合修改。

⑵更新歐盟會員國數及歐元區國家數，並修改相關內文及資料圖表。

⑶新增英國脫歐事件及其內容與目前進度概況。

⑷更新世界各國當前匯率制度的概況及 IMF 會員國匯率制度的安排。

⑸更新 CME Group 外幣期貨的交易單位與價格變動的最新幅度。

⑹更新我國國際金融業務條例之最新修法結果及臺灣與他國境外金融中心之比較。

⑺更新臺灣及其他主要國家國際收支的實際概況。

本書的修訂首先要感謝國立成功大學管理學院企業管理系所、國際企業研究所、EMBA、AMBA 等歷年來修過這門課的學生。其次，要感謝國立成功大學企業管理研究所陳紀文同學、黃木秀同學的資料蒐集與整理及協助校訂。最後，要感謝三民書局編輯部對於本書修訂所提出的意見及出版協助。

成功大學企業管理學系暨國際企業研究所

康信鴻　謹識

2019 年 7 月

自序

一、本書的主要內容

國際經濟學可分為兩大部分，一為國際貿易，一為國際金融。國際貿易是以商品、勞務以及勞動、資本等生產要素在國際間之移動為討論主題，其所探討的，主要是國際經濟關係中的實質面問題；而國際金融則是從貨幣面，來分析貨幣因素對實質國際經濟活動的影響，其所探討的，主要是國際經濟關係中的貨幣面問題。

在現代的國際經濟中，以物易物的交易方式已極少見，國與國間的貿易大都需要以國際間所共同接受的貨幣作為交易媒介。因此，在國際貿易之進行中，一方面為商品與勞務在國際間的移動，另一方面則有貨幣在國與國之間的流通。當商品與勞務流向一國時，貨幣就流向另一國。由於國際貿易的進行帶來了貨幣在國際間流通的問題，因此在國際經濟中，國際貿易與國際金融其實是一體兩面之事，彼此間的關係極為密切。

本書的內容就如封面所印——《國際金融理論與實際》，主要在探討及介紹國際金融的理論、制度與實際情形。全書共十四章。這十四章所探討與介紹的主要內容如下：

第一章：1973 年以前國際貨幣制度之變革

第二章：當前（1973 年至目前）的國際貨幣制度

第三章：國際收支、國際負債餘額與外匯存底

第四章：外匯市場與均衡匯率之決定

第五章：我國的外匯管理制度與外匯市場

第六章：匯率之決定理論與影響匯率變動之因素

第七章：匯率預測的重要性與方法

第八章：價格的自動調整機能與國際收支失衡之調整

第九章：所得的自動調整機能與國際收支失衡之調整

第十章：貨幣的自動調整機能與國際收支失衡之調整

第十一章：開放經濟下的總體經濟政策

第十二章：國際債務問題

第十三章：外幣期貨市場與外幣選擇權市場

第十四章：歐洲通貨市場與境外金融中心

此外，每章之最後亦附有內容摘要及習題，以利讀者複習及自我測試。本書的最後則有附錄，此附錄的主要內容是當前臺灣的有關外匯管理制度及國際金融、匯兌等相關法規。本書最後亦附有重要名詞之索引，以方便讀者查尋。

二、本書的撰寫方針與特色

本書的撰寫方針與特色有如下幾點：

1. 力求理論與實際並重

本書在作理論的敘述與分析時，皆儘可能介紹實際的情形並舉一些實際的例子，以使讀者對國際金融的理論與實際能有所兼顧。

2. 力求口語化與通俗化

本書的內容敘述，力求明瞭易懂，深入淺出。所有的語句、用詞皆儘可能以最口語化與最通俗化的方式來表達，以利讀者閱讀與吸收。

3. 力求本土化

本書在撰寫時，在作者資料所能蒐集的能力與範圍內，儘可能提供一些與臺灣有關的資料或例子。

持平而言，國際經濟是一個極為複雜的關係，而國際金融又是一門頗為艱深的課程。國際金融所涵蓋的主題相當多，所須具備的經濟分析能力亦須相當足夠，而所用到的專門術語也相當多。在面臨這種先天限制下，說實在的，本書的撰寫要達到以上所述的撰寫方針並非一件容易之事。不過，作者在撰寫本書時一直都朝向這個目標來努力。

本書適合的閱讀對象為修過經濟學原理而初學國際金融這門課程者，這包括國內商學院的大學生、專科生及研究所的初學本課程者。此外，國內企業界人士在欲步向企業國際化的過程中，本書亦可提供其必備的國際金融知識。

三、致謝語

本書的完成，首先要感謝歷年來教導過我的師長與前輩。本書在撰寫過程中，曾蒙多位成大教授同仁提供寶貴意見及精神鼓勵，謹在此深致謝忱；另外感謝成大企管系、所眾多同學在修習本人所開的「國際金融」課程時之諸多建議與支持鼓勵，這對本書之內容敘述有極大之貢獻；此外，感謝企管所學生黃修蔚及劉宗達等同學在資料整理等方面辛勤的協助。而我的家人在我撰寫本書過程中所付出的關懷、諒解與鼓勵，在此亦一併致謝。最後要感謝三民書局的劉振強董事長及其編輯部同仁安排本書的出版及編輯事宜。

筆者學識疏淺，或有遺漏或錯誤之處在所難免。敬請諸位讀者及學界先進不吝指教，則至所企盼。

康信鴻　謹識

成大企研所　1994 年元月

國際金融理論與實際

目次

第一章 1973年以前國際貨幣制度的變革

學習目標

1. 國際貨幣制度的意義、類型及其理想目標。
2. 金本位制度 (1880 – 1914) 的匯率決定運作原則。
3. 兩次大戰期間 (1914 – 1943) 國際貨幣制度的演變。
4. 布萊登森林制度 (1944 – 1971) 的建立、重要原則及特性。
5. 布萊登森林制度崩潰 (1971 – 1973) 的原因及檢討。

人類的國際貨幣制度並非突然間形成的，而是逐漸發展與演變而來的。本章的目的在介紹 1880 至 1973 年間，國際間曾經實施的國際貨幣制度。而為了要深入瞭解不同時代的國際貨幣制度的內容及其興衰的原因，吾人首先須對國際貨幣制度的意義、類型及其理想目標有一基本的認識。因此，本章第一節介紹國際貨幣制度的意義、類型及其理想目標；第二節則介紹金本位制度；第三節則介紹兩次大戰期間的國際貨幣制度；第四節則介紹二次大戰後國際間所實行的布萊登森林制度；第五節則介紹布萊登森林制度崩潰的原因及檢討。至於 1973 年以後的國際貨幣制度則留待下章再介紹。

在此要提醒讀者的幾點是：

(1)本章所介紹的國際貨幣制度完全站在歐美先進國家為中心的角度，當然，在這個地球上，除了歐美先進國家外尚有很多國家或人群社會使用不同的貨幣制度。但限於其資料得來不易，或根本無歷史記錄，或其影響層面甚小，故本章對這些並無法加以介紹。

(2)人類或國際間大部分的制度通常是漸進發展而來的，而非突然形成的，當然本章所介紹的國際貨幣制度亦不例外。因此，讀者在閱讀不同時代的國際貨幣制度時，應該以觀看武俠小說或電視連續劇的心態力求加以連貫，而非斷章取義的去死記不同國際貨幣制度的特點。

第一節 國際貨幣制度的意義、類型及其理想目標

一、國際貨幣制度的意義

所謂**國際貨幣制度** (international monetary system) 有時又叫**國際貨幣秩序或規則** (international monetary order or regime) 是指，各國為便利因國際貿易與國際資金移動所造成的國際支付的進行，而對國際收支與匯率制度所作的原則、慣例、工具、設備及組織的安排。簡單來講，國際貨幣制度是指規範國與國之間金融關係有關法則、規定及協議的整體架構。

通常國際貨幣制度可以根據以下二個標準來區分成各種不同的類型：

(1)匯率如何決定或匯率可以浮動的程度——即匯率制度。

(2)國際準備資產的性質。

下面我們就依上述這二個標準來介紹國際貨幣制度的各種不同類型。

二、依匯率制度來區分國際貨幣制度的類型

匯率波動程度的兩個極端是**永遠的固定** (permanently fixed) 與**絕對的彈性** (absolutely flexible)。而在這二個極端之間又有各種不同的類型存在，其中較重要的有：

1.可調整的固定

(1)固定的平價 (fixed par values)：匯率可為了調整**基本失衡** (fundamental disequilibrium) 的需要而改變。

(2)較寬的波動幅度 (wider band)：匯率在較寬的波動幅度範圍內可以自由移動，但不得超過規定的範圍之外。

2.爬行的釘住 (crawling peg)

匯率的變動有如昆蟲的爬行一般，即匯率連續變動，但每次的變動幅度很小。

3. 管理的浮動 (managed floating)

匯率雖然基本上由供需決定而沒有固定的**平價** (parity)，但一國的貨幣當局可視需要，在外匯市場上進行干預，以控制匯率變動的大小及頻率。

以上這種依匯率波動程度大小所作的分類，用國人較常見的國際金融名詞則為：固定匯率制度、可調整的固定匯率制度、爬行釘住的匯率制度、管理浮動的匯率制度（或機動匯率制度）及完全自由浮動的匯率制度。

三、依國際準備資產的性質來區分國際貨幣制度的類型

國際貨幣制度若依**國際準備資產** (international reserve assets) 的性質來區分可分為：

1. 金本位制度 (gold standard)

以黃金（商品準備）作為國際準備資產，又叫純商品本位制度 (pure commodity standard)。

2. 非金本位制度

以外匯（信用準備）作為國際準備資產，又叫純信用本位制度 (pure fiduciary standard)。

3. 金匯兌本位制度 (gold-exchange standard)

同時以黃金及外匯作為國際準備資產，亦即是由商品準備與信用準備所混合而成的一種制度。

以上的分類是以國際準備資產的性質作為國際貨幣制度的標準。但是，吾人亦可同時以匯率制度和國際準備資產的性質作為國際貨幣制度分類的標準。例如：

(1)以黃金作為國際準備資產的固度匯率制度──稱為「金本位固定匯率制度」。

(2)以外匯作為國際準備資產的固定匯率制度──稱為「非金本位固定匯率制度」。

(3)以外匯作為國際準備資產的可調整釘住匯率制度或管理浮動匯率制度。

(4)同時以黃金及外匯作為國際準備資產的可調整固定匯率制度或管理浮動匯率制度。

(5)**自由浮動匯率制度** (free floating exchange rate system)：由於匯率是自主變

動且立刻就能消除國際收支失衡的現象，因此不需保有任何國際準備。

四、國際貨幣制度的理想目標

國際貨幣制度的主要功能在使國際間生產與分配的過程能順利的進行，故理想的國際貨幣制度應是能使國際間的貿易與金融活動達到極大，國際收支能順利調整，並使貿易利得能在國際間平均的分享。換言之，國際貨幣制度的理想目標是：

⑴使國與國間的財貨、勞務及勞力、資本及企業管理能力等生產因素可以自由流通。

⑵促使世界各國有效的分工專業化，以達到世界生產總值的極大化。

⑶各國沒必要為了國際收支理由去實行貿易及資金管制。

⑷使貿易利得能在國際間及國內各團體間得到最佳的分配狀態。

通常評估國際貨幣制度是否理想的三大標準是：**調整** (adjustment)、**流動力** (liquidity) 及**信心** (confidence)，茲說明如下。

㈠調　整

所謂「調整」是指，矯正國際收支失衡的過程是否能順利的進行。一個好的國際貨幣制度應是：

⑴消除國際收支失衡的過程中所須付出的經濟成本達到最小。

⑵消除國際收支失衡的過程中所需的時間達到最短。

通常一國的國際收支如果發生失衡，其調整的辦法或政策大致有透過所得的調整、價格或匯率的調整、貨幣的調整及政府採取貿易管制（如鼓勵出口及限制進口）等。但是這些調整的辦法或政策通常須付出一些成本或需要一段時間，例如，一國欲透過本國通貨的貶值來改善國際收支的逆差，可能會造成該國的通貨膨脹及國內所得分配的不公（對出口商有利，但對進口商及消費者不利），且從貨幣的貶值至國際收支的調整通常需一段時間。再如本國欲改善國際收支而限制進口（如提高關稅）及鼓勵出口（如出口補貼），其通常會扭曲國內生產資源的分配，及造成其他國家的貿易逆差甚至抱怨或報復。

但很不幸的，從國際經濟的發展歷史來看，國際貨幣制度很難達成上述的調整目標，這也使得國際貨幣制度的調整問題很難圓滿的解決。

㈡流動力

所謂「流動力」是指，為了消除國際收支暫時性失衡所需的國際準備資產的數量。一個理想的國際貨幣制度應能提供各國適當的國際準備數量來消除國際收支的失衡，且此數量的國際準備不會造成本國及全世界的通貨膨脹。

一國的國際收支若發生長期性或基本性的失衡，則須進行實質的調整；但一國的國際收支若有暫時性的失衡，則須予以**融資** (financing)。而一國擁有國際準備的主要目的，就是提供一國國際收支發生暫時性失衡時融資的所需，因此一國所擁有的國際準備有如代表該國所擁有的流動性資產一般，其代表該國流動力的大小。在當前的國際貨幣制度中，國際準備的項目包括官方持有的全部黃金、外匯、特別提款權及在國際貨幣基金的準備淨額。

㈢信　心

所謂「信心」是指，各國對其所擁有國際準備的絕對價值及相對價值有信心而言。一個理想的國際貨幣制度，必須能夠確保信心的危機不會發生，在信心良好的情況下，各種國際準備資產的持有者願意持續保有；但在信心不良的情形下，各國擁有的各種國際準備，會有趕快轉換的意念，這就會帶來不穩定的現象。

第二節

金本位制度時代 (1880–1914)

一、金本位制度下匯率的決定

在 1880 至 1914 年（第一次世界大戰爆發前）的這段期間，通常被稱為金本位制的**黃金時代** (golden age)。在金本位制度下，各國明確訂定其通貨的含金量，即各國通貨與黃金成固定比例的兌換關係，且各國政府隨時願意以此比例買入或賣出黃金。由於各國通貨中的含金量保持固定，故各國通貨之間的兌換比例——即匯率，亦保持固定，這就是所謂的**鑄幣平價** (mint parity)。換言之，在金本位制下的「匯率」是由各國一單位通貨的含金量的相對比率所決定，故在金本位制度下，匯率又稱之為**鑄幣平價率** (mint parity rate)。例如，假設 1 英鎊含 113 厘 (grain) 的純金，而 1 美元含 23 厘的純金，則英鎊對美元的匯率即為：$113 \div 23 = 4.91$，亦即 1 英鎊可兌換 4.91 美元。

不過由於國與國之間黃金的運送需要運輸成本，故實際上美元對英鎊的市場匯率除了這二種通貨的相對含金量外，亦須考慮到運輸成本。

例如，假設從紐約載運 1 英鎊價值的黃金的運輸成本為 0.03 美元，則美元與英鎊的匯率將被限制在鑄幣平價率 (=4.91) 的 ±0.03 美元之內（亦即 1 英鎊最高可兌換到 4.94 美元，最低可兌換到 4.88 美元）。其原因是無人會願意以超過 4.94 美元的價格去購買 1 英鎊，因為他可以在紐約以 4.91 美元買入 113 厘的黃金，然後再加上 0.03 美元的運輸成本將此黃金運到英國，最後將此黃金在倫敦兌換成 1 英鎊。換言之，只要英鎊的價格大於 4.94 美元，黃金套利者將不斷從美國輸出黃金以換取英鎊進口，而這 4.94 美元 = 1 英鎊的匯率即稱之為美國的**黃金輸出點** (gold export point)。

相反的，英鎊兌美元的匯率也絕對不可能低於 \$4.88 / £1。其原因是無人會願意以低於 4.88 美元的價格去賣 1 英鎊，因為他可以在倫敦以 1 英鎊買入 113 厘的黃金，然後再加上 0.03 美元的運輸成本將此黃金運到紐約，最後將此黃金兌換成 4.91 美元。故只要 1 英鎊的價格低於 4.88 美元，黃金套利者將不斷從英國進口黃金，然後再載運至美國換取美元。而這 4.88 美元 = 1 英鎊的匯率即稱之為美國的**黃金輸入點** (gold import point)。

從以上的例子吾人可知，在金本位制度下由於各國通貨與黃金成固定比例的兌換關係，且各國政府隨時願意以此比例買入或賣出黃金，故在考慮國與國間黃金的交易與運輸成本後，兩種通貨的市場匯率將被限制在黃金輸出點與黃金輸入點的狹小幅度之間變動，亦即兩種通貨的匯率的變動以黃金輸出點為上限，黃金輸入點為下限。

在金本位制度下，只要匯率高於黃金輸出點，則該國便會輸出黃金；而只要匯率低於黃金輸入點，則該國便會進口黃金。因此，只要各國遵守黃金自由輸出、自由輸入，並使貨幣以固定比例與黃金自由的兌換，則匯率將維持固定。故金本位制度為一固定匯率的國際貨幣制度。

不過在此要特別說明的一點是，1880 至 1914 年間並非全世界所有國家都實行金本位制，只有以英國為中心的歐美國家在實施金本位制，並維持固定匯率制度。至於其他大英帝國以外的低度開發國家，尤其是拉丁美洲國家，由於國外對其出口品的需求經常變動，且資金的內流亦常常突然中斷，其匯率波動的幅度較大。

在 1880 至 1914 年間，英國海外殖民地眾多，國勢強大，後來，歐美等先進國家，為了提倡自由經濟的精神，因而建立起以英國為核心的金本位制度。當時英國是超級工業大國，進口大量的原料及初級品，出口大量的工業產品，擁有超強的經濟與金融實力，對全世界提供最多的資金，使得倫敦成為當時的世界金融中心。不過在此要說明的一點是，其實英國早在 1821 年就已採取了金本位制度，因此英鎊的地位有如黃金，早被各國所普遍接受。1821 至 1880 年間，許多國家陸續加入金本位制，及至 1880 至 1914 年間便形成一種以黃金與英鎊為中心的國際金本位制度。

二、金本位制度的運作原則

上小節中我們已對 1880 至 1914 年間，金本位制下匯率的決定有所介紹。以下我們則將這段期間金本位制的重要**運作原則** (rules of game) 加以條列，以利讀者能更有系統的閱讀：

⑴各國明確訂定其通貨的含金量。

⑵黃金數量與貨幣供給數量有直接的聯繫關係。

⑶各國通貨與黃金間成固定比例的兌換關係，各國再根據通貨的含金量決定彼此間的匯率。

⑷各國皆以十足黃金準備為基礎發行貨幣，並使其貨幣與黃金可自由兌換，故各會員國的貨幣供給包含黃金或以黃金為準備的紙鈔。

⑸黃金能在所有金本位制的國家自由移動。

⑹各國遵守黃金自由輸出、自由輸入，且貨幣自由鑄造（只要以十足黃金作準備）及自由熔燬的原則。

⑺各國不得以貨幣政策抵銷黃金在國際間移動對貨幣數量所產生的影響，亦

即不得採沖銷 (sterilization) 政策。

金本位制度在第一次世界大戰前，各國一直處於「黃金時代」，不過到 1914 年第一次世界大戰爆發後，交戰國已無法繼續維持其通貨與黃金的條件，而各國為確保其黃金準備故管制黃金的流出，而其他一些有利於金本位制度運行的因素也不復存在，再加上此後 1929 年的世界經濟大恐慌 (great depression)，使得金本位制逐漸瓦解。

第三節

兩次大戰期間的國際貨幣制度 (1914–1943)

一、一次大戰期間金本位制的停頓 (1914–1918)

1914 年 8 月第一次世界大戰爆發，交戰國家停止了其通貨與黃金之間的兌換性，禁止黃金的買賣與輸出，其他國家也紛紛跟進，各國原先依據金本位制運作規則所建立的貿易、金融等密切關係也突告中斷，金本位制度的運作機能因而停頓，國際經濟情勢也陷入一片混亂之中。此時大部分的人認為，一待戰爭結束，金本位制將可回復至第一次世界大戰前的原狀。

在第一次世界大戰期間，由於歐洲各國紛紛向美國採購大量物資，使大量黃金流向美國，美元在國際間地位因而逐漸提高。另一方面，有些國家為籌措戰爭所需費用遂變賣國外資產或對外舉債，因此由國際上的債權國變為債務國；有些國家（如美國）則靠戰爭發了財，由國際上的債務國變為債權國。

二、波動匯率 (1918–1924)

1918 年第一次世界大戰結束，整個國際經濟局勢在戰爭期間已發生了重大的變化。戰後各國將所持有的英鎊向英國兌換黃金，使英國的黃金存量因而大量減少，英鎊在國際間的地位下降，倫敦作為世界金融中心地位亦漸趨沒落，英國所依賴的銀行率（即貼現率）也不再如戰前那般具調整國際收支的能力。在此情況下，戰後各國雖有意恢復金本位制度，但也不敢貿然恢復以英鎊為中心的戰前金本位制度，因而不得不延緩實施重返金本位制的構想。

金本位制在戰爭期間停頓後，一些主要國家的通貨已不再釘住黃金，通貨之間也沒有固定匯率的存在，匯率是隨市場供需而自由波動。由於戰前的匯率結構已不再適合戰後的環境，故如仍執意恢復到戰前平價的金本位制，便有如採行失衡的匯率制度，這必將導致各國國際收支嚴重失衡及經濟不穩定的後果。

但是，另一方面，這種由市場供需所自由決定的浮動匯率，又有礙國際貿易與投資的進行，所以若干國家仍不斷尋求重返金本位制度的可能性。其折衷辦法便是政府以一定數量的黃金支持其所發行的紙幣，而銀行則維持其對黃金債務的比率，如此一來，金本位制就能被維持。在外匯市場上，各國紙幣仍可互換，但其匯率則由市場供需所決定。因此，在第一次世界大戰後，原來金本位制所採取的固定匯率制度便由自由浮動匯率制度所取代了。此後幾年，匯率波動極大。而匯率不穩定的現象事實上是 1920 年代及 1930 年代常見的現象，尤其是世界經濟大蕭條的期間更是如此。

三、金匯兌本位制 (1925–1931)

第一次世界大戰後數年，匯率在外匯市場上大幅的變動。黃金時代的美好回憶使各國意圖恢復戰前平價的金本位制，但是由於戰後大多數國家普遍有通貨膨脹的現象且黃金的生產亦減緩，黃金明顯出現短缺的現象。為解決黃金短缺的現象，1922 年的**熱內亞會議** (Genoa Conference) 建議各國普遍採「**金匯兌本位制**」(gold-exchange standard)，以節省黃金的使用。金匯兌本位制的要點如下：

⑴以黃金及主要金本位制國家的通貨（如英鎊與美元）共同作為國際準備。

⑵各國主要金融中心維持其通貨與黃金的兌換性，其他國家當局則維持其通貨與「可兌換黃金通貨」（如英鎊與美元）之間的兌換性。而這些可兌換黃金的通貨（如英鎊與美元）一般又稱之為「**黃金外匯**」(gold exchange)。

1929 年秋天，紐約股市大崩盤，世界**經濟大恐慌** (great depression) 於焉開始，而在歐洲由於政治衝突日益嚴重，人們對持有的貨幣與其他金融資產的安全性感到無信心，隨時準備將資金撤離有不穩徵兆的國家或銀行。1931 年 9 月 20 日，英國由於黃金與資本的流動太大，對外準備消耗太多，宣布中止通貨與黃金的兌換，脫離恢復 6 年多的金本位制（在此，實際上應稱為金匯兌本位制）而改採管理的信用發行紙幣 (managed fiduciary money)。自從在金本位制中扮演相當重要角色的英國宣布中止黃金與通貨的兌換後，其他國家亦紛紛廢除金本位制（在此，實際上應稱為金匯兌本位制），至此試圖恢復 1914 年之前模式的金本位制的努力便宣告結束。自此之後，黃金在國際上便不再具有實質兌換的意義，其在國際金融中所扮演的角色便逐漸淪為配角。

四、貨幣制度的分裂及通貨集團的形成 (1930–1943)

從 1930 年至第二次世界大戰期間，全球普遍陷於經濟蕭條與戰爭威脅之中。1930 年代國家主義興起，國際合作關係處於低潮，幾無國際貨幣制度可言，各國普遍利用各種管制方式來限制貿易及經濟活動以阻絕國外經濟波動對國內的影響。不過在這複雜分歧的政治與國際經濟中，由於兌換通貨的不同，全世界也分裂而形成英鎊、美元及黃金三個集團。

整體而言，第一次大戰後近 30 年間的國際貨幣制度，可說是以美元及黃金為準備主體的金匯兌本位制度。而兩次大戰期間浮動匯率所造成的不穩定現象，也影響到二次大戰後布萊登森林所欲建立的匯率制度。此外，美元地位的興起，英鎊地位的漸趨沒落，使倫敦失去了獨霸世界金融中心的地位，代之而起的是紐約的金融中心。最後必須一提的是，兩次大戰期間試圖恢復金本位制的努力失敗，除告訴世人「黃金時代」是一種迷思之外，亦傳達出任何的國際貨幣制度必須要能適時的配合新環境才有可能成功的概念。

第四節

布萊登森林制度的建立與施行 (1944–1971)

一、布萊登森林制度的建立

第二次世界大戰剛結束後的 1944 年 7 月，以美國與英國為首的 44 個非共產國家的代表在美國的新罕布夏州 (New Hampshire) 的**布萊登森林** (Bretton Woods) 召開聯合國貨幣金融會議，商討戰後的經濟金融問題及如何重建戰後的國際貨幣制度。會中代表們討論二個競爭方案：

⑴英國代表經濟學大師凱因斯 (Keynes) 所創的**清算聯盟** (Clearing Union) 方案。

⑵美國財政部長懷特 (H. D. White) 所提的方案。

代表們討論結果協議簽署的制度以懷特方案 (White Plan) 為主幹，僅一小部分接受凱因斯方案 (Keynes Plan)。此一制度後來就被世人稱為**「布萊登森林制度」**(Bretton Woods System)，而從 1944 至 1971 年，這 27 年間的國際貨幣制度也被稱為布萊登森林制度時代。

國際貨幣基金組織（International Monetary Fund，簡稱 IMF）於 1944 年 3 月 1 日成立時只有 29 個會員國，至 2014 年 7 月已有 188 個會員國，全世界大部分的國家均參加此一組織。IMF 成為二次大戰後國際貨幣制度的基本架構與核心，可說是全世界最主要的國際金融組織。很遺憾的，臺灣自 1980 年因中國大陸參加而退出 IMF 後（我國原為原始會員國），至今尚未重新加入。

二、布萊登森林制度的重要原則及特性

㈠布萊登森林制度的重要原則

布萊登森林制度的重要原則有如下幾點：

1.成立國際機構

基於國際貨幣合作的需要，必須創設一個有明確功能與權力的國際機構，以加強國際合作。此一永久性的機構可以作為國際貨幣事務諮商與合作之用。IMF 便是基於此原則而創設的。

2.匯率制度須兼顧固定與彈性

為了擷取金本位制度匯率固定具有穩定的優點與浮動匯率制度具有彈性 (flexibility) 的優點，布萊登森林制度採取可調整的固定匯率制度。基本上，匯率為固定的，但當國際收支發生基本失衡時，則可調整之。

3.創造準備基礎，增加黃金及通貨準備

為了使可調整的固定匯率制度運作順利，各國必須擁有大量的準備，因此，必須創造準備基礎，增加黃金及通貨準備。

4.實施無障礙的多邊貿易及可兌換通貨制度

為促進國際貿易成長及基於各國政治融洽和經濟福利的立場，各國必須撤除多邊貿易的障礙及實施可兌換通貨制度。

㈡布萊登森林制度的重要特性

根據以上重要原則，布萊登森林制亦採取了一些具體措施，而這些具體措施的實行也使得布萊登森林制度產生如下的重要特性：

1.以美元為基礎的金匯兌本位制度

在此制度下，美國將美元與黃金的兌換比例固定在每 35 美元可兌換 1 盎司黃金，且願意隨時無限制的以此比例來兌換美元與黃金。美國以外的其他國家則將其通貨釘住美元（再以此來計算其貨幣的黃金價值），而建立其通貨與美元之間的平價匯率，進而決定其他通貨彼此之間的匯率。此外，除美國外，每一會員國均有義務在外匯市場買賣本國通貨與美元，以維持其通貨對美元的匯率於**面值** (par value) 或平價 ±1% 的範圍內，以確保會員國通貨對美元的平價與彼此之間匯率的穩定。而在這 1% 的範圍內，匯率則由供需來決定。

2.可調整的固定匯率制度

在布萊登森林制度下，美元與黃金有固定平價的關係，其他會員同意以美元來訂定其通貨的面值，並維持其通貨對美元的匯率 ±1% 的範圍之內。假如一國發生暫時性的國際收支逆差，則須動用其國際準備或向 IMF 借款。只有當一國的國際收支出現基本失衡時，才可以調整其通貨的面值（或匯率）。

所謂**基本失衡** (fundamental disequilibrium) 雖無明確的定義，但通常是指國際收支出現鉅大且持續性的順差或逆差的現象。當會員國因基本失衡欲調整匯率時，假如匯率的調整小於 10% 則不須經 IMF 核准，但若匯率的調整超過 10% 則須先經 IMF 的核准始能調整匯率。因此，布萊登森林制度在本質上為**一可調整的釘住匯率制度** (adjustable peg system)，其結合了匯率穩定（固定）與彈性的優點。其之所以要強調匯率穩定的原因，乃是為了避免兩次大戰期間匯率波動過大而造成國際貿易與金融活動混亂的現象。

不過，通常 IMF 允許匯率調整前，IMF 會先給予該國貸款，並要求該國採緊縮性的貨幣政策，等到這些措施仍無法消除該國國際收支逆差時，IMF 才准許該國作匯率的調整。

3. 實施通貨的可兌換性及廢除貿易障礙

在布萊登森林制度下，所有國家都以黃金來固定該國的幣值，但不必將其通貨轉換成黃金，只有美元可兌換黃金，而美國則負有維持美元按一定平價兌換黃金的義務，每個國家再決定其通貨相當於美元的匯率，再以此計算其通貨的黃金價值。而一些主要國家的通貨，透過與黃金所訂的兌換比例關係，彼此也可以互相兌換，故與黃金同樣成為國際間的交易媒介及最後清算的工具。這些在國際間流通的通貨，即稱為**可兌換通貨** (convertible currencies)。

4. 創設國際金融機構以解決國際收支失衡及國際貸款的問題

IMF 創設的目的之一為信用安排，以使各國國際收支的調整能順利進行。IMF 的會員國如果發生國際收支暫時性的失衡，則可向 IMF 借款，不過為避免 IMF 資金不足的現象，借款國必須在 3 至 5 年內還清且僅限於國際收支發生暫時性失衡時。

至於會員國如須長期貸款時，則可透過**國際復興開發銀行**（International Bank of Reconstruction and Development，簡稱 IBRD）籌措資金。國際復興開發銀行隸屬**世界銀行** (World Bank)，是聯合國的一個專門機構，其係根據布萊登森林協定於 1945 年 12 月在華盛頓所設立的機構，其會員國以 IMF 的會員國為原則。IBRD 設立的目的，在促進戰後重建，提供 IMF 會員國長期貸款以解決國際收支長期性失衡的問題，並協助低度開發國家經濟發展及開發資源。

此外，國際開發協會與國際金融公司亦隸屬世界銀行。**國際開發協會**（International Development Association，簡稱 IDA）成立於 1960 年 9 月，通稱為第二世界銀行，其會員國以 IMF 與 IBRD 會員國為前提。國際開發協會設立的目的，乃在補救國際復興開發銀行與國際金融公司在業務上限於以營利的生產企業為對象，故國際開發協會以較寬大的條件提供低度開發國家較缺乏收益性的開發計畫所需的資金。

國際金融公司（International Finance Corporation，簡稱 IFC）成立於 1956 年 7 月，其設立的目的，在促進對低度開發國家私人企業的投資，以補充世界銀行活動的不足。國際金融公司的會員國以 IMF 與 IBRD 的會員國為前提。

最後要附帶一提的是，IMF 亦負有蒐集、整理及發表會員國的國際收支、國際貿易及其他經濟資料的功能。事實上，其所發表的 *International Financial Statistics* 及 *Direction of Trade Statistics*，可說是一個有關會員國的國際收支、貿易及其他經濟指標的最具權威性的時間數列資料。

三、布萊登森林制度的運作

在布萊登森林制度下，美國負有維持美元按一定平價兌換黃金的義務，擁有美元實際上等於擁有黃金，故在當時美元又有美金之稱。至於一些主要國家的通貨，亦逐漸成為國際間的可兌換通貨，與美元一樣成為國際間流通的通貨。由於在布萊登森林制度下，美元為最重要的準備貨幣，所以各國貨幣當局皆樂於擁有額外的美元作為外匯準備。

在布萊登森林制度下，美元對黃金具有固定平價的兌換關係，美元與黃金被視為一樣好的國際準備，但保有美元不需貯藏成本並可投資於金融資產賺取利息，且美元可作為與任何國家清算國際交易，故各國貨幣當局及民眾皆對美元有信心且樂於擁有。但隨著美元大量不斷的外流，美國國際收支持續大量的逆差，美元與黃金固定平價的兌換關係能否持續維持便受到懷疑，一些國家開始要求以美元兌換黃金，美國的黃金存量因此持續減少，這使得各國對布萊登森林制的運作的信心動搖，也造成 1971 年布萊登森林制崩潰的原因。

四、特別提款權的創造

自布萊登森林制實施後，其演變過程中最重要的一件事便是**特別提款權**（special drawing rights，簡稱 SDRs）的創造。在布萊登森林制度下，傳統的國際準備資產只限於黃金，關鍵通貨（key currencies，亦即可作為國際準備的外匯或通兌通貨）及國際貨幣基金準備部位。但有鑑於在當時制度下，國際準備資產的增加不足以因應日益擴張的國際支付的需要，故為了解決國際間長期流動性（國際準備）不足的問題，必須創造一種新的國際準備資產加以補充。職是之故，IMF 便於 1967 年的里約熱內盧 (Rio de Janeiro) 會議決定創設特別提款權以作為新的國際準備資產，並於 1970 年開始將特別提款權分配給參與特別提款權帳戶的國家。

在金本位制度下，國際準備資產只有黃金與外匯（或可兌換的外國通貨，如美元、英鎊等外匯）；而在布萊登森林制及目前的浮動匯率制度下，國際準備資產同時包括黃金、外匯、國際貨幣基金準備部位及特別提款權等四項。特別提款權的創設增加了 IMF 會員國的國際準備，只要 IMF 認為需要且經會員國同意，即可創造任何數量的特別提款權，並根據會員國的基金配額，分配給會員國，國際準備的數量不再受限於黃金與關鍵通貨（尤其是美元）數量的多寡。藉由特別提款權，增加了國際流動性，各國不必再依賴美國的國際收支赤字作為增加國際準備的來源，使美國可以專注於改善其國際收支赤字，以避免各國欲以美元兌換黃金的危機。

不過在此要特別說明的一點是，特別提款權只是 IMF 會員國間達成協議的一種信用發行的記帳單位，其雖可視之為國際間共同的貨幣單位，但它只能在各國政府或中央銀行間交換成其他貨幣或清算之用，其並不能直接兌換成黃金，也不像關鍵通貨可以在私人國際貿易、金融活動及買賣中使用。但特別提款權的創設具有使國際收支失衡調整的負擔朝向較公平化的作用，因為其使得國際準備增加，除可給予國際收支順差國較充裕的時間採取合宜的調整以減輕其調整的負擔外，亦同時加重國際收支順差國的調整責任。

自 1970 年特別提款權被創設以來，其在可被接受的國際準備資產中日顯其重要性（見表 1–1）。

目前特別提款權就如同黃金與美元一樣，成為國際準備的一種。其原因乃是特別提款權具有如下的優點：

⑴特別提款權的供給不像美元。在金匯兌本位制度下，美元的供給須仰賴於美國國際收支逆差；而特別提款權的供給，只要基金認為需要且獲得會員國的同意，即可創造任何數量的特別提款權。

⑵特別提款權的供給不像黃金。黃金的供給常須受投機的心理及技術的因素而受到限制，而特別提款權則不會受到此種限制。

⑶特別提款權只是一種會計帳戶，其創設幾乎不需要任何的成本，而黃金的生產則需要成本。

此外，就全世界資源分配的公平性而言，以特別提款權作為國際準備較以美

表 1-1 以 SDRs 表示的全世界國際準備，1960–2018

單位：十億 SDRs

	1960	1970	1980	1990	2000	2004	2005	2006	2007	2008
黃　金	2.5	4.6	438	253	202	254	316	367	450	482
外　匯	54.0	79.3	284	611	1,486	2,417	3,024	3,494	4,246	4,768
SDRs	0.0	3.4	17	21	21	21	21	21	21	21
IMF 準備部位	3.5	7.7	17	24	47	56	29	18	14	25
總　計	60	95	756	909	1,756	2,748	3,390	3,900	4,731	5,296
	2009	**2010**	**2011**	**2012**	**2013**	**2014**	**2015**	**2016**	**2017**	**2018**
黃　金	607	803	889	980	718	771	730	816	883	905
外　匯	5,204	6,021	6,645	7,120	7,581	7,999	7,877	7,937	8,005	8,187
SDRs	204	204	204	204	204	204	204	204	204	204
IMF 準備部位	40	45	98	103	98	81	63	79	68	81
總　計	6,055	7,073	7,836	8,407	8,601	9,055	8,874	9,036	9,160	9,377

資料來源：IMF, *International Financial Statistics*

元及黃金作為國際準備更具公平性。因為當某種通貨在國際間被普遍接受為交易的媒介時，該通貨的發行國便可能從所謂的「**鑄幣稅特權**」(seigniorage) 中獲利。所謂「鑄幣稅」的原意為貨幣的面值與其製造成本之間的差額。在布萊登森林制度下（或金匯兌本位制度下），其他通貨皆以釘住美元作為其衡量價值的標準，而美國作為美元的發行國，便可透過其持續性的國際收支逆差，來獲有賺取使外國持有美元的面值與發行美元的成本二者間差額的利潤的鑄幣稅特權。

1960 年代，美國的國際收支發生大量且持續的逆差，美國欲基於維護布萊登森林制度為由，要求各國放棄其權利，不要將持有的美元要求兌換黃金。而美國的說詞是，如果各國將所持有的美元兌換成黃金，這將使得美國的黃金準備用盡，進而迫使美國斷絕美元與黃金平價及自由兌換的義務，而整個布萊登森林制度所依據的卻是美元與黃金的固定平價兌換關係，也由於美國對其他國家施壓，要求各國不要將其持有的美元兌換成黃金，布萊登森林制度乃由金匯兌本位制逐漸變質為美元本位制度。法國前總統戴高樂就曾批評美國這種放任國際逆差而享有鑄幣稅特權的行為是「過分的特權」(exorbitant privilege)。

而在純粹的金本位制度下，鑄幣稅特權則源自於黃金生產國生產黃金的成本及黃金的官價二者間的差距所得的利益。相反的，特別提款權的創設則使得黃金會員國能由國際間共同決定的標準共同、公平的享有鑄幣稅特權。由於特別提款權具有以上的優點，因此其地位日趨重要。目前 IMF 對於所有國際準備資產的價值均以特別提款權為計算單位，由此可見特別提款權的重要性與未來發展的潛力。

第五節
布萊登森林制度的崩潰 (1971 – 1973)

以下我們將對二次大戰後的大部分期間美國國際收支為何發生赤字，以及美國國際收支赤字與布萊登森林制度的崩潰之間有何關聯作一扼要的說明。最後我們將檢討布萊登森林制度之所以崩潰的根本原因及其對管理浮動匯率制度的影響。

一、美國的國際收支赤字

自 1958 年起，美國國際收支的逆差大幅增加，平均每年高達 30 億美元以上，這其中的重要原因是：

(1) 1958 年開始，美國首次出現大幅的資金外流，其中對歐洲的投資更是資金外流的最重要因素。

(2)美國高度的通貨膨脹(這與越戰期間美國貨幣供給大量增加有極大的關聯)使得過去貿易帳一直順差的現象，從 1968 年起亦開始出現逆差。

由於美國對於其國際收支的逆差大部分皆以美元支付，因此外國官方所擁有的美元數量從 1949 年的 130 億元增加到 1970 年的 400 億元，如果再加上國外私人所擁有的美元（這亦是潛在上可對美國的黃金準備求償）則數字將更大。在同時期，美國的黃金準備從 1949 年的 250 億美元下降到 1970 年的 110 億美元。

而在布萊登森林制度下，美元為一國際性貨幣亦為各國最重要的準備 (干預) 通貨，美元特殊的地位使得美國亦認為其不應該為了消除國際收支赤字而主動將美元貶值，因此，美國亦採取一些其他的政策來試圖消除其國際收支的赤字，但其成效極為有限。

隨著美國國際收支逆差的持續加劇，美國持有的黃金準備減少，而外國持有的美元準備上升，至 1960 年代初期，外國所持有的美元準備已超過美國所持有的黃金準備了。為了抑制外國將其官方所持有的多餘美元向美國聯邦儲備局兌換黃金進而造成美國持有的黃金更加減少的現象，美國政府於是發行一種所謂的**羅沙債券** (Rosa bonds)。羅沙債券為一中期的國庫券，以美元計價，但提供對等的黃金與一定美元匯率的保證，希望藉此提高其他各國購買羅沙債券的慾望，以減少外國所持有的美元準備。然而，羅沙債券的銷售並不理想，美國持有的黃金準備仍然繼續下跌，而外國所持有的美元準備仍然繼續增加。至 1970 年，外國所持有的美元準備已高達美國所持有的黃金準備四倍之多。

二、尼克森總統宣布：終止美元與黃金的兌換

面對美國國際收支的持續與鉅額的逆差，美國持有的黃金準備大幅下降，布萊登森林制所建立的基礎——美元價值的穩定及美元與黃金的固定兌換關係，亦開始令人產生懷疑。1970 及 1971 年初，美國曾試圖說服國際收支的順差國家，尤其是前西德與日本將其通貨升值，但沒有成功，而國際間已瀰漫著美國政府遲早須將美元貶值的預期心理。再加上境外金融中心（見第十二章）的存在使得國際間資本市場結合為一，如此使得國際間拋售美元以購買日圓及瑞士法郎等強勢通貨的反穩定投機更加盛行。

1971 年 8 月 15 日，美國總統尼克森不得不宣布：⑴停止美元與黃金之間的兌換關係；⑵對美國的工資與物價實施控制；⑶對所有輸往美國的商品除了原有的商品稅外，另加徵 10% 的附加稅，直到新的匯率制度重建為止。其中第⑴點措施的目的在防止美國黃金繼續外流；第⑵點則在壓抑物價上漲；第⑶點則在減少美國的進口支出。布萊登森林制度是建立在美元與黃金的固定兌換關係上，而美國宣布終止美元與黃金的兌換關係等於宣布放棄布萊登森林制度。

在布萊登森林制度下，由於美元為各國所接受的國際性貨幣，美國可以美元來支付其國際收支的逆差——即所謂的鑄幣稅特權，而這項特權是其他國家所無法享受到的。其他國家面對國際收支逆差時只能以黃金來支付，而黃金的供給有其限制。雖然美國享有這項其他國家無法享有的鑄幣稅特權，但其亦因這項鑄幣稅特權付出了沈重的代價，其代價是為了維護布萊登森林制度美元不能貶值（即

使美國面對國際收支之逆差），因為美元一貶值，布萊登森林制度所建立的基礎就會受到動搖。而其他國家如英國及法國則不受到此限制，英鎊及法郎在布萊登森林制度的實施期間便曾數度貶值。此外，美國的這項鑄幣稅特權亦使得美國的貨幣政策較其他國家受到更多的限制。因此，美國必須很依賴財政政策來達成國內的經濟目標，及管制資金流出（而非美元的貶值）來調整其國際收支的逆差。

從以上分析可知，美元成為一個國際性貨幣，對美國來說，可說是利弊互見。但整體而言，對美國到底是好是壞，則是見仁見智，很難下評斷。就法國、前西德、日本及一些國際收支順差國來說，其便認為美國有如世界的中央銀行，但美國卻濫用此項權力，放任其國際收支的逆差惡化，而讓美元的供給（或國際流動之供給）過大。美國雖曾要求西德與日本將馬克及日圓貶值，但不為其所接受，因此美國不得不將美元貶值，但這便動搖了布萊登森林制度所建立的基礎。

布萊登森林制度的結束雖然解除了美國為唯一**世界的中央銀行** (world's central bank) 的責任，但其亦解除了法國前總統戴高樂所說的美國所享有的過分特權。美國之所以在布萊登森林制度下享有鑄幣稅特權，乃是因為在此制度下，其他通貨皆以釘住美元作為衡量其價值的標準，因此美國既無機會也無權力主動決定美元與其他通貨之間的匯率，美國只須負起維持黃金與美元固定平價關係的責任，而不需負干預外匯市場以穩定平價匯率的責任。在國際收支的調整過程中，美國亦沒義務也沒必要干預外匯市場，以支持任何的匯率。美國作為各國外匯準備（即美元）的最主要供給者，其雖然因此喪失以調整匯率（即讓美元貶值）作為調整國際收支逆差的工具，但美國卻能夠只依靠本國通貨的發行來融資國際收支的逆差。

但很諷刺的一點是，1971 年 8 月布萊登森林制結束後，美元雖然已不再有黃金支撐其價位（即美元與黃金的固定平價兌換關係取消），但美元依然是一個國際性貨幣，即使至 1973 年 3 月美元被允許自由浮動後仍是如此。不可諱言的，自 1971 年後，各國所持有的美元數量依然有增無減。

三、布萊登森林制度崩潰原因及檢討

就如前面兩小節已說明的，布萊登森林制崩潰的近因乃是美國在 1970 年及 1971 年國際收支的鉅額逆差，然其最根本的原因則仍在於**流動力** (liquidity)、調

整 (adjustment) 及**信心** (confidence) 等三個互相關聯的問題所產生的。

所謂流動力是指國際準備的總數與國際準備的所需數量之間的關係，一個理想的國際貨幣制度必須能提供足夠的國際準備的供給與成長。國際準備的項目包括官方持有的黃金、外匯（大部是美元）、國際貨幣基金準備部位及特別提款權。由表 1–1 可知，在布萊登森林制度下（即表 1–1，1973 年以前的資料）全世界國際準備的增加主要仰賴外匯（絕大部分是美元）的增加。如此可知，全世界國際準備的增加或流動力的增加須有賴於美國國際收支的逆差才能達成，因為美國國際收支的逆差是世界各國增加國際準備數量所需要的。

一個理想的國際貨幣制度必須有足夠且適當的國際準備以提供足夠的國際流動力，如此各國面臨國際收支暫時性的失衡才能有辦法融資，然後再透過長期性的調整以消除這種失衡現象。國際流動力（或國際準備數量）不足會阻礙全世界貿易的發展，但是國際流動力過多則又會對全球的通貨膨脹造成壓力，這就是耶魯大學經濟學家杜里芬 (Triffen) 所提出來的**流動性困境** (liquidity dilemma)，也就是一般所謂的**杜里芬矛盾** (Triffen paradox)。杜里芬認為，全世界為了支應貿易擴張與資本移動增加的所需，各國國際準備的數量必須增加，而在布萊登森林制度下，各國國際準備的增加必須經由國際準備主要供應國（即美國）的國際收支逆差或美元的大量外流才能達成。但是當世界各國所持有的美元數量愈多而美國的國際收支逆差愈持續擴大時，則國際間對美元與黃金之間的平價兌換關係愈沒有信心，而這將使得各國愈想將美元兌換成黃金，這種對美元**信心問題** (confidence problem) 終必將導致布萊登森林制度的崩潰。

由上一段的說明吾人可知，杜里芬矛盾實際上也就是在布萊登森林制度下，「國際流動力」與「信心」這二種目標必然相對立的矛盾。對此矛盾吾人可分以下二點再更進一步的說明：

⑴若要達成國際間有足夠的國際準備數量（或流動力）的目標，必然會造成美國國際收支逆差及導致美元與黃金平價兌換關係的信心的動搖。

⑵若要達成各國對美元與黃金的平價兌換關係有信心的目標，則有賴於美國國際收支穩健（因為黃金存量的增加較不易），但如果美國國際收支沒有逆差，則各國國際準備數量便難以增加，這必然導致國際流動力的不足。

這種流動力與信心相對立的矛盾，造成了布萊登森林制度之所以崩潰的根本原因。為了舒解這個矛盾問題及盼望美國能很快的調整其國際收支逆差，事實上IMF 亦曾在 1967 年創設了 95 億美元的特別提款權以增加國際流動力。而這筆 95 億美元的特別提款權則在美國國際收支逆差極嚴重及國際流動力過多（即美元過多）的 1970、1971 及 1972 年的 1 月分配出去，但這仍無法挽救布萊登森林制度崩潰的局面。

此外，就如前面我們已說明的，美國之所以無法改善其國際收支逆差的最主要原因是美國不能透過美元貶值來調整其國際收支的逆差。換言之，在布萊登森林制度下，由於「調整」機能無法發揮使得美國國際收支逆差持續擴大，進而導致對美元信心的低落，因此「調整」問題事實上亦與「信心」問題有關的。

個案討論

目前港幣兌美元採釘住美元的固定匯率制度，假設新臺幣兌美元匯率不變，則請問人民幣兌美元升值會對臺灣人至香港及中國大陸的觀光產生什麼影響呢？

摘　要

1. 所謂國際貨幣制度是指，各國為便利因國際貿易與國際資金移動所造成的國際支付的進行，而對國際收支與匯率制度所作的原則、慣例、工具、設備及組織的安排。
2. 通常國際貨幣制度可依：(1)匯率如何決定或匯率可以浮動的程度——即匯率制度；(2)國際準備資產的性質，這二個標準來區分成各種不同的類型。
3. 匯率制度如果依匯率波動的程度來區分，可分為：(1)固定匯率制度；(2)可調整的固定匯率制度；(3)爬行釘住的匯率制度；(4)管理浮動的匯率制度；(5)完全自由浮動的匯率制度等類型。
4. 國際貨幣制度若依國際準備資產的性質來區分可分為：(1)金本位制度；(2)非金本位制度；(3)金匯兌本位制度。
5. 在金本位制度下，以黃金作為國際準備資產；在非金本位制度下，以外匯作為國際準備資產；在金匯兌本位制度下，則同時以黃金及外匯作為國際準備資產。

6.理想的國際貨幣制度應是能使國際間的貿易與金融活動達到極大，國際收支能順利調整，並使得貿易利得能在國際間平均的分享。

7.通常評估國際貨幣制度是否理想的三大標準是：調整、流動力及信心。所謂「調整」是指，矯正國際收支失衡的過程是否能順利的進行；所謂「流動力」是指，為了消除國際收支暫時性失衡所需的國際準備資產的數量；所謂「信心」是指，各國對其所擁有的國際準備的絕對價值及相對價值有信心而言。

8.在金本位制度下，各國明確訂定其通貨的含金量，且各國政府隨時願意以此比例買入或賣出黃金。由於各國通貨中的含金量保持固定，故各國通貨之間的兌換比例——即匯率，亦保持固定，這就是所謂的鑄幣平價。

9.在金本位制度下，只要匯率高於黃金輸出點，則該國便會輸出黃金；而只要匯率低於黃金輸入點，則該國便會進口黃金。因此，只要各國遵守黃金自由輸出、自由輸入，並使貨幣以固定比例與黃金自由的兌換，則匯率將維持固定。

10.1880 至 1914 年間，國際間所實施的金本位制產生了如下的重要特性：(1)匯率維持固定；(2)黃金是各國最主要的國際準備資產；(3)英鎊是國際間主要的清算工具；(4)黃金與英鎊同時為各國所認同的國際準備；(5)自動調整國際收支的機能。

11.整體而言，第一次世界大戰後近 30 年間的國際貨幣制度，可說是以美元與黃金為準備主體的金匯兌本位制度。

12.布萊登森林制度的重要原則為：(1)成立國際機構；(2)匯率制度須兼顧固定與彈性；(3)創造準備基礎，增加黃金及通貨準備；(4)實施無障礙的多邊貿易及可兌換通貨制度。

13.布萊登森林制度的實行產生了如下的重要特性：(1)以美元為基礎的金匯兌本位制度；(2)可調整的固定匯率制度；(3)實施通貨的可兌換性及廢除貿易障礙；(4)創設國際金融機構以解決國際收支失衡及國際貸款的問題。

14.在布萊登森林制度下，美國負有維持美元按一定平價兌換黃金的義務，擁有美元實際上等於擁有黃金，美元與黃金皆被視為國際準備資產。

15.特別提款權是 IMF 創造的一種新的國際準備資產，每一個會員國在 IMF 均有特別提款權帳戶，當一國的國際收支發生逆差時就可以動用其所擁有的特別提款權以補黃金、外匯與基金準備部位的不足。

16.當某種通貨在國際間被普遍接受為交易的媒介時，該通貨的發行國便可能從所謂的「鑄幣稅特權」中獲利。在布萊登森林制度下（或金匯兌本位制度下），其他通貨皆以釘住美元作為衡量其價值的標準，而美國作為美元的發行國，便可透過其持續性的國際收支逆差，來獲有賺取使外國持有美元的面值與發行美元的成本二者間差額的利潤的鑄幣稅特權。

17.布萊登森林制度崩潰的近因乃是美國在 1970 年及 1971 年國際收支的鉅額逆差，然其最根本的原因則仍在於流動力、調整及信心等三個互相關聯的問題所產生的。

18.「杜里芬矛盾」強調在布萊登森林制度下，「國際流動力」與「信心」必然相對立的矛盾。此矛盾的二大要點為：(1)若要達成國際間有足夠的國際準備（或流動力）的目標，必然會造成美國國際收支逆差及導致美元與黃金平價兌換關係的信心的動搖；(2)若要達成各國對美元與黃金的平價兌換關係有信心的目標，則有賴於美國國際收支穩健（因為黃金存量的增加較不易)，但如果美國國際收支沒有逆差，則各國國際準備數量便難以增加，這必然導致國際流動力的不足。

19.在布萊登森林制度下，美國之所以無法改善其國際收支逆差的最主要原因是美國不能透過美元貶值來調整其國際收支的逆差。換言之，在布萊登森林制度下，由於「調整」機能無法發揮使得美國國際收支逆差持續擴大，進而導致對美元信心的低落。

習 題

一、選擇題

( ) 1.布萊登森林制度未採取下列何種具體措施？ (A)可調整的固定匯率制度 (B)實施通貨的可兌換性及廢除貿易障礙 (C)以美元為基礎的金匯兌本位制度 (D)以英鎊為國際間的主要清算工具

( ) 2.下列何者不是國際貨幣制度的類型？ (A)布萊登森林制度 (B)金本位制度 (C)純信用本位制度 (D)金匯兌本位制度

( ) 3.請問下列何者不是評估國際貨幣制度理想與否的三大標準？ (A)調整 (B)活動力 (C)信心 (D)高風險

( ) 4.二次大戰期間全球分裂成三個通貨集團，請問下列何者為非？ (A)英鎊集團 (B)日圓集團 (C)美元集團 (D)黃金集團

( ) 5.下列何者不是布萊登森林制度的重要原則或特性？ (A)成立國際機構 (B)共同的財政及貨幣政策 (C)增加黃金及通貨準備 (D)匯率制度須兼顧彈性與固定

(　) 6.一般所謂的杜里芬矛盾又指 (A)信心問題 (B)熱錢 (C)經濟大恐慌 (D)流動性困境

(　) 7.二次大戰後，為減輕各國美元短缺的壓力所行使的計畫為 (A)馬歇爾計畫 (B)三邊貨幣協定 (C)關鍵通貨計畫 (D)凱因斯計畫

(　) 8.在杜里芬矛盾中，對立的因素除了「國際流動力」還有 (A)熱錢 (B)信心 (C)匯率制度 (D)通貨

(　) 9.下列何者不是1970年間布萊登森林制度崩潰的原因？ (A)美國的國際收支赤字 (B)美國總統宣布停止黃金與美元的兌換 (C) IMF的成立 (D)史密松寧協定的失敗

(　) 10.在布萊登森林制度下美金及下列何者皆被視為國際準備資產？ (A)英鎊 (B)歐元 (C)黃金 (D)白銀

(　) 11.下列何者不是1880至1914年間金本位制的實施重點？ (A)英鎊是國際間的主要清算工具 (B)自動調整國際收支平衡的機能 (C)匯率維持固定 (D)美元是國際間的主要清算工具

(　) 12.特別提款權的英文為 (A) GDR (B) seigniorage (C) foreign reserve (D) SDRs

(　) 13.在布萊登森林制度下將何種貨幣與黃金匯率固定？ (A)美元 (B)日圓 (C)英鎊 (D)歐元

二、簡答題

1.何謂國際貨幣制度？國際貨幣制度通常可依哪兩個標準來區分成不同的類型？

2.金本位制度的運作原則有哪些？

3.布萊登森林制度的最重要原則為何？布萊登森林制度之實行產生了哪些重要的特點？

4.試述在布萊登森林制度下美元所扮演的角色。並請說明後來各國對美元的信心之所以喪失的原因。

5.何謂鑄幣稅特權？請說明在布萊登森林制度下，美國如何獲取鑄幣稅特權？

6.布萊登森林制度所建立的基礎何在？美國於1971年8月15日為何宣布停止美元與黃金的兌換關係？而這又與布萊登森林制度的崩潰有何關係？

7.何謂「杜里芬矛盾」？為何在布萊登森林制度下，「國際流動力」與「信心」這二個目標必然相對立？

第二章

當前（1973年至目前）的國際貨幣制度

學習目標

1. 當前各國匯率制度的概況。
2. 釘住匯率制度的意義、運作原則及優缺點。
3. 管理浮動匯率制度的意義、運作原則及優缺點。
4. 完全自由浮動匯率制度的意義、運作原則及優缺點。
5. 外匯管制的意義、目的及方式。
6. 當前國際貨幣制度的問題及其建議。

1973 年 3 月，不利於美元價位的投機風潮達到頂點，所有主要國家的匯率都開始自由浮動，美國與主要貿易國家同意實施浮動匯率，史密松寧協定所努力維持的固定匯率終於失敗，布萊登森林制度亦宣告正式結束，國際貨幣制度則進入了一個以管理浮動匯率為主的時代。不過在此要向讀者特別說明的是，1973 年布萊登森林制度宣告壽終正寢後，並非所有的國家皆採取管理浮動匯率制度，除一些主要工業國家紛紛採取管理浮動匯率制度外，事實上很多開發中國家仍採取可調整的固定匯率制度，不過這些固定匯率制度已不同於布萊登森林制度下的釘住美元制度。

通常一國在選擇匯率制度時，會根據該國的經濟狀況來選擇一個最適合其國情及經濟目標的匯率制度。一個國家在選擇其匯率制度時，首先須先決定到底要採取浮動匯率或釘住匯率。假如該國決定採取浮動匯率，則其接下來仍須決定到底要採取獨立的浮動或對某籃通貨的浮動或依相對通貨膨脹率來計算的爬行浮動。假如一國要採取釘住匯率，則其接下來仍須決定到底要採取：(1)**單一釘住** (unitary peg)——即將其通貨釘住某種單一的通貨（例如釘住美元、英鎊）；(2)**複合釘住** (composite peg)——即將通貨釘住**一籃子的通貨** (a basket of currencies)；(3)將其通貨釘住黃金或特別提款權。

第一節 當前各國匯率制度的概況

自從布萊登森林制度下的固定匯率於 1973 年崩潰後，IMF 的會員國便可在以下三個原則的規範下自由選擇其匯率制度：

⑴會員國不應操縱匯率去阻礙國際收支的有效調整，或對其他會員國造成不公平競爭的現象。

⑵會員國對外匯市場發生短期失序現象時，應採取行動。

⑶會員國對外匯市場進行干預時，應考慮到對其他會員國的利益。

1973 年史密松寧協定崩潰後，由於所有主要工業化國家的貨幣都開始浮動，這種新的匯率制度就被稱為「管理浮動匯率制度」。但就如表 2–1 所示，事實上仍有許多國家仍採行固定釘住匯率制度，故國際貨幣制度又稱之為混合匯率制度的安排。以 2017 年為例，雖然採取浮動匯率制度的國家數僅占 IMF 所有會員總數的 45% 左右，但其出口總量卻占全世界出口總量的絕大部分，這也就是為什麼世人常說當前的匯率制度為一自由浮動匯率制度或管理浮動匯率制度的原因。

表 2–1 IMF 會員國匯率制度的安排（2017 年 12 月）

匯率制度	匯率基準				貨幣整體目標	通貨膨脹目標架構	其他
	美元	歐元	複合式	其他			
無法定貨幣 (no separate legal tender) ——共 13 國	厄瓜多爾 薩爾瓦多 馬紹爾群島 密克羅尼西亞 帛琉 巴拿馬 東帝汶	科索沃 蒙特內哥羅共和國 聖馬利諾		吉里巴斯共和國 吐瓦魯 諾魯共合國			

固定匯率(curency board)——共11國	東加勒比海貨幣聯盟 安地卡及巴布達 多米尼克 格瑞納達 聖克里斯多福及尼維斯 聖露西亞 聖文森及格瑞那丁 吉布地 香港特別行政區	波士尼亞及赫塞哥維納 保加利亞		汶　萊			
其他固定釘住匯率(conventional peg)——共43國	阿魯巴 巴哈馬 巴　林 巴貝多 貝里斯 庫拉索島和聖馬丁島 厄立特里亞 約　旦 阿　曼 卡　達 沙烏地阿拉伯 土庫曼 阿拉伯聯合大公國 伊拉克	維德角 科摩洛 丹　麥 聖多美及普林西比 西非經濟及貨幣聯盟 貝　南 布基納法索 象牙海岸共和國 幾內亞比索 馬　利 尼　日 塞內加爾 多　哥 中非經濟及貨幣聯盟 喀麥隆	斐　濟 科威特 利比亞 摩洛哥	不　丹 賴索托 納米比亞 尼泊爾 史瓦濟蘭			索羅門群島 薩摩亞

		中非共和國 查　德 剛果共和國 赤道幾內亞 加　彭					
穩定安排 (stabilized arrangement) ——共 24 國	蓋亞那 黎巴嫩 馬爾地夫 千里達及托巴哥 安哥拉	馬其頓共和國 克羅埃西亞	越　南 新加坡		塔吉克 馬拉威 奈及利亞 坦尚尼亞 葉　門 孟加拉 玻利維亞 中國大陸 巴布亞紐幾內亞	捷　克 塞爾維亞	肯　亞 巴基斯坦 蘇　丹 寮　國
爬行的釘住 (crawling peg) ——共 2 國	尼加拉瓜		波札那				
爬行範圍內的匯率制度 (crawl-like arrangement) ——共 10 國			伊　朗		盧安達 烏茲別克 蒲隆地 依索比亞	多明尼加共和國	斯里蘭卡 哥斯大黎加 牙買加 茅利塔尼亞
平行釘住匯率 (pegged exchange rate within horizontal bands)——共 1 國							東　加
其他管理浮動安排 (other managed arrangement) ——共 18 國	賴比瑞亞 東埔寨 辛巴威		敘利亞		阿爾及利亞 幾內亞 緬　甸 白俄羅斯		亞塞拜然 海　地 吉爾吉斯

					甘比亞 蘇利南 剛果民主共合國 獅子山共合國		南蘇丹 萬那杜 委內瑞拉
浮動匯率 (floating)——共 38 國					阿富汗 馬達加斯加 塞席爾	阿根廷 印度尼西亞 喬治亞 以色列 烏干達 烏克蘭 印度 哈薩克 巴拉圭 阿爾巴尼亞 亞美尼亞 巴西 哥倫比亞 迦納 瓜地馬拉 匈牙利 冰島 南韓 摩爾多瓦 紐西蘭 祕魯 菲律賓 羅馬尼亞 南非 泰國 土耳其 烏拉圭	模里西斯 蒙古 埃及 馬來西亞 莫三比克 瑞士 突尼西亞 尚比亞

自由浮動匯率 (free floating) ——共 31 國						澳大利亞 加拿大 智 利 日 本 墨西哥 挪 威 波 蘭 瑞 典 英 國 俄羅斯	索馬利亞 美 國 歐洲經濟及貨幣聯盟 奧地利 比利時 賽普勒斯 愛沙尼亞 芬 蘭 法 國 德 國 希 臘 愛爾蘭 義大利 盧森堡 馬爾他 荷 蘭 葡萄牙 斯洛伐克 斯洛維尼亞 西班牙 拉脫維亞 立陶宛

註：1.無法定貨幣的匯率制度：以其他貨幣作為法定貨幣，或隸屬於某貨幣聯盟採用該聯盟的法定貨幣。

2.固定匯率：將本國貨幣與某一特定貨幣兌換比率固定。

3.其他固定釘住匯率：將本國貨幣與某一特定貨幣或一籃通貨的兌換比率固定，但允許中心匯率上下 1% 的小幅度變動。

4.爬行的釘住：定期將匯率調整至預定的匯率。

5.爬行範圍內的匯率制度：允許匯率在中心匯率上下一定範圍內浮動，此中心匯率定期根據指標來修正。

6.平行釘住匯率：將本國貨幣與某一特定貨幣或一籃通貨的兌換比率固定，但允許中心匯率變動大於 1%。

7.管理浮動：金融管理單位透過外匯市場來干預匯率的變動，而非透過法定手段。

8.獨立浮動：完全由市場來決定匯率。

資料來源：IMF, *Annual Report on Exchange Arrangements and Exchange Restrictions 2017*

第二節

釘住匯率制度

儘管先進國家普遍採行浮動匯率且其對貿易與投資扮演極重要角色，但至目前仍有許多國家採**釘住匯率制度** (pegged exchange rate system)。釘住匯率制度通常為開發中國家或一些小國家所採行。一般而言，釘住匯率制度有助於降低國際貿易與投資之風險。在同樣是釘住匯率制度下，有些國家選擇釘住某一單一通貨——又稱**單一釘住** (unitary peg)；有些國家則選擇釘住某一籃子的通貨——又稱**複合釘住** (composite peg)；有些國家則選擇釘住黃金或特別提款權 (SDRs)。

一、釘住某一單一通貨

採取釘住某一單一通貨的匯率制度的國家，通常是此國的對外貿易與金融關係主要集中在某一國家。對一個小國家而言，假如將其通貨釘住其主要貿易夥伴國的通貨，便可減少進出口價格的變動，進而使得其進出口部門的產出與就業量能更穩定，如此將有助於該國的經濟發展。

在已開發國家普遍實施浮動匯率以後，開發中國家通常喜歡將其通貨釘住某一個已開發國家的通貨。但是開發中國家選擇這種釘住某一種中心通貨的匯率制度卻有如下的缺點：⑴釘住一種中心通貨後，往往造成分散出口市場的政策目標難以達成；⑵當其所釘住的通貨相對於其他通貨有所升貶時，本國通貨相對於其他通貨亦必須隨之升貶，這可能導致不利於本國的國際收支；(3)若干開發中國家假如有形成經濟整合的意願時，則可能因每個國家釘住不同的中心通貨而難以實現。

二、釘住某一籃子的通貨

採取釘住某一籃子的通貨的匯率制度的國家，通常此國的主要對外貿易與金融關係超過一個國家以上。所謂一籃子的通貨是指由數種外國通貨依某一比例所形成的組合，此比例通常依據各國與本國貿易額占本國進出口貿易總額的比重來決定。一旦通貨籃的通貨選定後，該國通貨的匯率即由其所釘住的通貨籃的通貨的加權平均匯率計算而得。一國將其本國通貨價值釘住一籃子的通貨的好處是，匯率變動對進出口價格的影響能平均分擔，因為通貨籃中有可能某種通貨貶值而某種通貨升值，而釘住一籃子的通貨則正好可將通貨籃中不同通貨的升貶互相平均或抵銷。因此，釘住通貨籃的匯率制度，可降低匯率對本國經濟的影響。

採取釘住一籃子的通貨的國家通常為開發中國家。該國的匯率通常將其通貨選擇設法維持「**貿易加權匯率**」(trade-weighted exchange rate) 的方式，亦即其通貨匯率的變動等於其所有主要貿易對象國家貿易加權平均匯率的變動。吾人可以如下公式來表示：

$$ER = \Sigma K_i ER_i$$

其中 ER：本國通貨匯率變動的比率

ER_i：第 i 個主要貿易對象國匯率的變動

K_i：i 國在本國對外貿易所占的比率

例如，甲國的貿易對象中，50% 為美國，50% 為英國，則在英鎊對美元升值 20% 以後，甲國的通貨將美元升值 10%，亦即 $(0.5\times0)+(0.5\times20)=10\%$。如此，當其主要貿易對象中的某一個國家的通貨貶值或升值時，開發中國家通貨便不一定須對應地追隨升值或貶值。

除開發中國家常採取釘住通貨籃的匯率制度外，少數幾個已開發國家亦採取此種匯率制度。

三、釘住黃金或特別提款權 (SDRs)

上述釘住一籃子的通貨的國家必須要自行決定通貨籃的通貨有哪些？但有些開發中國家即將其通貨釘住 IMF 所創設的通貨籃 SDRs。1980 至 1984 年間，SDRs 包含有美國、西德、法國、日本及英國等 5 個會員國的通貨，而之所以選擇此五國乃是因為這五國在當時為全球的 5 個最大的出口國。而匯率制度採取釘住 SDRs 的國家通常是其對外貿易主要集中在這五國的開發中國家。由於歐元的誕生，IMF 於 2001 年 1 月起，將 SDRs 改為包含美元、歐元、日圓及英鎊 4 種通貨。

最後，吾人須特別加以說明的一點是，即使一國採取釘住匯率（或固定匯率），將其通貨與某一通貨（例如美元），或一籃子的通貨或 SDRs 的兌換率維持在固定水準，其通貨與其他外幣的兌換率仍會隨著美元（或一籃子的通貨或 SDRs）的價值波動而隨時改變。例如，假設新臺幣釘住美元，但假如美元對日圓貶值，則新臺幣亦會隨美元而對日圓貶值。因此，所謂的釘住匯率制度（或固定匯率制度），也只是就其所釘住的通貨（或一籃子的通貨或 SDRs）與本國通貨的兌換率保持固定，而非本國通貨與其他所有的通貨的兌換率都保持不變。

第三節
管理浮動匯率制度

一、管理浮動匯率制度的意義及運作原則

所謂「**管理浮動匯率制度**」(managed floating exchange rate system，或稱機動匯率制度）是指，匯率原則上是由外匯市場的供給與需求來決定，但一國的中央銀行可視需要隨時參與外匯的買賣，來影響匯率。自從 1973 年布萊登森林制下的**可調整釘住匯率制度** (adjustable pegged rate system) 崩潰後，美國及其他工業化國家紛紛採取管理浮動匯率制度。

在布萊登森林制度下，通貨的面值 (par value) 或匯率雖然可調整，但由於決策過程的緩慢及政治上的偏見，往往使得匯率的調整有所延誤。因此，不少有識之士便認為匯率應該更為快速以及連續性的小幅度調整。1973 年布萊登森林制度崩潰，管理浮動匯率制度開始被採行，在此之下，IMF 亦建立一套非正式的規範以協調各國的匯率政策。

IMF 之所以對匯率的浮動加以規範的動機主要來自於以下二點考量：

⑴各國可能為了維持其出口品在國際市場的競爭優勢，而對外匯市場進行干預以影響匯率。當美國在 1970 年代初期宣布終止美元與黃金的兌換關係並允許美元在外匯市場自由浮動時，其原本盼望在自由市場的力量將使美元會對一些價值被低估的其他通貨貶值。但是各國的中央銀行卻對外匯市場加以干預以防止美元的貶值，換言之，各國中央銀行並未讓匯率在自由市場下**「乾淨的浮動」**(clean float)。對於這種中央銀行的干預使得匯率並無法完全依供需原理達到均衡水準的現象，美國稱之為**「汙濁的浮動」**(dirty float)。

⑵完全自由浮動的匯率制度可能產生匯率波動幅度過大，及造成市場失序的現象，如此將導致企業經營的風險及降低全世界的貿易量。

在管理浮動匯率制度下，一國的貨幣當局可透過外匯市場的干預來影響匯率水準。一國的貨幣當局如果對匯率做很深度的干預，則匯率將有如固定匯率一般；相反的，一國的貨幣當局如果對匯率很少做干預的話，則匯率將有如**自由浮動匯率** (free floating exchange rate) 一般。

在管理浮動匯率制度下，一國的貨幣當局應積極主動的干預外匯市場，以避免匯率在短期間（每天或每週）過度劇烈的變動，同時不要去影響到匯率長期波動的趨勢。而要達到此一目標，一國貨幣當局面對本國通貨貶值過鉅時，應在外匯市場供給部分的超額外匯需求，以緩和本國通貨的貶值；當面對本國通貨升值過鉅時，應在外匯市場買入短期超額外匯供給，以緩和本國通貨的升值。如此自然可以減少匯率在短期間過度劇烈的波動，同時又不會影響匯率的長期走勢。以上貨幣當局的這種政策又稱之為**「抗衡」**(leaning against the wind) 的政策。

由於在管理浮動匯率制度下，一國的貨幣當局對外匯市場進行干預乃是正當且平常的事，而要干預外匯市場，一國的貨幣當局便必須隨時持有足夠的國際準備以應付隨時干預外匯市場的所需。因此，吾人可以一國貨幣當局所持有的國際準備的實際變動幅度的大小，作為衡量該國貨幣當局對外匯市場干預程度大小的指標。自 1970 年代管理浮動匯率制度實施以來，全世界國際準備的年平均成長率高達約 12%，遠高於 1950 年代（約 2%）及 1960 年代（約 3%）的平均成長率，這也可證明在管理浮動匯率制度下，各國中央銀行確實強力對外匯市場進行干預，同時亦否定了 1960 年代部分人士所預期的「放寬匯率變動可減少國際準備所需的數量」的說法。

如前面所述，管理浮動匯率制度最主要的目標，乃是避免匯率的波動過鉅。此外 IMF 對管理浮動匯率制度的限制之一是，會員國對本國通貨的匯率不應在其正升值時又加大其升值，亦不應在其貶值時加大其貶值。如果一國的貨幣當局並無執行抗衡政策的誠意，而有意使本國通貨貶值以增加出口，這種以鄰為壑的匯率浮動的作法，一般被稱之為「摻雜的浮動」。所幸，自管理浮動匯率制度實施以來，其運作還頗順利，類似 1930 年代各國競相將本國通貨貶值的情況並未出現。

在管理浮動匯率制度下，有些國家會選定「目標匯率」(target exchange rate)，然後透過外匯市場的干預以支持「目標匯率」。「目標匯率」通常為反映長期經濟趨勢的匯率走勢。至於「目標匯率」的估計，則通常是依據經濟局勢所反映的統計指標來估計。當這些統計指標的數值有所變動時，「目標匯率」亦隨之調整。這些統計指標通常包括各國的通貨膨脹率、官方外匯準備的數量及國際收支帳等。

二、管理浮動匯率制度的優缺點

管理浮動匯率制度由於其乃是介於固定（或釘住）匯率與完全自由浮動匯率制度之間，因此其同時具有這兩種制度的特點及優缺點。

㈠管理浮動匯率制度的優點

管理浮動匯率制度的優點有：

⑴在管理浮動匯率制度下，匯率主要仍是由外匯市場的供給與需求所決定，因此其具有完全自由浮動匯率制度下國際收支可自動調整的優點。當本國國際收支發生逆差時，本國貨幣會貶值，而本國貨幣貶值將會改善本國國際收支的逆差。

⑵管理浮動匯率制度不像固定匯率制度那麼僵硬，其匯率可隨時因應外匯市

場的波動而調整，外匯的供給與需求會自然平衡。

(3)一國的貨幣當局可視其外匯準備的多寡，來決定是否要大量干預外匯市場。當匯率上升（即本國通貨貶值）且貨幣當局的外匯存底尚很多時，便可大量干預以防止匯率上升；而當外匯存底已相當缺乏時，則貨幣當局便可聽任匯率上升。

(4)透過貨幣當局對外匯市場的干預，匯率的波動可較完全自由浮動匯率制度來得緩和。

(5)在管理浮動匯率制度下，透過貨幣當局對外匯市場的干預，可消除匯率在短期間內波動過鉅，同時又不影響匯率的長期走勢。而短期間內匯率的穩定有助於促進國際貿易，而匯率的長期走勢不受影響則同時亦保有國際收支失衡的韌性。

(二)管理浮動匯率制度的缺點

管理浮動匯率制度的缺點有：

(1)在完全自由浮動匯率制度下，國際收支會經常維持平衡，故一國的貨幣當局只需保有一些國際準備即可。但在管理浮動匯率制度下，匯率變動幅度將比較小，國際收支失衡仍會存在，故一國的貨幣當局仍須保有適量的外匯，以備進行干預外匯市場的所需。

(2)與固定匯率制度相較，在管理浮動匯率制度下匯率仍會波動，故無法消除匯率變動對國際貿易的阻礙。

(3)在管理浮動匯率制度下，匯率的走勢與中央銀行的態度有相當大的關聯，外匯投機者若能正確揣測到中央銀行的意向或經由一些內線消息得知中央銀行的態度，則其便可獲利。因此，外匯投機可能更為嚴重。以臺灣為例，1986 至 1987 年間，中央銀行對新臺幣價位採取緩慢升值的態度非常明顯，因此造成市場上對新臺幣預期升值的心理，如此便導致了投機性熱錢大舉流入臺灣。

第四節

完全自由浮動匯率制度

一、完全自由浮動匯率制度的意義及運作原則

所謂**完全自由浮動匯率制度** (pure flexible or floating exchange rate system) 是指，匯率完全由外匯的供需來決定，政府對匯率的高低不作任何限制，且中央銀行也不會從事影響匯率為目的的外匯買賣。完全自由浮動匯率制度有時又稱之為**獨立浮動匯率制度** (independent floating exchange rate system) 或**自由浮動匯率制度** (free floating exchange rate system)。就如表 2–1 所示，在 2013 年共有 30 個 IMF 會員採取自由浮動匯率制度。

在完全自由浮動匯率制度下，中央銀行雖然仍可能為了達到改變國內的貨幣供給量的目的，而藉由至外匯市場買賣外匯以改變準備貨幣數量及貨幣供給量。除此之外，中央銀行對匯率並不進行干預，完全聽任外匯市場機能的自由運作，透過匯率自由的浮動來平衡外匯的供給與需求。其運作與調整機能如下（見圖 2–1）：

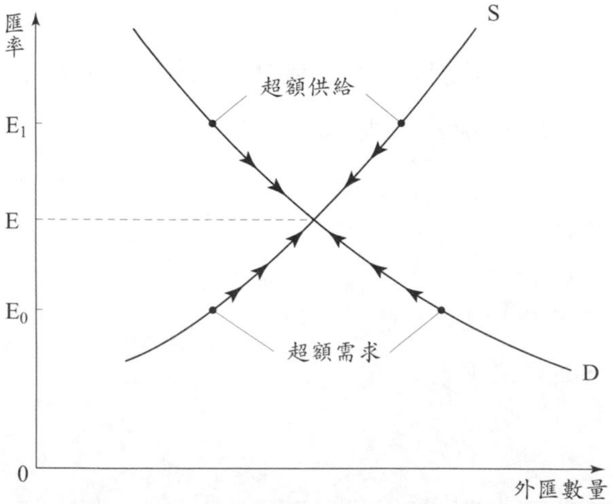

圖 2–1　完全自由浮動匯率制度下的調整機能

假如在目前的匯率下，外匯需求 $>$ 外匯供給

$\Longrightarrow$ 匯率上升

$\Longrightarrow$ 外匯需求減少，外匯供給增加

$\xRightarrow{\text{直到}}$ 外匯需求等於外匯供給

$\Longrightarrow$ 均衡匯率達成，國際收支保持均衡

同理，吾人可很容易的瞭解：

假如在目前的匯率下，外匯需求 $<$ 外匯供給

$\Longrightarrow$ 匯率下跌

$\Longrightarrow$ 外匯需求增加，外匯供給減少

$\xRightarrow{\text{直到}}$ 外匯需求等於外匯供給

$\Longrightarrow$ 均衡匯率達成，國際收支保持均衡

二、完全自由浮動匯率制度的優缺點

㈠完全自由浮動匯率制度的優點

完全自由浮動匯率制度的優點有：

⑴在完全自由浮動匯率制度下，透過匯率的自由變動，外匯供給會等於外匯需求。

⑵完全自由浮動匯率制度具有使一國的國際收支恢復到均衡的自動調整機能。其道理可以如下的調整流程來表示：

假如一國的國際收支發生逆差

$\Rightarrow$ 匯率上升

$\Rightarrow$ 該國出口品價格下跌，進口品價格上升

$\Rightarrow$ 該國出口增加，進口減少

$\Rightarrow$ 國際收支改善

⑶在完全自由浮動匯率制度下，透過匯率的自由變動，可確保一國的國際收

支經常維持平衡，故各國只需保有少量的國際準備即可。就理論上而言，假如匯率的變動能很迅速又連續，而調整過程亦無任何時間落差，則國際收支可隨時維持平衡，故一國並不需保有任何國際準備。但就實際而言，匯率的變動不可能非常迅速與連續，而調整過程亦必然有時間落後的現象存在，故一國即使採完全自由浮動匯率制度，仍需保有一些國際準備，以供國際收支調整的所需。

⑷在完全自由浮動匯率制度下，外匯供給等於外匯需求，國際收支保持平衡，故本國貨幣供給量不會受到國際收支的影響。

⑸完全自由浮動匯率制度有助於隔絕國外因素對國內經濟的衝擊。例如，就國外經濟不景氣對本國經濟的衝擊而言，假如：

國外經濟不景氣
⇒ 本國出口減少
⇒ 外匯供給減少
⇒ 在完全自由浮動匯率下，匯率會上升
⇒ 出口增加，進口減少

因此，在完全自由浮動匯率制度下，透過匯率的自由升降，國外景氣變動對貿易差額與國內經濟的影響，亦可大為減弱。但是在固定匯率制度下，由於國外經濟景氣的波動並無法靠匯率的變動來消弭，故國外經濟的變化透過對國際收支、進出口物價及貿易差額的直接影響，本國經濟的穩定很容易就會受到影響，假如：

國外物價上漲
⇒ 本國進口品物價上漲，出口品物價下跌
⇒ 本國進口減少，出口增加
⇒ 外匯需求減少，外匯供給增加
⇒ 匯率下跌
⇒ 本國進口品價格下跌，出口品價格上升
⇒ 本國進口減少，出口增加

因此，在完全自由浮動匯率制度下，透過匯率的自由升降，國外物價變動對國內物價與貿易餘額的影響將遠不如固定匯率制度。

⑹由於完全自由浮動匯率制度有助於隔絕國外因素對國內經濟的干擾，因此本國政府便能更獨立的行使貨幣政策與財政政策，且能全心全意專注於國內諸如物價膨脹或失業等經濟問題的解決。

㈡完全自由浮動匯率制度的缺點

完全自由浮動匯率制度的缺點有：

⑴在完全自由浮動匯率制度下，由於匯率的變動完全不受貨幣當局的節制，因此可能造成匯率大幅波動，進而阻礙國際貿易與投資。例如，在匯率鉅幅波動下，有些進出口廠商可能因為匯率波動所可能造成的風險過大，因此不願接單。當然，進出口廠商可以參與即期及遠期外匯市場，從事即期拋補或遠期拋補以規避匯率風險，但這又會造成進出口商須額外支出避險成本。

⑵在完全自由浮動匯率制度下，很可能發生**「反穩定投機」**(destabilizing speculation) 的現象，造成匯率大幅波動，進而阻礙一國的經濟活動。

第五節 外匯管制

一、外匯管制的意義

所謂**外匯管制** (foreign exchange control) 是指，一國政府對所有的外匯及其交易做統籌的管理，以達到累積該國外匯準備或避免外匯外流或短缺，進而達到平衡國際收支的目的。簡單來說，外匯管制就是指一國政府對外匯的供給與需求做直接或間接的管制干預，或以直接影響匯率的各種措施而言。目前，世界上仍有許多國家在實施外匯管制，例如非洲、南美洲的一些低度開發國家。

世界各國所實施的外匯管制方式，隨著各國國情的不同而有異，有的作很嚴格的管制，有的則管制較鬆；有的只是作暫時性或短期的管制，有的則作長期性的管制；有的管制範圍較廣，有的則管制範圍較小。唯不管外匯管制的方式為何，其主要目的皆在於控制外匯的供給及需求，進而達到平衡該國的國際收支。

二、外匯管制的目的

各國實施外匯管制的原因或目的雖然不完全一樣，但大致而言不外乎如下數種：

⑴控制外匯的供給與需求，以維持國際收支的平衡。

⑵防止資金大量外流，以免國內因資本不足而影響經濟發展。

⑶累積外匯準備，以備隨時進口的所需。

⑷防止熱錢大量的流入，以維持國內經濟及金融的穩定。

⑸透過外匯的管制以限制進口量，進而使國內的進口替代產業得以成長。

⑹維持匯率穩定，以免國內進出口商因匯率波動所致的風險過大而不敢接單。

⑺維持國內外廠商對本國通貨的信心。

⑻增加國庫收入。在外匯管制下，政府可規定所有外匯買賣須經由政府統籌辦理，如此政府便可以利用買入匯率與賣出匯率的差價，賺取利潤，或利用其他結匯時規費的徵收，以增加國庫的收入。

⑼利用進口與出口不同匯率的方式，以鼓勵出口限制進口，進而達到扶植國內產業，促進經濟發展的目的。

⑽利用外匯管制以達到政治及外交上的目的。當其他國家對本國實施高關稅、限制貿易或外匯管制的措施時，本國政府亦可採取外匯管制作為談判的籌碼或報復的手段。

三、外匯管制的方式

外匯管制的方式，大體上可分為直接管制與間接管制。茲分別說明如下：

㈠外匯直接管制

外匯直接管制是指政府直接以法令限制外匯買賣，其方式可分為三種，茲分述如下：

1.外匯行政管制

世界各國對外匯採取行政管制的方式，大致而言有如下幾種：

⑴實施外匯買賣統一的規定

即規定所有的外匯買賣必須向外匯主管機關所指定的外匯指定銀行依照官價來買賣，私下的外匯買賣屬於違法行為。

⑵規定出口商只能接受可以充作國際準備的外國通貨，其目的在增加一國的國際準備。

⑶對於資金的匯出及匯入加以管制

通常當一國的國際收支發生逆差時，會對資金的匯出加以嚴格控制，以防資金的外流而導致國際收支的逆差更形加鉅。而當一國的國際收支有大量順差時，則會對資金的匯出加以放寬。此外，一國若為防止國外熱錢的大量流入或避免外匯供給增加所導致的本國通貨的升值過度，則會對國外資金的流入加以控制。

⑷禁止或限制人民買賣黃金及白銀

黃金向來為國際準備的一種，有些國家為控制國際準備的數量，因此對民間黃金的輸出入或買賣加以禁止或限制。有的國家甚至規定人民所持有的黃金、白銀及外匯若超過規定的數量，必須依照政府的官定價格出售給政府所指定的外匯銀行，以增加該國的國際準備資產。

2.實施複式匯率制度

所謂*複式匯率制度* (multiple exchange rates system) 是指，一國政府對各種不同的外匯需求，依據其所認定的重要順序，規定以不同匯率來買賣。實施複式匯率制度的國家通常為開發中國家，開發中國家為鼓勵重要機器設備或原料的進口及抑制非重要物資（如奢侈品或消費品）的進口，而實施複式匯率制度或差別匯率制度。例如臺灣在 1950 年代，就曾實施複式匯率制度，對進口機器設備的外匯需求，以較低的匯率供應外匯，而對進口消費品的外匯需求，以較高的匯率供應外匯。

複式匯率制度的實施其實有點類似一國對重要進口品實施補貼，而對不重要的進口品課進口稅的意味。當然複式匯率制度的實施若要能成功，很重要的先決條件便是該國能對所有的進口品作精確及完善的分類，此外亦須對走私及黑市交易能做嚴格的懲罰。

3.對外匯申購數量的管制

一般而言，外匯準備短缺國家的政府為增加該國的外匯準備，對於人民結售給政府的外匯，通常抱持鼓勵的心態而不加以限制，但對人民外匯的申購則加以限制。其實施方法通常有如下兩種：

⑴實施嚴格的外匯配給

在外匯短缺時，外匯主管機關可規定出售外匯的數量配售給外匯需求者。例如臺灣在 1950 年代，就曾實施嚴格的外匯配給，不論理由為何，若欲申購外匯，皆需經過批准。外匯配給的方式一般可以根據進出口商過去的進出口實績，或根據進口商品的種類，給予不同額度的進口外匯配給，或實行招標配售。

⑵實施結匯證制度

所謂結匯證制度是指，凡進口商所需的外匯均須有進口結匯許可證始得購買；凡出口商所得的外匯亦必須憑出口結匯許可證結售給外匯銀行，私自不得買賣。例如臺灣在 1950 年 7 月，政府便規定所有進出口物資均須憑結匯證結匯，並以臺糖公司出售的結匯證牌價 40.03 元為標準計算匯率。

實施結匯證制度可以控制進出口貿易與外匯的供給與需求，進而達成平衡國際收支的目的。例如當一國國際收支發生逆差時，外匯主管當局可停止或減少發給進口結匯許可證，並增加出口結匯許可證的發給，以減少外匯的需求並增加外匯的供給，進而改善國際收支的逆差。

㈡外匯間接管制

外匯間接管制是指政府不直接以法令限制外匯買賣，而以間接方式對外匯的供需進行管制。外匯間接管制的方式很多，茲分述如下：

1.提高進口品的關稅

一國如欲減少外匯的需求，便可提高其進口品的關稅，以減少進口的數量，進而減少外匯的需求。

2.設置外匯穩定基金

外匯間接管制中最常見的措施就是在中央銀行設置**外匯穩定基金**（exchange stabilization fund），以供中央銀行在外匯市場中買賣以干預匯率，進而影響外匯的供需及該國的國際收支。例如在國際收支逆差且外匯市場美元需求大於供給時，新臺幣應有貶值的趨勢，這時中央銀行便可運用外匯穩定基金在外匯市場大量拋售美元，以穩定美元的價位，進而避免國內經濟金融的過度波動。

3.實施貿易管制

例如透過**進口配額制度** (import quota system) 的實施，一國政府便可限制該國對某些產品進口的最大數量，如此便可間接的控制該國對外匯的需求。進口配額通常較關稅或其他的直接管制措施更能有效的阻礙進口的進行，達到改善國際收支的目的。一國在國際收支發生大量逆差時，便可擴大進口配額實施的對象或減少配額的數量，如此當減少該國對外匯的需求，進而改善國際收支的逆差。

4.實施出口補貼

一國對出口產品實施補貼，可降低出口品的價格，而出口品價格降低可提高出口量，在出口品需求彈性大於 1 的正常情形下，出口額或外匯供給便可增加，如此便有助於改善該國國際收支的逆差。

第六節 當前國際貨幣制度的問題及其改革

一、當前國際貨幣制度的問題

在當前國際貨幣制度（即自由浮動匯率制度或管理浮動匯率制度）下，最嚴重的問題便是匯率長期的失衡以及匯率劇烈的波動。自 1973 年以來，匯率一直呈現劇烈波動及**過度反應** (overshooting) 的現象，匯率的不確定性造成貿易的風險增加，而這對國際貿易的進行是有所阻礙的。更重要的是，在當前的管理浮動匯率制度下，鉅大的匯率失衡現象往往持續一段相當長的時間。舉例而言，美元在 1978 至 1980 年間大幅的貶值，1980 至 1985 年間又過度的升值，1985 至 1988 年間則又大幅的貶值。

再如 2008 年雷曼兄弟控股公司 (Lehman Brothers Holdings Inc.) 倒閉所引起的金融海嘯、接續的歐債危機、美國採取數波的量化寬鬆政策 (quantitative easing，簡稱 QE) 及 QE 的退場，這些事件也都造成美元及歐元匯率的大幅波動。

當前的國際貨幣制度除了上述的匯率波動幅度過大的問題之外，另一個與此問題極為有關的問題便是外國擁有過多美元的現象——美元突出 (dollar overhang) 的問題。美元突出的問題乃是源自於各國為了維持美元價位，干預外匯市場而累積了大量的美元。外國所持有這些過多的美元便隨時準備在國際間利率差距及預期匯率變動時，從一個境外金融中心移至另一個境附金融中心以追求利差或匯差。而這些投機套利的國際熱錢更隨著境外金融中心的快速成長而更加容易進行。

二、改革當前國際貨幣制度的建議

我們在上小節中已說明當前國際貨幣最主要問題為匯率劇烈的變動。以下我們將介紹一些改革當前國際貨幣的主要建議：

⑴主要工業化國家採取廣泛的貨幣政策協調。

⑵建立匯率的目標區 (target zone)。

⑶建立國際貨幣基金替代帳戶 (IMF substitution account)。

⑷建立一套指標以作為各國協調總體經濟政策的訊號。

⑸建立共同通貨 (common currency)。如歐元即為一例。

⑹對國際間投機熱錢的流動加以限制。

⑺建立超國家的貨幣機構。

三、結　語

管理浮動匯率制度雖然不是盡善盡美，但其歷經 1970 年代與 1980 年代國際金融市場巨大的變遷與衝擊後，至今仍為國際上所肯定。雖然近年來匯率（尤其是美元的價位）大幅變動，致有不少人士建議重返金本位制度或提出其他改革的建議，但依目前各國對經濟、政治朝向獨立自主的潮流，管理浮動匯率制度在可預見的未來，仍將繼續運作一段時日。

管理浮動匯率制度乃是介於「管制」與「自由」之間的國際貨幣制度，此制度賦予各國匯率與經濟政策更大的自由與彈性，其允許匯率調整成本低的國家以匯率變動來解除外匯供需失衡的壓力，匯率調整成本高的國家則以透過貨幣當局對外匯市場的干預來避免匯率的波動。因此，在當前的國際貨幣制度下，各國可依國情在匯率制度下作不同的安排；而在管理浮動匯率制度下，各國對匯率與經濟政策則有更大的彈性與自主權。

布萊登森林制度崩潰後，美元雖然喪失其作為其他通貨的官方價值標準及最主要國際準備資產的獨特地位，但美元至今仍然是國際間最主要的國際準備及干預通貨。不過，美元未來的地位是否能持續穩固，將視美國未來的經濟是否能居世界首位、國際收支的逆差是否能調整及國際上對美元的信心。

自 1999 年歐元正式出現以後，加入歐元區的歐盟國家愈來愈多，歐元在國際貨幣的地位也日形重要，目前在國際上已成為重要性僅次於美元的關鍵通貨。另外，隨著中國大陸的經濟成長，使其對外貿易及外匯存底大幅增加。自 2005 年 7 月人民幣放棄釘住美元的聯繫匯率制度，改採管理浮動匯率制度以後，人民幣在國際貨幣的地位也愈形重要。

至於國際金融秩序及匯率是否能穩定，則各國政策的自主權及其與各國政策是否能協調成功亦是一個很重要的問題，對此吾人可以如下角度加以說明。一國政府若較偏好政策的獨立自主，則該國必須限制資本移動；一國政府若不顧資本管制而讓資本自由移動，則該國必須放棄政策的自主權。換言之，一國必須在交易自由與政策獨立自主之間作一抉擇。卡雷肯 (Kareken) 及華萊士 (Wallace) 認為若允許資本自由移動，則各國必須採取相互協調的財政及貨幣政策。

在當前人們普遍厭惡資本管制且全球金融市場隨著電信科技的發展漸漸整合為一，以及全球經濟高度相互依賴的局勢下，國際金融秩序是否能安定及匯率是否能穩定，國際間的合作及政策協調是一項很重要的關鍵。而國際間的合作及政策協調若要能成功的運作，則各國勢必多少要放棄其政策的獨立自主權。

個案討論

假設人民幣預估未來將持續對美元升值下，請問你覺得臺商的外匯管理策略應如何搭配或選擇較為適當？

摘　要

1. 採取釘住某一籃子的通貨的匯率制度的國家，通常此國的主要對外貿易與金融關係超過一個國家以上。所謂一籃子的通貨是指由數種外國通貨依某一比例所形成的組合，此比例通常依據各國與本國貿易額占本國進出口總額的比重來決定。採取此種匯率制度的國家通常為開發中國家。
2. 所謂「管理浮動匯率制度」是指，匯率原則上是由外匯市場的供給與需求來決定，但一國的中央銀行可視需要隨時參與外匯的買賣，來影響匯率。
3. 在管理浮動匯率制度下，一國的貨幣當局應積極主動的干預外匯市場，以避免匯率在短期間（每天或每週）過度劇烈的變動，同時不要去影響到匯率長期波動的趨勢。IMF 對管理浮動匯率制度的限制之一是，會員國對本國通貨的匯率不應在其正升值時又加大其升值，亦不應在其貶值時加大其貶值。
4. 管理浮動匯率制度乃是介於固定匯率與完全自由浮動匯率之間，因此其同時具有這兩種制度的特點及優缺點。
5. 所謂完全自由浮動匯率制度是指，匯率完全由外匯的供需來決定，政府對匯率的高低不作任何限制，且中央銀行也不會從事影響匯率為目的的外匯買賣。
6. 完全自由浮動匯率制度的優點有：⑴透過匯率的自由變動，外匯供給會等於外匯需求；⑵具有使一國的國際收支恢復到均衡的自動調整機能;⑶各國只須保有少量的國際準備即可;⑷本國貨幣供給量不會受到國際收支的影響；⑸有助於隔絕國外因素對國內經濟的衝擊；⑹本國政府能更獨立的行使貨幣政策與財政政策，且能全心全力專注於國內經濟問題的解決。
7. 完全自由浮動匯率制度的缺點有：⑴由於匯率的變動完全不受貨幣當局的節制，因此可能造成匯率的大幅波動，進而阻礙國際貿易與投資；⑵很可能發生反穩定投機的現象。
8. 所謂外匯管制是指，一國政府對所有的外匯及其交易做統籌的管理，以達到累積該國外匯準備或避免外匯外流或短缺，進而達到平衡國際收支的目的。
9. 在當前的國際貨幣制度（即自由浮動匯率制度或管理浮動匯率制度）下，最嚴重的問題便是匯率長期的失衡以及匯率劇烈的波動，且鉅大的匯率失衡現象往往持續一段相當長的時間。

10.對於當前國際貨幣制度的改革，主要有如下幾項建議：(1)主要工業化國家採取廣泛的貨幣政策協調；(2)建立匯率的目標區；(3)建立國際貨幣基金替代帳戶；(4)建立一套指標以作為各國協調總體經濟政策的訊號；(5)建立共同通貨；(6)對國際間投機熱錢的流動加以限制；(7)建立超國家的貨幣機構。

習 題

一、選擇題

( ) 1.請問管理浮動匯率制度是指央行適度干涉外匯，又指 (A)汙濁的浮動 (B)目標匯率 (C)複合釘住 (D)單一釘住

( ) 2.下列何者不是外匯直接管理制度的措施？ (A)外匯行政管制 (B)實施複式匯率制度 (C)外匯數量的管制 (D)實施貿易管制

( ) 3.下列何者不是外匯管制的缺點？ (A)國內所得分配不均 (B) IMF 的成立 (C)外匯供需失衡 (D)黑市的出現

( ) 4.請問美國目前的匯率制度為 (A)獨立浮動 (B)固定匯率 (C)管理浮動 (D)爬行的釘住

( ) 5.下列對於「獨立浮動匯率制度」的敘述何者正確？ (A)由市場決定匯率 (B)定期調整匯率 (C)本國或地兌換比率固定 (D)允許匯率變動大於 1%

二、簡答題

1.何謂釘住一籃子的通貨?採取釘住一籃子的通貨的匯率制度的國家通常是哪一類型的國家?採取此種匯率制度的最大好處何在？

2.試述管理浮動匯率制度的意義及運作原則。

3.試述管理浮動匯率制度的優缺點。

4.改革當前國際貨幣制度的建議主要有哪些？

第三章 國際收支、國際負債餘額與外匯存底

學習目標

1. 國際收支平衡表的意義。
2. 國際收支平衡表的編製方式。
3. 國際收支平衡表的結構。
4. 臺灣及其他主要國家國際收支的實際概況。
5. 國際收支的均衡及失衡。
6. 國際負債餘額的意義。
7. 外匯存底的意義。

國際收支的發生，起源於國際間商品、勞務及資本的移轉。凡輸出商品、勞務及資本的國家，必獲有自國外的收入。同樣的，凡輸入商品、勞務及資本的國家，亦必須支付貨款給外國。例如，當本國從國外進口貨物時，便必須支付貨款給國外商人；反之，當本國向外國輸出貨物時，便可向國外商人收取貨款。再如本國的航空公司運送國外旅客，或外國的航空公司載運本國旅客時，亦將發生運費的情事。

在總體經濟學中，吾人可用國民所得會計帳來衡量一國在某特定期間整個經濟活動的績效。同樣的，在一個對外開放的國家，吾人亦可利用一時間報表，來衡量該國在一段期間內對外經濟活動的績效，這種以貨幣形式記載的對外經濟活動，稱之為國際收支平衡表。透過國際收支平衡表，吾人不僅可以瞭解一國對外經濟活動的績效，亦可瞭解一國對外貿易與金融的關係。因此，一國負責經濟政策的政府官員必須隨時留意國際收支平衡表，以作為擬定經濟或貿易政策的重要根據。同樣的，一國的進出口商也應隨時注意此表，以瞭解貿易與投資及匯率變化的趨勢，進而擬定其產銷策略。

本章首先將介紹國際收支平衡表的意義、編製方式及其結構，然後介紹臺灣及其他國家國際收支的實際概況，進而探討國際收支出現失衡時的經濟後果與政

府應採取的對策。由於國際收支平衡表為一流量觀念，其並不能代表一國所擁有的國外總資產與總負債的存量情形，因此本章第六節將介紹國際負債餘額，以瞭解一國在某一時點所擁有的國外總資產與總負債的存量情形。臺灣擁有鉅額的外匯存底一直是國人所關切的問題，因此本章第七節特別介紹外匯存底的意義，我國外匯存底的概況及與其他國家的比較，最後對我國外匯存底的存放與管理方式及鉅額外匯存底所產生的問題作一番檢討。

第一節

國際收支平衡表的意義

所謂國際**收支平衡表**（balance of payments，簡稱 BOP）是指，在某一特定期間，某一國居民與其他國家的居民之間，所進行的各種經濟交易活動而以貨幣形式記載的有系統的記錄。此一定義有如下重要的涵義，吾人在此須加以解釋。

1. 流量的觀念 (flow concept)

國際收支平衡表是一國在一段期間（通常是 1 年）與他國交易活動的記錄，而非在某特定時間點上一國外匯存底累積的存量，因此所謂「一段期間」即為流量的觀念而非**存量** (stock) 的觀念。而在此所謂一段期間，是指會計記載上所選取的時間長短，例如 1 季、半年或 1 年。不過一般而言，我們對國際收支平衡表的期間，通常是以 1 年的會計時間為基準。

2. 經濟交易活動

由於一國與他國的經濟交易活動包括財貨與勞務的輸出入、資金的借貸、投資、贈予等，因此國際收支平衡表乃是將所有這些對外經濟交易活動給予加總及分類所作出來的一種摘要性報表。

3. 貨幣形式記載

一個國家對外的經濟交易活動包括種類極為繁多的財貨、勞務、生產要素、贈予及金融資產，而這些活動有些並未以貨幣形式記載，有些則有，但是唯有以貨幣形式的交易才能在國際收支平衡表中加總記載，而計算的單位可以是本國通貨或任何外國通貨。不過，由於目前美元是一種最為國際化的貨幣，因此，國際收支平衡表通常以美元為計算單位。

4.居 民

國際收支平衡表對居民的認定，是以居住地而非以國籍為認定的標準。因此，所謂本國居民包括：(1)常住於本國的人民（即常住居民）；(2)本國政府與企業、派駐國外的外交、軍事及商業等駐外人員；(3)本國居民暫時至國外旅行、求學、醫療及工作或出差的人員。是故，外國使節、駐軍、私人在本國工作者，或企業、政府及國際機構派遣至本國工作者，均視為外國居民，而非本國居民。不過，依國際慣例通常將多國籍公司的母公司與子公司之間的交易視為一種國際貿易，因此子公司的人員被視為是外國居民。

第二節 國際收支平衡表的編製方式

國際收支平衡表是根據**複式簿記** (double-entry bookkeeping) 基礎記載的，任何一筆交易從記帳觀點需同時記入借方與貸方。通常凡涉及外國支付本國，構成外匯供給的交易，則被記為加項，亦即會計上的所謂**貸方** (credit)；至於償付的方式則記入借方項目。而凡涉及對外支付，形成外匯需求的交易，都被記為減項，亦即會計上的所謂**借方** (debit)；至於相應的償付方式則記入貸方項目。

1.貸方交易項目

從本國的觀點，涉及外國支付本國並導致外匯供給增加的貸方（以“+”號表示）的交易項目如下：

(1)本國的商品輸出。

(2)外國人在本國旅遊的開支。

(3)外國人購買本國勞務（或本國的勞務輸出）。

(4)本國人因對外貸款及投資所賺取的利息及紅利。

(5)外國對本國的捐贈及援助。

⑹外國對本國的短期貸款或長期投資，此包括外國在本國銀行存款的增加額。亦即資本輸入。

⑺本國收回其過去對外國所作的貸款、投資或銀行存款。此亦構成資本的流入。

⑻本國輸出貨幣性黃金，即金融當局利用外匯資產中的黃金清償國際債務。

2.借方交易項目

而涉及本國支付外國並導致外匯需求增加的借方（以"－"號表示）的交易項目如下：

⑴本國的商品輸入。

⑵本國人在國外旅遊的開支。

⑶本國人購買外國勞務（或本國的勞務輸入）。

⑷支付外國人在本國投資的利息及紅利。

⑸本國對外國的捐贈及援助。

⑹本國對外國的短期貸款或長期投資，此包括本國人在外國銀行存款的增加額。亦即資本輸出。

⑺外國收回其過去對本國的貸款、投資或銀行存款。此亦構成資本的輸出。

⑻本國自國外輸入貨幣性黃金，即本國金融當局因清償國際債權債務而讓外匯資產中的黃金累積。

由於國際收支平衡表是採複式簿記的方式記載，任何一筆交易必定牽涉到借方與貸方。舉例來說，假設我國自美國某一廠商進口 10 萬美元的機器，係記在美國國際收支平衡表的貸方，但是不論以何種方式清算，該筆輸出交易的最後結果，必會在美國的國際收支平衡表的借方項目記錄 10 萬美元。因為我國進口商向其往來銀行購買美元外匯以支付國外進口商，該賣匯銀行即通知美國的通匯銀行就其存款中扣除 10 萬美元，以付給美國的出口商。就美國而言，外國所持有的存款餘額減少即表示資金由美國流出，此項記錄應記載美國國際收支平衡表的借方。這筆交易的記載如表 3–1。

由於國際收支平衡表採複式簿記的記載方式，因此借方的總和必將等於貸方的總和，換言之，整個國際收支平衡表的借貸雙方必將平衡。但是這並不代表國際收支平衡表的個別帳（即經常帳或資本帳）的餘額會等於零。例如一國的出口

表 3–1　國際收支平衡表的記載——商品交易

美　國		
	貸方 (+)	借方 (–)
商品輸出	10 萬	
短期資本流出		10 萬
臺　灣		
	貸方 (+)	借方 (–)
商品輸入		10 萬
短期資本流入	10 萬	

額大於進口額甚多，則其貿易帳的餘額將會大於零，亦即貿易帳的順差。因此複式簿記的記載方式只是將整個國際收支平衡表的借貸雙方的總和平衡，但是就個別帳戶而言通常會出現餘額不等於零的情形。

第三節 國際收支平衡表的結構

在上節中我們談到了一筆交易中如何記入國際收支平衡表的借方與貸方，及借貸雙方的總和必須平衡的道理。在本節，吾人將進而討論國際收支平衡表包括哪些帳。國際收支平衡表，通常又可區分為如下幾個主要的帳：

(一)經常帳 (current account)

經常帳為國際收支平衡表的主幹，又可分為兩個細帳：

1.對外貿易帳

對外貿易帳或稱商品帳，主要在記載商品進出口、旅行、投資所得，以及其他貨物、勞務及所得的收支情形，收入為加項，支出為減項。更進一步詳細言之，對外貿易帳包括：(1)有形商品的輸出與輸入；(2)無形勞務——如運輸、旅遊、保險、銀行、版稅、權利金及經紀等勞務的輸出與輸入；(3)本國與外國之間的投資所得——即兩國的常住居民購買股票、債券及其他資產的利息與紅利的收入與支出，此項目屬於國際間生產要素的無形勞務的交易；⑷政府之間的開支，即本國政府的駐外機構或外國政府、國際組織設在本國的各種機構的費用支出，包括使領館、軍事基地、聯合國或其他國際組織所設置的機構，至於政府間的技術援助費用則不包括在內，此項目屬於政府間的勞務開支。對外貿易帳中有形商品的出口額（或輸出額）與進口額（或輸入額）的差距，稱之為**貿易餘額** (balance of trade)，如果出口額大於進口額則稱貿易順差，反之則稱貿易逆差。

以上所述的對外貿易帳的商品或勞務等的交易均為有償交易，換言之，一方面有商品或勞務的輸出入，他方面有對等的資金收付。

2.片面移轉帳

片面移轉帳又稱無償性移轉帳，是記錄本國政府與民間對外國的無償援助或贈予（為一減項），以及外國政府與民間對本國的無償性援助或贈予（為一加項）。片面移轉帳包括有：⑴本國與他國私人部門間的片面無償匯款，如僑民匯款、接濟親友、慈善與社會、宗教團體的捐贈等；⑵本國與他國政府部門之間的片面無償移轉，如戰事賠款、經濟援助、技術援助、捐贈及對國際機構經費的分擔費用。

貿易餘額再加上勞務收支淨額與片面移轉帳的餘額，則稱之為經常帳餘額。

㈡資本帳 (capital account)

資本帳係記載本國與其他國家的資本流動情形，又可分為三項：

1.直接投資

直接投資，指本國的常住居民取得或增加對另一個國家的企業所有（控制）權。本國常住居民對外國進行直接投資，資本流出，國際準備減少，記借方（減項）；外國常住居民對本國進行直接投資，資本流入，國際準備增加，記貸方（加項）。

2.其他長期資本帳

長期資本帳包括金融性的長期證券投資，其指本國與他國常住居民之間對期限 1 年以上的證券交易，例如購買外國政府的公債、公司債或其他 1 年以上的貸款或分期付款等是。本國常住居民購買外國的長期證券，是一種證券的進口，但是一種資本的流出（出口），資本流出，國際準備減少，記借方；反之資本流入，國際準備增加，記貸方。

直接國外投資與長期證券投資均屬於一種長期的資本移動。

3.短期資本帳

短期資本帳是記錄本國與他國常住居民間，期限在 1 年以下的證券交易及匯票、貸款、存款、商業票據、應收帳款等短期資本的流動。本國常住居民購買外國的短期證券與其他短期資本外流，均使國際準備減少，記借方（減項）；反之，資本流入，國際準備增加，記貸方（加項）。短期資本的流動主要是為便利商業貿易的融資，賺取利差或投機而產生。

整體而言，構成外匯供給的外人投資與長短期資本的流入，在資本帳上記為貸方（加項）；而形成外匯需求的對外投資與長短期資本流出，記為借方（減項）。而資本流入總額減去資本流出總額，則稱之為資本帳餘額。資本帳的變動與經常帳有密切的關係。一國的經常帳有順差，則愈有可能對外進行資本移轉；反之，若經常帳有逆差，則將設法吸引國外資本流入。

資本帳中所指的資本並非實物資本，而是指**求償權部位** (claim position) 變化的記載。例如外國居民在本國銀行存款餘額減少，代表資金由本國流出，本國對外國的淨求償地位提高，則記本國資本帳的借方。因此，本國資本外流，將使本國對外國的淨求償權地位提高；而外國資本流入本國，將使本國對外國的淨求償權部位降低。

㈢誤差與遺漏 (errors and omissions)

由於國際間經濟交易活動的種類與項目非常的繁雜，國際收支平衡表實無法將這些經濟交易活動全部予以完整的記載。因此，在實際編製國際收支平衡表時，經常帳與資本帳各項目的數值有不少是推估而來的，故二者之和通常與代表國際收支餘額的銀行體系外匯資產的變動不相等。國際收支平衡表上乃增列誤差與遺漏這一項目，以維持雙方的平衡。國際收入與支出之間的差額經過誤差與遺漏項目後，才能顯示官方準備所真正要交易的餘額。

㈣官方準備交易帳 (official reserve transaction account)

官方準備交易帳又稱**官方清算或平衡帳** (official settlement account)，此帳為綜合上述經常帳與資本帳各項，並經誤差與遺漏項調整後的結果，亦即國際收支餘額的陳示。換言之，國際收支餘額為一國經常帳餘額與資本帳餘額之和，亦即：

國際收支餘額＝經常帳餘額＋資本帳餘額

如果一國的國際收支餘額為正值，則該國的國際收支有盈餘（順差），其表示本國的官方準備淨增加與對外國政府（外國中央銀行）的淨負債減少，外國的中央銀行必須將其短期官方資本或其他的國際準備資產（例如黃金、外匯、國際貨幣基金準備部位及特別提款權），移轉給本國的中央銀行，應記借方。反之，如果一國的國際收支有逆差，其表示本國的官方準備淨減少與對外國政府（外國中央銀行）的淨負債增加，本國的中央銀行必須將短期官方資本或其他的國際準備資產，移轉給外國的中央銀行，應記貸方，而使總借等於總貸。因此，一個國家的國際收支無論是發生順差或逆差的失衡，由於官方清算或平衡項的調整，最後國際收支平衡表在整個帳面上必然維持借貸雙方的平衡。

在此要特別說明的是，國際收支餘額雖等於經常帳與資本帳的總和，但在實際統計上，經常帳與資本帳的每筆交易並無法逐筆記載，致各項的數值難以精確估算，尤其是在未實施外匯管制或管制不嚴的國家更是如此，故真正的國際收支餘額無從依此定義計算得知。不過，由於外匯收支一般多會透過銀行體系，故銀行體系外匯保有量的變動可近似衡量國際收支餘額；而且「銀行體系外匯保有量」的變動才會影響貨幣供給量及國內經濟活動，故較為貨幣當局所關心。基於這兩個原因，在國際收支平衡表的編製上，習慣上乃以銀行體系（包括中央銀行）所保有的外匯資產的變動來衡量國際收支餘額。而銀行體系外匯資產的變動中，居最重要地位的又是中央銀行外匯資產的變化，這就是為什麼經常帳與資本帳又稱為「官方準備交易帳」的原因。

另外要說明的一點是，理論上，官方準備交易帳是用以清算國際間商業與非商業交易的結果，但事實可能並非如此。在實際統計上，吾人是以銀行體系（含中央銀行）所保有外匯資產的變動來衡量國際收支餘額，換言之，在現實的社會，官方準備交易帳中包含有許多中央銀行干預外匯市場與為謀求經濟利益而產生的誘發性資金移動的活動在內。

最後，值得一提的是黃金。黃金具有兩種性質：⑴商品；⑵通貨或貨幣。傳統上，官方準備交易帳中包括黃金，但自 1976 年 1 月牙買加協定將黃金予以非貨幣化後，官方準備交易帳中便不再包括黃金這一項目。黃金如被貨幣當局持有則為貨幣性黃金，其他的如同一般商品，是為**非貨幣性黃金** (non-monetary gold)。黃金當作商品輸出入時，與一般商品的輸出入無異，但黃金仍具有國際貨幣的作用，雖然國際貨幣基金會試圖降低黃金的貨幣功能，但至今黃金仍為世界共通的貨幣。故站在國家的立場，黃金等於外匯。在國際收支平衡表的統計之中，所有貨幣化與非貨幣化的黃金交易均須被統計。

當中央銀行買進黃金以增加黃金持有時，稱為**黃金的貨幣化** (monetarization of gold)，記在貸方（+ 號）；而當中央銀行在市場上把黃金賣給私人，減少黃金持有時，稱為**黃金的非貨幣化** (demonetarization of gold)，記在借方（– 號）。

第四節 臺灣及其他主要國家國際收支的實際概況

一、臺灣地區國際收支的實際概況

上二節所介紹的是一般國際收支平衡表的編製方式與重要結構，實際上，世界各國所編的國際收支平衡表格式不一定是完全一樣，但基本構造還是一樣的。

目前我國國際收支平衡表的編製方法是根據**國際貨幣基金**（International Monetary Fund，簡稱 IMF）規定的第六版《國際收支手冊》，以複式簿記的方式記錄我國對外交易的收付情形，並且根據交易性質的不同，區分為經常帳、資本帳、金融帳、誤差與遺漏、準備及相關項目等 5 項。此外，第六版中使用「金融資產的淨變化」和「負債的淨變化」替代第五版中的「借方」和「貸方」。表 3–2 為中華民國臺灣地區從 2003 至 2018 年中央銀行編製的國際收支簡表 。 表 3–3 為 2003 至 2018 年中華民國臺灣地區國際收支的摘要表。表 3–2、表 3–3 皆為吾人常在報章、雜誌、期刊或金融統計報表上常見的國際收支的表達方式，以上兩表的不同僅在於表達方式或起迄年份，或詳細程度（或簡略程度）有所不同而已。

二、其他主要國家國際收支的實際概況

在一國的國際收支中，經常帳的變動通常與資本帳的變動有密切的關係。經常帳有順差的國家，該國通常會對外投資或對外進行資本移轉；相反的，若是經常帳有了逆差的國家，則該國將設法引進國外資本流入。因此，若要比較各國之間的國際收支，吾人可先由經常帳做比較。

從表 3–4 可看出，美國的經常帳近十年來皆為逆差，雖然相較於 2007 年的 7,110 億美元，2017 年逆差已降至 4,660 億美元，但仍相當可觀。而法國的經常帳近十年來也一直呈現逆差的情形，英國亦同。

1990 至 1991 年，南韓由於工資持續上漲，勞動成本上升，出口競爭力轉趨下降，加以國內景氣過熱引發通貨膨脹遽生，使其經濟重蹈 1960 至 1970 年代「高成長、高通貨膨脹、國際收支巨額逆差」的發展模式。而南韓政府在南韓於 1991 年出現歷年來最高的經常帳逆差之後，已於 1992 年年初起大力推動改善國際收支對策。結果，經常帳收支逐季獲得改善，近十年來皆保持順差，2017 年為 710 億美元。

表 3–3　中華民國臺灣地區 2003 至 2018 年國際收支摘要表

單位：百萬美元

年　別	經常帳			資本帳差額	金融帳差額	誤差與遺漏	國際收支綜合餘額	經常帳差額對國民生產毛額的比率(%)
	收　入	支　出	差　額					
2003	189,405	161,155	28,250	−18	−7,735	1,125	37,092	8.87
2004	227,123	209,874	17,249	−2	−7,317	2,032	26,596	4.95
2005	245,312	230,386	14,926	−46	−2,340	2,836	20,056	3.97
2006	276,711	253,574	23,137	−63	19,601	2,613	6,086	5.95
2007	308,615	276,602	32,013	−25	38,932	2,924	−4,020	7.84
2008	321,757	296,956	24,801	−270	1,641	3,384	26,274	5.95
2009	261,269	220,619	40,650	−50	−13,488	38	54,126	10.37
2010	344,588	307,756	36,832	−49	339	3,729	40,173	8.26
2011	386,804	348,926	37,878	−36	32,027	424	6,239	7.80
2012	453,421	410,253	43,168	−24	31,501	3,841	15,484	8.71
2013	449,345	399,473	49,872	67	41,089	2,468	11,318	9.75
2014	456,324	395,886	60,438	−8	50,461	3,046	13,015	11.39
2015	413,355	338,472	74,883	−5	66,976	7,109	15,011	14.25
2016	387,704	314,925	72,779	−9	59,758	−2,349	10,663	13.70
2017	436,450	353,611	82,839	−12	70,955	595	12,467	14.41
2018	450,677	382,415	68,262	63	51,921	−3,905	12,499	11.58

註：表中數據未經季節調整。

資料來源：中央銀行全球資訊網。

表 3–4　各國國際收支差額（經常帳）

單位：百萬美元

年　別	中華民國	美　國	日　本	德　國	法　國	英　國	義大利	南　韓	新加坡	中國大陸
2007	32,013	−711,030	211,740	233,270	−8,720	−116,950	−30,527	11,795	46,901	353,183
2008	24,801	−681,390	142,120	210,890	−28,180	−134,150	−66,848	3,190	27,831	420,596
2009	40,650	−372,520	145,680	198,870	−22,060	−92,250	−40,321	33,593	32,418	243,257
2010	36,832	−430,700	220,890	193,030	−22,030	−92,500	−73,022	28,850	55,421	237,810
2011	37,878	−444,590	129,600	228,670	−29,490	−62,180	−68,220	18,656	61,127	136,097
2012	43,168	−426,200	60,120	248,920	−32,890	−113,100	−7,321	50,835	49,425	215,392
2013	49,872	−349,540	46,380	253,030	−24,380	−151,900	21,541	81,148	50,299	148,204

2014	60,438	−373,800	36,350	289,160	−37,350	−161,160	40,339	84,373	58,196	236,047
2015	74,883	−434,600	136,470	300,820	−9,130	−149,800	27,518	105,940	56,493	304,164
2016	72,779	−451,690	194,000	297,320	−18,690	−154,870	47,659	99,243	58,845	202,203
2017	82,839	−466,250	195,800	297,130	−13,310	−106,500	54,332	78,460	60,989	164,887

註：表中數據未經季節調整。

資料來源：IMF, *International Financial Statistics*

至於經常帳收支為順差的國家，如臺灣、日本、新加坡等，其在對外貿易上所表現出來的情形一直為順差，在表 3–5，2017 年全球商品貿易前二十大貿易國金額及排名統計中，中國大陸、德國以及日本無論在出口或進口皆高居世界前五。從表 3–4 來看一些國家的國際收支狀況，可以看出美、法、英三國近十年來皆為逆差的現象，而德國則皆為順差。

表 3–5　2017 年世界商品貿易前二十大貿易國金額及排名

單位：十億美元；%

	商品出口				商品進口			
排名	國家	金額	年增率	比重	國家	金額	年增率	比重
1	中國大陸	2,263	8	12.8	美國	2,409	7	13.4
2	美國	1,547	7	8.7	中國大陸	1,842	16	10.2
3	德國	1,448	9	8.2	德國	1,167	11	6.5
4	日本	698	8	3.9	日本	672	11	3.7
5	荷蘭	652	14	3.7	英國	644	1	3.6
6	南韓	574	16	3.2	法國	625	9	3.5
7	香港	550	6	3.1	香港	590	8	3.3
8	法國	535	7	3.0	荷蘭	574	14	3.2
9	義大利	506	10	2.9	南韓	478	18	2.7
10	英國	445	9	2.5	義大利	453	11	2.5
11	比利時	430	8	2.4	印度	447	24	2.5
12	加拿大	421	8	2.4	加拿大	442	7	2.5
13	墨西哥	409	10	2.3	墨西哥	432	9	2.4
14	新加坡	373	10	2.1	比利時	403	8	2.2
15	阿拉伯聯合大公國	360	20	2.0	西班牙	351	13	1.9
16	俄羅斯	353	25	2.0	新加坡	328	12	1.8
17	西班牙	321	11	1.8	瑞士	269	0	1.5

18	中華民國	317	13	1.8	阿拉伯聯合大公國	268	−1	1.5
19	瑞士	300	−1	1.7	中華民國	259	13	1.4
20	印度	298	13	1.7	俄羅斯	238	24	1.3
	全球總額	17,730		100.0	全球總額	18,024		100.0

資料來源：WTO, *World Trade Statistical Review 2018*

以下特別將德國、日本及中國大陸的詳細國際收支作介紹：

1.德　國

在戰後，相對於英、法等國，德國有較低的通貨膨脹率。穩定的物價使得德國的貨物在世界具有相當的競爭力。同時，也能在國際收支上達到平衡。見表 3–6。1991 年德國統一，由於德國需大量資金以協助前東德重建，一向為資金供給者的德國，便造成資金短缺的現象。資金的短缺也反映在利率上，利率由 1988 年的 3.5% 上升到 1993 年的 8.25%。而在短暫的經常帳赤字後，自 1993 年至 2017 年，德國經常帳皆為正值，2017 年德國經常帳為 297.13 億美元；資本帳為負 0.31 億美元。

表 3–6　德國 1990 至 2017 年的國際收支概況

單位：十億美元

年　別	經常帳	資本帳	金融帳	綜合收支
1990	45.84	−3.11	−55.73	7.25
1991	−6.79	−2.78	6.71	−6.18
1992	−8.47	−1.26	47.85	37.18
1993	2.44	−1.15	12.39	−14.20
1994	4.11	−1.67	34.37	−2.04
1995	11.49	−2.73	41.85	7.23
1996	18.83	−2.18	15.30	−1.20
1997	22.91	0.00	1.19	−3.76
1998	24.59	0.72	17.84	4.02
1999	11.69	−0.15	−26.89	−14.11
2000	1.36	6.19	28.99	−5.22
2001	34.21	−0.33	−16.13	−5.47
2002	83.74	−0.23	−40.75	−1.98

2003	95.55	0.35	−71.61	−0.68
2004	136.78	0.52	−152.98	−1.81
2005	146.02	−1.82	−164.42	−2.60
2006	162.02	−0.34	−223.36	−3.65
2007	233.27	−2.31	252.17	505.58
2008	210.89	−1.22	177.11	356.95
2009	198.87	−2.60	172.08	356.51
2010	193.03	1.62	121.61	245.35
2011	228.67	0.60	163.79	331.5
2012	248.92	−0.61	192.55	386.8
2013	253.03	−0.82	298.82	598.8
2014	289.16	4.00	321.10	638.9
2015	300.82	0.62	267.37	532.33
2016	297.32	3.80	282.43	566.76
2017	297.13	−0.31	312.78	624.09

註：n/a 表示無法取得資料。

資料來源：IMF, *International Financial Statistics*

2. 日　本

日本自 1992 年起，年年皆有高達數百億美元的經常帳順差。表 3–7 列出了 1992 至 2017 年較詳細的日本國際收支的概況。1983 年以後日本的國際收支，在收入或是流入面是經常帳順差與外匯銀行的資本流入；在流出面是民間的對外證券投資與外匯準備的增加。經常帳順差導致的長期資本流出意味日本的超額儲蓄為其他國際資金的供應來源。自 1999 至 2017 年間，日本的綜合收支（除 2013 年外）皆呈現順差之現象，其主因乃是日本經常帳大量的順差。

表 3–7　日本 1992 至 2017 年的國際收支概況

單位：億美元

年　別	經常帳	資本帳	金融帳	誤差與遺漏	綜合收支
1992	1,125.74	−12.99	−1,002.78	−103.78	6.20
1993	1,316.37	−14.59	−1,022.07	−4.98	274.73
1994	1,302.55	−18.50	−751.10	−180.30	252.65
1995	1,110.44	−22.29	−639.80	137.76	252.65
1996	657.92	−32.88	−280.17	6.53	351.41
1997	968.14	−40.49	−1,205.09	343.11	65.67
1998	1,187.49	−144.54	−1,148.16	43.57	−61.64
1999	1,146.04	−164.67	−388.45	169.65	762.56
2000	1,196.60	−92.59	−783.13	168.66	489.55
2001	877.97	−28.69	−481.60	37.19	404.87
2002	1,124.50	−33.20	−633.80	3.90	461.30
2003	1,562.80	−40.00	719.20	−370.50	1,871.50
2004	1,720.60	−47.90	225.00	−289.20	1,608.50
2005	1,657.83	−48.78	−1,226.82	−158.98	223.25
2006	1,710.78	−47.57	−1,023.43	−319.97	319.81
2007	2,117.40	−40.30	1,872.90	161.10	4,111.10
2008	1,421.20	−54.70	1,496.50	438.80	3,301.80
2009	1,456.80	−49.90	1,406.80	295.60	3,109.30
2010	2,208.90	−49.60	2,030.00	282.80	4,472.10
2011	1,296.00	5.00	−190.30	274.90	1,385.60
2012	601.20	−10.20	913.40	−60.20	1,444.20
2013	463.80	−76.80	−430.10	−429.40	−472.50
2014	363.50	−19.90	502.40	243.60	1,089.60
2015	1,364.70	−22.50	1,758.10	467.10	3,567.40
2016	1,940.00	−65.80	2,670.40	742.90	5,287.50
2017	1,958.00	−25.60	1,338.20	−358.40	2,912.20

註：n/a 表示無法取得資料。

資料來源：IMF, *International Financial Statistics*

3. 中國大陸

在中國大陸的國際收支方面，表 3–8 列示了中國大陸歷年來的經常帳、資本帳及國際收支的餘額。

表 3–8　中國大陸 1993 至 2017 年的國際收支概況

單位：億美元

年　別	經常帳	資本帳	金融帳	綜合收支
1993	−119	0	235	18
1994	77	0	326	305
1995	16	0	387	225
1996	72	0	400	317
1997	370	0	210	357
1998	315	0	−63	65
1999	211	0	52	85
2000	205	0	20	106
2001	174	−1	348	472
2002	354	0	323	755
2003	431	0	549	1,062
2004	689	−1	1,082	1,900
2005	1,324	41	912	2,506
2006	2,318	40	453	2,847
2007	3,532	31	−911	2,784
2008	4,206	31	−371	4,054
2009	2,433	39	−1,945	115
2010	2,378	46	−2,822	−966
2011	1,361	54	−2,600	−1,283
2012	2,154	43	360	1,686
2013	1,482	31	−3,430	−2,547
2014	2,360	0	514	2,205
2015	3,042	3	4,345	5,260
2016	2,022	−3	4,161	3,885
2017	1,649	−1	−1,486	−2,057

資料來源：IMF, *International Financial Statistics*

在經常帳方面，中國大陸持續的經濟改革開放政策，使得中國大陸的貿易順差及經常帳順差持續擴大，此點引發了美國是否仍給予中國大陸最惠國待遇的爭議。1993 年 5 月，美國終於決定延長給予中國大陸最惠國待遇至 1994 年，但其附帶條件是：中國大陸必須減少利用犯人的勞動力的外銷產品。

在資本帳方面，中國大陸自 1982 年起便是屬於資本淨流入的國家，且自

1986 年起資金的流入速度更是加快，1989 年由於天安門事件資金流入大幅減少，但 1990 年後資金的流入速度則又加速。綜合而言，中國大陸由於經常帳餘額的改善及資本帳上資金的淨流入，其國際收支從 2000 年起便逐漸的有改善。

由於 2000 至 2005 年間，中國大陸持續大量的貿易順差及經常帳順差，導致歐美各國要求人民幣升值的壓力日增。2005 年 7 月，中國大陸不得不宣布放棄釘住美元的聯繫匯率制度，改採管理浮動匯率制度。自該時起，人民幣兌美元的匯率從 1 : 8.28 上升至 2014 年的 1 : 6.1 左右，升值了近 30%。雖然這段期間，中國大陸的貿易順差仍然持續，但隨著人民幣的升值，中國大陸的進口、出國觀光及對外投資亦大幅增加。至 2017 年，中國大陸之經常帳仍保持順差。

第五節

國際收支的均衡與失衡

國際收支是一個國家在一段期間之內，對外經濟活動的記載，其所顯示的不單是統計數據而已，而有深一層的經濟涵義存在。就整個國際收支平衡表的記載而言，它是由經常帳與資本帳兩大部分所構成，至於官方準備交易帳則是為了平衡國際收支餘額（即經常帳餘額與資本帳餘額的總和），其包括短期政府資本流動及其他外匯準備資產的增減變化。官方準備交易帳在固定匯率制度下可代表該國政府為了維持匯率穩定而從事的補償性交易。換言之，假如一國的國際收支達到均衡，則政府沒有必要從事官方準備交易來平衡，因為在官方準備交易帳項劃分線以上的借方總額已等於貸方總額。既然貸方總額通常涉及外匯供給，而借方總額反映外匯需求，因此，在外匯供需相等的情況下，自然不須政府介入作清算交易，這時我們可認為國際收支達到了均衡。

而在自由浮動匯率的制度下，則理論上一國的國際收支不會長久失衡。也就是說，靠匯率的自由升降，一國的外匯供給與外匯需求將趨向相等。這是假定正常情形下外匯市場具有穩定的均衡點，故藉匯率的自由變動即可建立外匯的供需相等，並達成國際收支的均衡。然而，假使外匯市場本質上具有不穩定性，則均衡無從建立，國際收支將可能持續出現失衡。

一個國家的國際收支若發生失衡，無論是順差失衡或逆差失衡，都會產生經濟問題，必須採取因應的經濟政策以消除失衡的現象。國際收支若發生逆差失衡，對一些先進國家而言，在其他情況不變下，將導致該國幣值下跌，有損國家信譽。因此，當國際收支發生逆差失衡時，先進國家通常會採取各種的經濟政策或貿易政策，例如獎勵出口及限制進口等，來恢復國際收支的平衡。對開發中國家而言，國際收支若發生逆差失衡，在其他情況不變下，將導致該國幣值更加低落，國際債信惡化，經建計畫無法推展。因此，當國際收支發生逆差失衡時，開發中國家通常會尋求外援，設法暫時引進短期、非計畫的調節性交易資金，使國際收支恢復平衡，然後再設法將這些資金轉變成長期性、計畫性的資本流入。若能如此的話，則一方面可解決該國國際收支逆差失衡的現象，另一方面亦可加速該國資本之形成，促進經濟成長。

一國的國際收支若發生順差失衡，在其他情況不變下，將導致該國的幣值上升、物價上漲及貨幣供給量的大幅增升。以臺灣在民國 76 年至 79 年的投機歪風、金錢遊戲為例，由於臺灣的國際收支歷年來均呈現順差，造成了新臺幣升值的壓力，再加上當時中央銀行為控制新臺幣升值採取緩慢升值或穩定中升值的匯率政策，如此更助長了新臺幣預期升值的心理，使得國外熱錢流入，進而造成了貨幣供給量的增加，在投資管道不足的情況下，游資便流向了股市、房地產、大家樂及六合彩等金錢遊戲，當時由於這種投機歪風的盛行，使得企業不務正業，工廠請不到工人，產業外移及造成所謂產業空洞化的憂慮。但是就另一方面而言，一國的國際收支發生順差失衡同時也表示該國累積更多的國際準備資產，這就如同一個人變得更加富有一樣，該國的進口能力可因之提高，經建計畫能夠順利推展，而該國的幣值也會因之增強，有助於提高國家信譽與國際經濟地位。職是之故，當之世界各國通常對國際收支順差抱持著歡迎與接納的態度，除非該國的國際收支順差長期存在且數量過大，否則通常不會採取經濟政策來消除此種狀況。

第六節

國際負債餘額

由於國際收支平衡表是一國在某一段期間與他國經濟交易活動的記錄，而所謂「一段期間」是為流量的觀念而非存量的觀念，因此其並不能代表在某一時點，一個國家所擁有的國外總資產與總負債的存量情況。為了瞭解一國對外的債權債務情況，近年來許多國家乃按照國際借貸關係作成**國際負債餘額** (balance of international indebtedness) 的統計。國際負債餘額有時又稱**國際投資部位** (international investment position)，其乃是指，在某一時點，一個國家所擁有的國外總資產與總負債的存量情況。這種國際負債餘額頗能表示一國與他國的債權債務狀態，尤其對國際投資狀況的瞭解，提供重要的資料。

國際負債餘額乃是將一國的國外總資產減去國外總負債（即外國所擁有的本國資產）所得的餘額，如果餘額為正，則該國為一**淨債權國** (net creditor)；如果餘額為負，則該國為一**淨債務國** (net debtor)。表 3–9 以美國為例，列示了該國 1994 至 2012 年的國際負債餘額。就美國而言，長久以來，美國的國際負債餘額一直處於正的狀態，亦即美國所擁有的國外總資產一直大於外國所擁有的美國資產。但到了 1989 年，美國的國際投資部位為 −470 億美元，這是美國自第一次世界大戰以來首度成為國際淨債務國。至 2012 年，美國擁有的國外總資產計 179 億美元，外國所擁有的美國資產計 3,849 億美元，所以美國在 2012 年的淨投資部位為 +688 億美元。

表 3-9　美國 1994 至 2012 年的國際負債餘額

單位：百萬美元

年別	美國所擁有的國外資產＊	國際準備	美國政府資產	美國民間資產	外國所擁有的美國資產	外國官方資產	外國其他資產	美國的淨國際投資部位
1994	−178,937	5,346	−390	−183,893	303,174	39,583	263,591	−1,514
1995	−352,264	−9,742	−984	−341,538	435,102	109,880	325,222	30,951
1996	−413,409	6,668	−989	−419,088	547,885	126,724	421,161	−9,705
1997	−485,475	−1,010	68	−484,533	704,452	19,036	685,416	−77,995
1998	−353,829	−6,783	−422	−346,624	420,794	−19,903	440,697	148,105
1999	−504,062	8,747	2,750	−515,559	742,210	43,543	698,667	67,684
2000	−560,523	−290	−941	−559,292	1,038,224	42,758	995,466	−61,361
2001	−382,616	−4,911	−486	−377,219	782,870	28,059	754,811	−16,849
2002	−294,646	−3,681	345	−291,310	795,161	115,945	679,216	−43,126
2003	−325,424	1,523	537	−327,484	858,303	278,069	580,234	−11,969
2004	−1,000,870	2,805	1,710	−1,005,385	1,533,201	397,755	1,135,446	93,138
2005	−546,631	14,096	5,539	−566,266	1,247,347	259,268	988,079	31,942
2006	−1,285,729	2,374	5,346	−1,293,449	2,065,169	487,939	1,577,230	−6,742
2007	−1,453,604	−122	−22,273	−1,431,209	2,064,642	481,043	1,583,599	92,660
2008	332,109	−4,848	−529,615	866,571	431,406	554,634	−123,228	−59,443
2009	−119,535	−52,256	541,342	−608,622	314,390	480,286	−165,896	142,365
2010	−939,484	−1,834	7,540	−945,189	1,308,279	398,188	910,091	59,237
2011	−483,653	−15,877	−103,666	−364,110	1,000,990	211,826	789,164	−89,208
2012	17,918	−4,460	85,110	−62,732	384,902	373,642	11,260	68,801

註：＊負號表示現金流出；n/a 表示無法取得資料。

資料來源：Bureau of Economic Analysis

為何在 1980 年代間美國會從一淨債權國迅速的轉變為一淨債務國呢?其原因為外國人在美國的投資遠大於美國人對外國的投資。由於美國經濟在 1980 年代初期迅速的從蕭條中復甦，再加上其政治穩定及高利率，因此吸引了很多外國投資者。另一方面，此時由於(1)歐洲對資金需求減少；(2)拉丁美洲國家無法償債的問題使得美國的商業銀行減少對外的貸款；(3)石油價格的下跌使得其他開發中國家的石油進口國減少對美國的貸款或信用的需求等原因，使得外國對美國的總資產增加、美國對外國的總資產減少，導致美國在 1980 年代間從一淨債權國迅速的成為一淨債務國。

事實上，光知道一國是淨債權國或淨債務國並無多大的意義，重要的是吾人要知道國外總資產與總負債所包含各項目的內容。國際負債餘額最重要的功用，在於其將一國的國外投資情況分別數類，吾人可從各類別的投資部位以瞭解該國的**流動性地位** (liquidity status)。舉例來說，一國的短期投資部位中的對外短期負債便具有相當大的意義，因為這種對外短期負債便代表外國人可在很短的時間即可動用的數額，一旦外國人真的動用這筆數額的話，則其勢必對該國國內的金融市場造成重大的衝擊，因此一國的國際負債餘額中的對外短期負債過大的話，對該國而言並不是好現象。

另外，在應用國際負債餘額時有以下幾點吾人須加以說明的：

⑴國際負債餘額的統計較國際收支平衡表的統計更為困難。國際負債餘額中的國外總資產與總負債各包括哪些項目？如何計算？由於國外總資產並不一定要等於國外總負債，因此要維持統計上的準確性並不可能。

⑵國際負債餘額對未來的國際收支平衡表會產生一些影響。因為如果國際負債餘額為一很大的正值的話，其代表該國國外資產（相對於國外負債而言）愈多，如此便將使得未來回收的本金、利息與利潤愈多。要是一國的國際負債餘額為一很大的負值的話，則其代表該國的國外負債（相對於國外資產而言）愈大，如此將使得未來付出的本金與利息愈多，而這些都將反映到未來的國際收支平衡表上。

⑶國際負債餘額與歷年來的資本帳有密切關係。國際收支平衡表中的資本帳所衡量的為一個國家在特定時間內對外求償權（或國外資產與負債）的變動情況，而國際負債餘額則是代表一個國家歷年來資本帳所累積的結果。

⑷國際間利率、匯率與資產價格的變動，會影響到一國的國際負債餘額。例如，外國的利率上升將使得國外資產的利息收入增加，但同時亦將使得國外負債的利息支出增加；而外國幣值上升或國外的資產價格上升，均將使得該國所擁有的國外資產的價值增加，進而提高一國的國際投資部位。因此，國際間利率、匯率與資本價格的變動都會影響到一國的國外資產與負債，進而使得一國的國際負債餘額產生變化。

⑸國際負債餘額並無法顯示一國真正的國際準備資產數量。國際負債餘額僅代表一國對外的債權債務關係，因為一國所擁有的國外資產並不一定能隨時迅速的動用，而一國的國際準備則可隨時或立即的動用。

第七節
外匯存底

一、外匯存底的意義

「外匯存底」這四個字是國人在報章雜誌常見到的名詞，但是到底什麼是外匯存底則卻又有很多人一知半解。在瞭解外匯存底的前，吾人須先對何謂「外匯」做一個定義。

所謂**外匯** (foreign exchange) 是指可以作為國際支付工具的外國通貨或是對外國通貨的請求權（例如在外國的銀行存款）。在 1973 年美國正式終止美元與黃金的兌換關係之前，黃金一直是國際間從事交易或清算的最後工具。而一些主要國家的通貨，透過與黃金所訂的兌換比例關係，彼此亦可互相兌換，故與黃金同樣成為國際間的交易媒介。這些在國際間流通的通貨，即稱為**可兌換通貨** (convertible currencies)。

在 1973 年後，黃金不再成為國際間支付的工具，而可兌換通貨則成為國際間所普遍的支付工具，其中最主要者，就是美元、日圓、英鎊等通貨。在目前的國際支付制度下，為了交易或清算的方便，每個國家皆有必要保有一些可兌換通貨，這就是外匯，其保有量就是該國的外匯存底 (foreign exchange reserves)。故外匯存底為一存量的觀念。

外匯存底又稱為外匯準備、外匯準備頭寸（或部位）或**國際準備** (international reserve)。國際準備資產，其是指一個國家貨幣當局用來干預外匯市場或清算國際債務的流動性資產。目前，為世界各國所共同認定可作為國際準備的資產，主要有黃金、外匯（即可兌換通貨或強勢貨幣）、**國際貨幣基金準備部位** (IMF position) 及特別提款權。但由於臺灣不是 IMF 的會員國，因此臺灣的外匯存底並無國際貨幣基金準備部位及特別提款權二項。

一國外匯存底的意義可分為廣義與狹義兩類：

㈠廣義的外匯存底

可分為兩類：

⑴全國（含民間、政府及各金融機構）所持有的外匯資產，及其孳息與利得的存量。但因部分由民間持有，故無法得到正確的統計。

⑵銀行體系（含中央銀行及全體金融機構）所持有的外匯資產的存量，亦即國際收支平衡表所列的國際準備或稱**銀行體系國外淨資產** (net foreign assets of the banking system)。

㈡狹義的外匯存底

或稱「中央銀行所持有的外匯存底」，此定義僅涵蓋：⑴中央銀行原有的外匯資產；⑵中央銀行在國內外匯市場買賣外匯淨額的累計數；⑶中央銀行運用其外匯資產所孳生的利得。

一般報章雜誌所提及的外匯存底通常是指「中央銀行所持有的外匯存底」，其並不包含民間及其他金融機構的外匯資產，故為一狹義的外匯存底。

此外，廣義與狹義外匯存底的另一區分法是指，是否有將黃金計算在內而有別。依目前國際貨幣基金 (IMF) 的定義，將政府所保有的黃金也計算在內者，為廣義的外匯存底；不包括黃金者，為狹義的外匯存底。

由於外匯存底可隨時或立即的動用，因此，外匯存底的多寡，可說是一國國際支付能力強弱的代表，但其所代表的意義對先進國家與落後國家並不一樣。對先進國家而言，其貨幣本身往往就是一種**國際貨幣** (international currency)，即所謂**強勢貨幣** (hard currency)，其國力為各國所肯定。但對落後國家而言，其貨幣多不為外國所接受，故必須以可兌換通貨或黃金支付，因此其外匯存底的多寡，常被視為評估該國信用風險的重要因素之一。

二、我國外匯存底的實際概況及與其他國家的比較

我國自民國 60 年首次出現貿易順差，以及自此後年年鉅額的貿易順差，使得中央銀行所擁有的外匯存底逐年增加，其存量常居於世界排名的前五名，鉅額的外匯存底常成為世界各國及國內報章雜誌所關注的焦點。

以民國 80 年年底為例（見圖 3–1 及表 3–10），我國的外匯存底有 824 億美元，若再加上央行持有的黃金 48 億美元及央行提撥至外幣拆款中心的種籽基金，合計所謂的國際準備高達 942 億美元。如與同時間其他國家的國際準備相較，美國為 1,592 億美元，德國為 970 億美元，均高於我國，而日本為 811 億美元則低於我國。就此絕對金額而言，我國的國際準備雖不是全球最多者，但若再以當時（民國 80 年）的國際準備與每月的進口金額比較，日本國際準備相當於 4.2 個月的進口額，美國是 3.8 個月，德國是 3.1 個月，而我國則高達 18 個月。

一個國家擁有外匯準備的主要目的，在於作為進口或國際支付的所需，以及維持該國物價及該國通貨對外幣值的穩定。一個國家的外匯準備如果不足或過小，則不足以應付進口所需，該國通貨對外幣值難以維持穩定，不利於該國的債信。但是外匯準備過度的累積，其代表本國人民降低目前消費之苦，如果所持有的外匯貶值，更是造成本國資源的浪費與無謂的損失。

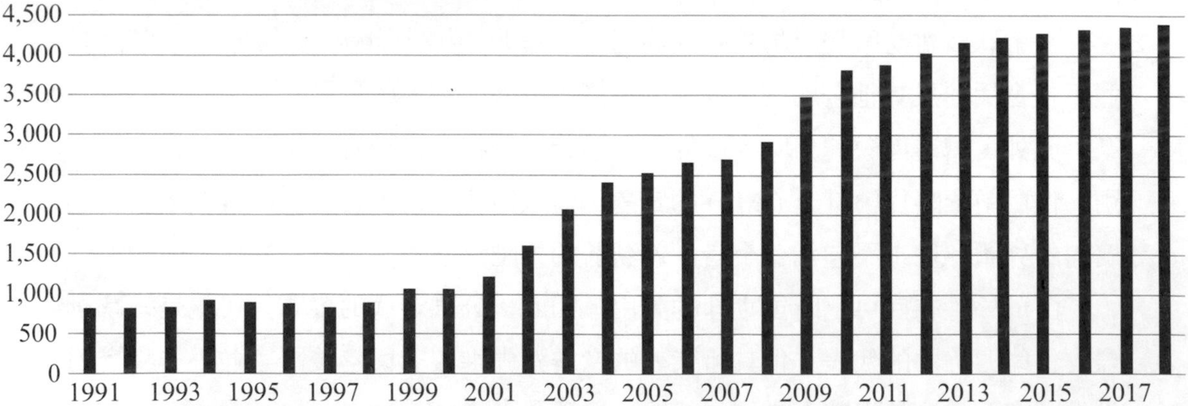

資料來源：行政院主計處、經濟部統計處。

圖 3–1　近年我國外匯存底（單位：億美元）

表 3-10　主要國家 1991 至 2018 年的外匯存底

單位：億美元；%

年別	中華民國		美　國		日　本		德　國		南　韓		中國大陸	
	金額	成長率	金額	成長率	金額	成長率	金額	成長率	金額	成長率	金額	成長率
1991	824		667		721		630		137		437	
1992	823	−0.12	603	−9.60	716	−0.69	910	44.44	171	24.82	206	−52.86
1993	835	1.46	624	3.48	985	37.57	776	−14.73	202	18.13	224	8.74
1994	925	10.78	633	1.44	1,259	27.82	774	−0.26	256	26.73	529	136.16
1995	903	−2.38	748	18.17	1,833	45.59	850	9.82	327	27.73	754	42.53
1996	880	−2.55	640	−14.44	2,166	18.17	832	−2.12	340	3.98	1,070	41.91
1997	835	−5.11	589	−7.97	2,196	1.39	776	−6.73	204	−40.00	1,428	33.46
1998	903	8.14	707	20.03	2,155	−1.87	740	−4.64	520	154.90	1,492	4.48
1999	1,062	17.61	605	−14.43	2,869	33.13	610	−17.57	740	42.31	1,577	5.70
2000	1,067	0.47	566	−6.45	3,549	23.70	569	−6.72	961	29.86	1,683	6.72
2001	1,222	14.53	576	1.77	3,952	11.36	514	−9.67	1,028	6.97	2,156	28.10
2002	1,617	32.32	680	18.06	4,612	16.70	512	−0.39	1,213	18.00	2,911	35.02
2003	2,066	27.77	749	10.15	6,633	43.82	507	−0.98	1,553	28.03	4,082	40.23
2004	2,417	16.99	759	1.34	8,339	25.72	488	−3.75	1,990	28.14	6,145	50.54
2005	2,533	4.80	541	−28.72	8,343	0.05	451	−7.58	2,103	5.68	8,215	33.69
2006	2,661	5.05	549	1.48	8,797	5.44	417	−7.54	2,389	13.60	10,685	30.07
2007	2,703	1.58	595	8.38	9,528	8.31	443	6.24	2,622	9.75	15,303	43.22
2008	2,917	7.92	421	−29.24	10,033	5.30	386	12.87	2,010	23.34	19,406	26.81
2009	3,482	19.37	458	8.79	9,966	−0.67	369	−4.40	2,657	32.19	23,992	23.63
2010	3,820	9.71	475	3.71	10,358	3.93	374	1.36	2,875	8.20	28,473	18.68
2011	3,855	0.92	522	9.89	12,208	17.86	381	1.87	2,984	3.79	31,811	11.72
2012	4,032	4.59	505	−3.26	11,931	−2.27	380	−0.26	3,177	6.47	33,116	4.10
2013	4,168	3.37	427	−15.45	12,024	0.78	387	1.84	3,364	5.89	38,213	15.39
2014	4,190	0.53	419	−1.87	12,002	−0.18	372	−3.88	3,536	5.11	38,430	0.57
2015	4,260	1.67	392	−6.44	11,795	−1.72	364	−2.15	3,585	1.39	33,304	13.34
2016	4,342	1.92	390	−0.51	11,583	−1.80	369	1.37	3,612	0.75	30,105	−9.61
2017	4,515	3.98	428	9.74	12,021	3.78	374	1.36	3,790	4.93	31,399	4.30
2018	4,618	2.28	419	−2.10	12,090	0.57	364	−2.67	3,926	3.59	30,727	−2.14

資料來源：經濟部統計處。

依照經濟學者的普遍看法，一國最適當的外匯存量通常應是使該國 3 個月至 6 個月的進口不虞缺乏，並維持該國物價與對外幣值穩定的一個外匯數量。然而，我國的外匯存底卻遠超過這個最適當的外匯存量，這不僅表示巨額資源未能有效利用，也造成近年來貨幣供給額大幅增加。例如自 1986 年始我國外匯存底快速的增加，至 2018 年已達 4,618 億美元，而同時期貨幣供給額亦大量增加，造成金錢遊戲及所得分配不均的惡果。因此如何有效運用外匯存底，實為我國中央銀行值得深思的問題。

表 3–11 至表 3–13 分別列示了兩岸外匯存底的比較、中國大陸的國際負債餘額及中國大陸黃金和外匯儲備，讀者可自己參閱或做比較。

表 3–11　兩岸外匯存底的比較

單位：億美元；%

年別	臺灣地區		中國大陸地區	
	金額	成長率	金額	成長率
2005	2,533	4.80	8,215	33.69
2006	2,661	5.05	10,685	30.07
2007	2,703	1.58	15,303	43.22
2008	2,917	7.92	19,406	26.81
2009	3,482	19.37	23,992	23.63
2010	3,820	9.71	28,473	18.68
2011	3,855	0.92	31,811	11.72
2012	4,032	4.59	33,116	4.10
2013	4,168	3.37	38,213	15.39
2014	4,190	0.53	38,430	0.57
2015	4,260	1.67	33,304	13.34
2016	4,342	1.92	30,105	–9.61
2017	4,515	3.98	31,399	4.30
2018	4,618	2.28	30,727	–2.14

資料來源：經濟部統計處、行政院主計處。

表 3–12　中國大陸外債統計

單位：億美元；%

年別	外債總餘額		其中：中長期外債餘額			其中：短期外債餘額			債務率	償債率
	金額	較上年增減	金額	較上年增減	占外債總餘額	金額	較上年增減	占外債總餘額		
1991	606	15.24	503	9.79	82.99	103	52.14	17.01	91.90	8.50
1992	693	14.46	585	16.34	84.35	109	5.34	15.65	87.95	7.10
1993	836	20.56	700	19.75	83.79	136	24.88	16.21	96.55	10.20
1994	928	11.06	824	17.67	88.77	104	−23.10	11.23	78.04	9.10
1995	1,066	14.85	947	14.92	88.83	119	14.30	11.17	72.39	7.60
1996	1,163	9.09	1,022	7.91	87.87	141	18.47	12.13	67.73	6.00
1997	1,310	12.62	1,128	10.42	86.15	181	28.56	13.85	63.19	7.30
1998	1,460	11.51	1,287	14.08	88.13	173	−4.41	11.87	70.41	10.90
1999	1,518	3.96	1,367	6.18	90.00	152	−12.46	10.00	68.71	11.20
2000	1,457	−4.00	1,327	−2.93	91.02	131	−13.83	8.98	52.13	9.20
2001[*1]	2,033	39.5	1,195	−9.89	58.79	838	540.44	41.21	67.90	7.50
2002	2,026	−0.33	1,156	−3.33	57.03	871	3.95	42.97	55.45	7.89
2003	2,194	8.26	1,166	0.90	53.15	1,028	18.02	46.85	45.23	6.84
2004	*2,630	19.89	1,243	6.60	47.26	1,387	34.97	52.74	40.15	3.19
2005	2,965	12.76	1,249	0.49	42.12	1,716	23.74	57.88	35.44	3.07
2006	3,383	14.18	1,394	11.58	41.16	1,992	16.07	58.84	31.89	2.09
2007	3,892	14.95	1,535	10.17	39.45	2,357	18.30	60.55	29.00	1.98
2008	3,902	0.24	1,639	6.74	42.00	2,263	−4.23	58.00	24.67	1.78
2009	4,287	9.87	1,694	3.36	39.52	2,593	14.57	60.48	32.16	2.87
2010	5,489	28.06	1,732	2.27	31.56	3,757	44.91	68.44	29.25	1.63
2011	6,950	26.61	1,941	12.04	27.93	5,009	33.33	72.07	33.31	1.72
2012	7,370	6.00	1,961	1.00	26.60	5,409	8.00	73.40	32.80	1.60
2013	8,632	17.12	1,866	−4.84	21.62	6,766	25.09	78.38	35.60	1.60
2014[*2]	17,799	106.20	3,610	93.46	20.28	12,241	80.92	68.77	69.90	2.60
2015	14,162	−20.43	3,713	2.85	26.22	8,223	−32.82	58.06	58.60	5.00
2016	14,158	−0.03	4,098	10.37	28.94	8,014	−2.54	56.60	64.60	6.10
2017	17,106	20.82	4,625	12.86	27.04	10,306	28.60	60.25	70.60	6.90

註：1.債務率是外債餘額與貿易及非貿易外匯收入之比率，能反映一國承受外債的實際負擔。

2.償債率是當年外債還本付息額與外匯收入之比率，可衡量一國在當年度的實際償還能力。

3.*1 自 2001 年起，中國大陸按照國際標準對原外債進行調整，2001 年以後新外債資料與原 2000 年外債資料不同。

4.2009 年貿易信貸抽樣調查方法進行調整。為保證資料的可比性，2001 至 2008 年末貿易信貸餘額也進行相應調整。

5. *2 自 2015 年，中國大陸依照 IMF 的數據公布特殊標準 (SDDS) 調整外債統計方式，依各部門簽約期限劃分中長期和短期外債；「直接投資：公司間貸款」部分則無長短期區分。此外為保證數據之連續性，亦對 2014 年之數據進行相應調整。

資料來源：《中國統計年鑑》、《中國對外經濟貿易統計年鑑》、「國家外匯管理局外債管理處」資料及中華人民共和國國家外匯管理局。

表 3-13 中國大陸黃金和外匯儲備 (gold and foreign exchange reserves)

單位：萬盎司；億美元

年別	黃金儲備	國家外匯	年別	黃金儲備	國家外匯
1994	1,267	516.20	2006	1,929	10,663.44
1995	1,267	735.97	2007	1,929	15,282.49
1996	1,267	1,050.29	2008	1,929	19,460.30
1997	1,267	1,398.90	2009	3,389	23,991.52
1998	1,267	1,449.59	2010	3,389	28,473.38
1999	1,267	1,546.75	2011	3,389	31,811.48
2000	1,267	1,655.74	2012	3,389	33,115.89
2001	1,608	2,121.65	2013	3,389	38,213.15
2002	1,929	2,864.07	2014	3,389	38,430.18
2003	1,929	4,032.51	2015	5,666	33,303.62
2004	1,929	6,099.32	2016	5,924	30,105.17
2005	1,929	8,188.72	2017	5,924	31,399.49

資料來源：《中國統計年鑑》。

三、我國外匯存底的存放與管理

我中央銀行（外匯局）對外匯存底或外匯資金的操作時，通常要考慮到如下幾個目標：

(1)外匯資金必須能足夠央行每日買賣外匯之用——此即央行買賣外匯的周轉金。

(2)隨時準備供應政府的緊急或特殊需要，以及經濟發展所需的周轉金。

(3)供應指定銀行外匯資金的融通或指定銀行辦理外匯業務所需的周轉金。

如果資金餘裕，剩餘的外匯準備則透過國際金融市場酌量作中短期投資，並視其需用時間長短，分別擬定購買國外長期公債、承兌匯票、美國的國庫券、定期存款及存款證等計畫，再委託國外往來銀行代辦。此種債權憑證均由各往來銀行代為保管，以便到期核收利息。

中央銀行代全國國民管理外匯存底，且外匯存底係一國的國際準備項目之一，有為支付與外國貿易的所需，央行在調度外匯存底的投資組合時，必須同時兼顧到獲利性、安全性及流動性，以確保全民利益。目前央行每天都在密切注意外匯存底存放銀行的營運狀況，一旦發覺存放的外商銀行的營運前景不樂觀，或有陷入營運困境的可能性時，央行便會視情形採取轉存至其他外國銀行的緊急因應措施，以確保外匯存底的安全性。

四、我國外匯存底過鉅所產生的問題

我國中央銀行持有鉅額外匯存底，絕大部分導源於歷年來國際收支的鉅幅順差，尤其是貿易帳中的出口額大於進口額所致，外資流入所占的比例相當的小。此外，1,000 億美元的外匯存底，一年的利息收入即有約 10 億美元之多（假設年利率 1%），因此外匯存底的利息收入，亦是我國外匯存底近年來居高不下的原因之一。這就有如一個擁有鉅大財富的人，除非他胡亂花錢，否則要變窮也難。例如張三擁有 1 億元的銀行存款，假如張三不胡亂花錢或投資錯誤，否則把這 1 億元保守的存放在銀行，每年即有約 1 百萬元的利息收入（假設年利率 1%），因此像張三這麼富有的人，要教他變為貧窮也實在不容易。但到 2014 年，美元利率相當低，因此我國的外匯存底仍以美元為主要貨幣，美元的孳息也較少。

但是，我國中央銀行在擁有鉅額外匯存底的同時，也產生如下的問題：

1.與貿易對手國的摩擦

我國外匯存底過多主要源自於歷年來的貿易順差，而這會造成與貿易對手國的摩擦，尤其是美國。

2.國內貨幣供給的增加及通貨膨脹的壓力

因為中央銀行在取得外匯的同時，必須釋出等值的新臺幣，待其流通於社會上，必會造成貨幣供給量的增加及通貨膨脹的壓力。雖然央行可以發行公債、國庫券及定期存單來沖銷貨幣供給的增加，但就長期而言，通貨膨脹的壓力仍然存在，且沖銷政策也會造成金融市場的扭曲，阻礙市場功能的發揮。

3.犧牲當前的消費

外匯存底過度的累積，將使國內物資供應短缺，只是使本國人民忍受目前降低消費的痛苦，而使外國人增加消費享受之利。如果所持有的外匯貶值，更是造成本國資源的浪費。

有鑑於外匯存底居高不下所產生的不利影響，我政府及中央銀行也曾先後採行或提出如下運用外匯存底的措施：

1. 實施降低關稅與開放進口政策

實施降低關稅與開放進口政策，透過進口的增加，縮減我國的對外貿易順差，使我國外匯存底累積的速度減慢。

2. 開放對外直接投資

開放對外直接投資不僅可減輕外匯累積過度的壓力，並可加速國內研究與發展的速度，使我國產業邁向國際化。

3. 匯出款管制的放鬆與開放國人出國觀光

透過匯出款管制的放鬆（目前國人每人每年可匯出500萬美元），以及開放國人赴大陸探親及出國旅遊，如此便有助於減輕外匯累積過度的壓力。

4. 辦理外匯融通，協助經濟發展

央行早在79年就訂定《中央銀行對公民營企業海外投資外匯資金轉融通要點》，希望以外匯存底轉融通方式協助經濟發展。80年2月檢討這項辦法，修正為《中央銀行外幣資金轉融通要點》，並暫定轉融通總額度為100億美元，適用對象擴大到國建六年計畫公共建設投資、十大新興工業及八大關鍵技術投資，及其他經政府核定的國內重大投資案件。

我國外匯存底的過度累積及管理方式，雖然遭致若干批評，但整體而言，高額的外匯存底，強化了我國的國際經濟地位及國家債信，這也是臺灣成為國際金融中心的最有利條件。冀望未來，我政府及央行能更積極有效的運用外匯存底來支援我國企業赴海外發展及國內投資計畫，拓展我國與世界各國在經濟與金融上的合作，推動新臺幣外幣拆款市場的發展，促使我國金融市場朝更自由與開放的方向發展，使臺灣真正成為亞洲的區域金融中心。

個案討論

假設臺灣的中央銀行負責控制新臺幣的升值速度，請問若我們在市場上大量買入美元，這會對臺灣的貨幣供給及股票價格產生何種影響呢？

摘　要

1. 所謂國際收支平衡表是指，在某一特定期間，某一國居民與其他國家的居民之間，所進行的各種經濟交易活動而以貨幣形式記載的有系統的記錄。
2. 國際收支平衡表是根據複式簿記基礎記載的。凡涉及外國支付本國，構成外匯供給的交易，被記為加項或貸方；而凡涉及對外支付，構成外匯需求的交易，被記為減項或借方。由於國際收支平衡表採複式記載原則，因此借貸雙方的總和必將保持平衡。
3. 國際收支平衡表包括經常帳、資本帳及官方準備交易帳。經常帳之下又可分為對外貿易帳以及片面移轉帳。
4. 資本帳係記載本國與其他國家的資本流動情形，資本流出本國，國際準備減少，記借方；資本流入本國，國際準備增加，記貸方。
5. 由於國際間經濟交易活動的種類與項目非常的繁雜，經常帳與資本帳各項目的數值無法完全精確的記載，因此，國際收支平衡表乃增列誤差與遺漏項以顯示官方準備所真正要交易的餘額。
6. 官方準備交易帳乃是綜合經常帳與資本帳各項，並經誤差與遺漏項調整後的結果，亦即國際收支餘額的陳示。
7. 國際收支平衡表在編製上通常以銀行體系所保有的外匯資產的變動來衡量國際收支餘額。
8. 一個國家的國際收支若發生失衡，無論是順差失衡或逆差失衡，都會產生經濟問題，必須採取因應的經濟政策以消除失衡的現象。
9. 國際負債餘額有時又稱國際投資部位，其乃是指，在某一時點，一個國家所擁有的國外總資產與總負債的存量情況。
10. 國際負債餘額乃是將一國的國外總資產減去國外總負債所得的餘額，如果餘額為正，則該國為一淨債權國；如果餘額為負，則該國為一淨債務國。
11. 國際負債餘額為一個國家歷年來資本帳所累積的結果，而國際負債餘額亦會對未來的國際收支平衡表產生影響。
12. 國際負債餘額只能代表一國對外的債權債務關係，其並不能代表一國真正的國際準備數量，因為一國所擁有的國外資產並不一定能隨時或迅速的動用，而一國的國際準備則可隨時且迅速的動用。

13.在目前的國際支付制度下，為了交易或清算方便，每個國家皆有必要保有一些可兌換通貨，這就是外匯，其保有量就是該國的外匯存底。故外匯存底為一存量的觀念。外匯存底有時候又稱為外匯準備。

14.外匯存底有廣義及狹義之分，廣義的外匯存底是指全國（含民間、政府及各金融機構）所持有的外匯資產，及其孳息與利得的存量；狹義的外匯存底則是指一國中央銀行所持有的外匯存底。

15.一般報章雜誌所發展的外匯存底通常是指「中央銀行所持有的外匯存底」，其並不包含民間及其他金融機構的外匯資產，故為一狹義的外匯存底。

16.廣義與狹義外匯存底的另一區分法是指，是否有將黃金計算在內而有別。依目前國際貨幣基金的定義，將政府所保有的黃金也計算在內者，為廣義的外匯存底；不包括黃金者，為狹義的外匯存底。

17.一個國家擁有外匯準備的主要目的，在於作為進口或國際支付的所需，以及維持該國物價及該國通貨對外幣值的穩定。

習　題

一、選擇題

(　) 1.下列何者的定義為「在某特定期間記錄某國居民與他國居民的所有經濟交易活動」？ (A) GDP (B) GNP (C) PPP (D) BOP

(　) 2.外匯存底有時又稱 (A)熱錢 (B)國際準備 (C)一籃子的通貨 (D)特別提款權

(　) 3.下列何者未記錄在國際收支平衡表中？ (A)金融帳 (B)經常帳 (C)資本帳 (D)會計帳

(　) 4.下列何者不是資本帳記錄項目之一？ (A)誤差與遺漏 (B)直接投資 (C)短期資金 (D)長期投資

(　) 5.當中央銀行買進黃金以增加黃金持有時又稱 (A)黃金的非貨幣化 (B)非貨幣性黃金 (C)黃金的貨幣化 (D)貨幣黃金化

(　) 6.下列何者不是目前全球通用的國際準備資產？ (A)黃金 (B)外匯 (C)特別提款權 (D)白銀

( ) 7.國際負債餘額又稱 (A)國際準備 (B)國際投資部位 (C)可兌換通貨 (D)熱錢

( ) 8.請問下列何者不是經常帳中的細項？ (A)貿易帳 (B)移轉帳 (C)片面移轉帳 (D)直接投資

( ) 9.目前臺灣BOP編制的方式是依據下列何種機構的制度？ (A) WEF (B) OECD (C) IMF (D) ECB

( ) 10.請問下列何者無法作為國際支付工具的外國通貨或是對外國通貨的請求權？ (A)熱錢 (B)外匯 (C)黃金 (D) SDRs

( ) 11.下列何者不是廣義與狹義的外匯存底差異？ (A)民間所持有的外匯資產 (B)計算年間 (C)計入黃金與否 (D)金融機構所持有的外匯資產

二、簡答題

1.何謂國際收支平衡表？

2.哪些經濟交易會構成外匯需求的增加？而這些交易應列入國際收支平衡表的借方或貸方？

3.哪些經濟交易會構成外匯供給的增加？而這些交易應列入國際收支平衡表的借方或貸方？

4.整個國際收支平衡表大致可分為哪些帳？

5.何謂貿易帳順差？何謂經常帳逆差？何謂國際收支餘額？

6.何謂國際負債餘額？其與國際收支平衡表有何不同？

7.何謂外匯存底？何謂廣義的外匯存底？何謂狹義的外匯存底？依照國際貨幣基金的定義，何謂廣義的外匯存底？何謂狹義的外匯存底？

8.試比較國際收支、國際負債餘額及外匯存底三者在定義上有何不同？這三者中何者屬於存量的觀念？何者屬於流量的觀念？

9.試說明我國外匯存底何以大量累積的原因？我國外匯存底大量累積產生了哪些問題？

10.一國擁有外匯存底的主要目的何在？

11.試比較我國外匯存底與其他國家外匯存底的金額。並說明其中所代表的經濟涵義。

12.歷年來我政府及中央銀行對如何運用及降低我國的外匯存底，曾提出哪些措施及作法？請說明並檢討之。

第四章 外匯市場與均衡匯率的決定

學習目標

1. 外匯市場的意義、類型、參與者及功能。
2. 外匯的需求、供給及匯率決定。
3. 有效匯率的意義及特性。
4. 外匯套匯的方式及特性。
5. 外匯風險與避險（拋補和對沖）。
6. 遠期外匯市場的意義及特性。
7. 即期匯率和遠期匯率的關係：拋補利息套利。
8. 外匯市場的效率性。
9. 外匯投機（即期和遠期）。
10. 熱錢與洗錢的意義及進行方式。

由於各國使用的貨幣皆不相同，因此國際貿易與國內貿易一個很重要的差異是，國內貿易不會涉及到貨幣的交換，但是國際貿易則必然要涉及到貨幣的交換。例如，在美國，財貨的價格是以美元 (Dollar) 來計算的；在歐元區，財貨的價格是以歐元 (Euro) 為計算單位；在日本，財貨的價格是以日圓 (Yen) 為計算單位；在臺灣，財貨的價格則是以新臺幣 (NTD) 為計算單位。表 4–1 列示了主要外匯交易貨幣的國際標準代號及其常用符號。國際貿易不是以進口國貨幣計算價款，便是以出口國貨幣或第三國貨幣來計算。所以進出口商在計算成本或報價時，都與外幣發生關係，因此匯率的變動便會影響到進出口商品的價格。

通常一個國際間的交易會牽涉到外匯購買的行為。例如，臺灣的進口商若欲進口美國產品便需以新臺幣購買美元以支付交易的所需。而為了克服國際間通貨單位不同的困難，外匯市場便因此應運而生。由於外匯市場提供了國際間不同通貨互換、交易的功能，因此其亦間接的促進了國際間的貿易能更有效率的進行。

由於外匯市場與國際貿易及國際間資金的移動有極大的關係，因此對外匯市場及匯率的瞭解便成為研習國際貿易與國際金融所必備的知識。

表 4–1 主要外匯交易貨幣的國際標準代號及常用符號

國別 (country)	幣別 (currency)	中文名稱	國際標準代號 (ISO code)	常用符號 (symbol)
美國 (United States)	US Dollar（亦稱 Dollar）	美元	USD（也有銀行用 US）	$
英國 (United Kindom)	British Pound 或 Pound Sterling（亦稱 Sterling 或 Cable）	英鎊	GBP（也有銀行用 STG 或 Pound）	£
日本 (Japan)	Japanese Yen（亦稱 Yen）	日圓	JPY（也有銀行用 YEN）	¥
瑞士 (Swizerland)	Swiss Franc（亦稱 Swiss 或 Swissy）	瑞士法郎	CHF（也有銀行用 SFR）	SF
加拿大 (Canada)	Canadian Dollar（亦稱 Canada）	加拿大幣	CAD	C$
挪威 (Norway)	Norwegian Krone（亦稱 Norway 或 Oslo）	挪威幣	NOK	NKr
丹麥 (Denmark)	Danish Krone（亦稱 Danish 或 Denmark 或 Copy）	丹麥幣	DKK	DKr
澳洲 (Australia)	Australian Dollar（亦稱 Aussie 或 Aussie Dollar）	澳幣	AUD（也有銀行用 ADLR）	A$
中國大陸 (China)	China Yuan	人民幣	CNY	RMB¥
歐盟 (EU)	Euro	歐元	EUR	€
南韓 (South Korea)	South Korea Won	韓圜	KRW	₩

第一節 外匯市場

一、外匯市場的意義

外匯市場 (foreign exchange market) 是指個人、廠商，及銀行買賣外國通貨或清算國際間債權、債務或資金供需的市場。有關外匯市場有如下幾點要加以說明：

(1)外匯是指可作為國際支付工具的**通兌通貨** (convertible currencies) 或是對外國通貨的請求權，其包括外國貨幣及以外國通貨標示的支票、匯票及其他金融資產。根據我國中央銀行《管理外匯條例》第二條的規定，外匯係指外國貨幣、票據及有價證券。

(2)外匯市場的買賣，各買賣當事人並非必須於固定時間集合於一定場所互相供求，故外匯市場並非指一定的建築物或場所等具體的市場，而是綜合的指外匯交易所進行的範圍而言，可說是一種抽象概念。

(3)外匯市場或外匯交易場所可以指一個地方、一個**交易網路** (network) 或是一種**交易機能** (mechanism)。惟實際上，外匯買賣的當事人通常很少在一定時間集合於一定的場所互相買賣，大都經由網路、電話、電報或郵信接洽買賣，在這些通信媒介中，網路是國內最重要的交易工具，而電報則為海外交易所通用。換言之，外匯市場（尤其是國際性的外匯市場）不像證券市場或商品市場，並無一特定的營業地點，也無一定的開盤收盤營業時間。

(4)由於近年來科技發達，訊息傳遞極為快速，各地銀行及外匯市場均可藉著先進的通信設備立即連線處理外匯交易。外匯市場並不侷限在一個國家。對於任何一種通貨，例如美元，外匯市場便涵蓋到全世界各地美元與其他貨幣買賣的場所，因為在世界各地的金融市場上，24 小時都有外匯交易在進行。

世界兩個最大的外匯市場為紐約外匯市場與倫敦外匯市場。紐約外匯市場為世界最大的外匯市場，不但是美國國內外匯交易的中心，也是世界各國外匯結算的中心。在美國境內的銀行和外匯經營者，仍藉紐約市場以買賣外匯，雖然芝加哥、洛杉磯、舊金山、波士頓等大城亦早已有地方性外匯市場，但這些城市的商業銀行，均與紐約的商業銀行有存款，彼此互通聲息，外匯報價仍受紐約市場的支配。倫敦的外匯市場過去曾為世界最大的外匯市場，雖然目前其地位已為紐約市場所取代，但其業務量之大僅次於紐約市場。另外，如東京、蘇黎世、巴黎及法蘭克福亦皆為舉世聞名的外匯市場。

一個典型的外匯市場，其交易活動通常包含如下三個層次：

(1)商業銀行與其顧客間的交易。商業銀行的顧客可說是外匯的最後需求者與供給者，如進出口商、出國旅行洽公者、留學生、套匯套利的投機者、移民者、國外投資者均屬之。這些外匯的最後需求者與供給者，彼此之間很少直接的進行外匯交易，通常是透過商業銀行進行買賣。

⑵國內銀行與銀行間透過外匯經紀人的外匯交易。紐約各銀行通常並不直接互相交易，而係透過外匯經紀人為之居間拉攏。當一家銀行的外匯供求失衡而需買進其不足或賣出其剩餘外匯時，只須以電話通知經紀人買進或賣出數量，及希望成交的價格，經紀人即為從中媒介，透過其媒介，各銀行對某種外匯的過多或過少，便大致能軋平。由於外匯經紀人的角色為撮合商業銀行間的外匯交易，其本身並不需要擁有任何的外匯。

⑶銀行與外國銀行間的外匯交易。通常各國商業銀行彼此之間會互有業務往來，各國及國際的外匯市場因此能夠以商業銀行為媒介，而使外匯交易活動順利進行。此外，外國中央銀行與貨幣機構的介入買賣亦占重要地位。

紐約外匯市場的交易即由以上三個層次所構成，而這三個層次彼此關係密切。至於我國外匯市場的交易，大致而言亦可分成這三個層次。不過我國的銀行間市場與國際上幾個主要的外匯市場如紐約、倫敦等最大不同處是：⑴非外匯經紀商導向的市場；⑵地方性的市場；⑶實質交易占一半以上；⑷中央銀行干預頻繁。

但是，就全球的角度而言，由於通信的發達，外匯市場已成為全球性與全天候的交易市場。雖然，國際間的外匯交易，有時因時差的關係，一個市場在營業時間內只能與部分市場交易。例如，臺北的外匯市場，在營業時間內（上午 9 點至下午 4 點），只能與亞洲（如東京、香港、新加坡等）、澳洲及歐洲的外匯市場交易，因為在臺北的營業時間內，部分地區的市場（例如紐約）尚未開市。但由於地球是圓的，隨著地球的自轉，臺北、香港、新加坡等三個市場在東京市場開市後一小時開市，故其開盤匯率會受到東京的影響。而東京外匯市場尚未開市之前，雪梨市場早已在二小時之前開市，東京與雪梨市場的開盤匯率便受到美國西岸舊金山及洛杉磯市場的影響。因此，臺北、香港、新加坡市場的開盤匯率便會受到東京、雪梨、美國市場開、收盤匯率的影響。依此類推，各外匯市場各種通貨的匯率，便互相受到影響，故各國外匯市場雖然受時差的關係並不一定在同時間營業，但由於地球自轉的關係，各外匯市場的匯率都受到其他外匯市場開、收盤匯率的影響，這也就是我們說外匯市場是一個全球性與全天候交易市場的原因。

二、外匯市場的類型

外匯市場依其發展及開放程度、參與者、交易方式及交割時間等可分為如下類型：

1.地區性的外匯市場與國際性的外匯市場

外匯市場依其發展及開放的程度來看，可分為地區性的外匯市場與國際性的外匯市場。外匯銀行與當地居民或銀行進行交易，形成國內市場或地區性的市場。若該國政府沒有外匯管制，則此地區性市場也可以跟世界各地的主要金融中心進行交易，形成全球性或國際性市場。地區性的外匯市場，其市場組成分子，大體僅限於當地居民及銀行，市場交易的通貨亦僅限於當地貨幣及少數幾種外幣的交易，例如臺北、馬尼拉及曼谷等地。

國際性的外匯市場，其市場組成分子，除了當地居民及銀行外，其他境外的居民亦可藉電話、電報或網路等，在此參與買賣，所交易的幣別包括各種不同通貨。此外國際性的外匯市場通常並有規模龐大的貨幣、黃金、資本、航運、保險等市場相配合，形成密切的關係，例如紐約、倫敦、東京及新加坡的外匯市場即屬之。

與地區性的外匯市場相較，國際性的外匯市場擁有較多的交易、投資及投機機會，且由於其對外匯資金的出入國境不予管制，故其能匯集國際資金於此交易。各國的外匯市場，已經或逐漸解除管制，例如英國、日本、新加坡及我國等，因此各地區性的外匯市場也逐漸變為國際性的外匯市場，這也就是我們說外匯市場已成為一個全球性市場的原因之一。

2.廣義的外匯市場與狹義的外匯市場

外匯市場基本上乃是以銀行為中心所構成的外匯交易網，基於此外匯市場可大別為如下兩個層次：

(1)銀行與顧客間市場 (customer market)：此係銀行應顧客的需求而進行交易的市場。

(2)銀行與銀行間市場 (inter-bank market)：此係銀行主動地在市場上軋平其外匯或資金頭寸，或資金調度與運用的買賣。

廣義的外匯市場包含以上銀行與顧客間市場及銀行與銀行間市場兩個層次；

而狹義的外匯市場則專指銀行與銀行間交易的市場。一般報章、雜誌及電視新聞所稱的紐約、倫敦或臺北外匯市場，均係指狹義的銀行與銀行間外匯市場。

3.批發（或躉售）的外匯市場與零售的外匯市場

外匯市場依交易方式來分，可分為批發的外匯市場與零售的外匯市場。

批發的外匯市場係採整批交易方式，交易最低單位通常以百萬美元為度，由於是批發交易，交易金額較大，故交易成本較低，買賣價差較小。銀行與銀行間的交易市場通常屬之。

零售的外匯市場則以個別零星交易為之，由於其無最小成交金額的限制，交易金額小且零碎，故交易成本高，買賣價差亦較批發市場大。銀行與顧客間的市場即屬之。

4.即期外匯市場、遠期外匯市場與換匯市場

外匯市場依買賣交割的時間來分，可分為**即期外匯市場** (spot market) 與**遠期外匯市場** (forward market)。所謂即期市場是指，外匯的買賣立即交割（通常是外匯買賣後的第二個營業日）；而所謂遠期外匯市場是指，外匯交易契約成立當時，雙方並無外匯或本國貨幣的支付，但雙方約定於未來某一時日，以原約定的匯率再進行買賣外匯的交易，而這種遠期外匯買賣的市場即稱為遠期外匯市場。遠期外匯的交割日是在第二個營業日後的未來某日。

此外，外匯市場上還有一種交易是同時買入及賣出等額的相同貨幣，但交割日卻不同的外匯交易，此稱為換匯交易。換匯交易的市場，即稱之為**換匯市場** (swap market)。換匯交易通常是由一筆即期交易與一筆遠期交易組合而成，亦即以本國貨幣買入即期外匯，同時以本國貨幣賣出同額遠期外匯的雙向外匯交易。換匯交易由於牽涉到兩種貨幣在不同的交割期限內互相交換使用，故又稱為「掉期」交易。

換匯交易實際上是一種短期的借貸關係，其主要目的乃在調節銀行本身的外匯部位，因此換匯交易亦是外匯資金調度的手段之一。且換匯市場是一個銀行間市場，而非顧客市場。例如，假如華南銀行現在需要美元，它可向彰化銀行借入美元，而後在遠期外匯市場上買入美元以在未來償付這筆美元貸款。或者華南銀行可以與彰化銀行達成**通貨互換協議** (swap agreement)，現在以新臺幣向彰化銀行換美元，而在未來某一時間再以美元向彰化銀行換回新臺幣。

三、外匯市場的參與者

外匯市場的參與者是由一群外匯需求者與供給者所組成，這些參與者包括如下各項：

1.外匯銀行 (foreign exchange banks)

外匯銀行是外匯市場最重要的參與者，外匯銀行居於外匯供需的中介地位，外匯交易多透過外匯銀行進行之。外匯銀行一方面與其顧客買賣，使銀行產生**買超** (long position) 或**賣超** (short position)；另一方面外匯銀行為了調節其買賣外匯的金額或外匯頭寸的盈缺，以避免匯率及流動性的風險，必須在銀行間進行拋補，以**軋平部位** (square position)。此外，外匯銀行亦可基於本身需要，在市場上進行套匯、套利及投機等交易，以賺取利潤。

各國主要的銀行多設有**國外部門** (international business department)，從事外匯業務。外匯市場中的外匯銀行，通常包括：

(1)以經營外匯買賣為主要業務的本國銀行。

(2)兼營外匯業務的本國銀行。

(3)在本國的外國銀行的**分行** (branch)、**代理行** (agency) 或**代表辦事處** (representative office) 等。

(4)其他辦理外匯業務的金融機構。

2.外匯交易員或自營商 (foreign exchange trader / dealer)

在一些大型國際商業銀行的外匯操作人員稱為外匯交易員。外匯交易員必須運用其判斷力與專業技術去預測匯率變動趨向，獨自處理每日外匯交易，以獲取利潤，只有在交易將對銀行造成風險時才需請示主任交易員或外匯交易經理。

外匯自營商係經營匯票買賣業務的商號，多由銀行或信託公司兼營，也有個人經營的，其經營方法或先買後賣，或先拋後補，或同時買賣，其不外乎利用匯率在時間或空間上的差距以賺取利潤，其交易有的透過外匯經紀商接洽，有時是直接向銀行買賣，但以經由外匯經紀商交易的占大多數。

專業性外匯交易員的外匯交易，在其**外匯交易室** (trader's room) 通常擁有最先進的通信技術與設備，對重要客戶有專線直接聯繫，主要貨幣的即期與遠期匯率，以及各主要金融市場的交易價格與交易量都顯示在螢光幕或大顯示板上，電腦資料處理系統隨時保持交易的記錄與管理，匯率的換算或套算隨時都可由電腦算出，以利業務的迅速與順利進行。

3.外匯經紀商 (foreign exchange brokers)

外匯經紀商是指介於銀行與銀行之間，替它們洽詢各種外匯買賣資訊，並進而撮合銀行之間買賣外匯業務者。外匯經紀商只是扮演撮合銀行間的外匯交易以賺取佣金，其本身並不介入買賣，故不需要擁有任何外匯，亦不須負擔匯率變動及外匯交易盈虧的風險，其地位很類似房地產經紀人。

透過外匯經紀商，銀行一方面可獲得市場資訊，另一方面外匯經紀人在買賣正式成交前，絕不透露委託銀行的名稱，故銀行可無需憂慮名字外洩，故有保密效果。此外，外匯經紀商主要功能是扮演銀行間買賣外匯的媒介，其與外匯的最後需求者與供給者並無直接關係，故其並不與一般民眾往來，亦不中介顧客與銀行間的交易。

由於外匯經紀商是扮演撮合交易的角色，故其通常配備有最佳、最先進的通信設備，以迅速獲得市場上最新情報。

4.外匯的最後需求者與供給者

包括進出口廠商、旅行者、留學生、移民者、保險公司、運輸公司、多國籍企業、國際證券投資者、投機者及套匯者均屬之。這些參與者彼此之間很少直接進行交易，通常透過商業銀行進行買賣。

5.各國中央銀行

中央銀行的主要功能為：(1)作為銀行的銀行；(2)作為政府的銀行；(3)控制貨幣供給量；(4)經營外匯準備，調節國際收支；(5)監督全國銀行業務。故就外匯市場而言，中央銀行負有對內與對外幣值的穩定、持有及調度外匯準備、影響匯率及該國國際收支的效果。

在固定匯率制度下，中央銀行在外匯市場上的功能十分確定；在浮動匯率下，各國中央銀行有時為了要維持本國貨幣對外國貨幣匯率的穩定，或調度外匯準備及國際收支，而常會有干預外匯市場的操作。各國中央銀行可說是其外匯市場的**最後奧援者** (last resort)，其對外匯市場具有絕對的影響力。

四、外匯市場的功能

外匯市場具有如下數點的功能：

1.通貨的兌換及國際間購買力的移轉

經由外匯市場外匯的買賣，國際間不同的通貨才能互相兌換，本國人民始能購買外國的商品，本國資金或資產始能變換為外國資金或資產，故外匯市場有移轉國際間購買力的功能。

2.清算國際間的債權債務

透過外匯市場，國際間的交易、投資及借貸所產生的債權債務得以清算，而使國際支付及國際清算工作得以隨時處理。外匯市場之於國際交易正如同國內金融市場之於國內交易，透過外匯市場，國際交易的各種票據得以順利清算，因此外匯市場具有票據清算所 (clearing house) 的功能存在。

3.國際信用的仲介與調節

國際貿易進行時，進出口商間彼此並不一定認識，對於彼此的信用也並不一定瞭解，但是透過外匯銀行的仲介，貿易便得以順利安心的進行。例如進口商可要求其往來銀行開發信用狀給出口商；出口商收到信用狀後便可運送貨物，檢附貨運單據開發匯票，持向通知信用狀的銀行申請貼現或委託收款。如此便可獲得資金的融通以利貿易進行。

再者，外匯市場對於各種商業交易和長短期資金需求，常常提供適當的融通。例如，除了進出口廠商常藉外匯市場中遠期匯票的買賣，承兌及貼現或開發信用狀等方式，獲得國際貿易所需信用之外，外匯市場亦對債券和股票等給予保證及推銷的服務，國際間短期資金的需求，也通常可透過此市場而獲得滿足。國家或個人亦可以透過國內或國際的外匯市場借入或貸出外匯。

4.規避匯率變動所產生的匯兌風險

匯率的變動，對一些未來的收入與支出以外幣表示的進出口商、投資者、多國企業等便會產生匯率風險。而這些人為避免匯率風險，便可利用即期或遠期外匯市場，進行即期拋補或遠期拋補以規避風險。

5.提供投機與投資機會

外匯市場的參與者，可隨國際間利率的不同及匯率的變動，進行投機或投資，例如投機與投資者可藉由外匯市場進行套匯、拋補利息套利，或對某種外匯資產採取長期部位與短期部位等行為以獲利（當然，匯率如果預測錯誤便可能反而損失）。近年來，各國外匯市場已普遍成為投機與投資的場所了。

6.匯集各國資金，提高國際間資金的使用效率

世界各國的閒置資金，多半在全球幾個主要外匯市場調度運用。例如我國中央銀行鉅額的外匯存底，便存放在各主要外匯市場的銀行或購買外國的有價證券。此外，廠商與外匯銀行亦經常將其流動資金存放在此外匯市場，以備隨時調度、運用及孳生利息。如此，便間接提高了全球資金的分派或使用效率。

第二節 匯率的決定

一、何謂匯率？

所謂**匯率** (exchange rate) 是指一國貨幣與另一國貨幣之間的兌換比例。換言之，匯率就是一國貨幣以另一國貨幣所表示的價格。如果站在本國的立場而言，所謂匯率就是為了取得一單位的外國貨幣所須支付的本國貨幣的數量。例如，1 美元若可兌換新臺幣 25 元，則美元的匯率就是 25。有了匯率，吾人就可將進出口品的外幣價格與本國貨幣價格互相換算。

例如一部美國進口汽車的價格是 1 萬美元，在美元兌新臺幣的匯率是 25 的情況下，這部汽車以新臺幣表示的價格，等於新臺幣 $10,000\times25=25$ 萬元。反之，一部電視機若想以新臺幣 1 萬元出口，換算美元，就是 $10,000\div25=400$ 美元。由於新臺幣仍不是一個國際化的貨幣，因此進出口產品的價格一定會牽涉到匯率的高低。

二、何謂貶值？何謂升值？

所謂一國貨幣**貶值** (depreciation) 是指一國的貨幣價值相對於另一國貨幣的

價值降低了，也就是必須以更多的本國貨幣去交換同一單位另一國的貨幣。因此，一國貨幣貶值其實便代表另一國貨幣的**升值** (appreciation)。例如，當美元兌換新臺幣的匯率由 25 升為 30 時，便代表新臺幣兌美元貶值或美元兌新臺幣升值。通常，吾人以匯率上升代表本國貨幣的價值相對於外國貨幣而言，有下跌的現象，或稱之本國貨幣貶值。反之，則稱之本國貨幣升值。

匯率的變動代表本國貨幣的升貶，而這將影響到進出口品的價格。若外國貨幣兌換本國貨幣的匯率下跌，則本國出口品的外幣售價將上升，而進口品的國內價格將下降。例如，一部 1 萬元新臺幣的電視機，在美元兌新臺幣的匯率是 25 的情況下，此部電視機的出口價為 400 美元，但是在美元兌新臺幣的匯率是 20 的情況下，則此部電視機的出口價格將提高為 500 美元。

同理，一部 1 萬美元的進口汽車，在美元兌新臺幣的匯率是 25 的情況下，該部進口車以新臺幣表示的價格為新臺幣 25 萬元 ，但是在美元兌新臺幣的匯率是 20 的情況下，則該部進口車以新臺幣表示的價格將降為新臺幣 20 萬元。反之，若匯率上揚 (此代表本國貨幣貶值或外國貨幣升值)，則進口品的國幣價格將上漲，而出口品的外幣價格將下降。

三、外匯的需求

在產品市場上，產品的市場價格是由該產品的需求與供給所決定。而匯率則是外匯的價格，在一個匯率自由浮動的外匯市場下，匯率是由外匯的需求與供給所共同決定。

一國對外匯的需求，基本上來自於國際收支平衡表的借方項目。換言之，一國對外匯的需求主要來自於如下的原因：

(1)本國支付進口商品與勞務的價款。本國自國外進口商品與勞務，以外匯支付給外國，這將導致本國對外匯的需求增加。一般而言，這是一國對外匯需求的主要來源。

(2)本國國民出國旅遊、留學、洽公、經商或派駐國外服務等原因所需的開支。這些開支愈大，對外匯的需求也愈大。

(3)本國對外國進行移轉性支付。當本國對外國的捐助或贈予的支出愈多，則本國對外匯的需求也就愈大。

(4)本國支付外國人對本國投資或貸款的本金、紅利或利息。這也將對外匯產生需求。

(5)本國購買外國的金融資產或對外國放款或進行直接國外投資。這些活動通常必須先在外匯市場取得外匯，而後才能進行，因此其亦將產生對外匯的需求。

(6)外國常住居民將其在本國的資本、所得匯回。當外國居民欲將他們在本國的資產與所得匯回母國時，通常會先在外匯市場換成等值的外匯，然後才能進行。

(7)本國常住居民欲增加其所擁有的外匯資產。例如當本國國民欲增加美元的外匯資產，則須先在國內的外匯市場購入美元，如此便產生了對美元的需求。

(8)中央銀行對外匯市場的干預。例如，當中央銀行為了提高外匯存底而購進外匯，或中央銀行為壓抑新臺幣的升值而在外匯市場購入美元，這些都亦將導致外匯需求的增加。

綜合以上這些對外匯需求的因素，吾人可繪得一條外匯需求曲線。外匯需求曲線就如一般產品的需求曲線一樣，亦為一由左上方往右下方的負斜率曲線（見圖 4–1）。在圖 4–1 中，橫軸代表外匯（美元）需求量，縱軸代表匯率（即美元價格以本國貨幣來表示）。外匯的需求曲線呈負斜率，代表匯率愈高，外匯的需求量愈少；反之，匯率愈低，外匯的需求量愈大。外匯需求曲線之所以是負斜率的原因，是因為匯率下跌代表本國貨幣升值，假設進口品的外幣價格不變，則進口品以本國貨幣表示的價格將下跌，進口量將增加，因此對外匯的需求量亦將隨之增加。

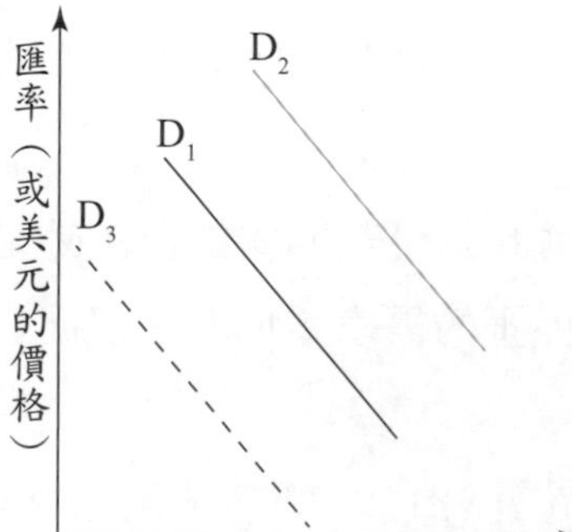

圖 4–1　外匯的需求曲線

例如，當美元兌新臺幣的匯率下跌時，其代表美元貶值（或新臺幣升值），如此將使得美國貨變得比較便宜，因此臺灣對美國的進口需求將增加，進而使得對美元的需求量將增加。同樣的道理，當美元兌新臺幣貶值時，國人出國旅遊的成本將下跌，因此造成出國旅遊的增加，進而造成對美元的需求量增加。近年來，國人出國觀光大幅增加，其主要原因之一便是因為新臺幣兌美元的大幅升值，而美元又是最為國際所接受的貨幣，因此當美元兌新臺幣貶值，國人的出國能力便增加，因而對美元的需求亦隨之增加。

當然，影響外匯需求的因素除了外匯的價格（即匯率）外，尚有很多因素，但是就沿著同一條外匯需求曲線上的移動而言，吾人是假設其他因素保持不變的。這些其他因素，例如國外所得、物價上漲率、利率及品味偏好等，亦皆會影響進口需求或其他國際收支平衡表的借方項目，進而影響到對外匯的需求。這些其他因素的改變，則將會造成整條外匯需求曲線往左或往右的移動，例如當本國的國民所得增加了，則本國的進口需求將增加（即使匯率保持不變），進而使本國對外匯的需求亦將增加，這將使得本國的外匯需求曲線整個往右上方移動（由 D_1 移到 D_2）。反之，則外匯需求曲線將整個往左下方移動（即 D_1 移到 D_3）。

四、外匯的供給

造成外匯供給的原因，正好與外匯需求原因相反。一國對外匯的供給，基本上來自於國際收支平衡表的貸方項目。一國對外匯的供給主要來自於如下的原因：

⑴本國商品與勞務出口所得的外匯收入。一般而言，一國商品與勞務出口所得的外匯收入為一國外匯供給的主要來源。

⑵外國觀光客、留學生、商人或派駐本國的人員在本國的開支。因為這些外國人若欲在本國開支，通常須先將外匯轉換成新臺幣，如此便造成外匯市場上的外匯供給的增加。

⑶外國對本國進行移轉性支付。當外國政府或人民對本國援助或贈與等移轉性支付時，這便造成了外匯供給的增加。

⑷本國對外投資或貸款所得到的紅利與利息。這些利息、紅利匯回本國即造成外匯供給的增加。

⑸外國人購買本國的金融資產或對本國進行直接投資。這將造成資金流入本

國及外匯供給的增加。

⑹外國政府或人民償還向本國的借款。這亦將造成外匯供給的增加。

⑺本國常住居民將其在外國的資產、所得匯回本國。當本國居民將其在國外的各種所得，例如直接投資的盈餘、股票的股息、債券利息、專利權及版權等收入，或是將國外資產賣掉後匯回國內，即構成外匯供給的增加。

⑻本國居民出售其所擁有的外匯資產。例如本國居民將其所擁有的外匯存款轉換成新臺幣，這即造成外匯市場上外匯供給的增加。

⑼中央銀行對外匯市場的干預。例如中央銀行為了降低外匯存底而售出外匯，或是為了避免匯率上漲，而在外匯市場上售出外匯，這些都將使得外匯市場上的外匯供給增加。

綜合以上這些對外匯供給的因素，吾人亦可繪得一條外匯供給曲線。外匯供給曲線就如一般產品的供給曲線一樣，為一由右上方往左下方的正斜率曲線（見圖 4–2）。外匯供給曲線之所以是正斜率的原因，是因為匯率上升代表本國貨幣貶值，假設本國出口品的本國貨幣價格不變，則出口品以外幣表示的價格將下跌，出口量將增加，因此對外匯的供給量亦將隨之增加。

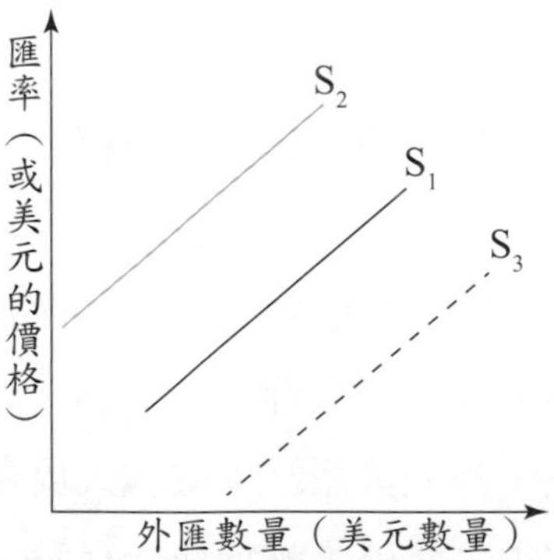

圖 4–2　外匯的供給曲線

當然，就理論上而言，出口額是否為因為出口品價格下跌而增加，須視外國對本國出口品的價格需求彈性而定。不過，一般而言，根據一些實證結果顯示外國對本國出口品的價格需求彈性通常大於一，故當匯率上升使本國出口品外幣價格下跌時，出口額（= 價格 × 數量）亦會增加，因此外匯供給量亦會隨之增加。

例如，當美元兌新臺幣的匯率上升時，其代表美元升值（或新臺幣貶值），如此將使得臺灣的出口品價格下跌，因此臺灣對美國的出口將增加，進而使得美元在外匯市場的供給量將增加。反之，則美元在外匯市場上的供給量將減少。

當然，影響外匯供給的因素除了外匯的價格（即匯率）外，尚有很多因素，但是就沿著同一條外匯供給曲線上的移動而言，吾人是假設其他因素保持不變的。這些其他因素，例如國外所得、物價上漲率、利率、及生產成本等，亦皆會影響出口或其他國際收支平衡表的貸方項目，進而影響到對外匯的供給。這些其他因素的改變，則將會造成整條外匯供給曲線往左上方或右下方的移動。例如當外國的所得增加了，則外國對本國出口品的需求將隨之增加（即使匯率保持不變），進而使得本國對外匯的供給增加，這將使得本國的外匯供給曲線往右下方移動（由 S_1 移至 S_3）。反之，則整個往左上方移動（由 S_1 移至 S_2）。

在外匯市場上，對一種貨幣的需求其實就代表對另一種貨幣的供給。例如我國的進口商在外匯市場上以新臺幣購進美元，這一方面造成對美元的需求，另一方面在外匯市場上亦同時增加了新臺幣的供給。同樣的，當我國的出口商在外匯市場上售出美元，這一方面造成美元供給的增加，另一方面在外匯市場亦同時增加了對新臺幣的需求。因此，在外匯市場上，每當對一種貨幣的需求其實就代表對另一種貨幣的供給，這是一體兩面的事。

五、均衡匯率的決定

所謂**均衡匯率** (equilibrium exchange rate) 是指能夠使得外匯市場達到供需均等的匯率。在一個自由浮動的匯率制度下，均衡匯率是由外匯的供給曲線與需求曲線所共同決定的。圖 4–3，外匯需求曲線 (D_0) 與供給曲線 (S_0) 相交之處決定了均衡的匯率水準（點 E_0）。在此匯率之下，外匯的成交量為 Q_0。假如匯率高於 E_0，外匯供給量將大於需求量，此為本國幣值被低估（或外匯之幣值被高估）的情形，市場機能將會使得匯率向下調整，亦即本國幣值將上升（或外匯的幣值將下跌），直到超額的外匯供給等於零為止。反之，假如匯率低於 E_0，外匯需求量將大於供給量，此為本國幣值被高估（或外匯幣值被低估）的情形，市場機能將會使得匯率向上調整，亦即本國幣值將下跌（或外匯之幣值將上升），直到超額的外匯需求等於零為止。

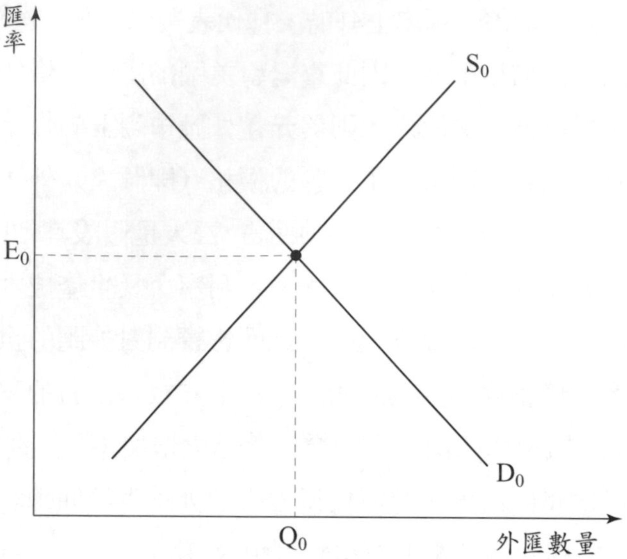

圖 4–3　均衡匯率的決定

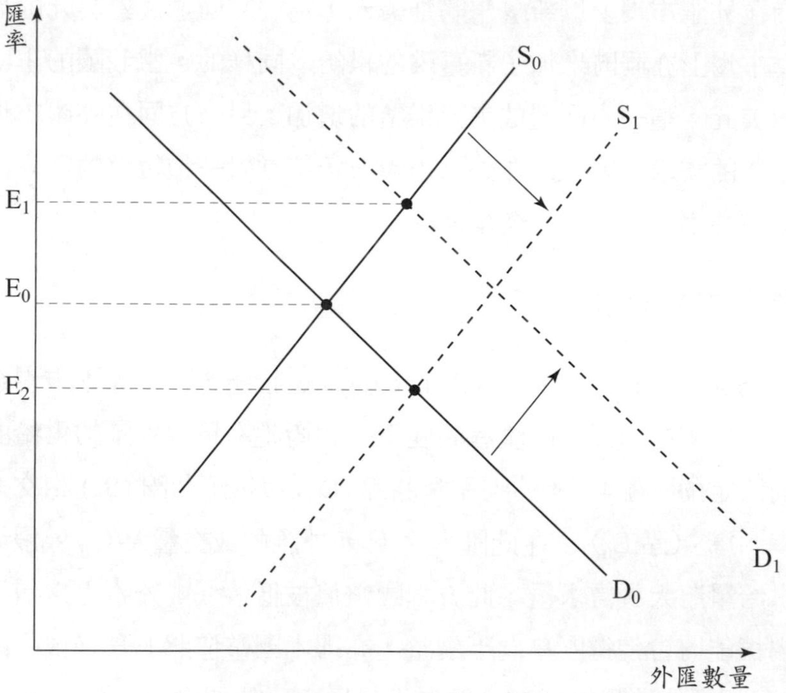

圖 4–4　均衡匯率的變動

由於很多因素會使得外匯需求曲線或供給曲線移動，因此均衡匯率也會隨著外匯供需曲線的移動而變動。見圖 4–4，假如其他因素使得外匯需求增加（D_0 往右移至 D_1），則均衡匯率（E_0 上升至 E_1）將上升，亦即本國幣值將貶值而外國幣值將升值。反之，若外匯需求曲線往左移動，則均衡匯率將下跌。根據同樣的供需原理，假如其他因素使得外匯供給增加（S_0 向右移至 S_1），則均衡匯率將下跌（E_0 下跌至 E_2），亦即本國幣值將升值而外匯的幣值將貶值。反之，若外匯供給曲線向左移，則均衡匯率將上升，亦即本國幣值將貶值而外國幣值將升值。

個案討論

如果大量臺商至中國大陸及東南亞投資，請問你覺得這會對新臺幣的匯率有何影響呢？

第三節 有效匯率

在上一節中我們對匯率的探討，均只限於一國通貨與另一國通貨之間的兌換比率。但在實際的國際經濟社會中，一國的通貨是同時面對著許多國家的通貨，而一國通貨與每一個不同國家的通貨都有不同的兌換比率或匯率。例如，在一段時間內，新臺幣兌美元呈現升值的情形，但是有可能新臺幣兌歐元或其他通貨卻是呈現貶值的情形，那麼新臺幣真實的價位到底在哪一個水準？由於本國通貨是同時與許多國家的通貨在做兌換，而為了考慮本國通貨與所有其他國家通貨之間的兌換比率，**有效匯率** (effect exchange rate) 的觀念便因此產生了。

所謂有效匯率是以各國與本國的貿易量占本國的總貿易量的比重為權數，所計算出來的本國與各國雙邊匯率的加權平均匯率。由於一國通常同時與世界上許多國家有貿易關係，因此有效匯率的計算通常是以各國與本國的貿易量占較大分量的主要貿易對手國為考慮對象。

以上所討論的有效匯率為尚未考慮到物價變動的**名目有效匯率** (nominal effective exchange rate)，但在國際市場上，一國產品競爭力的高低不僅與名目有效匯率有關，更與本國與貿易對手國的相對物價水準有密切的關係。因此，吾人便時常將名目有效匯率再經過物價水準的調整。這種經過本國與貿易對手國的物價水準調整過後的名目有效匯率，稱之為**實質有效匯率** (real effective exchange rate)。換言之，只要知道貿易對手國與本國的物價水準，吾人便可將名目有效匯率轉化為實質有效匯率。

實質有效匯率指數在計算上通常是以過去某一時點為基期，選擇一些與本國貿易有密切關係的國家的貨幣，組成一通貨籃，對雙方貿易額及相對物價的變動加以衡量，並計算出匯率的變動率，以作為決定本國貨幣匯率的參考指標。例如臺北外匯市場發展基金會所編製的新臺幣有效匯率指數（見表 4–2），以民國 99 年為基期，基期的匯率指數為 100，指數大於 100，表示與基期相較新臺幣升值了，反之則表示與基期相較新臺幣貶值。

表 4–2 新臺幣實質有效匯率指數

基期：民國 99 年 = 100

日期		名目有效匯率指數	實質有效匯率指數
民國 107 年	11 月	112.85	99.09
	12 月	112.56	97.89
民國 108 年	1 月	111.32	95.04
	2 月	111.31	94.65
	3 月	111.33	95.09
	4 月	111.55	95.28

資料來源：外匯發展基金會。

就對國際貿易的影響而言，實質有效匯率比名目有效匯率更具代表性與實際意義。舉例來說，假設美元對新臺幣的匯率貶值了 10%，但是假設在同一段時間內，美國的物價上漲率為 10%，而臺灣的物價上漲率為「零」，則美國與臺灣相較，美國出口品的價格競爭力並無改變，然而名目匯率則將會使得吾人誤以為美國出口品因為美元的貶值競爭力加強了。

第四節 外匯套匯

所謂**外匯套匯** (exchange arbitrage)，又稱為外匯裁定、仲裁交易或匯率套利，是指利用不同外匯市場匯率在某一時點的不同，從低價市場買進，在高價市場賣出，以賺取匯率差價的行為。在現在資訊發達及通訊設備齊全的時代，各國的外匯市場已緊相結合，只要不同外匯市場的匯率不一樣，則外匯套匯便可迅速進行，而套匯的結果將使各國外匯市場的匯率趨於一致，因此，現在外匯市場已成為一個全球的單一市場。

外匯套匯又可分為兩點套匯、三點套匯及無風險利率套匯三種，茲分別說明如下。

一、兩點套匯 (two-point arbitrage)

所謂兩點套匯，又稱為**直接套匯** (direct arbitrage)，是指利用兩種通貨在兩個外匯市場間匯率高低的不同，同時在這兩個市場上買低賣高，從中賺取匯率差價的行為，茲舉例說明如下。例如：

在紐約外匯市場，1 英鎊可兌換 1.99 美元：US$1.99 / £

在倫敦外匯市場，1 英鎊可兌換 2.00 美元：US$2.00 / £

⇒ 英鎊在紐約的價格較低，在倫敦的價格較高

⇒ 假設交易成本不存在，則套匯者可在紐約以 US$1.99 / £ 的匯率買入英鎊，然後立刻在倫敦以 US$2.00 / £ 的匯率，賣出英鎊

⇒ 套匯者每英鎊可賺取 US$0.01 的匯率差價

以上的套匯者（通常是銀行的外匯交易員）每英鎊雖然只賺取 0.01 美元的利潤，但是其假如是以 100 萬英鎊來進行套匯的話，將可賺取 1 萬美元的利潤，而且在今天通信發達的時代，以上交易只須數分鐘即可完成。雖然就實務而言，交

易成本是存在的(例如電匯費用、越洋電話費或其他套匯成本等),但是這些交易成本與利潤相較之下,仍然微不足道,故吾人在此予以忽略。

以上的例子告訴我們,只要兩種通貨在不同外匯市場的匯率稍有差異,則必然會引發大量的外匯套匯活動。但是這種套匯活動又終將使得匯率的差異消除,直到套匯者無利可圖,其原因如下:(繼續以上的例子)

當套匯者在紐約市場購買英鎊
⇒紐約英鎊的需求增加
⇒紐約英鎊的價格上漲

同時,當套匯者在倫敦市場出售英鎊:

⇒倫敦英鎊的供給增加
⇒倫敦英鎊的價格下跌

以上過程將會持續進行,直到(假設交易成本 = 0):

紐約英鎊的價格 = 倫敦英鎊的價格
或紐約英鎊兌美元的匯率 = 倫敦英鎊兌美元的匯率
⇒套匯者無法再從套匯活動中取利
⇒套匯活動會停止

兩點套匯的結果將使得不同外匯市場的**直接匯率** (direct exchange rate) 趨於一致,故又被稱之為**空間套匯** (spatial arbitrage)。

二、三點套匯 (three-point arbitrage)

所謂三點套匯,又稱為三角套匯 (triangular arbitrage) 或間接套匯 (indirect arbitrage),是指利用三個外匯市場,三種通貨間接匯率的不同,同時在三個市場中買低賣高,從中賺取匯率差價的行為,茲舉例說明如下。例如在臺北、紐約及東京三個外匯市場,新臺幣 (NTD)、美元 ($) 及日圓 (¥) 的匯率為:

臺北:NT$25 = $1

紐約：$1 = ¥128

東京：¥4 = NT$1

以上，假設任二個市場，二種通貨的直接匯率均相同，因此不可能進行兩點套匯而獲利。但是，以上的這三種通貨的**間接或交叉匯率** (indirect or cross exchange rate) 並非一致，故仍可進行三點套匯而獲利，其過程如下：

(1)在臺北以 NT$25 買入 $1。

(2)電匯 $1 到紐約兌換 ¥128。

(3)電匯 ¥128 到東京兌換 NT$32。

以上三點套匯的利潤為：新臺幣每 25 元可賺取新臺幣 7 元的利潤。由以上可知，只要通貨之間的直接匯率不等於間接匯率，則進行三點套匯仍可獲利。

但是，假如三種通貨在三個外匯市場的間接匯率一致（即間接匯率等於直接匯率），則三點套匯便無法獲利了。例如，假如以上的例子改為：

臺北：NT$25 = $1

紐約：$1 = ¥100

東京：¥4 = NT$1

則由於直接匯率等於間接匯率（或稱間接匯率保持一致性）：

NT$25 = $1 = ¥100 = NT$25

故即使進行三點套匯，仍然無法獲利。

從以上二點套匯及三點套匯的說明，吾人可獲得如下結論：

(1)只要兩種通貨，兩個外匯市場的直接匯率不相等，則兩點套匯可以獲利。

(2)假如三種通貨的直接匯率相等但間接匯率不一致，則兩點套匯無法獲利，但三點套匯仍可獲利。

(3)假如三種通貨的直接匯率等於間接匯率（或間接匯率保持一致性），則即使三點套匯仍無法獲利。

就如同兩點套匯的進行會使全球各外匯市場的直接匯率趨於一致，同樣的三點套匯的進行亦會使全球外匯市場的間接匯率趨於一致性。因為三點套匯的進行過程中，亦會影響外匯的供給與需求，進而使得直接匯率等於間接匯率，當達到此境界時，套匯的行為便會終止。

吾人可以三點套匯為起點，推論到四點、五點以至n點套匯的情況。但實際上，吾人可證明當三點套匯不再有利可圖時，四點以至n點的套匯亦無利潤存在。再者，就如前面所言，套匯的進行會很快的使得直接匯率與間接匯率趨於一致，因此，除非各國外匯市場的匯率處於波動極大的時期，否則以兩點套匯與三點套匯獲得利潤的機會極少見，而實際上，三點套匯比兩點套匯的機會還更少。

此外，套匯的進行必須具備如下要件：

(1)通信發達，外匯市場的資訊能夠迅速且廉價或免費的獲得，且外匯交易者能夠有效的利用現有的訊息，當機立斷。

(2)沒有外匯管制。

(3)在國外的外匯市場須有分行或代理銀行，因而消息靈通，可隨時電令代為買進或賣出。

(4)在國外的分行或代理銀行必須存有相當的外匯頭寸，以備隨時動用。

當然，以上套匯進行的要件是從銀行外匯交易員的角度而言。但是，如果我們對套匯做廣義的定義，事實上很多人都在做套匯的工作。例如，當國人出國旅遊時，導遊通常亦對遊客從事外幣兌換的工作，當導遊從遊客低價買進一種貨幣，再高價賣給銀行或黑市，其實這也算是一種套匯，只是這種套匯由於金額甚小，並不會影響外匯市場的供給與需求，更不用談會使各外匯市場的直接匯率或間接匯率趨於一致的顯著效果了。

三、無風險利率套匯

無風險利率套匯又叫**拋補利息套利**（covered interest arbitrage，簡稱CIA），其是指在進行利息套利的同時，進行外匯拋補以防止匯率風險的行為。無風險利率套匯不僅須考慮到外匯市場上即期與遠期匯率的不同，同時也須考慮到兩國利率的差異。有關無風險利率套匯（或拋補利息套利），我們將留待本章第七節「即期匯率與遠期匯率的關係：拋補利息套利」時，再做詳細說明，在此暫時省略。

第五節

外匯風險與避險（拋補或對沖）

本節將首先探討外匯風險的意義，進而說明個人與廠商如何在外匯市場進行拋補或對沖以規避匯率變動的風險。

一、外匯風險

我們在前面說明過，在浮動匯率制度下，匯率是由外匯的需求與供給所共同決定的，而由於外匯的需求與供給是隨時在變動的，因此，匯率亦是天天在變動的。面對未來的收入或支出是以外匯計價的個人、廠商及銀行，匯率的變動便會對其產生所謂的**外匯風險** (foreign exchange risks)。至於上一節所說的外匯套匯並不會牽涉到匯率風險，因為套匯者是低價從一個外匯市場買進外匯，然後「立刻」高價在另一個市場賣出。

舉例來說，假設一位臺灣的進口商向美國進口 100 萬美元的產品，而這 100 萬美元的貨款須於 3 個月後支付，假如 3 個月後美元兌新臺幣的即期匯率為 1 : 25，則該進口商便須支付新臺幣 2,500 萬元的貨款，但是假如 3 個月後美元兌新臺幣的即期匯率為 1 : 26，則該進口商便須支付新臺幣 2,600 萬元的貨款，因此該進口商便須面對新臺幣貶值對他所造成的外匯風險。

同樣的，假設臺灣的某一出口商出口 100 萬美元的產品至美國，而這筆貨款將於 3 個月後收到，假如 3 個月後美元兌新臺幣的即期匯率為 1 : 25，則該出口商將可得到新臺幣 2,500 萬元的收入，但是假如 3 個月後美元兌新臺幣的即期匯率為 1 : 24，則該出口商將僅能得新臺幣 2,400 萬元的收入。因此，該出口商便面對新臺幣升值所造成的外匯風險。

此外，就投資人來說，匯率的變動亦會對他造成風險。舉例來說，假設一位美國投資人基於 3 個月英鎊債券的利率高於美元債券的利率，因此購買英鎊債券，但是假如到時候英鎊貶值的程度超過利差所帶來的好處，則該投資者將後悔當初為何不購買美元債券，因為英鎊貶值愈大，則英鎊債券到時所能換得的美元愈少。換言之，此位購買英鎊債券的美國投資人，亦須面對匯率的風險。

以上三個例子說明，任何個人、廠商或銀行只要其未來的收入或支出是以外幣來計價，其便面對到外匯風險。像這種由於即期匯率變動所造成的外匯風險，又稱之為開放部位 (open position)。開放部位包括兩種：

1. 長期部位 (long position)

指對某種外國通貨處於淨資產的狀態；即對於某種外國通貨的**總求償權** (total claims) 大於**總負債** (total liabilities) 的一種狀態。例如前例中，臺灣出口商的出口收入及美國投資人未來的英鎊債券收入，即可解釋為是對外國通貨之求償權，故其便處於長期部位。處於長期部位者，通常會因該外匯升值而獲利，該外匯貶值而損失，故會期望該外匯升值。

2. 短期部位 (short position)

指對某種外國通貨處於淨負債的地位；即對於某種外國通貨的總負債大於總求償權的狀態。例如前例中臺灣進口商未來的進口支出即可解釋為短期部位。處於短期部位者，通常會因為該外匯貶值而獲利，該外匯升值而損失，故會期望該外匯貶值。

從以上長短期部位的定義吾人可知，所謂外匯的風險來自於三方面：

1. 交易風險 (transaction exposure or risk)

指當未來的支出與收入必須以外幣來清算，所造成的匯率風險。換言之，所謂交易風險是指交易所產生的權利或義務，必須以外幣進行清算，因匯率變動而產生的利益或損失。

2. 換算風險 (translation exposure)

換算風險又稱為**會計風險** (accounting exposure)。由於會計資料所呈現出的公司價值只是一種帳面價值，並非是公司目前真正價值。而所謂換算風險則是在衡量匯率變動造成以會計資料計算的公司價值有所變異的程度。換算風險只有在擁有外匯資產或負債時才存在，因此，往往只有多國籍企業在依會計原則編製合併報表時才會出現。

3. 經濟風險 (economic exposure)

當匯率變動時，一家公司以本國通貨價值所表示的未來獲利能力亦會改變，而這就是經濟風險。換言之，所謂經濟風險是指不可預期的匯率變動，使得公司原來預估的現金流量淨現值，發生潛在的改變。經濟風險的大小是依照不可預期的匯率變動，造成銷售數量、售價或營運成本的改變而定。

雖然外匯風險可分交易風險、換算風險及經濟風險三種，但是以下我們將只強調交易風險。

二、拋補或對沖

所謂**拋補** (covering) 或**對沖** (hedging)，又稱為套頭交易或簡稱避險，是指為了避免匯率變動所產生的風險，將所擁有的外國通貨處於資產等於負債的**封閉或平衡部位** (closed or balanced position) 的行為。換言之，所謂對沖是指**將原來的開放部位變為封閉部位** (covering an open position)。接下來我們要說明如何利用外匯市場來做拋補或對沖，以避免匯率變動的風險。

1.即期拋補 (spot covering)

所謂即期拋補是指利用即期外匯市場，買進（或賣出）所需支出（或收入）的外匯，以規避匯率變動風險的行為。茲舉例說明如下：

⑴假設某一進口商在 3 個月後有一筆 100 萬美元的進口支出，如果他擔心到時候美元升值，則他可以在目前的即期外匯市場以現在的即期匯率買 100 萬美元，然後存入美元存款帳戶，到時候再以這 100 萬美元存款支付進口所需。如此，該進口商便可避免 3 個月後美元兌新臺幣升值所造成的損失。當然，該進口商從事此即期拋補的成本除了交易手續費外，亦須視美元存款與新臺幣存款的利率差距，假如美元存款的利率愈低，則其成本愈大。

⑵假設某一出口商在 3 個月後有一筆 100 萬美元收入，如果他擔心到時候美元貶值（或新臺幣升值），則他可現在先向銀行借入 100 萬美元的貸款，然後以目前的即期匯率換成新臺幣存入新臺幣存款帳戶，俟 3 個月後收到美元貨款時再還美元貸款。如此，該出口商便可避免 3 個月後美元兌新臺幣貶值所造成的損失。當然，該出口商從事此美元貸款或即期拋補的成本，除了交易手續費外，亦須視美元貸款利率與新臺幣存款利率的差距，假如美元貸款利率愈高且新臺幣存款利率愈低，則其成本愈大。

以上即期拋補的觀念其不只可適用於廠商，其實亦可適用於個人。舉例來說，假設張三目前有一筆新臺幣 100 萬元的積蓄準備留給 3 年後他兒子赴美留學所需，假如張三擔心 3 年後美元兌新臺幣升值，則他可將此新臺幣 100 萬元在即期外匯市場依目前的即期匯率換成美元，然後存入美元存款帳戶，3 年後再以此筆美元存款支付他兒子赴美留學所需。

即期拋補最大的缺點是，投資人或廠商有資金被凍結或須先借入一筆錢的困難。但是如果利用遠期外匯市場來避免匯率變動風險，由於其並不須先借入或凍結資金，便不會面對此困擾。

2. 遠期拋補 (forward covering)

遠期拋補是指利用遠期外匯市場，買進（或賣出）未來所需支出（或收入）的外匯，以規避匯率變動風險的行為。出口商如果擔心未來所收入的外匯貶值，則現在就可與外匯銀行簽訂遠期外匯買賣契約，以現在的遠期匯率預售遠期外匯。同樣地，進口商如果擔心未來所須支出的外匯升值，則現在就可與外匯銀行簽訂遠期外匯買賣契約，以現在的遠期匯率預購遠期外匯。有關遠期外匯市場及遠期拋補，我們將留待下一節「遠期外匯市場」時再做詳細說明。

吾人不僅可利用即期外匯市場及遠期外匯市場以規避匯率變動風險，其實匯率變動的風險亦可以透過外匯期貨及選擇權市場加以規避。有關外幣期貨與選擇權市場，我們將於第十一章「外幣期貨市場與外幣選擇權市場」時再作詳細介紹。

在一個浮動匯率制度下，匯率充滿著不確定性，而對沖提供貿易商及投資人規避匯率風險的管道，亦促進了國際貿易及國際資金的移動。假如沒有對沖，則因匯率變動而可能導致的風險將使得國際間貿易量減少（因為進出口商擔心匯率風險而不願或不敢接單）及國際資金的移動減少。國際貿易量的減少將阻礙國際間的分工專業化，降低全球的生產量，消費者及全世界的福利水準亦皆會降低。而國際資金移動的減少則將降低全球資金分派及使用的報酬或效率，此亦不利於全球的福利水準。

最後要說明的一點是，對沖不一定要透過即期或遠期外匯市場。例如對一個大的多國籍企業而言，由於其通常對同一種通貨未來的同一天同時有鉅額收入及支出，因此其只須要在經營業務時設法對同種通貨，同一天的收入與支出保持平衡，就可將開放部位變為封閉部位，而達到對沖的效果了。這就頗類似我們常聽到的「只要進出口業務平衡，就不用擔心匯率風險」的道理。同樣地，對一家銀行而言，其亦可透過**外匯經紀商**與其他銀行交易，儘可能地使得每一種通貨的每一到期日由開放部位變為封閉部位，剩餘的部位再透過即期、遠期或選擇權市場來拋補。

第六節 遠期外匯市場

外匯市場若依買賣外匯的交割時間來分，可分為即期外匯市場與遠期外匯市場。在一個具有健全外匯市場的國家，通常是即期外匯市場與遠期外匯市場同時存在且共同運行的。所謂即期外匯市場是指，外匯的買賣為立即交割（指在簽約後二日內交割）。即期市場是外匯市場中最重要的一環，通常在論及外匯市場時，若無特別言明，所指者即為即期外匯市場。即期外匯市場上，兩種通貨的兌換比率稱之為**即期匯率** (spot exchange rate)。

一、遠期外匯市場的意義

所謂遠期外匯市場是指，外匯交易契約成立當時，雙方並無外匯或國幣的支付，但是雙方約定於將來的某一定時日，以原約定的匯率買賣外匯的交易。簡言之，即現在先協定未來外匯買賣的匯率，而到時再進行交割。這種外匯買賣契約稱之為遠期（或期貨）外匯契約，被作為契約標的的外匯稱為遠期外匯，而所約定的未來外匯買賣的匯率稱之為**遠期匯率** (forward exchange rate)。

遠期外匯依現在離交割日的時間，通常又可分 30 天、60 天、90 天、120 天、150 天及 180 天遠期外匯。遠期外匯的交割日，通常是即期交割日加上若干月計算，如遇到例假日，則順延一天。例如 2014 年 4 月 7 日達成的兩個月遠期外匯交易，其交割日就是 2014 年 6 月 9 日。目前我國國內的主要銀行對客戶的遠期外匯報價，則有固定到期日（10 天、30 天、60 天、90 天、120 天、150 天及 180 天）及任選到期日的遠期外匯。與即期外匯市場相較，遠期外匯市場所交易的通貨數目小於即期外匯市場，通常只有在國際較被接受的通兌通貨才會在遠期外匯市場上交易，如美元、日圓、英鎊、歐元、瑞士法郎等。我國的遠期外匯市場仍以美元的交易為主。

如果一種外匯在遠期外匯市場的價格（或匯率）小於即期外匯市場上的價格（或匯率），吾人稱此種外匯為**遠期折價** (forward discount) 或遠期貼水。例如假如美元在即期市場上其匯率為 1 美元 = 新臺幣 25.10 元，而在 30 天遠期市場上其匯率為 1 美元 = 新臺幣 25 元，則 30 天的遠期美元為折價的情況。相反地，如果一種外匯在遠期外匯市場的價格（或匯率）大於即期外匯市場上的價格（或匯率），吾人稱此種外匯為**遠期溢價** (forward premium) 或遠期升水。在外匯市場上，一種通貨遠期折價即代表另一種通貨遠期溢價。例如假如美元在即期市場的匯率為 1 美元 = 新臺幣 25 元，而在 180 天遠期市場上其匯率為 1 美元 = 新臺幣 26 元，則 180 天的遠期美元為溢價的情形，相反地，新臺幣相對於美元為遠期折價。

二、進出口廠商如何利用遠期外匯市場避險？

國際貿易的進行，從訂約至交貨、付款，通常須經一段相當長的時間，而在這段期間內，匯率很有可能發生變動，進而造成進出口廠商的收益或成本曝露在不可確定的情形，甚至造成進出口廠商的重大損失。例如，假設臺灣的某一出口廠商輸出商品至美國，其價值為 10 萬美元，在訂貨時的匯率為 1 美元 = 新臺幣 30 元，3 個月後商品裝船收款時，匯率變為 1 美元 = 新臺幣 20 元，則臺灣的出口廠商將因新臺幣的升值而損失新臺幣 100 萬元。

而遠期外匯市場設立的最主要目的，便是在使從事國際貿易的進出口廠商及國際投資者，得以借助遠期外匯的買賣來消除匯率變動的風險。

進出口廠商如何利用遠期外匯市場來規避或消除匯率變動的風險呢？其方法便是預購或預售遠期外匯。由於臺灣的對外貿易大部分是以美元報價，因此出口廠商普遍很擔心新臺幣兌美元的升值（或美元兌新臺幣的貶值)。舉例來說，假設臺灣的某一出口廠商輸出商品至美國，其將在 3 個月後會收到一筆美元的貨款，假如該出口廠商擔心 3 個月後新臺幣兌美元升值，則他可與外匯銀行簽訂遠期外匯買賣契約，以現在的 3 個月遠期匯率，預售其未來收入的外匯（在此為美元貨款)，如此該出口廠商便可規避匯率變動的風險，因為不管未來 3 個月後的即期匯率為多少，該出口廠商仍可以當初簽訂的 3 個月遠期匯率將外匯貨款售予銀行而結算成新臺幣。

反之，就臺灣的進口廠商的立場而言，如果新臺幣貶值（或美元或其他進口所需支付的外匯升值）將對其造成不利的影響。進口廠商如果擔心未來所需支出的外匯升值，則可在遠期外匯市場簽訂契約預先買進所需支出的外匯，如此該進口廠商便可規避匯率變動的風險，因為不管未來的即期匯率是多少，該進口廠商仍可以當初簽訂的遠期匯率以新臺幣買進進口所需支付的外匯貨款。以上像這種在遠期外匯市場買進所需支出外匯的行為，稱之為**遠期（或期貨）拋補** (forward covering)。進口廠商另外一種規避外匯升值的風險的方法，則是在目前的即期外匯市場買進（或賣出）所需支出（或收入）的外匯，到時再以此筆外匯支付進口所需，而這種行為則稱之為**即期（或現貨）拋補** (spot covering)。

其實不只是進出口廠商可利用遠期外匯市場以規避匯率變動的風險，一些國際投資者或其他外匯的個人及廠商亦可借助遠期外匯的買賣來消除匯率變動的風險。世界各國於即期外匯市場之外，再行成立遠期外匯市場的最初目的，在於使貿易廠商及國際投資者，得以借助遠期外匯的買賣以規避匯率變動的風險。但是，演變至今，世界各國的遠期外匯市場已普遍成為投機套利的場所。職是之故，在一些金融制度比較不健全的國家，甚至禁止遠期外匯市場的成立，或是將遠期外匯市場限制在只能作實質的交易而不得作金融投機交易。

第七節

即期匯率與遠期匯率的關係：拋補利息套利

至目前為止，我們尚未探討到即期匯率與遠期匯率之間的關係。通常即期匯率與遠期匯率是不相等的，就像我們在第六節所說的，遠期外匯通常是以遠期溢價或遠期折價的方式在外匯市場上交易。那麼到底什麼原因可解釋遠期匯率與即期匯率的差距呢？

即期匯率與遠期匯率的關係基本上是由國內與國外短期利率的差距所造成

的。一般而言，即期匯率與遠期匯率的差距會趨向於等於兩國間短期利率的差距。我們以下面這個例子來說明這個道理。

假設在英國倫敦 3 個月的國庫券利率為 12%，而在美國紐約 3 個月的國庫券利率為 10%，故倫敦的利率高於紐約 2%。且假設英鎊的即期匯率為 1 英鎊 = 4 美元，而英鎊的 3 個月的遠期匯率為 1 英鎊 = 3.99 美元，此代表 3 個月的遠期英鎊折價 0.25% 或 1 年遠期英鎊折價 1%。

根據以上英美兩國利率差距，美國的投資人可將資金由紐約移轉至英國以賺取利差。而要如此，美國的投資人首先便在即期外匯市場上以 4 美元換取 1 英鎊，然後再以英鎊購買英國的債券。但是美國的投資人在完成以上的行為後，將面對匯率變動的風險。美國的投資人為避免未來匯率變動的風險，則可將 3 個月後的英鎊債券立刻在遠期外匯市場上以 1 英鎊 = 3.99 美元售出，如此當英鎊債券在 3 個月後到期時，美國的投資人便可以簽訂的遠期匯率將英鎊轉換成美元。像以上這種在進行利息套利的同時，進行外匯拋補，以避免匯率變動風險的行為，吾人稱之為**拋補利息套利** (CIA)。

在上面這個例子中，由於 1 英鎊的遠期價格為 3.99 美元而即期價格為 4 美元，因此每 1 英鎊的 3 個月遠期拋補成本為 0.01 美元（或每 1 英鎊的拋補成本為 0.25%），若換算為以年為單位的話，則 1 英鎊的遠期拋補成本為 1%。但是倫敦與紐約的利率差距為 2%，其高於遠期拋補成本所需的 1%，因此美國投資人進行拋補利息套利的結果，每 1 英鎊可賺取 1% 的利潤。換言之，由於利率的差距所帶來的利潤大於遠期外匯折價的損失，因此上述拋補利息套利的行為有利可圖。

但是這種有利可圖的投資機會並不可能長存，因為在上例中，當美國的投資人購買即期英鎊會增加即期英鎊的需求，進而使得即期英鎊的匯率上升；同時，美國投資人出售遠期英鎊會增加遠期英鎊的供給，進而使得遠期英鎊的匯率下跌。而以上這二個調整過程將加大英鎊的即期匯率與遠期匯率的差距，直到等於利率差距 2% 為止，至此拋補利息套利的獲利可能性便消失了。

以上這個例子說明二點：

⑴遠期折價或溢價的幅度會反映出兩國間的利率差距，而在國際間金融投資不需任何交易成本的假設下，當兩國間的利率差距等於遠期折價或溢價的幅度時，則兩國間便無拋補利息套利的行為發生。

(2)高利率國家的通貨相對於低利率國家的通貨而言，將處於遠期折價的情形，而低利率國家的通貨則將處於遠期溢價的情形。

個案討論

拋補利息套利 (CIA)

假設新臺幣 3 個月的存款利率為 14%；美元 3 個月的存款利率則為 10%；新臺幣兌美元的即期匯率為 1 : 30。若拋補利息套利 (CIA) 建立的假設能完全成立，則請問 3 個月遠期新臺幣兌美元的匯率為多少時，CIA 的行為才會停止？

國際間利率的差距雖然會影響到遠期折價或溢價的幅度，但是在實際國際經濟中，吾人卻很難發現在某一特定時日兩國間利率的差距會剛好等於遠期溢價或折價的幅度。其原因包括：(1)兩國間利率的差距並不一定會使得投資人立即作國際間資金的移轉；(2)投資人即使作資金移轉，其有可能仍不從事遠期拋補，如此便不會對即期與遠期匯率造成影響；(3)有些國家政府對外匯的流出流入進行管制，如此便阻礙國際資金的移動；(4)交易成本存在的事實。以上這些因素都會降低國際間利率差距與即期／遠期匯率之間的關係。

從前面的說明，吾人已經瞭解到 B 國的利率高於 A 國並不一定保證把資金從 A 國移轉到 B 國的套利行為是有利可圖的。那麼接下來吾人要問，到底在什麼情況之下，國際資金的移動才是有利可圖？其簡單的法則是，兩國間利率差距所帶來的利潤必須高過遠期折價所帶來的損失。亦即，假設兩國間的金融投資不需任何交易成本，套利的條件是（或資金由 A 國流入 B 國的條件）：

$$r_f(1+i^B) > r_s(1+i^A)$$

$$\Rightarrow \frac{1+i^B}{1+i^A} > \frac{r_s}{r_f}$$

其中 r_f：遠期匯率

r_s：即期匯率

i^A：A 國的利率

i^B：B 國的利率

以上的公式告訴吾人：

(1)為了使套利行為發生，兩國間利率差距所帶來的利潤必須高過遠期折價所帶來的損失。

(2)即使 B 國的利率低於 A 國，但是假如 B 國的通貨預期將大幅升值或 B 國通貨是處於遠期大幅升水的情況下，把資金由 A 國移至 B 國仍是有利可圖的，亦即套利的行為仍有可能發生。

(3)相反地，假如：

$$r_f(1+i^B)<r_s(1+i^A)$$
$$\Rightarrow \frac{1+i^B}{1+i^A}<\frac{r_s}{r_f}$$

則資金將由 B 國移至 A 國，亦即把資金由 B 國移至 A 國是有利可圖的。

(4)假如：

$$r_f(1+i^B)=r_s(1+i^A)$$
$$\Rightarrow \frac{1+i^B}{1+i^A}=\frac{r_s}{r_f}$$

則兩國間的套利行為將會終止。

以上之分析，均假設投資人在即期外匯市場買進外匯進行利息套利時，不願承擔匯率變動的風險，因此在遠期外匯市場立即賣出外匯進行拋補。但是如果投資人在即期外匯市場買進外匯進行利息套利時，有意承擔或不在乎匯率變動的風險，使外匯資產處於開放部位，而沒有在遠期外匯市場賣出外匯進行拋補時，此稱之為**無拋補利息套利**（uncovered interest arbitrage，簡稱 UIA）。

就像拋補利息套利的理論是建立在一些假設上，而這些假設在事實上可能不盡然存在（例如交易成本與資訊成本存在的事實），但此理論仍然有著重大的實用意義存在。現在國際間大量或頻繁的資金移動現象，部分便可以借助拋補利息套利的理論而獲得合理的解釋。

個案討論

無拋補利息套利 (UIA)

新臺幣存款利率為2%；澳幣一年的存款利率則為6%。假設你於×2年1月1日購買了一年的澳幣定存，但在×3年1月1日時，澳幣兌新臺幣已經貶值了10%，則請問此時你的獲利（或損失）是多少？

第八節
外匯市場的效率性

所謂**一個有效率的市場** (an efficient market) 是指，一個資產的市場價格會反映所有已經存在的訊息；換言之，在一個有效率的市場，由於一切已存在的訊息均會反映於市場價格上，因此市場投機者無法利用這些已存在的訊息去獲得超額利潤。效率市場的觀念最初應用於股票市場。如今效率 (efficiency) 一詞已被廣泛地運用於各種市場行為。例如：市場運作是否有效率？——即市場是否以最低成本運作，或市場在資源分配方面是否有效率？——即市場上有限的資源是否能合理地分配給需求者。

我們在個體經濟學調完全競爭的市場能使社會資源達到最有效率，因為在完全競爭的市場結構下，消費者剩餘及生產者剩餘二者之和（即社會福利）可達到最大化。不過我們在金融市場或外匯市場上所謂的效率性，其所強調的觀念是指「市場價格會反映所有已經存在的訊息」，因此市場上的投機者（或投資者）無法利用這些已存在的訊息賺取超額利潤。自1970年代理性預期學派的總體經濟學（又稱為新古典學派的總體經濟學）興起後，金融市場（包括外匯市場）的效率性便成為學術界熱門研究的專題之一。

對外匯市場而言，所謂有效率的外匯市場是指，遠期匯率能準確（或不偏）

地預測未來的即期匯率。換言之，假如外匯市場具有效率性的話，則現在 30 天新臺幣對美元的遠期匯率將會是 30 天後新臺幣兌美元實際上即期匯率的最佳不偏估計值。由於在有效率的外匯市場中，遠期匯率會反映所有已存在的訊息且對任何新訊息出現時也會迅速調整，因此其能準確（或不偏）地預測未來的即期匯率——亦即某種通貨遠期溢價（折價）會等於未來此通貨實際升值（貶值）的程度，因此，投資者將無法利用已存在的訊息賺取超額利潤。

在此要特別說明的一點是，所謂有效率的外匯市場並不須要遠期匯率與未來的即期匯率完完全全的相等，其只要遠期匯率在「統計上」是未來即期匯率的最佳預測值即可，亦即吾人容忍某種程度內的誤差。其原因是，即使外匯市場具有效率性，未來的即期匯率仍將會受目前尚未存在的訊息或不可預見的因素的影響，因此吾人不能嚴格地要求某種通貨其遠期匯率每次皆與未來的即期匯率完完全全的相等。舉例來說，在某段期間內，即使某兩種通貨的遠期匯率有部分高於未來的即期匯率，有部分小於未來的即期匯率，但是只要遠期匯率高於即期匯率及小於即期匯率在次數上及高低的差量上一樣，則這兩種通貨的外匯市場即可算是具有效率性。

有關檢定外匯市場效率性的相關文獻至為豐富，各家所採用的假設、實證方法、實證期間及通貨幣別也皆有所不同。不過基本上，最簡單的外匯市場效率性的檢定通常在檢定如下的統計觀念或假設：

$$F_t = E(S_{t+1} | I_t) \tag{1}$$

其中 F_t：在 t 期決定的 t+1 期到期的遠期匯率

S_{t+1}：t+1 期的即期匯率

I_t：在 t 期所有已存在的訊息

E：統計上的期望值

以迴歸式表示如下：

$$S_{t+1} = \alpha + \beta F_t + U_t$$

H_0：$\alpha = 0, \beta = 1$

H_1：$\alpha \neq 0$ 或 $\beta \neq 1$

以上式(1)表示，如果遠期外匯市場是有效率的，此隱含著若投資者為風險中立者，交易成本為零，投資者理性地使用訊息，且市場具有競爭性，則**遠期匯率為未來即期匯率的不偏 (unbiased) 估計值**。若接受虛無假設 H_0，則表示(1)式成立，遠期外匯市場符合效率性假設；若拒絕 H_0 假設，則表示(1)式不成立，遠期外匯市場不符合效率性假設。

在驗證市場效率性假說時，使用不同的實證模式或期間測試，可能造成不同的實證結果。大部分國外學者（如列維奇——Levich）的實證研究結果都認為外匯市場具有效率性。例如，很多研究指出拋補利息套利的機會極少存在，以及利率平價理論的均衡公式即使不完全存在也幾乎比交易成本還小。同樣地，外匯市場的投機者雖然有時有利潤，有時有損失，但是投機者很少有能確定賺取大額利潤的機會。這些例子都顯示外匯市場具有效率性。此外，富蘭克 (Frankel) 及麥可阿舍 (MacArther) 的研究則指出拋補利息套利的均衡公式比較符合大工業化國家的外匯市場，但對小工業化國家的外匯市場則較不符合。整體而言，在愈先進國家的外匯市場，即期匯率幾乎跟隨遠期匯率同方向變動，大部分的實證結果並顯示遠期匯率變動是未來即期匯率變動所獲得的最佳預測。因此，大部分實證研究的結論是，先進國家的外匯市場是一個具有高度效率性的市場。

但是，也有不少學者的研究指出，遠期匯率升貼水對於即期匯率可能的變化，並不具備充分的解釋能力，尤其是其解釋能力更隨遠期外匯的期限增加而減少，因此，這些學者認為，以遠期匯率來預測未來即期匯率的變化，極易發生偏差，故其認為遠期匯率只能作為未來即期匯率變化的參考指標之一。

第九節
外匯投機

外匯市場除了提供規避匯率風險之功能外，其往往亦成為一個投機的場所。所謂**外匯投機** (foreign exchange speculation) 是指，有意承擔外匯風險，希望藉由匯率波動以謀取利潤的行為。投機者剛好與**避險者** (hedger) 相反，避險者是利用拋補或對沖活動以消除匯率變動的風險，而投機者卻希望承擔外匯風險以謀取利潤。更具體而言，避險者為了避免匯率變動所產生的風險，透過拋補對沖將其所擁有的外匯資產處於封閉或平衡的地位；而投機者則反而刻意將其外匯資產處於淨資產的長期部位或淨負債的短期部位。

簡言之，外匯投機是希望藉由對未來匯率走勢正確的判斷，買低賣高以獲取匯率差價或利潤的行為。當投機者如果預期某一通貨未來會升值，即**預期未來為牛市** (bull)，則其通常會買入此通貨，或將此種通貨資產處於淨資產的長期部位；相反的，當投機者如果預期某一通貨未來會貶值，即**預期未來為熊市** (bear)，則其通常會賣出此通貨，或將此種通貨資產處於淨負債的短期部位。

就如同避險者可利用即期市場、遠期市場或選擇權市場來進行避險的工作，外匯投機者亦同樣的可利用即期市場、遠期市場或選擇權市場來進行投機的工作。以下我們就由即期市場的外匯投機開始談起。

一、即期市場的外匯投機

假如投機者預期未來某種外匯的即期匯率會升值，則他可現在就買進此外匯，然後存入外匯存款帳戶，待此外匯升值後再賣出。如果此投機者的預期正確（即未來此外匯的即期匯率真的升值），則他便可賺取買低賣高的利潤。但如果此投機者的預期錯誤（即未來此外匯的即期匯率不升反貶），則他將承受買高賣低的損失。

相反的，假如投機者預期未來某種外匯的即期匯率會貶值，則他可現在先借此外匯，然後立刻換成本國貨幣並將其存入銀行以賺取利息。如果 3 個月後此外匯的即期匯率真的貶值（即投機者預測正確），則他以 3 個月後即期匯率將本國貨幣換成此外匯再還此筆外匯貸款便可賺取匯率差價的利潤。當然，假如本國貨幣的利率低於外匯貸款利潤的話，匯率差價所帶來的利潤必須高於利率上的損失，投機者才能真正賺取利潤。如果很不幸的，3 個月後此外匯的即期匯率不貶反升（即此投機者的預測錯誤），則他在匯率差價便會有損失。

由於投機者不管是在持有本國通貨或外匯時，如果是較長期的話，其通常不會以現金的形式持有，而會將其存入存款帳戶。因此，在此情形下，即期市場的外匯投機是否能獲利，除了須視即期匯率的變動外，亦須視這兩種通貨的利率差距。簡單言之，即：

(1)假如(匯差賺)+(利差也賺) → 利潤=(匯差所賺)+(利差所賺)

(2)假如(匯差所賺)>(利差損失) → 利潤=(匯差所賺)−(利差損失)

(3)假如(匯差損失)<(利差所賺) → 利潤=(利差所賺)−(匯差損失)

(4)假如(匯差損失)+(利差也損失) → 損失=(匯差損失)+(利差損失)

以上是即期市場的外匯投機，其對投機者而言最大的缺點是，投機者需備有足夠現金或能夠由銀行獲得貸款，否則根本無法進行投機。這個缺點其實亦如同避險者欲進行即期拋補所面對的困難處一樣。但投機者在遠期外匯市場進行投機，則無須面對此困擾，因為遠期外匯市場投機並不需要十足的現金，只要有部分的保證金，即可進行買空賣空的遠期外匯買賣。接下來我們就要介紹遠期外匯市場的投機。

二、遠期市場的外匯投機

假如投機者預期 3 個月後美元的即期匯率會大於現在的 3 個月美元遠期匯率，則他可現在就簽約購買 3 個月的遠期美元。如果他的預期正確（亦即 3 個月後美元的即期匯率真的大於現在 3 個月美元遠期匯率），則他到時便可買低價的遠期美元並立刻在即期市場以高價售出，以賺取利潤。相反的假如他的預期錯誤，則他將會有損失。以下我們就以美元與新臺幣為例加以說明：

令 $P_{\$}^{即期}$：代表美元以新臺幣表示的即期價格（或匯率）

$P_{\$}^{遠期(30)}$：代表現在 30 天美元以新臺幣表示的遠期價格（或匯率）

$E(P_{\$}^{即期})$：現在所預期未來某一天美元的即期價格

假設：$P_{\$}^{遠期(30)} = NT25$

而他現在預期 [30 天後 $E(P_{\$}^{即期})] > P_{\$}^{遠期(30)}$，則他可現在就簽約購買 30 天的遠期美元。至於他是否獲利，則視 30 天後美元的即期價格：

(1) 30 天後 $P_{\$}^{即期} = 26 > P_{\$}^{遠期(30)} = 25$ ⇒ 每 1 美元有新臺幣 1 元的利潤

(2) 30 天後 $P_{\$}^{即期} = 25 = P_{\$}^{遠期(30)}$ ⇒ 既無損失，亦無利潤

(3) 30 天後 $P_{\$}^{即期} = 24 < P_{\$}^{遠期(30)} = 25$ ⇒ 每 1 美元損失新臺幣 1 元

從以上例子可知，外匯投機是極高風險的，投機者如果對未來即期匯率判斷錯誤，當匯率走勢相反時，他將反而遭受損失。此外，上例的討論中，我們假設投機者毋須負擔交易成本或手續費。但就實務而言，當投機者簽約購買遠期外匯時，通常須繳保證金。例如美國投機者在**芝加哥商品交易所**（Chicago mercantile exchange，簡稱 CME）❶在 1972 年所創立的**國際貨幣市場** (international monetary market) 參與遠期外匯交易時，便須繳交 5% 以上的保證金。

當投機者預期某種通貨會升值，而現在購買此通貨，以待此通貨未來升值時再高價賣出，則吾人稱該投機者對此通貨採長期部位；相反的，當投機者預期某通貨會貶值，因而現在先借或賣此通貨，待此通貨未來貶值時再買此通貨或還此通貨的貸款，則吾人稱該投機者對此通貨採短期部位。投機者除了可利用即期市場與遠期市場採取或調整其長短期部位以進行外匯投機外，其實選擇權市場亦是投機者可從事外匯投資的場所。不過有關選擇權市場，我們將留待以後的章節再作說明。

此外，外匯投機其實亦可透過購買外國債券或股票來進行。例如當投機者預期未來美元會升值，則他可購買美國所發行的債券來獲利，其進行過程大致如下：

用本國貨幣以現在的即期匯率換成美元
⇒ 以美元購買美國債券
⇒ 待此美國債券到期時，再以那時的即期匯率換成本國貨幣

至於此投機者是否能因此獲利，則須視這段期間美元實際的升貶程度及兩國的利差。假設美國債券的利率比本國的利率大 4%，則：

(1)如果到時美元的即期匯率保持不變 ⇒ 此投機者利潤 = 4%
(2)如果到時美元升值 ⇒ 此投機者利潤 > 4%
(3)如果到時美元貶值 ⇒ 此投機者利潤 < 4%
(4)如果到時美元貶值超過 4% ⇒ 此投機者不賺反虧

❶ 芝加哥商品交易所 (CME) 現已與芝加哥期貨交易所 (CBOT)、紐約商業交易所 (NYMEX) 和紐約商品交易所 (COMEX) 合併為芝加哥商品交易所集團 (CME Group)。

如果投機者是以購買外國股票來投機的話，則其進行過程大致如下：

用本國貨幣以現在的即期匯率換成美元

⇒ 以此美元購買美國某種股票

⇒ 待此股票上漲後賣出，然後再以到時的即期匯率換成本國貨幣

至於投機者是否能因此而獲利，除了須視這段期間美元的升貶程度外，亦須視該股票上漲的程度。因此，投機者欲以購買國外債券或股票來投機，須對國際經濟局勢相當瞭解。不過，就實際而言，一般投機者（或投資者）通常透過基金的方式來購買國外股票或債券。

三、投機與外匯市場的穩定性

投機者在外匯市場上刻意承擔風險的行為，有可能對市場匯率產生穩定效果，但亦有可能使得市場匯率反而更不穩定。到底投機活動會對市場匯率產生穩定或反穩定的效果，一直是學術界、實務界及有關當局所關心的話題。以下我們將對此加以討論。

1. 穩定性投機 (stabilizing speculation)

所謂穩定性投機是指，會使得市場匯率產生穩定性效果的投機活動。外匯投機會產生穩定性效果，是因為投機者在某一種通貨價格高時，賣出這種通貨，使其價格下跌；在某一種通貨價格低時，買進這種通貨，使其價格上升。例如當美元下跌時，投機者預期美元會回升，故逢低買進美元；當美元價格上升時，投機者預期美元會回貶，故逢高賣出美元。假如市場上的投機者普遍有這種逢低買進、逢高賣出的行為，則投機活動便可防止市場匯率過高或過低的現象，故其具有穩定市場匯率的作用。

如圖 4–5 所示，AA 曲線代表如果沒有外匯投機活動的匯率走勢，BB 曲線代表穩定性投機下的匯率走勢。在穩定性投機下，由於投機者普遍逢低買進、逢高賣出，故匯率波動幅度較無投機下來得小。

2. 反穩定性投機 (destabilizing speculation)

所謂反穩定性投機是指，會使得市場匯率產生反穩定效果的投機活動。外匯

投機會產生反穩定效果，是因為投機者在某一種通貨價格高時，買進這種通貨，使其價格更上漲；在某一種通貨價格低時，賣出這種通貨，使其價格更下跌。例如當美元升值時，投機者預期美元還會再升值，故買進美元；當美元貶值時，投機者預期美元還會再貶值，故賣出美元。假如市場上的投機者普遍有這種追漲殺跌的行為，則投機活動會使得匯率的波動幅度更大，故其對匯率會有反穩定的作用。

如圖 4–5 所示，CC 曲線代表反穩定性投機下的匯率走勢。在反穩定性投機下，由於投機者普遍追漲殺跌，故匯率波動幅度較無投機下來得大。

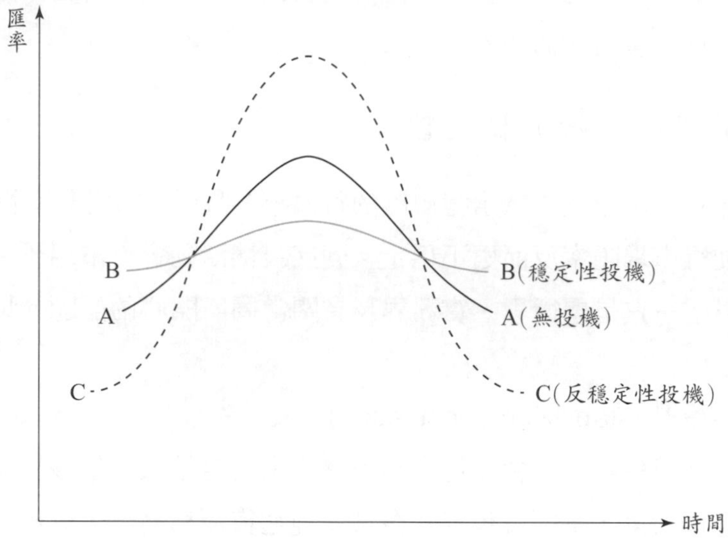

圖 4–5　穩定性投機與反穩定性投機對匯率的影響

到底投機活動會對市場匯率產生穩定或反穩定的效果，一直是實施浮動匯率制度的一大爭論。贊成投機活動具有「穩定效果」的論點是：

1.如果投機是反穩定的，則投機者必遭受損失

投機者是以賺錢為目的的，而要賺錢當然是要在某種通貨價格低時，買進此通貨；價格高時，賣出此通貨。而投機者這種逢低買進、逢高賣出的行為，當然會使匯率較穩定。因此，諾貝爾經濟學獎得主傅利曼 (M. Friedman) 認為，如果覺得投機具有反穩定性效果，等於是說大部分的投機者發生虧損。而這些有虧損的投機者自然會退出市場。但事實顯示，職業的投機者通常是賺錢的，這代表他們經常是逢低買進、逢高賣出，故大體而言，外匯投機具有穩定匯率的效果。

2.沒有確實的證據可證明投機會造成匯率的不穩定

一些反對浮動匯率制度者以 1930 年代「熱錢」(hot money) 的移動造成歐洲通貨的大幅波動，而認為投機是反穩定的。但傅利曼則反駁說，因為在當時，歐洲通貨相對於美元幣值高估的情況相當明顯，不論有無投機活動發生，歐洲通貨貶值已成大勢所趨，投機者看準這種大勢而移動資金是合情合理且正確的，故不能就此認定投機對匯率波動有反穩定效果。

贊成投機活動具有「反穩定效果」的看法則是：

1.反穩定性的投機事實上仍可賺取利潤

包默 (W. J. Baumol) 反對傅利曼所說：「如果認為投機具有反穩定性效果，等於是說大部分的投機者發生虧損」的說法。他認為，即使投機者對某通貨是追漲殺跌，對匯率會產生反穩定效果，但投機者仍可賺取利潤。他對投機者的行為假設是：投機者並非想賺取最大利潤，而是希望在較低的風險中賺取利潤。而這種行為假設會使得投機者在匯率變動的情勢明朗後，再買進或賣出。故即使投機者在某種通貨已上漲後再買進，已下跌後再賣出，雖然獲利不大，但仍有獲利的空間，而且這種投機方法風險較小。是故，反穩定的投機仍可賺取利潤。

2.投機者有虧損，並不一定代表投機是反穩定性的

一些不是逢低買進、逢高賣出的投機者，雖然會有虧損，但這些有虧損的投機者並不一定會退出市場，反而往往會在尋找或補充資金後，再持續投機。故反穩定的投機是可能持續一段時間的。

從以上爭論吾人可知，到底投機會不會使匯率更穩定，其實牽涉到對所謂「投機者」的定義或行為假設為何？實證期間的選取？實證方法為何？通貨幣別的選取？長期或短期匯率波動？例如根據納克斯 (Nurkse) 的研究，在第一次世界大戰與第二次世界大戰之間的浮動匯率下，投機對匯率產生反穩定的效果。這個結果其實亦間接影響到二次大戰末期各國在布萊登森林制度下所採的固定匯率制度。而加拿大在 1950 年代的浮動匯率下，則顯示投機對匯率具有穩定效果。不過整體而言，大部分的自由經濟學者認為，投機在正常情況下，對匯率波動具有穩定性效果。

如果投機是反穩定性的，則投機活動將會使匯率波動幅度加大，如此將會對國際間的貿易與投資活動產生一些不利的影響：

⑴進出口商將會因匯率波動幅度過大所代表的匯率風險過大，而不敢接單，這將會阻礙國際間貿易的進行。

⑵進出口商若因匯率波動幅度過大，而到外匯市場進行即期拋補或遠期拋補之避險行為，這些避險成本終將轉嫁到進出口報價上，而報價的提高便有礙國際間貿易的進行。

⑶匯率的波動幅度過大，將有礙國際間投資活動的進行。因為匯率的風險愈大，則從事國際投資的避險必要性及避險成本亦會提高，如此將會阻礙或降低國際投資活動的進行。

第十節 熱錢與洗錢的意義及進行方式

國人在報章雜誌常常看到「熱錢」與「洗錢」這二個名詞，但是，到底什麼叫「熱錢」，什麼叫「洗錢」呢？「熱錢」與「洗錢」是否與外匯投機有關呢？本節對這些疑問將作一簡單扼要的說明。

一、熱錢 (hot money)

所謂熱錢並無一嚴謹的定義，不過一般是指因任何政治或經濟事件，而使得國際性資金大量且快速移動的現象。熱錢有時又叫 capital flight。熱錢產生的原因可能來自於政治的不穩定，某種通貨的預期升值或貶值或政府對某通貨匯率的干預。故熱錢是與外匯投機有關的。熱錢可包括如下的例子、情形及方式：

⑴1930 年代歐洲通貨相對於美元幣值高估的情況至為明顯，一般人預期歐洲通貨必然貶值，投機者看準這種必然變化而大量移動資金，因而造成歐洲通貨大幅的波動。

⑵1971 年至 1973 年間，美元與黃金的兌換關係中止，布萊登森林制崩潰，美元的被高估使得不利美元的投資風潮興起，投機者大量拋售美元以買入馬克、日圓與瑞士法郎等強勢通貨，造成國際資金大量的移動。

(3)民國 75 年至 78 年間，由於我國年年鉅額的國際收支順差及中央銀行對新臺幣升值壓力採取緩慢升值的政策，市場上普遍預期新臺幣會升值的心理，因此熱錢大量流入臺灣，以賺取匯率差價。其進行方式有如下幾種方式：

①投資人、國內廠商及多國籍企業將國外或母公司的資金以匯入匯款的方式匯入國內，轉換成新臺幣持有。

②出口商以預收出口貨款方式，由國外進口商匯出大筆外匯進入臺灣。雖然當時中央銀行制定的《民間匯入匯款結匯管理辦法》規定，民間匯入款，個人一年內不能超過 5 萬美元，但是對於公司行號以勞務或出口貨物所得的外匯收入並沒限制，造成出口商鑽營法令漏洞。此為公司行號引進熱錢最典型方式，亦為熱錢流入臺灣的最主要來源。

③出口商向外商銀行申請預售美元外銷貸款，外商銀行自國外借入美元，供出口商申貸。出口商再以預售方式提前拋售美元，取得新臺幣。

④進口商延後結匯，以賺取匯兌價差。

⑤進口商向本國銀行申請進口融資：進口商向本國銀行申貸美元資金，償還國外貿易往來客戶，此部分貸款由新臺幣改為美元。

⑥銀行自國外引進外匯資金，再向外匯市場拋售，轉換新臺幣，以賺取匯差。

⑦廠商及投資人將外幣存款解約或提領出外匯，再轉換成新臺幣。

⑧利用銀樓或黑市管道，將外匯匯入臺灣再轉成新臺幣。

(4)1992 年美國一再降低重貼現率，使國內外利率差距加大，加上臺灣對美國的大量貿易順差，使得大家預期新臺幣會升值，因此熱錢大量流入臺灣以賺取利差及匯差。

從以上例子我們可知道，所謂「熱錢」包含凡是國際性資金從事於短期匯兌或利息的套利活動。因此，例如廠商預收出口貸款、延後進口貸款、不同幣別的存款帳戶轉換、預售遠期外匯及美元外銷貸款等，都可謂廣義的熱錢。

二、洗錢 (money laundering)

「洗錢」這個名詞是大家常在報章雜誌看到的，那麼到底什麼是洗錢呢？所謂「洗錢」是指，犯罪集團為了避免司法及情治機關的追查，在處理不法資金時，利用金融機構相互間的層層往來及轉帳作業，以洗脫不法資金的來源及所有與犯罪集團的關聯，這種將「髒錢」洗乾淨的過程，就叫做「洗錢」。換言之，所謂洗錢就是將販賣毒品藥物等所得的不法收益，即所謂「髒錢」，經由銀行等媒介，而進行各種偽裝、隱匿行為，使得這些髒錢變為具有清新外觀的財產，俾隱藏其與犯罪的關係，或隱藏此不法財產等行為的總稱。

洗錢的進行方式通常有如下幾種管道及方式：

⑴販毒者可在國內與國外同時設立企業，由開設在國外的企業表面上高價購入商品，裝運至國內的企業，而將虛報價格與實際價格的差額（即販毒所獲資金）存放國外，再伺機隨時匯回國內。

⑵利用銀行等正規的金融機構，將販毒所獲的資金存入銀行。但在一般先進國家，若有人以巨額現金存入時，則規定銀行必須報告有關當局。故販毒者須將超過規定的大額現金，分成較小的金額，此外，犯罪者亦有借用他人名義存入銀行者。

⑶許多小國家的政府為增闢財源，增加國民的就業機會，並發展金融事業起見，對金融的管制極不嚴格，且准許虛設行號，使外國金融機構可逃避租稅。販毒者可在此等國家的銀行中，開立存款帳戶，將贓款匯入，然後再匯回本國，以達到「洗錢」的目的。

⑷犯罪行為在國外進行，並利用外幣或實物交易逃避有關當局的監視，或利用金融機構相互間的層層往來及轉帳作業，以洗脫不法資金來源及所有與犯罪集團的關聯。

⑸販毒集團為了防止調查單位查到資金來源，利用貨幣市場、外匯市場、股票市場，甚至房地產市場將販毒所得利用人頭放在金融體系內運轉幾圈後，即可清除證據，使髒錢變為乾淨的錢。

⑹利用銀行以外的非正規金融機構，如外幣的兌換處，係接受某種通貨，而兌換為一種通貨；又有在銀行營業時間以外買賣支票的商號，亦為犯罪者「洗錢」的有效管道。

⑺利用境外交易：在毒品交易所得的資金，通常是大量的現鈔，但一些先進國家如美國、澳洲等均加強大額現金的交易管制。故為防範有關當局監視，犯罪集團如果在美國境外使用美元交易，則可達到洗錢的目的，尤其像美國其在美國境外流通的現金遠超過美國境內流通的現金，故要在美國境外將犯罪資金兌換為美元並不難。

國際上為防止洗錢的活動，也有一些協議或規定。例如 1988 年 12 月聯合國所簽訂的維也納條約及 1988 年 12 月 12 日各有關國家發表的巴斯爾 (Basle) 原則，均對如何防止洗錢作重要的規定。1989 年 7 月，主要的七個先進國家（美、日、西德、英、法、義、加）等在巴黎舉行高峰會議。決定組成金融活動作業小組，以研討因應洗錢的辦法。經數度集會後，於 1990 年 5 月 4 日發表報告，茲列舉重要者如次：

⑴各國應視其必要，採取各項措施，俾將毒品資金的「洗錢」，規定為刑事犯罪。

⑵金融機關應不准顧客開立匿名或假名的存款帳戶，須憑可信的證明文件，確認顧客的身分。

⑶在有關當局要求提供資訊時，金融機關應迅速辦理。因此，關於國內與國際交易的一切必要的記錄，須至少保存 5 年。

⑷金融機構對於不具明顯的經濟目的或合法目的，且為複雜而異常的大額交易，或非普通型態的交易，應加以特別注意。且主動向有關當局迅速報告。

吾人從以上這二小節的說明可知，熱錢與外匯投機很有關聯，甚至其可說是外匯投機的代名詞。至於洗錢，則幾乎與外匯投機無關。因為洗錢的犯罪集團，所考慮的主要是隱密性與安全性，所在乎的是銀行所在地對匯出入管制是否鬆懈，及資金來源是否會被追查。至於匯率與利率變動所造成的風險或利潤，則並非洗錢犯罪集團關注之所在。

摘　要

1. 所謂外匯是指可作為國際支付工具的通兌通貨或是對外國通貨的請求權，其包括外國貨幣及以外國通貨標示的支票、匯票及其他金融資產。
2. 外匯市場並非指一定的建築物或場所等具體的市場，而是綜合的指外匯交易所進行的範圍而言。
3. 世界兩個最大的外匯市場為紐約外匯市場與倫敦外匯市場。
4. 一個典型的外匯市場，其交易活動通常包含三個層次：⑴商業銀行與其顧客間的交易；⑵國內銀行與銀行間透過外匯經紀人的外匯交易；⑶銀行與外國銀行間的外匯交易。

5. 外匯市場依其發展及開放程度、參與者、交易方式及交割時間等可分為如下類型：(1)地區性的外匯市場與國際性的外匯市場；(2)廣義的外匯市場與狹義的外匯市場；(3)批發（或躉售）的外匯市場與零售的外匯市場；(4)即期外匯市場、遠期外匯市場與換匯市場。

6. 外匯市場的參與者是由一群外匯需求者與供給者所組成，這些參與者包括外匯銀行、外匯交易員或自營商、外匯經紀商、外匯的最後需求者與供給者及各國中央銀行。

7. 外匯市場的功能有：(1)通貨的兌換及國際間購買力的移轉；(2)清算國際間的債權債務；(3)國際信用的仲介與調節；(4)規避匯率變動風險所產生的匯兌風險；(5)提供投機與投資機會；(6)匯集各國資金，提高國際間資金的使用效率。

8. 所謂匯率是指一國貨幣與另一國貨幣之間的兌換比率。

9. 所謂一國貨幣貶值是指一國的貨幣價值相對於另一國貨幣的價值降低了，也就是必須以更多的本國貨幣去交換同一單位另一國的貨幣。因此，一國貨幣貶值其實便代表另一國貨幣的升值。

10. 一國對外匯的需求，基本上來自於國際收支平衡表的借方項目。

11. 外匯需求曲線之所以是負斜率的原因，是因為匯率下跌代表本國貨幣升值，假設進口品的外幣價格不變，則進口品以本國貨幣表示的價格將下跌，進口量將增加，因此對外匯的需求量亦將隨之增加。

12. 一國對外匯的供給，基本上來自於國際收支平衡表的貸方項目。

13. 外匯供給曲線之所以是正斜率的原因，是因為匯率上升代表本國貨幣貶值，假設本國出口品的本國貨幣價格不變，則出口品以外幣表示的價格將下跌，出口量將增加，因此對外匯的供給量亦將隨之增加。

14. 所謂均衡匯率是指能夠使得外匯市場達到供需均等的匯率。在一個自由浮動的匯率制度下，均衡匯率是由外匯的供給曲線與需求曲線所共同決定的。

15. 所謂有效匯率是以各國與本國的貿易量占本國的總貿易量的比重為權數，所計算出來的本國與各國雙邊匯率的加權平均匯率。

16. 所謂實質有效匯率是指，經過本國與貿易對手國的物價水準調整過後的名目有效匯率。

17. 所謂外匯套匯 (exchange arbitrage) 是指利用不同外匯市場匯率在某一時點的不同，從低價市場買進，在高價市場賣出，以賺取匯率差價的行為。

18. 外匯套匯又可分為兩點套匯、三點套匯及無風險利率套匯三種。

19. 所謂兩點套匯，又稱為直接套匯，是指利用兩種通貨在兩個外匯市場間匯率高低的不同，同時在這兩個市場上買低賣高，從中賺取匯率差價的行為。兩點套匯的結果將使得不同外匯市場的直接匯率趨於一致。

20. 所謂三點套匯，又稱為三角套匯或間接套匯，是指利用三個外匯市場，三種通貨間接匯率的不同，同時在三個市場中買低賣高，從中賺取匯率差價的行為。只要通貨之間的直接匯率不等於間接匯率，則進行三點套匯仍可獲利。三點套匯的結果，將使得通貨間的直接匯率等於間接匯率。

21. 面對未來的收入或支出是以外匯計價的個人、廠商及銀行，匯率的變動便會對其產生所謂的外匯風險。

22. 由於即期匯率變動所造成的外匯風險，又稱之為開放部位。開放部位包括長期部位與短期部位兩種。

23. 長期部位是指對某種外國通貨處於淨資產的狀態；即對於某種外國通貨的總求償權大於總負債權的一種狀態。處於長期部位者，通常會因為該外匯升值而獲利，該外匯貶值而損失，故會期望該外匯升值。

24. 短期部位是指對某種外國通貨處於淨負債的地位；即對於某種外國通貨的總負債大於總求償權的狀態。處於短期部位者，通常會因為該外匯貶值而獲利，該外匯升值而損失，故會期望該外匯貶值。

25. 外匯的風險來自於交易風險、換算風險及經濟風險三方面。

26. 所謂拋補或對沖 (hedging)，是指為了避免匯率變動所產生的風險，將所擁有的外國通貨處於資產等於負債的封閉或平衡部位的行為。

27. 所謂即期拋補是指利用即期外匯市場，買進（或賣出）所需支出（或收入）的外匯，以規避匯率變動風險的行為。

28. 即期拋補最大的缺點是，投資人或廠商有資金被凍結或須先借入一筆錢的困難。

29. 外匯市場若依買賣外匯的交割時間來分，可分為即期外匯市場與遠期外匯市場。所謂即期外匯市場是指，外匯的買賣為立即交割；遠期外匯市場是指，外匯交易契約成立當時，雙方並無外匯或國幣的支付，但是雙方約定於將來的某一時日，以原約定的匯率買賣外匯的交易。

30. 所謂遠期折價，又稱為遠期貼水，是指一種外匯在遠期外匯市場的價格（或匯率）小於即期外匯市場上的價格（或匯率）。所謂遠期溢價，又稱為遠期升水，是指一種外匯在遠期外匯市場的價格（或匯率）大於即期外匯市場上的價格（或匯率）。

31.遠期外匯市場設立的最主要目的，便是在使從事國際貿易的進出口廠商及國際投資者，得以借助遠期外匯的買賣來消除匯率變動的風險。

32.進口廠商如果擔心未來所需支出的外匯升值，則可在遠期外匯市場簽訂契約預先買進所需支出的外匯；出口商如果擔心未來所將收入的外匯貶值，則可在遠期外匯市場預售遠期外匯。

33.所謂遠期拋補是指利用遠期外匯市場，買進（或賣出）未來所須支出（或收入）的外匯，以規避匯率風險的行為。

34.即期匯率與遠期匯率的差距會趨向於等於兩國間短期利率的差距。

35.所謂拋補利息套利是指，在進行利息套利的同時，進行外匯拋補，以避免匯率變動風險的行為。

36.所謂一個有效率的市場是指，一個資產的市場價格會反映所有已經存在的訊息。在一個有效率的市場，由於一切已存在的訊息均會反映於市場價格上，因此市場投機者無法利用這些已存在的訊息去獲得超額利潤。

37.所謂有效率的外匯市場是指，遠期匯率能準確（或不偏）地預測未來的即期匯率。在有效率的外匯市場上，投資者將無法利用已存在的訊息賺取超額利潤。

38.所謂外匯投機是指，有意承擔匯率風險，希望藉由匯率波動以謀取利潤的行為。

39.所謂穩定性投機是指，會使市場匯率產生穩定性效果的投機活動。穩定性投機是因為投機者在某一種通貨價格高時，賣出這種通貨，使其價格下跌；在某一種通貨價格低時，買進這種通貨，使其價格上升。

40.所謂反穩定性投機是指，會使得市場匯率產生反穩定效果的投機活動。反穩定性投機是因為投機者在某一種通貨價格高時，買進這種通貨，使其價格更上漲；在某一種通貨價格低時，賣出這種通貨，使其價格更下跌。

41.到底投機活動會對市場匯率產生穩定或反穩定的效果，一直是實施浮動匯率制度的一大爭論。

42.所謂熱錢並無一嚴謹的定義，不過一般是指因任何政治或經濟事件，而使得國際性資金大量且快速移動的現象。熱錢包含凡是國際性資金從事於短期匯兌或利息的套利活動。因此，例如廠商預收出口貸款、延後進口貸款、不同幣別的存款帳戶轉換、預售遠期外匯及美元外銷貸款等，都可謂廣義的熱錢。

43.所謂洗錢是指，犯罪集團為了避免司法及情治機關的追查，在處理不法資金時，利用金融機構相互間的層層往來及轉帳作業，以洗脫不法資金的來源及所有與犯罪集團的關聯，這種將「髒錢」洗乾淨的過程，就叫做「洗錢」。

習　題

一、選擇題

(　) 1.一般所指的外匯除了外國貨幣外，不包括下列何者？ (A)支票 (B)匯票 (C)金融資產 (D)外籍勞工

(　) 2.世界第二大的外匯市場為？ (A)日本 (B)倫敦 (C)新加坡 (D)德國

(　) 3.下列何者不是外匯市場的分類方式？ (A)政治 (B)參與者 (C)交割時間 (D)交易方式

(　) 4.請問下列何者不是典型的交易活動？ (A)銀行與外國銀行的交易 (B)商業銀行與顧客之間 (C)銀行之間透過外匯經紀人的交易 (D)中央銀行對熱錢的限制

(　) 5.利用金融機構的層層往來，以模糊資金來源是指 (A)洗錢 (B)炒股票 (C)套匯 (D)拋補

(　) 6.下列何者不是外匯套匯的類型之一？ (A)無風險利率套匯 (B)自由套匯 (C)直接套匯 (D)三點套匯

(　) 7.利用不同外匯市場匯率在不同時間點賺取價差的行為是指 (A)洗錢 (B)拋補 (C)外匯套匯 (D)避險

(　) 8.在自由浮動匯率下，匯率是由下列何者決定？ (A)市場的供給與需求 (B)央行 (C) WEF (D) IMF

(　) 9.外匯在遠期市場的價格小於即期市場的價格稱為 (A)遠期溢價 (B)對沖 (C)遠期貼水 (D)拋補

(　) 10.下列何者不是外匯風險？ (A)交易風險 (B)道德風險 (C)換算風險 (D)經濟風險

(　) 11.為了避免匯率變動所產生的風險，將所擁有的外國通貨處於資產等於負債的封閉或平衡部位的行為是指 (A)洗錢 (B)套匯 (C)反洗錢 (D)拋補

(　) 12.即期拋補最大的缺點是？ (A)資金可能凍結 (B)央行干預 (C)需付回扣金 (D)需付利息

(　) 13.有意承擔匯率風險，並希望藉此吸取利潤的行為是 (A)洗錢 (B)外匯投機 (C)拋補 (D)黑市交易

(　) 14.關於投機活動對市場匯率產生穩定或不穩定之間的爭論，是因實施何種制度？ (A)浮動匯率 (B)管理浮動匯率 (C)央行管制匯率 (D)名目有效匯率

二、簡答題

1.外匯的需求與外匯的供給和國際收支平衡表有何關聯？

2.何謂有效匯率指數？其代表的意義為何？

3.何謂兩點套匯？何謂三點套匯？請分別自行舉例並加以說明。

4.何謂外匯風險？外匯風險來自於哪三方面？

5.為何從事即期拋補必須同時考慮到匯率與利率差距兩個因素？

6.何謂即期外匯市場？何謂遠期外匯市場？試比較二者的異同。

7.何謂拋補利息套利？請舉例說明之。

8.何謂有效率的外匯市場？為何在有效率的外匯市場上，投機者無法利用已存在的訊息去賺取超額利潤？

9.何謂外匯投機？投機與避險的差別何在？

10.何謂洗錢？洗錢的方法通常有哪些？防止洗錢的方法有哪些？洗錢與外匯投機是否有關？

第五章 匯率的決定理論與影響匯率變動的因素

學習目標

1. 國際收支平衡學派的匯率決定理論。
2. 購買力平價學說的理論要點與實證。
3. 利率平價論的理論要點與實證。
4. 貨幣學派的匯率決定理論。
5. 預期心理對匯率的影響。
6. 資產組合學派的匯率決定理論。
7. 影響匯率變動的因素。

在國際貨幣發展的過程中，1973 年以前為固定匯率制度，當時的理論文獻著重於國際收支理論的研究，自 1973 年 3 月布萊登森林制度崩潰之後，西方先進工業國家紛紛廢棄可調整釘住匯率制度，而改採管理浮動或浮動匯率制度。此一制度實施迄今，外匯市場上匯率的波動較可釘住時期有過之而無不及，這實非當初主張實行此一制度者始料所及。例如美元在 1980 至 1985 年這段時間，相對於其主要貿易夥伴的幣值總共升值了 47%。美元在 1985 年 3 月達到頂峰，隨後開始長期的滑落，此滑落大半由於政府政策的改變及相對國家的經濟表現。

根據傳統的說法，匯率乃決定於外匯市場，由外匯的需求以及供給函數來決定均衡的匯率水準，不管由貿易交易或對外投資所產生的外匯的需要或供給乃是**流量**的觀念，所以傳統的分析法又稱之為**流量分析法** (flow analysis)，但從 1975 至 1976 年開始，匯率決定的理論也開始起變化，認為短期匯率乃由資產市場（貨幣市場、國內外證券市場）的供需條件來決定。此乃所謂**資產市場分析法** (asset market approach) 的看法。當國際間資本移動相當開放的今天，人們可自由選擇最適資產的組合，一些經濟變數的變動，甚至於非經濟因素的變動，必使人們對其最適資產的組合發生變化，而使利率水準、匯率水準發生變動。資產市場分析法儼然成為 1970 至 1980 年代間貨幣金融的主導，且其對於當時匯率的行為確也可以提出合理的解釋。

本章首先將對匯率決定理論作一回顧性探討，如**國際收支平衡學說** (balance of payment approach)、**購買力平價說** (purchasing power parity)、**利率平價定理** (the interest rate parity theory)、國際費雪效果、貨幣學派、預期心理及資產組合理論等。最後一節則將綜合這些匯率決定理論，對影響匯率變動因素作一摘要性整理。

大致而言，國際收支平衡學說、購買力平價學說及貨幣學派等的匯率決定理論，對匯率的長期走勢比較具有解釋能力；而利率平價定理、預期心理及資產組合理論對短期間匯率的波動比較具有解釋能力。以下我們將對這些匯率決定理論逐一加以介紹。

第一節 國際收支平衡學派的匯率決定理論

此派理論認為，均衡匯率應該是使該國國際收支平衡時的匯率，若國際收支發生失衡時，則均衡匯率必然會產生波動。

一、商品及勞務交易

國內對國外商品、勞務的需求，和國外對國內商品、勞務需求的變動將會影響外匯的需求和供給。因此，外匯需求（國際收支帳的借方）及外匯供給（國際收支帳的貸方）的改變即反映了國內對國外商品、勞務的需求和國外對國內商品、勞務需求的變動。而外匯的需求與供給受到國內外總體經濟情況差異所影響，其主要影響的因素：(1)國內外商品的相對價格；(2)國內外實質所得水準。當然可能還會有其他影響的因素，比如消費者偏好、技術改變、資源累積、市場結構、產品收成情況及商業策略等因素都會影響消費者對國內外商品、勞務的需求及供給的改變，進而影響到外匯的需求及供給。

首先考慮臺灣實質所得的變化如何影響新臺幣對美元匯率，如圖 5–1，D_0 和

S_0 分別為臺灣外匯市場對美元原始的需求及供給曲線，均衡匯率為 E_0。假設臺灣的經濟成長率高於美國，則臺灣人民將會買更多的國內、外商品，因此國內對美的進口將會增加，對美元的需求曲線由 D_0 移至 D_1，均衡匯率升至 E_1。同理，當國內的消費支出增加也會導致同樣的效果。

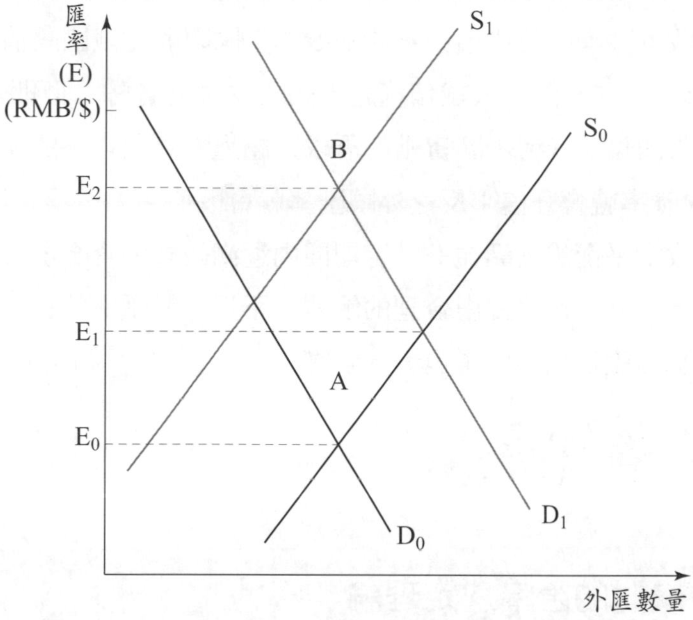

圖 5–1　均衡匯率的變化

一般言之，當某一個國家的經濟成長高於其他國家而其他條件保持不變，將會導致它的貨幣貶值。例如在 2005 至 2014 年全球處於經濟不景氣，止當經濟復甦之際，中國大陸的經濟成長速度高過美國，這也說明了 2005 至 2014 年人民幣相對美元升值的現象。

二、國際資本流動

當國際資本流動主要是受到兩國之間短期利率差異的影響時，則將會造成較低短期利率的國家的貨幣貶值。如圖 5–1 所示，原始的均衡匯率為 E_0，當我國央行採行較寬鬆的貨幣政策而使得我國利率較美國為低時，則我國投資者對美元的需求增加以購買美國證券，對美元的需求曲線由 D_0 移至 D_1；同時美國投資者也會發現在我國的投資較不具吸引力，所以美元的供給也會相對地減少，美元的供

給曲線由 S_0 移至 S_1。市場均衡點由 A 點移至 B 點，均衡匯率也上升至 E_2。

美國於 1981 至 1985 年的高利率造成美元的急速升值也為這個論調提供了一個例證。在此有一點要特別注意的，國際投資所關心的利率差異是實質利率（名目利率減通貨膨脹率）而不是名目利率（市場利率）。

國際收支平衡說主要在說明一國貨幣外匯匯率的漲跌及高低，決定於一定時間內該國國際收支或國際債權債務關係的變動；國際收支或國際債權債務關係保持平衡，匯率就穩定；國際收入或債權超過國際支付或債務，即國際收支為順差，也就是外國貨幣的供給（對本國貨幣的需求）超過對外國貨幣的需求（本國貨幣的供給），外國匯率就會升值；反之外國匯率就會貶值。

因為國際收支平衡說強調在一特定期間內逐漸調整的資金流量的觀念，所以它對於短期匯率變動並無法提出合理的解釋。不過，對匯率的長期或基本面的走勢，國際收支平衡說仍然提出了良好的解釋。

第二節 購買力平價學說的匯率決定理論

購買力平價說 (purchasing power parity，簡稱 PPP) 是 1918 年首次由瑞典經濟學家卡塞爾 (Gustay Cassel) 提出的。他以此作為第一次大戰後官方匯率重組的評論基礎。卡塞爾的 PPP，主張以各國貨幣單位各在國內的購買力升降的比較來決定匯率。也就是說，對於外國貨幣的價值，我們所願意支付的價格是基於該幣值具有在國外購買同質商品或勞務的購買力。根據巴拉薩 (B. Balassa) 的說法，PPP 有兩種假設：一是**絕對的或靜態的** PPP (absolute or static PPP)；一是**相對的或比較的** PPP (relative or comparative PPP)。

一、購買力平價學說的理論要點

(一)絕對購買力平價理論 (APPP)

絕對購買力平價理論建立在**單一價格法則** (law of one price) 之上。單一價格法則是指，在不考慮運輸成本、關稅、貿易障礙及訊息成本下，經由商品套利——即在不同地區間進行商品的買賤賣貴活動——將使國際間以相同通貨表示的同質的貿易財只有相同的單一價格。若 S 表均衡匯率（以一單位外國貨幣兌換多少單位本國貨幣表示）；P 表本國物價水準；P^* 表外國物價水準，則：

$$S \times P^* = P$$

$$S = \frac{P}{P^*}$$

此即所謂**絕對購買力平價說** (APPP)，以 APPP 來決定均衡匯率，有其嚴重的缺陷存在：

(1)由於運輸成本、貿易障礙、關稅及資訊不完全等因素，單一價格法則並不成立。

(2)非貿易財的存在，使得國際間所有產品的價格無法完全一致。所謂非貿易財是指由於運輸成本太高，以致與國際貿易無關的財貨與勞務並不能經由國際間的商品套利活動，而使其國際價格達於均等。如建築物、易腐壞的鮮乳、蔬菜，及理髮、醫療等大部分的服務業均屬之。

(3)國際貿易上歸屬於同一類的貿易財可分為完全同質或性質相近但仍有差異的貿易財。物價水準並無法表現這種差異性。

(4)兩個國家物價水準計算的結構不同。

(5)APPP 的匯率充其量只是使貿易餘額而非國際收支平衡的匯率，因為國際收支同時涵蓋經常帳與資本帳。

由於 APPP 先天上的缺陷，經後人修正後提出相對的或比較的購買力平價論，認為均衡匯率不是由兩國物價水準的相對比率所決定，而是隨兩國物價上漲率的差距而調整，即一國貨幣貶值的幅度應等於該國物價上漲率減外國物價上漲率，如此才可以使該國貨幣的購買力相對於外國貨幣的購買力維持不變。

㈡相對購買力平價理論 (RPPP)

相對購買力平價理論的假說為：假設過去一段期間內有一均衡匯率存在，若在相同的期間內，兩國之間產品的相對價格發生改變，則均衡匯率亦應根據兩國之間產品的相對價格的改變而改變，即：

$$S_t = S_0 \times (\frac{P_t}{P_0}) \div (\frac{P_t^*}{P_0^*})$$

式中 S_0、S_t 分別代表基期及 t 期的均衡即期匯率，P_0 及 P_t 分別代表本國在基期及 t 期的物價水準（總合產品價格）。加“＊”表外國的相對情況。因此當兩國通貨膨脹率相等時，匯率將不受影響。但是當本國通貨膨脹率大於外國時，本國通貨應貶值；反之，本國貨幣應升值。

二、購買力平價說的實證

購買力平價說是一種應用相當廣的匯率學說，但也是一種爭議頗多的理論，如物價指數的選擇標準的問題，購買力平價與匯率因果關係的探討及基期匯率是否為均衡匯率的問題等。有關 PPP 的實證頗為複雜，尤其受國別、實證期間、所選用的物價指數等的影響，在較長的實證期間和當貨幣性干擾顯著的期間（如惡性通貨膨脹），匯率的變動實足反映 PPP 的影響，但是對於較短期間諸如 3 至 12 個月期間，則傾向於拒絕 PPP 的論調。

有關 PPP 的實證文獻很多，綜合文獻所得的結論，大致而言購買力平價論在長期間成立，但短期則有偏離的現象；在 1920 年代實證的結果支持購買力平價論，但 1970 年代則有偏離購買力平價論的現象。

三、購買力平價理論的舉例說明

根據購買力平價學說，假如我國的物價上漲率比美國高出 5%，則在自由浮動匯率的制度下，新臺幣相對美元而言應貶值 5%。因此，根據此學說，一國如欲增強該國通貨的對外價值，則應降低國內的物價上漲率。在剛剛這個例子，吾人如欲避免新臺幣對美元的貶值，則應設法使我國的物價上漲率與美國一樣。當美國與臺灣兩國國內的物價上漲率皆一樣時，則美元與新臺幣的購買力將會一樣，而且新臺幣兌美元的匯率將會趨於穩定或平衡。

在自由浮動匯率之下，吾人可用購買力平價理論來預測匯率的長期趨勢。茲以美國與德國兩國為例，令 P 代表物價指數，0 代表基期，而 t 代表第 t 期，則購買力平價學說可以用下式表示：

$$S_t = S_0 \frac{\frac{P_{美.t}}{P_{美.0}}}{\frac{P_{德.t}}{P_{德.0}}}$$

以上 S_0 代表在基期美元兌歐元的均衡匯率，S_t 代表吾人預測美元兌歐元在第 t 期的匯率。

假設美國與德國的物價指數及基期的匯率分別如下：

$P_{美.0} = 100$

$P_{美.t} = 200$

$P_{德.0} = 100$

$P_{德.t} = 100$

$S_0 = \$0.50$

將以上的數字代入購買平價的公式，吾人便可預測第 t 期的匯率：

$$S_t = \$0.50 \times \frac{\frac{200}{100}}{\frac{100}{100}}$$

$$= \$0.50 \times 2$$

$$= \$1$$

在上例中，從基期至 t 期，美國的物價上漲 100% 而德國的物價保持不變，因此為了維持美元與歐元的購買力保持一樣，美元相對於歐元而言將會貶值 100%，亦即 1 歐元兌換 0.5 美元變為 1 歐元兌換 1 美元。

個案討論

1.假設日本出口到臺灣某電子產品的關稅由5%降至0%，若你是該產品的臺灣進口商，則關稅調降對你的影響為何？

2.過去臺灣很多店有「跑單幫」的行為，所謂的跑單幫是指帶著異地貨物往來兜售以避開關稅圖利的一種投機性買賣。你認為當進口關稅由5%降至0%時，還會有「跑單幫」的行為嗎？

第三節

利率平價理論的匯率決定理論

國際間利率不同，將會導致**利息套利** (interest arbitrage) 活動的產生。但是國際間的金融投資不同於國內金融投資，因其具有匯率變動的風險，所以必須同時考慮利率與匯率兩種因素。

一、利率平價論的理論要點

假如國際金融投資不需任何成本或無任何障礙，則當國際間的利率差距等於**遠期外匯折價**或**溢價**的幅度時，國際間短期拋補利息套利的資金不再移動，此即所謂利率平價論或拋補利息套利理論。吾人可利用數學式表示如下：

令 I 表本國的年利率，I^* 表外國的年利率，S 表即期匯率，F 表 1 年期的遠期匯率，則：

(1)本國貨幣 1 元投資 1 年的本利和為 $(1+I)$

(2)本國貨幣 1 元轉成外國貨幣投資到外國 1 年的本利和為 $1/S(1+I^*)$

(3)將第(2)項的 $1/S(1+I^*)$ 在遠期外匯市場上進行拋補以換成本國貨幣可得到 1 年後的本利和為 $F(1+I^*)/S$，如果 $F(1+I^*)/S>(1+I)$，則資金由本國流向外國，

$F(1+I^*)/S<(1+I)$，則資金由外國流向本國，$F(1+I^*)/S=(1+I)$，則達到平衡，再加以整理可得到下列式子：

$$(F-S)/S=(I-I^*)/(1+I^*)$$

利率平價常約略以下列方程式表示：

$$(F-S)/S=(I-I^*)$$

上式即為利率平價論，表示當兩國的利率差距等於遠期外匯折價或溢價的幅度時，兩國間就不會發生拋補利息套利行為。

圖 5–2 表達了遠期、即期匯率與利率間的關係。Y 軸是利率差數（以本國為被減數），X 軸是遠期溢價 (+) 或遠期折價 (–)，換句話說，X 軸即表示 $(F-S)/S$。圖中 G 點是不平衡點，因為利率差數 2%（本國利率比外國利率高 2%）而外國通貨遠期升水是 3%，這種情況下資金將流向國外，每年可獲利 1%。H 點的遠期升水仍為 3%，但利率差數變為 4%，則把資金流向倒轉反而較有利，4% 的較高利率去彌補 3% 的遠期匯兌損失還綽綽有餘，這將會有 1% 的利息利益。

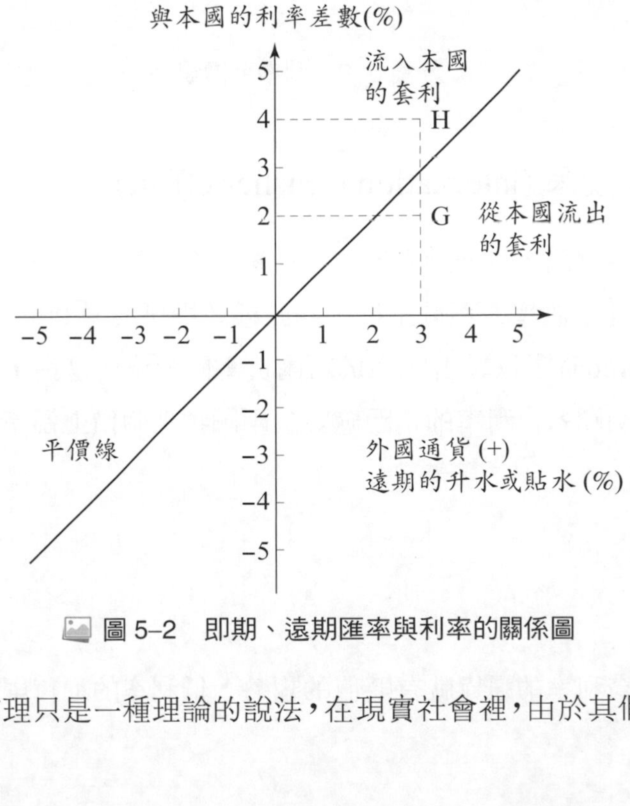

圖 5–2　即期、遠期匯率與利率的關係圖

利率平價定理只是一種理論的說法，在現實社會裡，由於其假設條件不存在，

而使得均衡條件未達成之前，國際間的拋補利息套利活動即已停止，而產生一個**利率平價區** (interest rate parity area)，如圖 5–3 所示。而造成這種現象的原因不外乎是交易成本的存在、政治風險的考量及租稅的影響等。

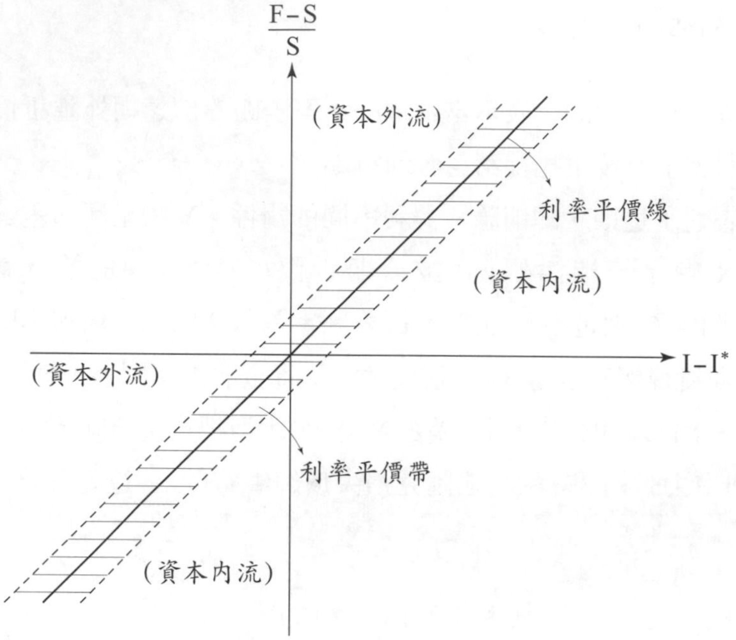

圖 5–3　利率平價圖

二、國際費雪效果 (international Fisher effect)

國際費雪效果認為，在金融市場中以國際資金流動的套利行為確保「兩國間的利率差為未來即期匯率的不偏指標」。此種效果可透過 PPP 及**費雪開放條件** (Fisher open condition) 予以導出。由於所謂費雪開放條件是指，在一個開放的國際經濟體系中，兩國名目利率的差距應等於兩國預期物價上漲率的差距。因此：

$$\dot{S} = \dot{P} - \dot{P}^*$$

$$\dot{P} - \dot{P}^* = I - I^*$$

$$\Rightarrow \dot{S} = I - I^*$$

也就是說，高利率的通貨就有貶值的趨勢，低利率的通貨則有升值的趨勢。

但名目利率差數變化對匯率影響很難決定。根據費雪效果，名目利率差數的改變不是因為利率差數的改變，就是因為相對的預期通貨膨脹改變，這兩種可能的幣值的影響力恰好相反。例如：名目利率差數增大，假如這增大是源於美國的相對實質利率上升，則美元將升值；若這增大是源於對預期通貨膨脹的上升，則美元將貶值。

綜合來說，若考慮政治風險、交易成本及賦稅等因素，利率平價論大致而言可以被接受。

第四節
貨幣學派的匯率決定理論

貨幣學派 (monetary approach) 的匯率理論認為匯率是由一國的貨幣供給與貨幣需求所決定。假如其他條件保持不變，則當本國貨幣供給增加時，會導致本國貨幣呈現同比例的貶值；而當導源於本國所得增加或預期通貨膨脹率下降所造成的對本國貨幣需求增加時，則將會使得本國通貨升值。換言之，貨幣學派的匯率理論強調，一國國內貨幣需求與貨幣供給的改變對匯率的影響。茲說明如下：

假設在美國原來的貨幣市場上，貨幣需求等於貨幣供給，且在外匯市場上，外匯供給等於外匯需求。要是美國的貨幣當局增加貨幣供給量的話，則其對匯率將造成如下的調整過程及影響：

美國的貨幣當局增加貨幣供給量
⇒ 美國的貨幣供給大於貨幣需求（即超額的貨幣供給）
⇒ 美國國內的利率下跌
⇒ ①美國國內消費與投資增加 ⇒ 美國的所得增加 ⇒ 美國的進口增加 ⇒ 美國對外匯需求增加
　 ②美國對外投資增加或資金外移 ⇒ 美國對外匯需求增加
⇒ 美國對外匯的總需求增加

⇒ 外匯的需求大於供給

⇒ 美元貶值或外匯升值

⇒ { 美國貨變得比較便宜
外國貨變得比較貴

⇒ { 美國的出口增加
美國的進口減少

⇒ 美國國內物價上揚

⇒ 美國國內對貨幣需求增加

⇒ 貨幣供給 = 貨幣需求

以上的調整過程將會持續進行，直到超額的貨幣供給被消除或貨幣供給等於貨幣需求為止。而在這個調整過程中，美元在外匯市場上將持續貶值。換言之，在一個原來是均衡的外匯市場及貨幣市場上，如果美國增加貨幣供給量，這將使得美元（相對於其他通貨或外匯）貶值。

同樣的道理，在一個原來是均衡狀態下的外匯市場及貨幣市場上，假如美國的貨幣需求增加（例如美國的實質所得增加）的話，這將使得美元（相對於其他外匯）升值：

美國的實質所得增加

⇒ 美國的貨幣需求增加

⇒ 美國的貨幣需求大於貨幣供給（即超額的貨幣需求）

⇒ 美國的利率上升

⇒ { ①美國國內的消費與投資減少 ⇒ 美國的所得減少 ⇒ 美國的進口減少 ⇒ 美國對外匯的需求減少
②外國對美國的投資增加或資金內流 ⇒ 外匯供給增加

⇒ 外匯的需求減少且外匯的供給增加

⇒ 外匯的供給大於需求

⇒ 美元升值或外匯貶值

⇒ { 美國貨變得比較貴
外國貨變得比較便宜

$\Rightarrow \begin{cases} \text{美國出口減少} \\ \text{美國進口增加} \end{cases}$

⇒ 美國國內物價下跌

⇒ 美國國內對貨幣需求減少

⇒ 貨幣供給 = 貨幣需求

以上的調整過程將會持續進行，直到超額的貨幣需求被消除或貨幣供給等於貨幣需求為止，而在這個調整過程中，美元在外匯市場上將持續升值。換言之，在一個原來是均衡的外匯市場或貨幣市場上，如果美國因為實質所得增加而使得貨幣需求增加的話，這將使得美元（相對於其他通貨或外匯）升值。

貨幣學派強調，在自由浮動匯率制度下，一國通貨價值的改變（即匯率的改變）對貨幣市場回歸到均衡（即貨幣供給等於貨幣需求），扮演一個相當重要的角色。表 5–1 將貨幣學派對於自由浮動匯率制度下，貨幣供給與需求的變動對本國貨幣升貶的影響的看法，作一摘要的整理。

表 5–1　自由浮動匯率制度下，貨幣供給與需求的變動對本國貨幣升貶的影響

改　變	本國貨幣
貨幣供給增加	貶值
貨幣供給減少	升值
貨幣需求增加	升值
貨幣需求減少	貶值

貨幣學派的匯率決定理論，對傳統經濟理論只強調**實質變數** (real variables) 對匯率的影響，作了很大的補充及貢獻。然而，有不少的學者則批評貨幣學派太過強調貨幣供給與貨幣需求對匯率的影響而忽略了其他因素對匯率的影響。這些批評者認為，貨幣學派的匯率決定理論並無法完全取代傳統的匯率決定理論。有相當多的學者曾經對貨幣學派的匯率決定理論作實證研究，不過至目前為止，綜合各家的實證結果，吾人仍無法完全接受或推翻貨幣學派的匯率決定理論。

第五節

預期心理對匯率的影響

根據貨幣學派的匯率決定理論，假如吾人能預測貨幣需求量及貨幣供給量，則吾人便可預測匯率的長期趨勢。然而，匯率每天或每週的價位仍然是很難以長期趨勢去預測的。像這種匯率在短期內的波動往往是因為預期心理的改變所造成的。

就預期心理所扮演的角色而言，外匯市場其實是很類似股票市場的。匯率（或外匯的價格）對市場上任何消息的反應是極為敏感與迅速的。就如同股票價格一樣，一些選舉新聞、戰爭、國際政治經濟的消息，經濟政策或貨幣政策可能改變的訊息，甚至一些謠言，都會影響到市場上的預期心理，進而影響到匯率。

假設一般人預期美國的經濟將會：(1)成長速度高於臺灣的經濟成長甚多；(2)面對比臺灣高出甚多的通貨膨脹率；(3)比臺灣的利率低出甚多；(4)貨幣供給量增加速度高於臺灣甚多。像以上這些預期心理便暗示著，未來美元兌新臺幣的匯率將可能呈現貶值的情形。美元的持有者為了避免此種情況發生，將會儘速的在外匯市場上將美元轉換成新臺幣，如此將造成美元的供給增加（及新臺幣的需求減少），進而造成了美元的貶值及新臺幣的升值。

吾人可以圖 5–1 來說明預期通貨膨脹的心理如何影響匯率。假設原來外匯市場的均衡點為 A，在點 A 之下，外匯需求等於外匯供給 ($D_0 = S_0$)，而均衡匯率為 E_0。現在假設由臺灣突然間貨幣供給額大量增加，這個貨幣供給額的增加在市場被解釋為未來臺灣的通貨將會膨脹，及大眾普遍預期未來新臺幣對美元將會貶值。由於大家預期未來新臺幣會貶值而美元會升值，這種預期心理將會使得大家想儘速將新臺幣換成美元，如此將使得美元的需求增加（D_0 移到 D_1）。

這種預期心理同時也會影響到美元的供給，因為預期新臺幣會貶值及美元會升值的心理，將使得大家不願將美元換成新臺幣，如此將使得美元的供給減少（S_0 往上移至 S_1）。

由於預期心理使得 D_0 移至 D_1 而 S_0 移至 S_1，因此新的均衡點將為點 B，而在點 B 下均衡匯率為 E_2，亦即美元的價位將由 E_0 升值至 E_2。以上這個例子便說明了預期心理對匯率的影響。

第六節
資產組合學派的匯率決定理論

我們在前面第四節已談到，貨幣學派的匯率決定理論強調國內貨幣的需求與供給的變動對匯率的影響。本節將延伸貨幣學派的理論，將國內貨幣視為資產組合中的一種。根據**資產組合學派** (portfolio-balance or asset-markets approach)，一個投資人的資產組合中可能包括本國貨幣、外國貨幣、本國證券及外國證券，而本國貨幣只是投資人所可能選擇的一種。

資產組合學派認為，匯率在短期間的波動最主要是受國際間不同國別的金融資產的預期報酬率所影響。而影響不同國別金融資產的預期報酬率之因素主要是受到本國金融資產的利率、外國金融資產，以及對這兩國貨幣的匯率的預期所影響。此外，資產組合學派亦認為，即使國外金融資產的預期報酬率低於國內金融資產的預期報酬率，投資人基於降低投資組合風險的原因，仍有可能投資較低預期報酬率的國外資產，這就是所謂「不要把全部雞蛋放在同一個籃子」的道理。

當投資人為追求較高的預期報酬率（或較低的風險）而購買不同國別的金融資產時，便會影響到外匯的需求與供給，進而造成匯率的波動。因此，依據資產組合學派的匯率決定理論，匯率在短期間的波動，最主要是因為投資人為追求利潤（或降低風險）而購買或出售不同國別的金融資產所造成的。而在此所謂金融資產包括本國通貨、外國通貨、以本國通貨為計算單位的本國債券、股票等，以及以外國通貨為計算單位的外國債券、股票等資產。

第七節
影響匯率變動的因素

綜合本章前六節不同的匯率決定理論，吾人可得知影響匯率變動的因素大致如下：

1.國際收支

國際收支最主要為經常帳與資本帳。如果一國的國際收支有順差，則通常表示在外匯市場中，對該國通貨的需求大於供給，故該通貨的匯價將上升。

2.國內外利率差距

如果國內利率高於國外利率，則資本流入本國，外匯供給增加，本國通貨將有升值的趨勢；反之，如果國外利率高於國內利率，則資本由本國流到國外，外匯需求增加，本國通貨將有貶值的趨勢。

3.國內外相對的物價水準

根據購買力平價學說，如果本國的物價上漲率高於外國的物價上漲率，則本國通貨將有貶值的趨勢；反之，則本國通貨將有升值的趨勢。

4.貨幣的供給與需求

假如其他條件保持不變，則當本國通貨供給增加時，則本國通貨將有貶值的趨勢；而當導源於本國所得增加或預期通貨膨脹率下降所造成的對本國通貨需求增加時，則將會使得本國通貨將有升值的趨勢。

5.預期心理與市場因素

外匯市場有如股票市場一樣，反應情報的速度相當快捷。任何國內外政經消息面的變動，都會立即影響到預期心理，進而影響到外匯的需求與供給以及匯率。

6.國民所得

根據國際收支平衡學派，如果國外所得增加，則本國的出口及外匯的供給將增加，因此本國通貨將因國際收支的順差而升值。反之，如果本國所得增加而其他條件保持不變，則本國的進口及外匯需求將增加，因此本國通貨將因國際收支的逆差而貶值。

7.其他因素

其他因素如關稅及非關稅的貿易障礙及國民偏好的改變亦會影響到外匯的需求與供給，進而影響到匯率。例如臺灣如果對外國大幅開放國內市場，亦即消除進口品的關稅及非關稅貿易障礙的話，則臺灣的進口及外匯需求勢必增加，使得新臺幣有貶值的趨勢。

摘　要

1.大致而言，國際收支平衡學說、購買力平價學說及貨幣學派等的匯率決定理論，對匯率的長期走勢比較具有解釋能力；而利率平價定理、預期心理及資產組合理論對短期間匯率的波動比較具有解釋能力。

2.國際收支平衡學派認為，均衡匯率應該是使得該國國際收支平衡時的匯率，若國際收支發生失衡時，則均衡匯率必然會產生波動。

3.國際收支平衡學派認為，如果一國國際收支有順差，則外國匯率就會升值；反之，如果一國國際收支有逆差，則外國匯率就會貶值。

4.購買力平價學說基本上認為，匯率的變動取決於兩國間相對的通貨膨脹率。如果本國的物價上漲率高於國外，則本國貨幣有貶值的趨勢；反之，如果外國的物價上漲率高於本國，則本國貨幣有升值的趨勢。

5.利率平價理論認為，假如國際金融投資不需任何成本或無任何障礙，則當國際間的利率差距等於遠期外匯折價或溢價時，國際間短期拋補利息套利的資金不再移動，此即所謂利率平價理論或拋補利息套利理論。

6.國際費雪效果認為，在金融市場中以國際資金流動的套利行為確保「兩國間的利率差為未來即期匯率的不偏指標」。

7.貨幣學派的匯率理論認為匯率是由一國的貨幣供給與貨幣需求所決定。假如其他條件保持不變，則當本國貨幣供給增加時，會導致本國貨幣呈現同比例的貶值。而當本國貨幣需求增加，則便使得本國貨幣升值。

8.匯率對市場上任何消息的反應是極為敏感與迅速的，任何國內外的政治經濟消息，都會影響到市場上的預期心理，進而影響到匯率。

9.資產組合學派認為，匯率在短期間的波動最主要是受國際間不同國別的金融資產的預期報酬率所影響。此外，資產組合學派亦認為，即使國外金融資產的預期報酬率低於國內金融資產的預期報酬率，投資人基於降低投資組合風險的原因，仍有可能投資較低預期報酬率的國外資產。

10.資產組合學派的匯率決定理論認為，當投資人購買不同國別的金融資產時，便會影響到外匯的需求與供給，進而造成匯率的波動。

11.影響匯率變動的因素大致有：(1)國際收支；(2)國內外利率差距；(3)國內外相對的物價水準；(4)貨幣的供給與需求；(5)預期心理與市場因素；(6)國民所得；(7)其他因素如關稅及非關稅的貿易障礙及國民偏好的改變等。

習　題

一、選擇題

( ) 1.下列何者通常不用來解釋短期間匯率的波動？ (A)利率平價定理 (B)國際收支平衡表 (C)預期心理 (D)資產組合理論

( ) 2.下列何者無法用來解釋長期匯率走勢？ (A)國際收支平衡表 (B)購買力平價學說 (C)貨幣學派學說 (D)利率平價理論

( ) 3.下列何種學說認為國際收支順差會帶來該國貨幣升值？ (A)購買力平價學說 (B)國際費雪效果 (C)國際收支平衡學派 (D)貨幣學派學說

( ) 4.下列何者不是影響匯率變動的主要因素？ (A)國際收支 (B)國民所得 (C)貨幣的供給與需求 (D)人口老化

( ) 5.單一價格法則是建立在下列何種學說上？ (A) Fisher's effect (B) RPPP (C) APPP (D) BOP

( ) 6.平衡一國國際收支、穩定金融與匯率的管理措施稱為 (A)管理浮動匯率制度 (B)外匯管制制度 (C)國際費雪效果 (D) APPP

( ) 7.國際投資市場關心的利率不包括下列何者？ (A)實質利率 (B)名目利率 (C)儲蓄利率 (D)地下錢莊利率

( ) 8.下列何者不是 APPP 的缺陷？ (A)市場資訊不完全 (B)非貿易財的存在，使國際間

價格不一致　(C)有考慮運輸成本及關稅　(D)國家間的價格水準計算方法不同

(　) 9.依據巴拉薩的說法，PPP 有兩種假設：一為靜態的 PPP；另一為　(A)利率平價論　(B)相對的 PPP　(C)國際費雪效果　(D) BOP

(　) 10.關於匯率決定理論，貨幣學派對傳統學派的批評是　(A)自由放任的市場　(B)政府干預　(C)只強調實質變數　(D)只強調名目變數

(　) 11.請問 $S=\frac{P}{P^*}$ 此方程式是由下列哪一個學說提出的？　(A)費雪效果　(B)國際費雪效果　(C) APPP　(D) RPPP

(　) 12.傳統對外匯的分析因為是流量的觀念，因此又稱為　(A)資產市場分析法　(B)單一價格法則　(C)存量分析法　(D)流量分析法

(　) 13.請問下列哪一個學派首先提出預期概念？　(A)貨幣學派　(B)古典學派　(C)拉弗學派　(D)資產組合學派

(　) 14.各國常因利率不同而產生下列何種活動？　(A)利息套利　(B)資本外流　(C)資本內流　(D)預期心理

二、簡答題

1.匯率的決定理論中，哪些理論對匯率的長期走勢比較有解釋能力？

2.匯率的決定理論中，哪些理論對短期間匯率的波動比較具有解釋能力？

3.根據國際收支平衡學派，如果美國經濟成長速度高過臺灣，則美元兌新臺幣應呈現貶值或升值的趨勢？

4.何謂絕對購買力平價？何謂相對購買力平價？試比較二者的異同。

5.為何在現實的社會中，利率平價定理並不存在？

6.何謂國際費雪效果？

7.根據貨幣學派的匯率決定理論，假如我國的中央銀行增加貨幣供給量的話，則新臺幣應有升值或貶值的趨勢？為什麼？試說明其調整過程。

8.請扼要的說明預期心理對匯率的影響。

9.請扼要的說明資產組合學派的匯率決定理論。

10.影響匯率變動的因素大致為哪些？請簡單扼要的說明之。

第六章 我國的外匯管理制度與外匯市場

學習目標

1. 我國外匯管理與匯率制度的演變與現況。
2. 我國外匯市場的實際情形。

從民國 38 年政府遷臺至今，我國的外匯管理與匯率制度隨著國內外金融及經濟情勢的發展，已做了相當的改變。本章第一節將首先介紹我國外匯管理與匯率制度的演變及現況；第二節則針對我國外匯市場的實際運作情形作一介紹及檢討。

第一節 我國外匯管理與匯率制度的演變與現況

由民國 38 年至今，隨著臺灣的經濟發展，臺灣的外匯制度也有了重大的變革。大體上，在民國 38 年至 67 年 6 月之間，我國為實施固定匯率與嚴格的外匯管制的國家。但隨著我國國際收支由逆差轉為順差，外匯累積不斷增加，及對外經濟活動的擴張，對外匯的管制亦逐漸放寬。以下我們將就政府遷臺後，我國外匯制度的演變，分成幾個不同階段，作扼要的說明。

一、外匯管制與固定匯率制度時期：民國 38 年至 67 年 6 月

民國 38 年至 67 年 6 月，我國為實施固定匯率與嚴格外匯管制的國家，其大致上又可劃分成以下階段來說明：

㈠新臺幣改革時期的單一匯率制度：民國38年6月至40年4月

在新臺幣改革之初，臺灣的外匯管理並不嚴格，進口所需的外匯可以新臺幣5元對1美元的單一匯率向臺灣銀行自由請購結匯，且無數量上的限制。這是因為當時中央銀行提供大量的黃金與外匯支持臺灣省的財政，故外匯供給尚不缺乏。但民國38年10月之後，大陸情勢逆轉，政府遷臺，新臺幣大量發行，物價高漲，美元黑市價格隨之上升，進口利潤優厚，申請外匯大增，而外匯幾乎完全停頓。至民國40年初，外匯存底完全用盡，國際收支相當艱難，故政府於民國40年實施新金融措施，加強外匯管理。

㈡外匯審核與複式匯率制度的新金融措施時期：民國40年4月至42年9月

民國40年政府實施「新金融措施」，先後頒布《黃金外幣處理辦法》及《禁止奢侈品買賣辦法》，嚴格取締黑市美元買賣，限制金、銀及外匯外流，禁止奢侈品交易以因應外匯短缺的現象，並建立外匯審核與複式匯率制度。

在複式匯率制度下，官價匯率與結匯證匯率配合運用：當時銀行買進美元的價格，因出口品而異；賣出美元的匯率亦隨進口品與進口者的不同而不同。

㈢進口預算制度與實績制度時期：民國42年9月至44年2月

民國42年9月政府公布《改善進口外匯申請及審核辦法》，實行進口物資預算制度與實績制度。所謂進口物資預算制度是：規定每兩個月為一期，根據過去進口、國內存貨、消費及生產需要等情形，編訂進口物資預算，預先公布，以供審核的根據。所謂實績制度是：貿易商進口貨物以其登記的營業範圍為限；申請金額不得超過某一時期的進出口實績乘以規定的百分比。實績制度的出口結匯銀行買入匯率為15.55元，進口請匯銀行賣出匯率為17.78元。進口實績制實行後，進口增加但出口無法有效擴展，外匯供給相對於需求短缺，致使實績制度的實行發生困難，故不得不對實績制度進行改革。

㈣外匯配額制度與多元複式匯率時期：民國 44 年 3 月至 47 年 4 月

民國 44 年 3 月，為改善當時的國際收支及穩定物價，政府公布《結售外匯及申請結匯處理辦法》，實施外匯配額制度。在外匯配額制度下，對進出口結匯採行不同的計算，形成所謂的「多元複式匯率」。藉不同的匯率及不同額度的進口外匯配給，對不同的進、出口品施以不同的管制。外匯配額制度及多元複式匯率，對改善當時的國際收支與穩定物價，確實產生相當的功效。但是過度管制匯率破壞了價格機能的運作，使得資源的配置發生扭曲，造成了所得分配不公，更妨礙出口，不利於長期的經濟發展。故民國 47 年，政府又對外匯配額制加以改革。

㈤進出口物資均憑結匯證結匯的結匯證制度時期：民國 47 年 4 月至 52 年 9 月

至民國 47 年，臺灣的物價與國際收支已逐漸好轉，國內市場逐漸飽和，為拓展出口以持續經濟發展，政府遂頒布《改進外匯貿易方案》及有關法令，進行如下的外匯貿易重大改革：

1.將多元複式匯率制度簡化為二元匯率（即官價匯率與結匯證匯率），再歸併為單一匯率制度

民國 49 年 7 月，政府規定，所有進出口均憑結匯證結匯，並以臺糖公司的結匯證牌價 40.03 元為標準匯率。至此，我國實際上已成單一匯率制度（除少數進出口品適用不同匯率外）。

2.改進結匯制度

結匯證使用期間為 120 天，期內得自由買賣，構成結匯證市場，結匯證價格由市場供需決定，外匯價格機能因此得以部分發揮。在結匯證發給方面，出口除甲種物資外，一律發給 100% 的結匯證，進口除甲種物資外，均需於申請進口外匯時附繳 100% 的結匯證。

3.加強鼓勵出口及放寬進口管制

至民國 50 年 6 月 1 日起，臺糖公司依 40.03 元的牌價無限供應結匯證，而臺灣銀行以 40.00 元的官價匯率無限收購結匯證，故貿易商不再需要於市場上買賣結匯證，同時也喪失了以結匯證限制進口的功用。至此，結匯證制度已名存實亡。

整體而言，這段期間的貿易及外匯改革，對臺灣的國際收支有重大的影響。

㈥釘住美元的單一及固定匯率時期：民國 52 年 9 月至 68 年

民國 50 年 7 月 1 日，中央銀行正式在臺復業，有關外匯管理事宜也逐漸移轉到中央銀行統籌辦理。民國 52 年 9 月，在國際貨幣基金的建議下，我國正式取消結匯證制度，並建立以新臺幣 40 元兌換美元 1 元為基本匯率的單一匯率制度，所有進出口品均以此匯率進行結匯。在此釘住美元的固定匯率制度下，新臺幣以 1 比 40 開始釘住美元，再透過美元換算成對其他通貨的匯率。

民國 50 年代至 60 年代初，我國同其他 IMF 的會員國一樣，實施可調整的固定匯率制度（即釘住美元的固定匯率制度）。但是，到了民國 62 年 3 月，史密松寧協定崩潰，布萊登森林制度（即可調整的固定匯率制度）瓦解，各先進國家紛紛放棄可調整的固定匯率制度，而採行管理浮動匯率制度（即機動匯率制度），浮動匯率的採行已成風潮。未採行管理浮動匯率的國家，也不時機動調整中心匯率，以因應國際收支與國內外經濟局勢的變化。

自民國 65 年以來，由於我國經濟的蓬勃發展，出口大幅擴張，以及當時美元在國際市場上價位持續下跌，而新臺幣又一直釘住美元，對其他通貨形同貶值，因而造成外貿順差及外匯存底不斷的增加。國際收支改善與外匯資產存量增加的具體表現為銀行體系（包括中央銀行）所擁有的國外淨資產（指全體貨幣機構的國外資產扣除國外負債後的餘額）以及外匯存底的不斷快速增加。中央銀行為因應上述情勢，減少外來因素的衝擊，乃於民國 67 年 7 月 10 日宣布新臺幣不再釘住美元，改採機動匯率制度，並自 7 月 11 日起先將新臺幣兌美元升值 5.56%，使新臺幣兌美元的匯率由 1 比 38 調整為 1 比 36。

就如同前面所述，在可調整的固定匯率下，匯率的調整往往要經過一段很長的時間，一旦調整則幅度較大，進出口廠商的影響亦較深遠。而在改採機動匯率制度下，匯率則可順應市場供需情勢，作連續輕微的溫和變動，而不致在短期內發生過大的變動。

二、機動匯率時代與外匯自由化：民國68年之後

㈠外匯市場的建立與機動匯率的實施：民國68年2月

我政府有鑑於對外貿易順差，外匯管制有逐漸放寬的必要，經過多時的籌備，於民國68年2月正式成立外匯市場，建立機動匯率制度。在此制度下，基本匯率取消，外匯市場成立，中央銀行已不再訂定官價，匯率由市場供需決定。此外，在此項制度下，由於央行不再對外匯統收統支，指定銀行須自行就外匯交易所產生的買超與賣超向外匯市場進行拋補，外匯所得者並可利用外匯存款方式保有外匯。

不過在此要特別說明的一點是，我國所實施的機動匯率制度，實際上就是所謂的管理浮動匯率制度。在機動匯率制度下，匯率雖然基本上（或表面上）是由外匯市場的供需所決定，但中央銀行的干預與意向，對匯率的水準與變動有極大的影響力。例如在民國75年至76年間，中央銀行買入數百億美元的外匯，使得新臺幣升值速度減緩下來。在中央銀行干預下的「汙濁浮動」，匯率仍會脫離其均衡價格，因此產生黑市，使得官定匯率與黑市匯率呈現相當的差距，例如民國67年至民國73年間即是如此。

㈡外匯管理制度的大幅放寬：民國76年7月15日

隨著我國貿易的持續順差及外匯存底的鉅額增加至六、七百億美元，政府於民國76年7月更採行了重大的外匯自由化措施，解除了大部分的外匯管制。

民國75年5月及76年6月政府兩度修訂《管理外匯條例》，大幅放寬了我國對外匯的管制，並將黃金與白銀排除於我國的外匯計算之中。同時，中央銀行為配合外匯管制的放寬，亦廢除及發布計十幾項新訂或修訂的相關辦法，並均自76年7月15日起生效實施。其重要精神與內容有：

1.經常帳交易完全自由化

亦即經常帳外匯收入、支出完全取消限制，進出口廠商的外匯支出及收入，均可自由結購與結售，匯出與匯入。國民與廠商可自由持有與運用外匯。個人或廠商的各種外匯所得可留存於國外，不限於存入或結售國內銀行。

2. 資本帳交易方面

規定每個國民或廠商每年最高可匯出 500 萬美元、匯入 5 萬美元，指定銀行在電腦連線查證屬實後即可辦理，超過者應先經中央銀行核准。這種管進不管出乃是基於我外匯存底的鉅額累積，因此對資本流出較少限制，又唯恐因新臺幣的持續升值使熱錢湧入，影響臺灣的金融穩定，故對資本流入仍作較大的限制。惟此項匯出匯入款的限制屢經調整，在民國 81 年 10 月，每人每年匯出入款的上限，更一律放寬為 500 萬美元。民國 82 年 12 月再度放寬公司行號匯出入上限為 1,000 萬美元。民國 99 年 6 月更規定公司、行號每筆結匯金額達 100 萬美元以上之匯款；團體、個人每筆結匯金額達 50 萬美元以上之匯款，申報義務人應檢附相關證明文件，經銀行業確認後，始得辦理新臺幣結匯。

3. 調整銀行與顧客買賣議價幅度

每筆交易在 3 萬美元以下者，銀行與顧客議價幅度仍以中心匯率上下差價各新臺幣 5 分為限；每筆超過 3 萬美元者，由中心匯率上下差價各新臺幣 1 角，擴大為新臺幣 2 角。

4. 遠期外匯交易的承作對象及金額限制取消

指定銀行可自行訂定匯率並買賣，個人及廠商皆可參與遠期外匯交易無須任何憑證，金融性交易開放。

5. 指定銀行辦理外匯的制度仍維持

非經中央銀行核准不得辦理外匯。

6. 維持原有外匯管理架構

此次外匯管理制度的改變，基本管制精神仍然維持。民國 76 年 7 月 9 日行政院依據同年 6 月 6 日新修訂通過的《管理外匯條例》，院會中決議：「為維持國內金融穩定，對於匯入匯款及支付有形、無形貿易以下之鉅額匯出匯款，仍繼續適度管理外，自 7 月 15 日起停止《管理外匯條例》第六條之一、第七條、第十三條及第十七條條文之適用。」

7. 新臺幣仍不得對外流通

國內金融機構仍不得接受國外非住民（自然人及法人）開設新臺幣帳戶，亦禁止國內金融機構在國外開設新臺幣帳戶。進出口貿易可以新臺幣計價，但仍須以外幣辦理結匯。

民國 76 年 7 月外匯管理的變革，使臺灣地區外匯自由化自此邁出了重大的一步，並奠定我國外匯金融市場邁向自由化、國際化及經濟長期發展的基礎。

㈢廢除新臺幣中心匯率制度與外匯交易自由化：民國 78 年 4 月

民國 71 年 9 月 1 日修改後的匯率制度稱**中心匯率制度** (central rate system)，中心匯率為前一營業日銀行間美元交易價格的加權平均數。中心匯率制度的最大特點是中心匯率與議價制度，但因議價是以中心匯率為基礎，故中心匯率是中心匯率制度的重心。同時，國際間是以中心匯率作為衡量新臺幣匯率升貶的指標。這種中心匯率制度遭受到如下的批評：

⑴國際上主要先進國家或外匯市場，不可能以加權平均方式來算出一個匯率，亦不可能限制外匯銀行在一定的匯率範圍內與顧客議價。

⑵中心匯率若與真實的銀行間市場價格脫節，則在議價制度下，便可能產生銀行須以非成本為基礎來買賣外匯，於是導致銀行拒絕買賣，或實際上與表面上不一致。在此情形下，必將使市場脫序，糾紛產生。而這種例子確實一再發生。

⑶中央銀行只要在干預的數量與價格上增減，即可隨心所欲的控制中心匯率。這亦使得美國指控我國央行操縱匯率，進而展開與我國的匯率談判。

⑷在中心匯率制度下，中央銀行的強力干預使國內貨幣供給量大增（中央銀行為控制新臺幣升值，買入外匯便同時釋出等值的新臺幣），進而導致國內的通貨膨脹。

由於中心匯率制度有以上的缺點，尤其是讓人有我國央行干預政策的印象，更使美方有指控我國中央銀行操縱匯率的口實，中央銀行於是在民國 78 年 4 月廢止新臺幣中心匯率制度。取消中心匯率制度後，銀行間每日即期美元交易價格不得超過中心匯率上下各 2.25% 的限制，以及銀行與顧客間 3 萬美元以上大額外匯交易的議價限制，均告取消。其匯率完全任由市場供需決定，亦即任由雙方議價，不受任何限制，因此銀行間外匯交易完全自由化，無價格限制。

至於銀行與顧客間 3 萬美元以下的小額外匯交易，則適用由輪值的九家外匯銀行於每日上午 10 點集會商訂的「小額結匯議定匯率」，而在此「議定匯率」上下新臺幣 1 角的範圍內交易。

民國 79 年 12 月 29 日，央行更宣布取消國內「小額結匯議定匯率制度」，各外匯指定銀行各自訂定小額結匯買賣匯率（買賣價差不得大於新臺幣 1 角），並於每營業日上午 9 點 30 分以前於營業場所掛牌公告，10 點以前以電話或電傳方式報中央銀行外匯局交易科。至於新臺幣對美元以外的其他通貨（雜幣）的匯率，則依國際外匯市場以交易方式計算之。

上述這項廢止中心匯率及根據中心匯率所訂的議價範圍限制的取消，使得我國外匯市場與外匯交易制度的自由化向前邁進一大步，外匯市場結構更加完整，外匯操作方式也與先進國家如美國、日本、德國等相類似。上述的改革，一般稱之為「外匯交易自由化」（參見表 6–1）。

表 6–1 民國 78 年 4 月 3 日及 79 年 12 月 29 日臺灣外匯改制前後外匯操作內容的比較

	改制前	改制後
中心匯率	銀行交易價格的加權平均數，中心匯率一日一訂，不重訂。	中心匯率取消。
議價範圍	在中心匯率的上下一定範圍內： 1. 3 萬美元以下：上下 5 分。 2. 3 萬美元以上：上下 2 角。 3. 美元現鈔：上下 4 角。	銀行各自訂定小額結匯買賣價格，但買賣價差規定為 1 角。
即期匯率變動	每日即期匯率變動幅度不得超過 2.25%。	每日即期匯率變動幅度，理論上沒有限制。
銀行間交易	交易價格有上、下限（即不得超過中心匯率的上下各 2.25%）。	交易價格沒有任何限制。
外匯交易中心	扮演經紀商角色，但沒有法定地位。	改組為公司組織的外匯經紀商。
中央銀行	參與銀行間交易，交易金額與數量直接影響中心匯率。	參與銀行間交易，交易結果影響匯率，但較隱密。

資料來源：⑴李麗，《我國外匯市場與匯率制度》，增訂二版，財團法人金融人員研究訓練中心，民國 78 年 5 月，頁 94–95。
⑵何憲章，《國際財務管理理論與實際》，民國 80 年 8 月，頁 79。

我國外匯市場成立之初，為促進外匯交易的順利進行，以及便於央行執行匯率政策，因而成立外匯交易中心。隨著多年來央行的操作經驗對外匯市場的控管能力已提高，似無須再借助於外匯交易中心，且外匯交易中心的存在，易招致外人批評為「央行的外匯控管中心」，且該中心一直未具有法人的地位。故民國 78 年 4 月 3 日新外匯交易制度實施後，原來的外匯交易中心撤銷，改組為民營公司組織的外匯經紀商。在外匯經紀商未合法正式成立前，則先成立外匯經紀商籌備小組。同時中央銀行亦增加指定銀行累積外匯買超額或**短期部位** (short position)。這項限制依銀行業務情形分別為 2,000 萬美元及 4,000 萬美元，中央銀行得隨時調整之。

第二節 我國外匯市場的實際運作情形

自民國 68 年 2 月我國正式建立外匯市場以來，我國的外匯管制逐漸放寬，而外匯市場對匯率的決定亦逐漸走向更自由化的道路，而且外匯市場的組織及操作情況亦作了相當程度的演變。外匯市場依其買賣交割時間來區分，可分為即期外匯市場與遠期外匯市場，以下我們亦將依此區分來介紹我國外匯市場的實際運作情形。

一、我國的即期外匯市場

所謂即期外匯市場是指，交易雙方約定在外匯買賣成交後第二個營業日交割或清算通貨的交易。通常在談到外匯市場時，若無特別指明，所指即是即期外匯市場。國際間的即期外匯交易，由於涉及時差問題，所以習慣上在成交後的第二個營業日進行清算，例如星期一的交易在星期三交割。但如果所交易的通貨，都在同一時區，則即期外匯交易的交割日，通常是交易後的次一營業日。

我國的即期外匯市場主要包括二個層次：⑴銀行與顧客間市場；⑵銀行與銀行間市場。此外尚有一以原有外匯交易中心為基礎所改組成的外匯經紀商（在未合法成立前先改組為外匯經紀商籌備小組，稱臺北外匯市場發展基金會），擔任外匯匯率查詢及買賣仲介的任務。以下我們將依據這二個層次，來對我國的即期外匯市場的運作情形作一介紹。

㈠銀行與顧客間市場 (customer market)

銀行與顧客間市場是由外匯指定銀行與顧客所組成。由於我國實施外匯管理，銀行辦理外匯業務都在中央銀行監督管理之下，而所謂外匯指定銀行便是經由央行授權，可從事外匯業務的金融機構。外匯指定銀行包括：⑴以經營外匯業務為主的國內銀行；⑵兼營外匯附屬業務的本國銀行；⑶外國銀行在臺分行；⑷其他辦理外匯業務的金融機構。我國中央銀行為強化指定銀行制度，先後擴大更多指定銀行辦理外匯業務，至民國 102 年 5 月底止，共有本國銀行總行 40 家，外國及大陸銀行在臺分行 30 家。

銀行與顧客間市場，為由以上這些外匯指定銀行與其顧客進行有關進出口結匯、一般性的匯出匯入款外幣貸款業務、外幣擔保付款的保證業務及外匯存款的轉讓與出售等項業務的市場。例如在出口外匯方面，出口廠商備妥出口有關單據向指定銀行辦理出口結匯，出口商此筆外匯收入若不欲存入外匯存款帳戶，則可結售指定銀行按當日銀行即期買入匯率支付貼現息後兌取新臺幣。在進口外匯方面，進口廠商備妥進口結匯有關文件向指定銀行辦理有關手續後，若非以外匯存款支付，則可向銀行依當日即期買入匯率以新臺幣兌購外匯。

在銀行與顧客間的匯率方面，自民國 78 年 4 月 3 日廢除新臺幣對美元中心匯率及依中心匯率所訂的議價範圍限制，便取消了銀行與顧客在 3 萬美元以上大額交易的議價規定。亦即由銀行與顧客議價，匯率不受限制，故顧客應貨比三家，儘量蒐集各銀行的市場價格資訊。在小額結匯的匯率方面，自民國 79 年 12 月 29 日起央行廢止了「小額結匯議定匯率」，改由各外匯銀行自行訂定小額結匯買賣價格。

在我國的銀行與顧客的即期市場中，普遍掛牌的通貨有美元、日圓、加幣、港幣、歐元、澳幣及人民幣等十多種。至於韓圜、馬來幣等交易稀少的貨幣，則最好事先查詢，因為銀行並不一定肯買賣這些交易稀少的貨幣（參見表 6–2 國內各主要銀行對客戶外匯交易參考報價表）。

在交易量方面，目前我國銀行與顧客間的即期市場，銀行與顧客的交易，買、賣合計每日約為數十億美元。且美元仍為交易最多的幣別，日圓及歐元次之。

表 6-2　國內各主要銀行外匯交易參考報價表（2019 年 4 月 23 日）

貨幣別／銀行別	美　元	加　幣	日　圓	港　幣	新加坡幣	紐　幣
臺灣企銀	30.8050 / 30.9050	22.9700 / 23.1700	0.2737 / 0.2777	3.9070 / 3.9570	22.6400 / 22.8200	20.4400 / 20.6400
花旗銀行	30.9001 / 30.8098	23.165 / 22.9834	0.2773 / 0.2743	3.9596 / 3.9063	22.8402 / 22.6266	20.6688 / 20.433
匯豐銀行	30.803 / 30.903	22.97617 / 23.17218	0.2740103 / 0.2775549	3.90572 / 3.96009	22.63371 / 22.83828	20.4141 / 20.68351
合作金庫銀行	30.8020 / 30.9020	22.9800 / 23.1800	0.2740 / 0.2780	3.9059 / 3.9659	22.6500 / 22.8300	20.4600 / 20.6600
貨幣別／銀行別	南非幣	澳　幣	瑞士法郎	英　鎊	歐　元	瑞典克朗
臺灣企銀	2.1200 / 2.2200	21.8400 / 22.0400	30.2200 / 30.4200	39.8700 / 40.2700	34.5000 / 34.9000	3.2540 / 3.3540
花旗銀行	2.1945 / 2.1492	22.0397 / 21.8452	30.4202 / 30.2194	40.2674 / 39.8845	34.825 / 34.5677	3.3342 / 3.2748
匯豐銀行	2.1519 / 2.1864	21.81232 / 22.07121	30.1104 / 30.50721	39.88683 / 40.27941	34.50465 / 34.88275	3.27806 / 3.32715
合作金庫銀行	2.1253 / 2.2253	21.8300 / 22.0400	30.2300 / 30.4300	39.8800 / 40.2800	34.4900 / 34.8900	3.2458 / 3.3658

註：表列數字是指銀行買賣外匯的即期價格。
資料來源：各銀行網站。

(二)銀行與銀行間市場 (inter-bank market)

銀行與銀行間市場乃是由指定銀行間為軋平外匯頭寸，互相拆借、買賣每日外匯交易差額及與國外銀行進行外匯買賣所構成的市場。我國的銀行與銀行間市場為一個無形市場，交易時間在每星期一至星期五的早上九時至下午四時。

銀行與銀行間的即期外匯交易有兩種，一種是即期美元交易，另一種是美元以外的其他通貨交易。指定銀行依規定，應將其當日買超或賣超的即期外匯，透過外匯經紀商的聯繫或自行與其他指定銀行相互買賣結算，其匯率的高低由買賣雙方自行決定。結算後所產生的淨買超或賣超自行向國內外市場進行買賣。中央銀行於民國 78 年 4 月 3 日實行外匯交易制度改革後，已無中心匯率的存在，同時亦取消銀行間每日即期美元交易價格不得超過當天中心匯率上下各 2.25% 的限制。換言之，匯率完全由外匯市場的供需決定，亦即由買賣雙方自行議定，不再受任何限制。

至於銀行與銀行間交易的報價方式，除英鎊、南非幣、澳幣，係以該通貨一單位等於多少美元（此稱**間接報價法**——indirect quotation）來表示外；其餘的通貨，則以 1 美元等於多少其他通貨來表示（此稱**直接報價法**——direct quotation），例如 NT26 / $，表示以 1 美元為基準可兌換新臺幣 26 元。直接報價法自 1978 年起為世界各通貨兌換美元所普遍採用，以便利全世界的外界電傳交易。但對大英國協的國家，如英國、南非、紐西蘭等則仍採間接報價法，此乃因二次大戰前英國主導世界金融，一般英鎊兌美元都是以英鎊為基準，而國際間為尊重此歷史傳統使然。

銀行交易員通常是採**買價** (bid rate or buying rate) 與**賣價** (offer, ask or selling rate) 同時報價的所謂**雙向報價法** (two-way quotation)，如此可避免交易對方知悉銀行買賣的意圖。例如，兆豐國際商銀向摩根大通銀行詢價，請摩根大通銀行報出美元對新臺幣的雙向價格，摩根大通銀行若報價 26.40 – 26.50，表示摩根大通銀行願意以新臺幣 26.40 元的價格買入 1 美元，而以新臺幣 26.50 元的價格賣出 1 美元。而雙向報價時，買價通常在前，賣價則在後。

至於交易量方面，我外匯市場，銀行與顧客交易，買、賣合計每日約數十億美元，各外匯銀行一般均先就其各分行間的買賣自行軋平，如有買超或賣超才到銀行間市場拋補，故銀行間交易以美元對新臺幣的交易占大部分。

個案討論

若美元兌新臺幣的直接報價為 1 美元等於新臺幣 30.5 元，請問新臺幣 1 元可兌換多少美元？

二、我國的遠期外匯市場

我國的遠期外匯市場建立於民國 68 年 2 月，自那時至今，歷經了不少的改變。以下我們將首先介紹我國遠期外匯市場的演變過程。

㈠我國遠期外匯市場的沿革

以下我們將對臺灣遠期外匯市場的演變過程，分成如下幾個重要階段來加以說明：

1.第一階段：遠期外匯市場的建立

在機動匯率下必然會使進出口廠商暴露在較大的匯率風險之下，政府為使廠商有規避匯率風險的管道，故在民國 67 年 8 月 11 日開辦美元遠期外匯業務，作為建立外匯市場的準備工作。

民國 68 年 2 月 1 日，政府正式實施機動匯率制度，並建立外匯市場，即期市場及遠期市場成立。即期與遠期之匯率由央行代表和五家外匯指定銀行負責人共同會商議定，依每日供需情況決定中心匯率，並規定每日的中心匯率變動不得超過前一營業日中心匯率上下各 0.5%。央行並同意 100% 承接銀行拋補的遠期外匯。

2.第二階段：參考匯率的訂定及銀行遠期外匯拋補比率的改變

表 6-3　臺灣遠期外匯市場之重要演變過程

<table>
<tr><th colspan="2">時　間</th><th>事　件</th></tr>
<tr><td>民國 69 年</td><td>3 月 3 日</td><td>央行為避免直接干預匯率，妨礙市場運作，所以退出匯率議定小組，而由五家外匯指定銀行依據遠期外匯市場顧客買賣情形來議定匯率。</td></tr>
<tr><td>民國 71 年</td><td>9 月 1 日</td><td>遠期匯率調整議定原則，以各期別買賣超情況作為調整指標，調整幅度亦以轉向央行拋補情況及買賣超金額參考訂定。</td></tr>
<tr><td rowspan="2">民國 73 年</td><td>4 月</td><td>央行降低銀行拋補成數為 80%。</td></tr>
<tr><td>5 月 9 日</td><td>中央銀行修訂遠期外匯計價方式，改由銀行依本身資金成本自行訂價。</td></tr>
<tr><td colspan="3">為進一步促使遠期外匯市場更自由化，中央銀行決定逐步降低指定銀行承作遠期外匯的拋補比率。</td></tr>
<tr><td rowspan="2">民國 74 年</td><td>2 月 4 日</td><td>央行再降低銀行拋補遠期外匯成數為 65%。</td></tr>
<tr><td>11 月 6 日</td><td>央行再降低銀行拋補遠期外匯成數為 40%，並放寬部分無形貿易及資本移動的遠期外匯亦可承作（遠期外匯市場成立時，遠期外匯買賣僅限於進出口貿易）。</td></tr>
<tr><td>民國 75 年</td><td>8 月 5 日</td><td>央行提高銀行拋補遠期外匯成數為 90%。其原因是，在中美匯率諮商談判下，新臺幣遭受極大的升值壓力，出口廠商普遍預期新臺幣會升值，故大幅拋售遠期外匯，而指定銀行買入遠期外匯後，為避</td></tr>
</table>

		險則會轉向央行拋售遠期外匯。但在此之前，央行接受銀行遠期外匯拋補比率僅為40%，故剩下的60%，銀行須在即期市場拋出，如此一來，便加重了即期市場上強大的美元賣壓，更加重了新臺幣升值（或美元貶值）的壓力。有鑑於此，央行遂在民國75年8月5日又將接受銀行拋補遠期外匯的成數提高為90%，以期降低即期市場美元的賣壓，及穩定新臺幣的升值。
民國76年	5月	由於當時政府的匯率政策太過明朗，導致新臺幣明顯呈現升值趨勢，故出口商大量賣出遠期外匯，造成遠期外匯市場過熱及遠期市場投機盛行。所以央行又再降低銀行拋補比率為40%。

3.第三階段：遠期外匯市場的開放與形同停擺

⑴民國76年7月15日政府通過《管理外匯條例》修正草案，此稱為外匯自由化的開始。其對遠期外匯市場的影響有如下要點：

①中央銀行對遠期交易的種種限制全部取消。

②全體廠商及個人可以自由購買外匯，無須任何證明，遠期外匯交易不再限於實貨交易。

③匯率完全由指定銀行自行訂定，央行不再承接銀行遠期外匯拋補，因此銀行承作遠期外匯須自行負擔風險。

以上的開放本來可以帶給遠期外匯市場一個走向健全發展的機會，但為了防止熱錢流入與新臺幣升值，央行凍結銀行的國外負債餘額，以防止銀行向外借貸外幣炒作，造成新臺幣的升值，但如此一來，指定銀行承作遠期外匯交易的能力及意願即受到限制。因為通常出口廠商向指定銀行拋售遠期外匯後，指定銀行為規避匯率風險，一般均立刻至即期市場拋出，而指定銀行在即期市場拋出的外匯通常借自於國外銀行，因此，當銀行自顧客中買入遠期外匯，其國外負債餘額亦隨之增加。所以，央行凍結銀行國外負債餘額，便使得銀行承作遠期外匯交易的能力及意願受到限制。再加上，新臺幣升值趨勢明顯，遠期交易多呈單向進行，銀行間互相拋補十分困難，而央行又不接受銀行的遠期外匯拋補，故表面上遠期外匯市場完全解除了管制，但實際上形同不存在。

⑵民國76年10月1日，央行重新全面開放遠期外匯市場，承諾無條件接受銀行的遠期外匯拋補。

但央行此次全面開放遠期外匯市場的結果，使得市場上普遍預期新臺幣升值，熱錢大量流入，二天內，遠期外匯交易金額達 36 億美元，央行又承接銀行拋補，使得央行因匯兌損失淨虧達新臺幣 200 億元之鉅。使得遠期外匯市場開放 2 天後，又緊急喊停。

⑶民國 76 年 10 月 3 日，央行修訂辦法對**外匯部位**的定義從權責制改為現金制，且為防止銀行超賣美元形成新臺幣升值壓力，限制銀行每日賣超餘額不得超過 300 萬美元，致使遠期外匯市場形同停擺。

「外匯部位」是銀行經營外匯業務的最大風險來源，其管理有其必要性，各國中央銀行經常為管理風險而對銀行可持有的外匯部位加以管制。但是我國當時對外匯部位以現金制的定義卻大不同於國際上一般的外匯部位管理，因為國際慣例對外匯部位的管理，所管者為**風險** (exposure)；而我國的部位管理，所管者卻為現金兌換。假如銀行計算外匯部位方式採權責制，則銀行每日買進或賣出遠期外匯，可立即在遠期市場補進或拋出部位，銀行不必承擔風險，故銀行便有能力及意願承作遠期外匯交易；但是，假如銀行計算外匯部位採現金制，銀行和客戶買賣遠期外匯後，必須自行承擔風險，因為指定銀行買入遠期外匯後，若要避險需至即期市場拋售，如此一來很容易超過賣超 300 萬美元，故銀行便無能力及意願來承作遠期外匯交易。通常，以權責制來計算外匯部位，乃為國際遠期外匯市場普遍使用的方式，且其將遠期外匯交易排除於買、賣超部位計算之外，使銀行債權與債務在訂約、交割中自動平衡，抵銷匯兌風險，較符合銀行風險管理的理念。

因此，央行對銀行外匯部位的定義從權責制改為現金制，且限制每日賣超餘額不得超過 300 萬美元，再者，銀行國外負債餘額上限太少，客戶要預售遠期外匯時，銀行受限於國外負債餘額，無法大舉向外舉債，配合客戶需要。如此便使得此後我國的遠期外匯市場形同關閉了。

4.第四階段：有限度的重新開放遠期外匯市場

政府於民國 80 年 11 月 1 日重新修正遠期外匯市場的管理條款，使得停擺多年的遠期外匯市場又有限度的重新開放。此次重新開放的要點如下：

⑴銀行計算外匯部位的方式採權責制。

⑵銀行承作對象只限進出口廠商。

⑶央行不再承接銀行的遠期外匯拋補。

(4)外匯指定銀行的國外負債餘額受到限制。

(5)廠商須繳 7% 的保證金。

(6)銀行與銀行間亦建立遠期外匯市場，銀行可直接到遠期外匯市場互通有無，不必到即期市場拋補。

(7)銀行國外負債餘額提高 20%，銀行承作遠期外匯空間大為增加。

表 6–4 對遠期外匯市場全面開放（民國 76 年 10 月 1 日至 10 月 2 日），遠期外匯市場形同停擺（民國 76 年 10 月 3 日至民國 80 年 10 月 31 日）及遠期外匯市場有限度的重新開放（民國 80 年 11 月 1 日）三者作一摘要性的比較，讀者請自行參閱。

表 6–4　央行兩次開放遠期外匯市場及遠期外匯市場形同停擺的比較表

實施日期	76 年 10 月 1 日至 76 年 10 月 2 日（遠期外匯市場全面開放）	76 年 10 月 3 日至 80 年 10 月 31 日（遠期外匯市場形同停擺）	80 年 11 月 1 日（遠期外匯市場有限度的重新開放）
外匯部位計算方式	權責制，全面開放。 影響：銀行每日買進或賣出遠期外匯，可立即在市場補進或拋出部位，銀行不必承擔風險。	現金制，且限制銀行每日賣超餘額不得超過 300 萬美元。 影響：銀行和客戶買賣遠期外匯後，無法拋補部位，風險須自行承擔，故遠期外匯市場形同停擺。	權責制，但限定銀行的國外負債餘額，以 9 月 1 日至 10 月 15 日平均餘額為基礎，11 月調增 10%，12 月調增 20%。
銀行承作對象	沒有限制。	沒有限制。	只限進出口廠商。
承作條件	1. 廠商不必提出任何證明文件，可重複簽約。 2. 遠期外匯交易期限不限制。 3. 廠商不必交保證金。 4. 合約到期後不一定要交割。		1. 必須提出進出口廠商單據，不再重複簽約，央行並將查核 10 萬美元以上的交易文件。 2. 以 180 天為限，最長得延長為 360 天。 3. 廠商須繳訂約金的 7% 為保證金，且無利息收入。 4. 到期一定要交割。
銀行承作遠期外匯	央行為避免匯率波動，無條件以同價格買回銀行與		央行不再承接銀行遠期外匯拋補，任何匯兌風險，

之風險評估	客戶所訂遠期外匯合約，廠商及銀行無風險。		銀行與廠商自行承擔。
實施結果	市場上普遍預期新臺幣升值，熱錢大量流入，二天內遠期外匯交易金額達36億美元，央行匯兌損失達新臺幣200億。	遠期外匯市場停擺4年。	遠期外匯市場交易不熱絡。

㈡我國的遠期外匯市場（民國80年11月1日重建）

自民國80年11月1日央行重新建立遠期外匯市場後，國內的進出口廠商便有了規避匯率風險的場所。例如，當出口廠商擔心新臺幣兌美元升值，其便可與銀行簽訂遠期外匯買賣契約，預「售」遠期外匯；當進口廠商擔心新臺幣兌美元貶值，其便可與銀行簽訂遠期外匯買賣契約，預「購」遠期外匯。

遠期外匯市場又可分為銀行與顧客間市場及銀行與銀行間市場：

1.銀行與顧客間的遠期外匯市場

我國的遠期外匯市場，銀行的承作對象只限於進出口廠商，至於資本移動的遠期外匯銀行並不承作。進出口廠商為避免匯率變動的風險，進口廠商可憑輸入許可證，出口廠商得憑訂單、出口信用狀或輸出許可證等文件，向外匯指定銀行申請預購或預售遠期外匯，並訂定遠期外匯買賣契約。契約中明訂期別、匯價及幣別。訂約時，廠商須繳保證金，保證金無利息收入，且到期一定要交割，客戶若違約，保證金沒收。

至於遠期匯率，依規定指定銀行得依其資本成本自行訂定，銀行對遠期外匯承作抛補金額應於每營業日終了報中央銀行核備。

2.銀行與銀行間的遠期外匯市場

民國80年11月所重建的遠期外匯市場，對銀行外匯部位的計算方式採權責制，銀行每買進或賣出遠期外匯，可立即在銀行間市場上補進或抛出部位，銀行不必承擔匯率風險。但是與民國76年10月1日所全面開放的遠期外匯市場相較，民國80年11月以後所重建的遠期外匯市場，央行已不再承接銀行的遠期外匯抛補。

㈢我國遠期外匯市場交易冷清的原因

中央銀行自民國 80 年 11 月「有限度」地重新開放遠期外匯市場，交易仍然顯得相當冷清。若分析其原因，基本上乃是因為央行為防止民國 76 年 10 月 1 日遠期外匯市場全面開放，所導致的熱錢大量流入，造成市場脫序之現象，故央行此次重建的遠期外匯市場，只是有限度地開放，並擬定七項作業規範，以防歷史重演。但這也是形成遠期外匯市場之所以冷清的部分原因。以下我們以國內電機電器業廠商為例，從幾個角度來分析廠商運用遠期外匯的情形及廠商認為遠期外匯市場應改進之處（參見表 6–5 及 6–6）：

⑴將廠商依大型、中型、中小型、小型企業來分析，如表 6–5。由表中可發現：中大型企業偏向於認為操作天期、操作幣別的種類太少，而中小企業則偏向認為保證金的成數太高及政府的宣導不夠。究其因為中大型企業外銷地區及金額較多，因此所交易的幣別種類及各種交貨日期甚多，而遠期外匯市場只有開放 180 天的操作天期及美元的操作幣別，並不能滿足廠商貿易的需求。因此大企業的廠商希望能多開放幾種貨幣來報價，以增加獲利的穩定性。而中小型廠商一方面因為保證金的成數太高，避險成本負擔太重，另一方面公司本身缺乏專門負責的機構，使資訊的蒐集較為缺乏，再加上政府在此方面缺乏宣導，而使其對遠期外匯市場較少運用。

表 6–5　廠商認為遠期外匯市場應改進之處——依企業規模分

單位：%

遠期外匯市場應改進之處	大企業	中企業	中小企業	小企業
保證金的成數	17.65	20.00	5.56	20.69
操作天期的種類	19.61	20.00	16.67	10.34
操作幣別的種類	19.61	10.00	27.78	10.34
銀行遠期外匯市場的行情不夠公開	17.65	20.00	11.11	24.14
各天期的臺幣折款利率不夠公開	11.76	15.00	11.11	10.34
政府應宣導相關的操作技巧	13.73	15.00	27.78	24.14
合　計	100.00	100.00	100.00	100.00

資料來源：康信鴻、陳俊誠，〈國內電機電器業廠商因應匯率變動之研究〉，《臺灣經濟月刊》，第 193 期，1993 年 1 月。

(2)依總體廠商來分析，如表 6–6。

表 6–6　廠商認為遠期外匯市場應改進之處

單位：%

遠期外匯市場應改進之處	總體廠商
保證金的成數	16.95
操作天期的種類	16.95
操作幣別的種類	16.95
銀行遠期外匯市場的行情不夠公開	18.64
各天期的臺幣拆款利率不夠公開	11.86
政府應宣導相關的操作技巧	18.64
合　計	100.00

資料來源：同表 6–5。

就整體廠商來看，一般認為政府對遠期外匯市場採取保守心態，既想開放，又怕市場失控，重演民國 76 年 10 月的歷史，因此對市場的參與並不積極宣導，導致廠商不得其門而入。所以政府應拿出魄力，擺脫過去的陰霾，積極地倡導，才能真正發揮遠期外匯市場的功能。

除此之外，銀行遠期外匯市場的行情不夠公開，使廠商缺乏合理的參考指標。廠商盲目地猜測市場行情，使遠期外匯市場無法理性地被操作。故儘速公開外匯買賣資訊是健全遠期外匯市場的必要之道。

三、換匯市場

換匯交易是指於外匯市場同時買進與賣出（或同時賣出與買進）某同一種通貨，其買進與賣出（或賣出與買進）的金額相等，但交割日期不相同的交易。換匯交易由於牽涉到兩種貨幣在不同的交割期限內互相交換使用，故又稱為「掉期」或「掉匯」交易。換匯交易的主要目的乃在調整銀行本身的外 匯部位，故為銀行外匯資金的調度手段之一。

換匯交易依交割日的不同，可分為如下類型：

1. 即期對遠期的換匯交易 (spot against forward swap transaction)

其是指在即期市場以即期匯率買進（或賣出）某一外匯，同時再將同一金額外匯以遠期匯率賣出（或買進）。例如，甲銀行在外匯市場與乙銀行承作一筆一個月期的即期美元對遠期美元的換匯交易，金額為 100 萬美元，且假設即期匯率為 1 : 26，一個月的遠期匯率為 1 : 27，則此筆換匯交易可分為二個部分：

⑴甲銀行依即期匯率，以新臺幣 2,600 萬元買入即期美元 100 萬 ⇒ 即甲銀行現在以即期匯率，以新臺幣換美元。

⑵同時甲銀行依遠期匯率，以遠期美元 100 萬買入遠期新臺幣 2,700 萬元 ⇒ 即約定未來到時日，甲銀行再以美元換回新臺幣。

而實際上，以上換匯的匯率係由買賣雙方所協商而訂定的。依據利率平價理論，均衡的即期與遠期換匯匯率會受到這二種貨幣的利率差價所影響。

以上即期對遠期的換匯交易，乃是由一筆即期交易與一筆遠期交易所組成，此為外匯市場上最常見的換匯交易。如此，上例中甲銀行即可獲得美元三個月期的使用權，其就如同借入美元貸放新臺幣之意；同理就乙銀行來說，就如同借入新臺幣貸放美元之意。

2. 遠期對遠期的換匯交易 (forward against forward swap transaction)

其是指同時買進與賣出某一種通貨的遠期外匯，但買進與賣出的「交割日」並不相同。亦即，買入某一種通貨於遠期的某日期上交割，而同時亦約定在遠期某其他日期賣出以交割回來的一種交易。例如甲銀行可承作一筆賣出一個月的遠期美元，同時買入 3 個月遠期美元的換匯交易。通常這種換匯方式，較為繁雜，且實務上較少見到。

換匯交易依交易對象可分為：

1. 純粹的換匯交易 (pure swap transaction)

所謂純粹的換匯交易是指，換匯交易的買進與賣出對象皆為同一人。其換匯匯率是由買賣雙方共同協商議價而得。

2. 操縱的換匯交易 (engineered swap transaction)

所謂操縱的換匯交易是指，換匯交易的買進與賣出對象並非同一人。例如甲銀行向乙銀行協議以遠期匯率買進即期美元後，隨即向丙銀行協議以即期匯率賣出同額的即期美元。

從前述換匯交易的定義及例子，吾人可知，其實換匯交易可說是一種短期的借貸關係。且由於其同時牽涉到匯率與利率，故亦可說是一種外匯市場與貨幣市場借貸的合併運用的外匯操作。

以我國換匯市場的承作來看，銀行進行換匯交易的動機主要在資金的互通有無。尤其對外商銀行而言，換匯交易便為其取得新臺幣資金的主要方式之一；而對本國銀行而言，換匯交易則增加其對新臺幣資金的運用途徑與外匯的來源。在先進國家的外匯市場，銀行與銀行間交易以換匯交易為主，其餘依序分別為即期交易與遠期交易；而在我國，銀行與銀行間交易則以即期交易為主，其餘則為換匯交易與遠期交易。

四、中央銀行在外匯市場中扮演的角色

我國外匯市場的參與者除廠商、個人及外匯指定銀行外，尚有中央銀行。以下我們將簡述我國中央銀行在外匯市場中所扮演的角色及功能。

根據《管理外匯條例》第三條的規定，我國管理外匯的行政主管機關為財政部，掌理外匯業務機關為中央銀行。

根據《管理外匯條例》第四條的規定，管理外匯的行政主管機關（即財政部）辦理下列事項（即財政部的權責）：

⑴政府及公營事業外幣債權、債務的監督與管理。

⑵國庫對外債務的保證、管理及其清償的稽催。

⑶軍政機關進口外匯、匯出款項與借款的審核、發證。

⑷與中央銀行或國際貿易主管機關（即經濟部）有關外匯事項的聯繫及配合。

⑸依《管理外匯條例》應處罰的裁決及執行。

⑹其他有關外匯行政事項。

根據《管理外匯條例》第五條的規定，掌理外匯業務機關辦理下列事項（即中央銀行的權責）：

⑴外匯調度及收支計畫的擬訂。

⑵指定銀行辦理外匯事務並督導之。

⑶調節外匯供需，以維持有秩序的外匯市場。

⑷民間對外匯出、匯入款的審核。

⑸民營事業國外借款經指定銀行的保證、管理及清償稽、催的監督。

⑹外國貨幣、票據及有價證券的買賣。

⑺外匯收支的核算、統計、分析及報告。

⑻其他有關外匯業務事項。

此外根據《中央銀行法》第二條的規定，中央銀行經營的目標為：

⑴促進金融穩定。

⑵健全銀行業務。

⑶維持對內及對外幣值的穩定。

⑷於上列目標範圍內，協助經濟的發展。

以上為依據《管理外匯條例》及《中央銀行法》中央銀行的業務權責及經營目標。而在實際上，中央銀行一方面是外匯市場的監督管理者，另一方面又是外匯市場的參與者、買賣者或干預者，中央銀行在我國的外匯市場居於強勢主導的地位。

在外匯業務方面，我中央銀行持有外匯準備並統籌調度外匯。中央銀行對外匯資金的營運，通常係透過國際金融市場酌量作中短期的投資，以及對指定銀行外匯資金的融通。對於存放在國外資金的營運，中央銀行係透過電信通訊系統與外國銀行直接連繫。中央銀行於每月終按銀行業透支、重貼現、重質押透支及其他項目情形，預估下月所需支出的外匯，並將現存於國內外往來的流動資金餘額、利率趨勢及次月即將到期的存款加以計算。此外，中央銀行為支持本國指定銀行辦理外匯業務，除給予各行外幣融資額度，並准予各行以新臺幣購買外匯。我國外匯準備在 2014 年高達 4,000 多億美元，央行對於此鉅額的外匯準備如何存放及管理，此一直為國人所關注的話題，對此話題我們已在第三章述及，在此則不再重述。

中央銀行除參與銀行與銀行間的市場，其對國內所有外匯指定銀行的外匯交易亦居於最後統籌調度的地位。外匯指定銀行於每日營業終了，除得以將其與顧客交易所產生的淨買超或賣超於銀行間市場拋補外，亦得將其多餘的外匯依央行的規定售予央行，如為賣超，則向央行補購其不足的外匯。

從以上種種的說明，吾人可知中央銀行在我國的外匯管理及外匯市場所扮演的重要角色。

個案討論

若新臺幣兌美元有明顯升值的趨勢，但若中央銀行不欲讓新臺幣升值，則此時中央銀行應在外匯市場買入美元或賣出美元？而這將對中央銀行的外匯存底產生什麼影響？

摘　要

1. 大體上，在民國 38 年至 67 年 6 月間，我國為實施固定匯率與嚴格外匯管制的國家。其大致上又可分為如下幾個階段：(1)新臺幣改革時期的單一匯率制度；(2)外匯審核與複式匯率制度的新金融措施時期；(3)進口預算制度與實績制度時期；(4)外匯配額制度與多元複式匯率時期；(5)進出口物資均憑結匯證結匯的結匯證制度時期；(6)釘住美元的單一及固定匯率時期。
2. 我國於民國 68 年 2 月正式成立外匯市場，建立機動匯率制度。在此制度下，基本匯率取消，外匯市場成立，中央銀行已不再訂定官價，匯率由市場供需決定。
3. 在機動匯率制度下，匯率雖然基本上（或表面上）是由外匯市場的供需所決定，但中央銀行的干預與意向，對匯率的水準與變動有極大的影響。
4. 我國即期市場中的銀行與顧客間市場，為外匯指定銀行與其顧客進行有關進出口結匯、一般性的匯出匯入款外幣貸款業務、外幣擔保付款的保證業務及外匯存款的轉讓與出售等項業務的市場。
5. 銀行與銀行間市場乃是由指定銀行間為軋平外匯頭寸，互相拆借、買賣每日外匯交易差額及與國外銀行進行外匯買賣所構成的市場。銀行與銀行間的報價通常有直接報價法與雙向報價法。
6. 民國 80 年 11 月 1 日重新有限度地開放停擺多年的遠期外匯市場，其重要內容有：(1)銀行計算外匯部位的方式採權責制；(2)銀行承作對象只限進出口商；(3)央行不再承接銀行的遠期外匯拋補；(4)外匯指定銀行的國外負債餘額受到限制；(5)廠商須繳 7% 的保證金等；(6)銀行與銀行間亦建立遠匯市場，銀行可直接到遠匯市場互通有無，不必到即期市場拋補；

(7)銀行國外負債餘額提高 20%，銀行承作遠匯空間大為加大。

7. 換匯交易由於牽涉到兩種貨幣在不同的交割期限內互相交換使用，故又稱為「掉期」或「掉匯」交易。

8. 所謂即期對遠期的換匯交易是指，在即期市場以即期匯率買進（或賣出）某一外匯，同時再將一金額外匯以遠期匯率賣出（或買進）。此為外匯市場上最常見的換匯交易。

9. 所謂遠期對遠期的換匯交易是指，同時買進與賣出某一種通貨的遠期外匯，但買進與賣出的交割日並不相同。

10. 我國管理外匯的行政主管機關為財政部，掌理外匯業務機關為中央銀行。

11. 中央銀行一方面是外匯市場的監督管理者，另一方面又是外匯市場的參與者、買賣者或干預者。

習　題

一、選擇題

(　) 1. 臺灣何時曾實施釘住美元的單一及固定匯率時期？ (A)民國 44 至 47 年 (B)民國 47 至 52 年 (C)民國 52 至 68 年 (D)不曾實施過

(　) 2. 中央銀行未曾在外匯市場扮演下列何種角色？ (A)參與者 (B)干預者 (C)監督者 (D)增加匯率波動幅度

(　) 3. 臺灣於何年廢除新臺幣中心匯率制度與外匯交易自由化？ (A) 1985 年 (B) 1989 年 (C) 1991 年 (D) 1995 年

(　) 4. 直接報價法自 1978 年起為世界各通貨兌換下列何種通貨所普遍採用？ (A)美元 (B)英鎊 (C)日圓 (D)人民幣

(　) 5. 一國實施外匯管制通常未包含下列何種目的？ (A)維持國際收支平衡 (B)穩定匯率 (C)避免通膨 (D)穩定國內治安

(　) 6. 下列何者不是中央銀行的經營目標？ (A)穩定國內外幣值 (B)協助經濟發展 (C)健全銀行業務 (D)強大國防力量

(　) 7. 以下是臺灣外匯市場的沿革，請選出正確排序：甲、有限度的重新開放遠期外匯市場；乙、遠期外匯市場的建立；丙、遠期外匯拋補比率的改變；丁、遠期外匯市場

的開放與形同停擺　(A)乙丙丁甲　(B)甲乙丙丁　(C)乙丙甲丁　(D)乙甲丁丙

(　) 8. 在臺灣外匯市場中，哪一個管制的項目是使中小企業面對挑戰的主因？　(A)政府宣導不周　(B)需繳 7% 保證金　(C)承作對象限進出口商　(D)承作對象限進口商

(　) 9. 在外匯市場同時買進與賣出是指　(A)洗錢　(B)對沖　(C)換匯交易　(D)期貨交易

(　) 10. 下列何者不是臺灣廠商提出遠期外匯市場的缺失？　(A)保證金的成數　(B)政府宣導技巧　(C)企業稅過高　(D)操作幣別的種類

(　) 11. 下列何者不是中央銀行的職責？　(A)有關外匯的行政事項　(B)外匯調度　(C)民間對外匯出匯入款的審核　(D)有價證券的買賣

(　) 12. 下列何者不是財政部在《管理外匯條例》中的職責？　(A)促進金融穩定　(B)健全銀行業務　(C)穩定幣值　(D)協助經濟的發展

(　) 13. 臺灣掌理外匯業務機關為中央銀行，而管理外匯的行政機關為　(A)經建會　(B)監察院　(C)財政部　(D)外貿協會

二、簡答題

1. 何謂釘住美元的可調整固定匯率制度？我國於何時採此制度？
2. 試述我國的即期外匯市場中，銀行與顧客市場的組織、運作及主要業務有哪些？
3. 央行於民國 80 年 11 月 1 日重新有限度的開放遠期外匯市場，試說明此次開放的重要內容。
4. 試述我中央銀行在外匯管理及外匯市場中所扮演的角色，並說明目前中央銀行有哪些管道可干預外匯市場？

第七章
匯率預測的重要性與方法

學習目標

1. 匯率預測的意義及其重要性。
2. 匯率預測的方法。

第一節
匯率預測的意義及其重要性

在固定匯率制度下，由於匯率保持固定，因此不會有匯率預測這個問題及必要性。但是在當前的浮動匯率制度下，由於匯率隨時在波動，而匯率的波動或走勢會影響到不同團體或個人的利益，因此，匯率的預測便成一個重要的問題。以下我們將就匯率預測對不同團體或個人的意義及其重要性作一說明。

(一)對外匯交易人員而言

對於從事外匯交易的人員而言，匯率的預測及匯率的走勢分析可說是他們主要的工作。因為外匯交易人員無論是在進行買入或賣出外匯、拋補或對沖、外匯套匯、拋補利息套利或採取長期部位或短期部位，匯率的正確預測是一件很重要的事。外匯交易人員通常具有充分的情報、豐富的專業知識及經驗，以及對市場高度的敏感力。憑藉這些，外匯交易人員除了須預測匯率變動的方向外，尚須預期匯率變動的幅度、速度及頻率的大小。

在浮動匯率下，匯率是由外匯的供給與需求所共同決定，而能夠影響外匯的供給與需求的團體及個人雖然很多，但其影響通常是屬於間接的影響。例如進出口廠商雖然是外匯供給與需求的最大與真正的來源，但其對匯率的影響是屬於間接的影響。真正「直接」決定匯率的是銀行的外匯交易員。銀行的外匯交易員在銀行與銀行間市場外匯買賣的價格直接決定匯率，而所有影響外匯供需及決定匯率的因素是透過外匯交易員的看法而表現在其對外匯買賣的報價上。因此，很多人認為，若在研判匯率走勢時（尤其是短期的走勢）應站在外匯交易員的立場或角度出發。

一般而言，絕大多數外匯交易員買賣外匯的目的在追求買賣差價的利得而非在追求賺取利息的收益。因此，銀行與銀行間外匯市場（即狹義的外匯市場）的外匯交易成為一種**差價交易** (spread trading) 的型態，亦即**買低賣高** (buy low, sell high) 的交易型態。在這種交易型態下，若要真的達到買低賣高，則對未來匯率正確的預測便成為很重要的一件事。

㈡對銀行業與金融機構而言

匯率的正確預測，對一家銀行與金融機構而言是極重要的一件事。過去德國的 Herstatt 銀行，就是因為匯率預測失敗而倒閉。而類似的例子，幾乎年年都在世界各地的銀行發生。

此外，隨著國際化與**證券化** (securitization) 的發展趨勢，銀行業或金融機構所扮演的角色，亦必須擺脫傳統只是從事存放款的錢莊角色，而須朝向提供專業性金融服務的趨勢，例如協助客戶財務規畫與決策，輔導企業從事海外投資、跨國發展或籌集資金。而隨著企業的國際化與金融的國際化的腳步加快，這些服務都可能牽涉到對未來匯率的預期，因此匯率的預測與經濟金融情勢的分析與掌握，便自然地成為銀行業與金融機構所必須提供的服務項目之一。

㈢對基金或投資信託公司的經理人而言

投資信託公司或基金的經理人，由於其負責大眾資金的管理與運用，基於追求高報酬或分散風險的投資組合運作下，通常會將部分基金投資於國外的貨幣市場或資本市場，例如購買國外的債券或股票。而當其投資於國外的貨幣市場或資本市場時，匯率的變動便會影響其利潤或損失。例如，當他購買美國的債券時，假如未來美元升值則將對他有利，但是假如未來美元貶值則將對他不利。因此匯率的正確預測，對基金或投資信託公司的經理人而言，亦是很重要的一件事。而基金或投資信託公司的經理人在資金運用決策前，通常亦會對未來匯率的走勢及其所肇致的獲利性作一番預測與評估。

㈣對進出口廠商而言

國際貿易的進行過程中，從報價、簽約、生產、交貨到付款（或收款），通常須經一段相當長的時間，而在這段時間內，匯率很有可能發生變動，進而造成進出口廠商的收益或成本暴露在不可確定的情形下，甚至造成進出口的重大損失。因此，對進出口廠商而言，當其在報價及簽訂買賣協議時，皆有必要對未來的匯率走勢作一預測。

當然，對進出口廠商而言，有兩種情形可以不用預測匯率：⑴使用本國通貨報價者；⑵所有的交易都以遠期匯率報價且所有以外幣計價的未來收入或支出皆至遠期外匯市場進行抛補。但是這一種情形對臺灣的進出口廠商並不可行，因為新臺幣目前還不是一個國際貨幣，國外的進出口廠商目前仍不太可能接受以新臺幣作為計價的基礎。就第二種情形而言，即使進出口廠商以買賣遠期外匯來避險，其通常亦會對未來的即期匯率作一番預測，覺得匯率變動的損失大於避險成本時，才會參與遠期外匯的買賣。換言之，由於避險成本的存在的事實，因此進出口廠商即使參與遠期外匯交易，其仍需先對未來即期匯率的變動走勢加以預測，然後再評估是否值得參與遠期外匯交易。

一般中小型的進出口廠商在預測匯率時，通常只是仰賴報章雜誌或同業間的看法，因此在資訊及專業知識不足的情況下，匯率預測的結果往往不理想。近年來，已有愈來愈多的廠商委請銀行、財務管理公司、投資顧問公司或其他專業性研究機構協助作匯率的預測，其實這樣作是符合經濟學原理的，因為匯率預測對中小企業而言，須付出相當大的相對機會成本。

臺灣的對外貿易大部分是以美元報價，以往在中央銀行幾近釘住美元的政策下，進出口廠商實際承擔的匯率風險很小，因此不論在匯率預測或避險措施上，對進出口廠商而言都不視為一件重要的事。但隨著匯率自由化的腳步，國內的進出口廠商亦逐漸愈來愈重視匯率的預測了。

㈤對多國籍企業而言

多國籍企業由於在不同的國家有不同的投資或資產與負債，其收入與支出往往亦以不同的幣別來計價。因此匯率的變動對其無論是在從事投資規畫上、融資計畫上、訂價策略上、甚至整個產銷策略上都扮演著相當重要的角色。尤其是在多國籍企業的海外子公司利潤匯回與衡量合併報表的損益時，匯率的變動更是具有關鍵性的影響力。

多國籍企業的母公司，在會計年度結束時，通常會將各子公司的營運資料編成**合併財務報表** (consolidated financial statement)，以供本公司的內部管理及外部各界人士使用的參考。多國籍企業的各項日常營運業務，通常是在兩個或兩個以上的國家運作，所使用的通貨也通常是二種或二種以上。因此，當多國籍企業在編製合併報表時，由於匯率的變動便會產生所謂「**外匯的風險**」(foreign exchange exposure)。而所謂外匯風險又可細分為**換算風險** (translation exposure)、**交易風險** (transaction exposure) 及**經濟風險** (economic exposure) 三種。

換算風險是指，因匯率變動使得在變動前與變動後的合併財務報表資料發生變化；交易風險是指，交易在匯率變動之前完成，但交易的清算在匯率變動之後，因此所產生的風險；經濟風險是指，匯率發生非預期的變動使得原來預計的現金流量改變。經濟風險產生的原因是因為匯率的變動會：⑴影響出口品的價格競爭能力；⑵影響進口的原料與零組件的成本，因此使得廠商的營運現金流量發生改變。

由於匯率變動對多國籍企業有很大的影響，因此在作投資評估、財務規畫、避險措施及其他決策時，匯率的正確預測往往成為其成敗的關鍵因素。而匯率的預測亦成為多國籍公司母公司的財務部門很重要及經常性的工作之一。

㈥對投機者而言

所謂外匯投機者是指，有意承擔外匯風險，希望藉由匯率的波動以謀取利潤的人。外匯投機者通常是希望藉由對未來匯率走勢正確的判斷，買低賣高以賺取利潤的差價。若投機者預測某一通貨未來會升值，則其通常會現在就買入此通貨或將此種通貨資產處於淨資產的長期部位；若投機者預測某一通貨未來會貶值，則其通常會現在就賣出此通貨或將其此種通貨資產處於淨負債的短期部位。外匯投機者通常可利用即期市場、遠期市場或選擇權市場來進行投機工作。

對一個投機者而言，其無論買入或賣出某一種通貨，或對某一種通貨採取長期或短期部位，或在即期市場或遠期市場或選擇權市場進行投機，匯率的正確預測便是決定其獲利或損失的最重要因素。因此，匯率預測便成投機者在投機前的必備工作。

㈦對從事海外投資者而言

對一個從事海外投資決策者而言，匯率的正確預測亦是決定其海外投資成功與失敗的重要關鍵。例如，民國75年至78年間新臺幣大幅升值，使得臺灣傳統勞力密集產業在臺灣無法生存，而紛紛赴中國大陸及東南亞國家投資；但是假如在廠商至海外投資開始設廠生產後，地主國的通貨大幅升值且新臺幣大幅貶值，則該廠商可能又悔不當初，覺得應再移回臺灣生產。但是對一般製造業廠商而言，從投資計畫的評估到真正開始生產通常需要一段相當長的時間，且一旦在一國投資設廠後，欲再移回臺灣或至其他國家投資，通常是一件很不容易且很容易遭受損失的事。因此，對一個從事海外投資決策者而言，在其決定海外投資前，須先對本國通貨的匯率及地主國通貨匯率的走勢（尤其是未來的長期走勢）作一預測，以免一失足成千古恨，再回頭是百年身了。

㈧對一般大眾而言

其實匯率的變動對每一個人都會產生影響的，因為事實上匯率的變動是會產生所得重分配的效果的。舉例來說，在1980年代，大量海外的留學生回臺灣找工作，究其原因，除了美國經濟不景氣所造成工作難找外，1980年代新臺幣的升值實扮演一個很重要的因素。因為新臺幣兌美元大幅升值後，若將薪資換算成同一通貨，則在美國工作的收入並不見得會比在臺灣工作的收入來得高，再加上身處異鄉多少會遭受到種族歧視、語言障礙及產生無根的感覺，因此海外留學生畢業後滯留美國工作的意願便大幅降低。

再就對旅行業而言，新臺幣的大幅升值使得國人出國觀光的能力大幅增加，而外國人來臺觀光的能力大幅下降，這從1980年代國人出國觀光數大幅增加便可知曉。此外對一個支出是以外幣計價，而收入是以新臺幣計價的旅行業者而言，匯率的短期預測，亦關係到其短期間的損益。因此，就一個欲從事旅遊業者而言，匯率的預測其實亦是一件頗重要的工作。

匯率的變動雖然對一般大眾亦有影響，但由於一般大眾資訊的缺乏、專業能力的不足及從事匯率預測的機會成本高而帶來的效益通常不顯著，故一般大眾很少在作匯率預測的工作，頂多是看看報章雜誌，隨意道聽塗說而已。

第二節 匯率預測的方法

在第六章的第七節，吾人歸納出影響匯率變動的因素大致有：(1)國際收支；(2)國內外利率差距；(3)國內外相對的物價水準；(4)貨幣的供給與需求；(5)預期心理與市場因素；(6)國民所得；(7)其他因素等。而這些因素之所以會影響匯率，是因為這些因素會影響外匯的供給與需求進而影響匯率。但是，這些只是告訴我們在「理論上」影響匯率變動的因素有哪些，並未告訴我們實際上如何預測匯率。以下，我們將就常見的匯率預測方法作一簡單的介紹。

一、消息面或直覺判斷預測法

所謂「消息面或直覺判斷預測法」是指，完全不用統計的預測方法，而只是憑藉報章、雜誌、大眾傳播媒體或其他小道消息所得的訊息來對匯率作預測。這種預測方法表面上看似乎很粗糙、不嚴謹，但實際上卻是被廣泛使用的匯率預測方法。因為，任何統計上的預測方法的採用，除了須有很嚴謹的專業訓練之外，亦須有豐富的資訊及良好的電腦設備，而這些對一些不是專門的學術研究機關、銀行或大公司而言，並不是一件容易的事。

不過在此要向讀者說明的一點是，即使只是憑消息面或直覺判斷來對匯率作預測，其背後仍須有一些理論基礎的。換言之，任何人以消息面或直覺判斷來對匯率作預測時，絕對不是閉著眼睛胡亂瞎猜，而通常是根據所獲得的消息，然後配合匯率的決定理論來預測。或許這些以消息面或直覺判斷來作預測的人，從未聽過什麼利率平價學說或購買力平價學說等匯率決定理論，甚至可能連供需理論都未聽過，但是他的行為通常在不知不覺中符合這些理論。因為，任何匯率決定理論都是根據人類的理性行為經過觀察與歸納所得的結論，而並非經濟學者憑空捏造而來。不過，通常有學過匯率決定理論的人，他在利用任何消息來預測匯率時，其敏感度及正確預測的機率會較高，換言之，藉由書本的理論他可很快速的學習到前人的經驗，而減少匯率預測錯誤的機率。

以下我們就以匯率的決定理論，配合所得的消息，來舉些例子以預測匯率的走勢：

消息1：美國大幅降低重貼現率，這對新臺幣兌美元匯率所可能造成的影響及其原因（或調整過程）如下：

⇒ 美元與新臺幣的利率差距加大

⇒ 追求利差的熱錢流入

⇒ 美元供給增加

⇒ 美元貶值，新臺幣升值

個案討論

假設你有一筆資金可作投資，若你預期美國將會調升貼現率 (discount rate)，則在其他條件不變的情況下，請問你會採取下述何種投資方案？

第一：存新臺幣，未來再兌換為美元

第二：存美元，未來再兌換為新臺幣

消息 2：國內某大廠商（如中國石油公司）最近有大筆美元（購油款）支出

⇒ 美元需求增加

⇒ 美元升值，新臺幣貶值

消息 3：中央銀行最近要大幅提高外幣存款的應提準備

⇒外匯銀行的成本增加

⇒外匯銀行降低外幣存款的利率

⇒投資者將美元存款轉為新臺幣存款

⇒美元供給增加

⇒美元貶值，新臺幣升值

消息 4：最近出口訂單大增，出口暢旺

⇒未來出口結匯增加

⇒未來美元供給增加

⇒未來美元貶值，新臺幣升值

消息 5：央行這幾天將大舉進場買匯

⇒美元需求增加

⇒美元升值，新臺幣貶值

消息 6：國內最近會有嚴重的高層政爭

⇒人心惶惶

⇒資金外流

⇒美元需求增加

⇒美元升值，新臺幣貶值

消息 7：臺灣的國際收支持續的大幅順差

⇒美元的供給 > 美元的需求

⇒美元長期看貶，新臺幣長期看升

消息 8：美國將對臺灣實施嚴重的貿易制裁

⇒臺灣出口大減

⇒美元供給減少

⇒美元升值，新臺幣貶值

消息 9：政府大幅開放國內廠商赴大陸投資，且國內投資環境嚴重惡化

⇒赴大陸投資的美元需求增加

⇒美元升值，新臺幣貶值

消息 10：我央行最近將採取寬鬆性的貨幣政策

⇒新臺幣的貨幣供給增加，利率下跌

⇒美元需求增加

⇒美元升值，新臺幣貶值

消息 11：市場預期美元對國際間主要通貨將大幅貶值

⇒美元需求減少

⇒新臺幣亦隨著主要國際通貨對美元升值

個案討論

匯率預測

你覺得當日圓有明顯的貶值趨勢時，對日本及臺灣的進口商或出口商較有利？

以消息面來預測匯率，通常（但不是絕對）比較適合預測匯率的短期走勢，因為任何影響匯率長期走勢的因素若已變為「目前可獲得的消息」的話，便會馬上影響預期心理，進而立刻影響目前的外匯供給或需求及現在的匯率。

此外，以消息面來作匯率預測，其成功與否，通常須滿足如下二個條件：

①要比其他人早獲得消息：愈早獲得消息的人便能愈早進入外匯市場買匯或賣匯，其獲利空間也愈大。假如等到此消息已被大部分人所知曉且採取行動，則匯率的升貶已成事實，故獲利空間已喪失。

②此消息必須是影響匯率變動的**外生變數** (exogenous variables) 的「大幅變動」：其原因是影響外匯供需及匯率變動的因素很多，因此除非此外生變數改變的幅度很大（即會嚴重影響外匯供給或需求的消息），否則吾人很難去正確預測外生變數小幅變動會對匯率產生何種影響，其原因是其他變數的影響力可能會超過此外生變數的影響力。這個道理其實就是計量經濟學上所常談到的**忽略其他變數所可能造成的偏差** (omit variables bias)。

以消息面來作匯率預測的人，除了須簡單的瞭解匯率決定理論或供需原理外，其最重要的工作便是如何比別人早一點獲得消息，因此他便要時時刻刻去關心國內外的政經消息，尤其對央行的態度甚至央行官員的談話的涵義加以掌握或揣測。

個案討論

假設國際普遍看好臺股股價上升，請問這對於新臺幣的匯率有何影響？

二、基本分析與計量經濟模型預測法

所謂**基本分析** (fundamental analysis) 是指，從國際收支、國內外利率差距、國內外相對物價上漲率、貨幣供給增加率、預期心理、經濟成長率及政府政策等，決定匯率的基本因素來分析匯率走勢的方式。基本分析強調經濟因素與基本面分析的重要，因此，預測的重點主要在分析總體經濟變數及政府政策對匯率所產生的影響。基本分析強調匯率長期與基本走勢的預測，從事基本分析者需具有豐富的專業知識與訓練、經驗及最重要的情報，同時須具備有統計學的知識，因為基本分析運用了相當多的計量經濟模型的方法。

基本分析通常為市場人士的用語，而計量經濟模型分析則通常為學術的用語。**計量經濟模型** (econometric model) 是一種**因果分析** (causal analysis) 的模型，其通常是根據匯率的決定理論找出影響匯率變動的因素，然後建立起單一方程式迴歸模型或聯立方程式模型，以實證真正影響匯率變動的因素，以及預測假如這些因素有所變動則會對匯率產生的影響。茲簡單說明如下：

(一)單一方程式迴歸模型 (single equation regression model)

單一方程式迴歸模型基本上認為匯率之所以變動乃是有一組變數在解釋，且其因果關係是單方向的，亦即解釋變數（即影響匯率變動的因素）是因，而被解釋變數（即匯率變動）是果。其常見的模式如下：

$$Y_t = \alpha + \beta_1 X_{1t} + \beta_2 X_{2t} + \beta_3 X_{3t} + \cdots + \beta_k X_{kt} + U_t$$

上式中 Y_t 代表匯率的變動，$X_1 \cdots X_k$ 代表影響匯率變動的因素，例如國際收支、相對物價上漲率、國內外利率差距、經濟成長率、貨幣供給額等因素，而 U_t 代表干擾項。

模式設定後，輸入 Y_t 及 $X_{1t} \cdots X_{kt}$ 的時間序列資料，然後通常用**最小平方法**（ordinary least squares，簡稱 OLS）估計各項統計值，此後並可依迴歸係數的估計值 $(\hat{\beta}_1 \cdots \hat{\beta}_k)$ 來預測在不同的外生變數值下 Y_t 的預測值，亦即：

$$\hat{Y}_t = \hat{\alpha} + \hat{\beta}_1 X_1 + \hat{\beta}_2 X_2 + \hat{\beta}_3 X_3 + \cdots + \hat{\beta}_k X_k$$

以上 $\hat{Y}_t$ 代表 Y 的預測值，$\hat{\alpha}, \hat{\beta}_1 \cdots \hat{\beta}_k$ 代表由前述 OLS 所估計的截距項及迴歸係數的估計值，$X_1 \cdots X_k$ 代表外生變數之值。

由於採用 OLS 在進行迴歸分析時吾人假設：

(1) $E(U_t) = 0 \Rightarrow$ 即干擾項的期望值為 0

(2) $V(U_t) = \sigma^2 \Rightarrow$ 干擾項沒有變異數不齊一的現象

(3) U_t 及 U_{t+k} 獨立 $\Rightarrow$ 即 U_t 間沒有自我相關的現象

(4) U_t 及 X_t 互為獨立 $\Rightarrow$ 即干擾項與解釋變數間相互獨立

(5) U_t 呈現常態分配

(6) $X_1 \cdots X_k$ 間沒有線性相關（或共線性）的現象

因此，吾人在使用 OLS 時須先加以檢定以上假設是否被滿足，若無法滿足則應加以適當的修正或解決，然後再預測 Y_t。

㈡聯立方程式模型 (simultaneous-equation model)

由於在進行以上單一方程式的迴歸分析時，吾人假設 $X_1 \cdots X_k$ 與 Y 之間的因果關係是單向的，亦即 $X_1 \cdots X_k$ 會影響 Y 但 Y 不會影響 $X_1 \cdots X_k$。換言之，在設立單一方程式時，吾人假設 $X_1 \cdots X_k$ 皆為**外生變數** (exogenous variables)，而僅有 Y 為**內生變數** (endogenous variables)。但這個假設在實際上往往並不成立，亦即 Y 也有可能會對 $X_1 \cdots X_k$ 中的某些因素產生影響，例如國際收支會影響匯率變動，而匯率的變動又會影響國際收支。類似這種雙向的因果關係時，吾人便須以聯立方程式來加以分析。

囿於本書篇幅的限制，我們對單一方程式及聯立方程式的計量經濟模型只能作以上簡單的介紹，有意對此作深一步瞭解的讀者請自行參閱計量經濟學的書籍。

近年來，隨著電腦科技的快速發展，大量的計量經濟模型便被用來作預測匯率的變化，其一方面節省預測者相當多的計算時間，但另一方面也使得基本分析變得更為複雜。以計量經濟模型來預測匯率的變動已廣泛地被國內外的學術研究機關及政府的研究部門所採用，而國外有些銀行、財務管理顧問公司及相關的金融機構亦提供這種以計量經濟模型為主的匯率分析與預測的諮詢服務。

三、技術分析及時間數列模型分析法

上小節所述的基本分析與計量經濟模型預測法，基本上乃是認為匯率的變動是有一些總體經濟因素在解釋，因此透過過去這些總體經濟因素與匯率變動的關係來預測未來匯率變動的趨勢，其預測的準確與否取決於過去的這種因果關係是否會重現。至於本小節所要介紹的技術分析及時間數列分析法，基本上認為所有影響匯率變動的因素都會反映在匯率及外匯的成交量上，因此吾人只要利用過去匯率及外匯成交量變動的走勢即可預測未來匯率變動的走勢。技術分析通常為市場人士的用語，而時間數列模型分析則通常為學術界的用語。

技術分析 (technical analysis) 最常被使用的二種方法為：

㈠圖表分析 (chart analysis)

將匯率或價格的變化以圖形表示，即為圖表分析。圖表分析著重匯率過去走勢與軌跡的分析，利用這種過去匯率走勢與軌跡來預測匯率未來可能的走勢與軌跡。在技術分析中，最被廣泛使用的圖形為**條圖或直線圖** (bar chart or vertical line chart)、**點形圖** (point & figure chart) 及**移動平均圖** (moving average chart) 三種。

㈡**趨勢分析** (trend analysis)

趨勢分析則偏重於長期歷史資料與時間數列的分析，因此匯率長期**季節性** (seasonal) 的變化與**循環性** (cyclical) 的變化為其分析重點。

技術分析有深有淺，簡單的技術分析並不需要很專業的知識、充足的市場情報，一般人亦可學習後運用。對大多數的外匯交易員而言，其通常將技術分析與基本分析互相搭配，亦即利用基本分析來預測匯率的長期與基本走勢，而利用技術分析來指出匯率變動的轉折點，以作為最佳進場時機與短期操作的策略。

照一般技術分析家的看法，價格的波動與其他社會行為一樣都具有相當程度的可預測性，價格的波動經常會出現某些固定**型態** (patterns)。而一些實證亦證明，大部分的經濟現象或經濟變數的時間數列往往顯示有強烈的系統性（亦即趨勢與循環）。

一般而言，要預測價格上升或下降的大致趨勢較為容易，但要預測當前趨勢的終止及下次變動的開始則較為困難。而技術分析的最主要重點便是儘早的去發現匯率變動的轉折點，也就是**反轉型態** (reversal pattern)。

技術分析被廣泛的運用在股票市場與商品期貨市場上已有數十年的歷史，但用在外匯市場上來預測匯率變動則僅有數年的歷史。由於技術分析並不需專業的金融技術與高度的統計背景，亦不需要很豐富的經驗及資訊，這對一些無法獲得充分資訊亦無很多專業知識的投資者或投機者而言，有很大的幫助。路透社 (Reuter) 及美聯社都有提供**圖表服務** (chart service)，許多資訊系統及電腦公司亦有出售圖表套裝軟體，因此，預測者並不需親自作圖表分析所需的畫圖工作，只要會使用及分析圖表即可作分析與預測。

技術分析已在外匯市場的外匯交易員占相當重要的地位。在歐美等國的外匯市場中，技術分析已有相當大的影響力。在臺灣，由於央行過去對匯率的干預及對銀行外匯部位與外匯操作的限制，外匯市場的價格機能未能充分發揮，瞭解央行的意向比技術分析更能正確的預測匯率。但隨著外匯管制的解除、外匯交易的更自由化，央行若能更減少對匯率的干預，匯率未來若能更自由的浮動，則技術分析的地位亦必更加重要。

另一種與技術分析在意義上相當類似，但聽起來較有學術味道的預測方法則是**時間數列模型** (time series model)。時間數列模型是以 Box and Jenkins (1970) 所發展出的**綜合性自我迴歸移動平均**（autoregressive integrated moving average，簡稱 ARIMA）模型作為實證應用的基礎。故時間數列預測模型一般又稱之為 Box-Jenkins 預測模型或簡稱為 ARIMA 模型。

一個完整的 ARIMA 模型使用三個工具來預測時間數列：⑴**自我迴歸項**（autoregressive terms，簡稱 AR）；⑵**差分項**（integrated terms，簡稱 I）；⑶**移動平均項**（moving average terms，簡稱 MA）。經過這三個工具的結合，吾人即可建立一個完整的 ARIMA 預測模型。

囿於本書篇幅的限制，以上吾人只是對時間數列的 ARIMA 預測模型作一簡要的介紹，讀者若欲對 ARIMA 模型作更進一步深入的瞭解，則請自行參閱有關「時間數列」或「預測」等方面的書籍。

四、結　語

在預測文獻上，常以計量經濟模型與時間數列模型的表現作比較。兩者最大的差異在於前者係依經濟理論設定方程式，後者則以時間數列統計方法建立預測模型。偏好計量經濟方法的學者批評時間數列方法缺乏嚴謹的經濟理論作模型設定的基礎且亦缺乏因果的分析；而偏好時間數列方法的學者則批評計量經濟方法對模型的動態部分處理不夠嚴謹。而在有關匯率預測的實證文獻中，計量經濟模型及時間數列模型的表現並無一致性的結果。不過一般而言，ARIMA 模型較適合短期的預測，而計量經濟模型則較適合長期的預測。

本節中，吾人分別介紹了消息面預測法、基本分析與計量經濟模型預測法及技術分析與時間數列預測法。這些預測方法基本上各有其優缺點，故對各種方法的應用，吾人須從預測者本身的條件，及從比較性與相對性的角度來探討其預測的效果，並無所謂的何者為優與何者為劣。例如時間數列方法較適合短期的預測，計量經濟模型較適合長期的預測，而消息面預測法則不需任何統計方法即作預測。

一般來說，預測者若能同時運用數種預測方法，則對匯率預測的正確性將會有所助益。

最後要向讀者說明的一點是，匯率預測的方法雖然在名稱上、方法上或預測者所需具備條件上有所不同，但彼此仍有殊途同歸的意味。例如以消息面作直覺預測者，或許他不懂得經濟理論及高深的統計技術，但他在作預測時事實上仍無形中遵照經濟與統計理論在作預測。因為所有的經濟與統計理論都是從觀察人類行為後歸納所得之結論，而絕非經濟學家與統計學家憑空捏造而來。

匯率預測要達到很精確是一件很不簡單的事，要達到如此，預測者除了要有嚴謹的理論訓練、專業的經濟金融知識，對外匯市場的運作充分的瞭解，瞭解各種預測方法及高度的敏感度，且很重要的一點是隨時能掌握新資訊及影響匯率的外生變數的變動。當然，良好的運氣亦是一個很重要的條件。

摘　要

1. 外匯交易人員無論是在進行買入或賣出外匯、拋補或對沖、外匯套匯、拋補利息套利或採取長期部位或短期部位等，匯率的正確預測是一件很重要的工作。
2. 銀行的外匯交易員在銀行與銀行間市場外匯買賣的價格「直接」決定匯率，而所有影響外匯供需及決定匯率的因素是透過外匯交易員的看法而表現在其對外匯買賣的報價上。
3. 隨著國際化與證券化的發展趨勢，匯率的預測與經濟金融情勢的分析與掌握，便自然地成為銀行業與金融機構所必須提供的服務項目之一。
4. 當投資信託公司或基金的經理人將部分基金投資於國外的貨幣市場或資本市場時，匯率的變動便會影響其利潤或損失。
5. 對進出口廠商而言，當其在報價及簽訂買賣協議時，皆有必要對未來的匯率走勢作一預測。即使進出口廠商以買賣遠期外匯來避險，其通常亦會對未來的即期匯率作一預測，覺得匯率變動的損失大於避險成本時，才會參與遠期外匯的買賣。
6. 由於匯率變動對多國籍企業有很大的影響，因此在作投資評估、財務規畫、避險措施及其他決策時，匯率的正確預測往往成為其成敗的關鍵因素。
7. 對一個投機者而言，其無論買入或賣出某一種通貨，或對某一種通貨採取長期或短期部位，或在即期市場或遠期市場的選擇權市場進行投機，匯率的正確預測便是決定其獲利或損失的最重要因素。

8.對一個從事海外投資的決策分析者而言，在其決定海外投資前，須先對本國通貨的匯率及外國通貨的匯率及地主國通貨匯率的走勢（尤其是未來的長期走勢）作一預測。

9.所謂「消息面或直覺判斷預測法」是指，完全不用統計的預測方法，而只是憑藉報章、雜誌、大眾傳播媒體或其他小道消息所得的訊息來對匯率作預測。

10.以消息面或直覺判斷來對匯率作預測者，或許並不懂得任何的匯率決定理論，但是他的行為通常在不知不覺中符合這些理論。

11.以消息面來預測匯率，通常（但不是絕對）比較適合預測匯率的短期走勢，因為任何影響匯率長期走勢的因素若已變為「目前可獲得的消息」的話，便會馬上影響預期心理，進而立刻影響目前的外匯供給或需求及現在的匯率。

12.以消息面來作匯率預測，其成功與否，通常須滿足如下二個條件：(1)要比其他人早獲得消息；(2)此消息必須是影響匯率變動的外生變數的「大幅變動」。

13.所謂基本分析 (fundamental analysis) 是指，從國際收支、國內外利率差距、國內外相對物價上漲率、貨幣供給增加率、預期心理、經濟成長率及政府政策等，決定匯率的基本因素來分析匯率走勢的方式。基本分析強調匯率長期與基本走勢的預測。

14.計量經濟模型是一種因果分析的模型，其通常根據匯率的決定理論找出影響匯率變動的因素，然後建立起單一方程式迴歸模型或聯立方程式模型，以實證真正影響匯率變動的因素，以及預測假如這些因素有所變動則會對匯率產生的影響。

15.單一方程式迴歸模型基本上認為匯率之所以變動乃是有一組變數在解釋，且其因果關係是單方向的，亦即解釋變數（即影響匯率變動的因素）是因，而被解釋變數（即匯率變動）是果。而聯立方程式模型則允許雙向的因果關係。

16.技術分析及時間數列分析法，基本上認為所有影響匯率變動的因素都會反映在匯率及外匯的成交量上，因此吾人只要利用過去匯率及外匯成交量變動的走勢，即可預測未來匯率變動的走勢。

17.技術分析最常被使用的二種方法為圖表分析與趨勢分析。

18.技術分析的最主要重點是指出匯率變動的轉折點，以作為最佳進場時機與短期操作的策略。

19.時間數列模型是以 Box and Jenkins (1970) 所發展出來的「綜合性自我迴歸移動平均」(ARIMA) 模型作為實證應用的基礎。一個完整的 ARIMA 模型使用三個工具來預測時間數列：(1)自我迴歸項 (AR)；(2)差分項 (I)；(3)移動平均項 (MA)。

20.各種預測方法基本上各有其優缺點，故對各種方法的應用，吾人須從預測者本身的條件，及從比較性與相對性的角度來探討其預測的效果。

習　題

一、選擇題

(　) 1.只憑藉報章雜誌、大眾媒體所得訊息來對匯率作預測的方法為 (A)直覺判斷預測法 (B)理性預期法 (C)適應性預期法 (D)靜態預期法

(　) 2.不屬於匯率決定理論，卻又不知不覺符合決定理論的預測為 (A)直覺判斷預測法 (B)理性預期法 (C)適應性預期法 (D)靜態預期法

(　) 3.下列何者非技術分析常用的方法？ (A)圖表分析 (B)趨勢分析 (C)理性預期法 (D)聯立方程式模型

(　) 4.用來指出匯率的轉折點，以作為最佳進場時機與短期操作策略的方法為？ (A)操作分析 (B)靜態分析 (C)動態分析 (D)技術分析

(　) 5.以 Box and Jenkins 所發展出來的「綜合性自我迴歸移動平均」模型作為實證應用的基礎的模型是 (A)空間序列模型 (B)時間序列模型 (C)計量經濟模型 (D)迴歸模型

(　) 6.一個完整的 ARIMA 模型無須使用下列何種工具來預測時間序列？ (A)自我迴歸項 (B)差分項 (C)移動平均項 (D)線性機率模型

(　) 7.基本分析無法從下列何種管道來決定匯率的基本因素，進而分析匯率走勢？ (A)國際分析 (B)預期心理 (C)經濟成長率 (D)移動平均模型

(　) 8.下列何種方法特別強調匯率長期與基本走勢的預測？ (A)基本分析 (B)走勢分析 (C)預測分析 (D)匯率分析

(　) 9.下列何種方法認為影響匯率變動的因素都會反映在匯率及外匯的成交量上？ (A)基本分析 (B)技術分析 (C)預測分析 (D)匯率分析

二、簡答題

1.試述匯率的正確預測對外匯交易員所代表的意義及其重要性。

2.試說明為何真正「直接」決定匯率的是銀行的外匯交易員？

3.試說明匯率預測對進出口廠商所代表的意義及其重要性。

4.試述匯率預測對多國籍企業所代表的意義及其重要性。

5.請說明為何在從事海外投資前，須先對本國通貨的匯率及地主國通貨的匯率的長期走勢作一預測？

6.請舉例說明匯率變動對所得重分配所造成的影響。

7.何謂「消息面或直覺判斷預測法」？

8.請分別就以下之消息來對新臺幣兌美元的匯率作一預測：(1)美國大幅降低重貼現率；(2)中央銀行大幅調高外幣存款的應提準備；(3)美國將對臺灣實施嚴重的貿易制裁；(4)政府大幅開放國內廠商赴中國大陸投資，且國內投資環境嚴重惡化。

9.何謂基本分析？基本分析所強調者為何？

10.技術分析與基本分析的主要不同點何在？

第八章 價格的自動調整機能與國際收支失衡的調整

學習目標

1. 國際收支失衡的調整方法及政策。
2. 金本位制度下價格的調整機能。
3. 自由浮動匯率制度與可調整釘住匯率制度下的價格調整機能。
4. 馬婁條件（彈性學派）與國際收支失衡的調整。
5. 馬婁條件的實證與J曲線效果。

第一節 國際收支失衡時的調整方法

一國的國際收支如果發生逆差或順差的失衡現象，其調整的辦法大致可分為如下兩種：

㈠自動的調整機能 (automatic adjustment mechanism)

所謂自動的調整機能是指，當一國的國際收支失衡時，經濟體系或國際貨幣制度內有使得國際收支的失衡自動回復到均衡的機能。換言之，只要自動的調整機能能充分的發揮，即使政府不採取任何的措施，國際收支的逆差或順差亦會自動的被消除。

㈡調整政策 (adjustment policies)

所謂調整政策是指，一國政府為矯正國際收支失衡所採取的特別政策，例如對進出口與資金或外匯進出採取**直接管制** (direct control) 的措施以及財政政策與貨幣政策等。

上述自動調整機能與調整政策的最大差別在於，前者不需要政府採取特別措施，國際收支一有失衡便會自動的調整而直到其回復到均衡為止，而後者則是透過政府採取特別的措施以調整國際收支的失衡。在任何的國際貨幣制度下，當一國政府發現其國際收支的逆差或順差並非可自動調整，而是屬於一種長期失衡而無法自動調整的現象時，便不可再依賴國際貨幣制度或經濟體系內本身所具有的機能來調整國際收支的失衡，而必須採取各種特別政策來矯正失衡。

國際收支的自動調整機能又可分為如下三種：

1. **價格的自動調整機能 (automatic price adjustment mechanism)**

所謂價格的自動調整機能是指，經由國際收支逆差國或順差國價格或匯率的變動而改變本國產品與外國產品之間的相對價格，進而影響其進出口及國際收支的自動調整機能。固定匯率制度（例如金本位制度）與浮動匯率制度下，價格調整機能的運作過程大不相同，因此本章將對這兩種匯率制度下的價格調整機能分別作介紹及說明。

2. **所得的自動調整機能 (automatic income adjustment mechanism)**

所謂所得的自動調整機能是指，經由國際收支逆差國或順差國所造成的國民所得的變動，來影響其國際收支的自動調整機能。本書第九章將對所得的自動調整機能作介紹及說明。

3. **貨幣的自動調整機能 (automatic monetary adjustment mechanism)**

所謂貨幣的自動調整機能是指，經由貨幣供給與貨幣需求的變動，來調整國際收支的機能。本書第十章將對貨幣的自動調整機能作介紹及說明。

一國的國際收支是由經常帳及資本帳所共同構成，因此，一國國際收支失衡的調整也必然是由經常帳與資本帳這二方面進行。以上的價格、所得與貨幣這三種調整方法（或機能）中，價格與所得的調整均只考慮經常帳，故國際收支失衡的調整完全賴於經常帳的調整；而貨幣的調整則同時考慮到經常帳與資本帳，亦即同時經由經常帳與資本帳來調整國際收支。

一國國際收支的失衡，是否能經由價格或匯率的變動而迅速有效的矯正過來，這與該國進出口品需求的價格彈性有密切的關係，故此一論點又被稱之為**彈性學派** (elasticities approach)；而強調所得調整對國際收支調整的重要性者，則被稱之為**吸納學派** (absorption approach)；至於強調貨幣調整對國際收支調整的重要性者，則被稱之為**貨幣學派** (monetary approach)。

第二節
金本位制度下價格的調整機能

一、金本位制度的特性

1880 年至 1914 年間國際上實施金本位制度，而我們在前面章節中曾提到金本位制度的特性（或運作原則）有：

(1)各國明確訂定其通貨的含金量。

(2)黃金數量與貨幣供給數量有直接的聯繫關係。

(3)各國通貨與黃金成固定比率的兌換關係，各國再根據通貨的含金量決定彼此間的匯率。

(4)各國皆以十足黃金準備為基礎發行貨幣，並使其貨幣與黃金可自由兌換。故各國的貨幣供給包含黃金或以黃金為準備的紙鈔。

(5)黃金能在所有金本位制的國家自由移動。

(6)各國遵守黃金自由輸出、自由輸入，且貨幣自由鑄造（只要以十足黃金作準備）及自由熔燬的原則。

(7)各國不得以貨幣政策抵銷黃金在國際間移動對貨幣數量所產生的影響，亦即不得採**沖銷** (sterilization) 政策。

以上的這些特性，使得金本位制度下各會員國的國際收支、黃金數量與貨幣供給有如下的關係：

(1)國際收支與黃金數量有直接的聯繫關係。

(2)黃金數量與貨幣供給數量有直接的聯繫關係。

(3)貨幣供給量與國際收支有間接的聯繫關係。國際收支的順差國將獲得黃金的淨流入，進而使其貨幣供給量增加。相反的，國際收支的逆差國，其黃金將淨流出，進而使其貨幣供給量減少。

二、價格調整及黃金移動的機能

最早提出國際收支調整理論的是英國的哲學與經濟學家大衛休姆 (David Hume, 1711–1776)。大衛休姆所提出的「**價格調整及黃金移動的機能**」(price-specie flow mechanism) 認為，只要各國皆能遵守金本位制度的運作規則，則金本位制度具有自動調整國際收支的功能。此後，在金本位制度下，國際收支的自動調整機能就被稱之為「價格調整與黃金移動的機能」。

在金本位制度下，國際收支的失衡之所以會被自動調整的原因是，在金本位制度下一國的貨幣供給包含黃金或由黃金作準備的紙鈔，因此：

假如一國的國際收支發生逆差
⇒ 黃金會從該國淨流出
⇒ 該國貨幣供給量減少
⇒ 根據貨幣數量學說，MV = PQ，該國國內物價會下跌
⇒ 該國產品的價格會低於其他國家產品的價格
⇒ 該國出口會增加，進口會減少
⇒ 黃金淨流入該國
⇒ 該國國際收支逆差會減少

以上之調整過程會持續進行，直到該國國際收支恢復到均衡為止。

從以上調整過程中，吾人可發覺價格的調整機能實扮演一個最重要的角色，而價格之所以會因貨幣供給的變動而調整，乃是基於**貨幣數量學說** (quantity theory of money) 所解釋的貨幣數量與物價水準之間的關係。以下我們則對貨幣數量學說作更進一步的說明。

貨幣數量學說可以費雪 (Irving Fisher, 1867–1947) 所提出的**交易方程式** (equation of exchange) 來表示：

$$MV = PQ$$

上式中，M 代表一國的名目貨幣供給數量；V 代表**貨幣的流通速度** (velocity

of circulation of money)，亦即每單位貨幣在特定期間內（例如 1 年）平均轉手的次數；P 代表物價水準；Q 代表實質國民產出（或所得）。古典學派的經濟學者認為 V 固然會受到制度性因素的影響，但制度在短期之內不會有顯著的變動，故其數值在短期內極為穩定。再者，一個社會的支付習慣及人們保有貨幣的態度（即流動性偏好）在短期內應極為穩定，故 V 在短期內為固定。古典學派的經濟學者又假設物價、工資及利率皆具有充分的自由伸縮，充分就業應是常態，故 Q 的值應保持固定於充分就業的水準。既然 V 與 Q 的值為固定，因此當 M 改變時，P 必然亦會同方向且同比例的改變。

因此，當一國的國際收支逆差使黃金淨流出，貨幣供給減少，其國內的物價水準亦會隨著貨幣供給減少成等比例的下跌。而該國物價下跌則進一步會使得該國出口增加及進口減少。以上這個調整過程會持續的進行，直到該國的國際收支逆差被消除為止。

大衛休姆於 1752 年所提出的「價格調整及黃金流動的學說」，最主要是對重商主義的國際貿易政策提出批判。根據大衛休姆的學說的觀點，一個國家的對外貿易順差只可能在短期間存在，就長期而言，由於價格的調整機能，該國的對外貿易順差將會自動消除。職是之故，大衛休姆的價格調整及黃金流動學說認為，重商主義所認為的透過限制進口來增加貿易盈餘及累積黃金的想法，頂多僅具短期內促進對外貿易順差（或國際收支順差）的效果，就長期而言，則不具功效。

三、價格調整機能所受到的批評

金本位制度下，透過價格的調整，各國國際收支會自動恢復到均衡是建立在各國須完全遵守金本位制的運作規則，尤其是各國不得以**沖銷** (sterilize)（即**中性化**——neutralize）的貨幣政策來抵銷黃金的淨流入（或淨流出）對貨幣供給量的影響。

自從大衛休姆提出此價格調整機能的學說後，古典學派的經濟理論便一直是最具影響力的經濟理論，直到 1930 年代凱因斯理論興起後，此價格調整機能的學說才受到挑戰。甚至直到今日，「價格調整機能」仍然是經濟學者間熱烈爭論的話題。以下就「價格調整機能」的學說所受到的主要批評作一簡要的介紹：

(1)金本位制度下價格調整機能是建立在黃金數量與貨幣供給的直接聯繫關

係，但這個關係已不存在。因為一旦各國的中央銀行採取擴張性（或緊縮性）的貨幣政策便可輕易的抵銷黃金流出（或流入）對貨幣供給量所造成的影響，如此一來，黃金數量與貨幣供給的直接聯繫關係就被打破了。而在 19 世紀末期及 20 世紀初期間，各國中央銀行確實一再有此情事發生。

⑵「價格調整與黃金移動之機能」乃是根據古典學派的貨幣數量學說所闡釋的貨幣數量的改變與物價的改變水準，會有同方向同比例的關係而來，而貨幣數量學說是建立在充分就業是常態，故 Q 保持固定的假設上。但是，假如一國的經濟遠低於充分就業水準下的產出的話，則貨幣供給的增加通常對物價的上升只是產生很小的影響。在此情形下，M 的增加並不會對 P 產生影響，但是對 Q 則會產生較大的影響。

尤其從近代先進國家的情形來看，價格和工資普遍具有向下僵固性的現象。在 P 具有向下僵固性的情形下，M 改變會影響 Q，但不會影響 P，亦即：

假設 P 與 V 皆保持固定：即 $P=\bar{P}, V=\bar{V}$

則 $M\bar{V}=\bar{P}Q$

故當 M 上升，Q 亦上升；M 下跌，Q 亦下跌。

換言之，在 P 與 V 皆保持固定下，一國國際收支發生逆差雖然會使貨幣供給減少，但是貨幣供給的減少會使該國產出減少，卻不會使物價下跌，既然物價不會因貨幣供給的減少而下跌，則國際收支的逆差便不能自動消除了。

⑶古典學派的貨幣數量學說假設 V 在短期內是固定的，但是這個假設在事實上是否能成立，是頗值得懷疑的一件事。假如黃金流入使得貨幣供給增加，但是貨幣供給的增加完全被 V 的減少所抵銷，則交易的總值（即 P×Q）仍將維持不變，亦即：

假如 $M\uparrow$ 則 $V\downarrow$

則 $(M\uparrow)(V\downarrow)=\overline{P\times Q}$

既然貨幣供給的增加只是使得 V 下跌而不會改變物價，則國際收支的逆差便無法透過價格的調整機能自動回復到均衡了。

以上三點對價格調整機能是否能使國際收支失衡回復到均衡所提出的質疑，直至今日仍是經濟學界常在爭論的問題。而這些質疑也促使一些經濟學者從其他角度來探討國際收支失衡的調整，例如從所得變動對貿易帳的影響，及從利率變動對資金移動及資本帳的影響來探討國際收支失衡的調整。

第三節
自由浮動匯率制度與可調整釘住匯率制度下的價格調整機能

匯率是以本國貨幣單位所表示的外國貨幣的價格，匯率的變動將改變本國財貨的價格及外國財貨的價格，進而影響到本國（及外國）的出口數量與進口數量，同時亦會影響到本國（及外國）的出口收入、進口支出及貿易餘額。

一國通貨的貶值（或升值）到底會對該國的貿易餘額或國際收支產生何種影響呢？這一直是經濟學者及各國政府極感興趣的問題。此外，到底在什麼條件下，一國通貨的貶值（或升值）可改善該國的貿易餘額及國際收支？這也一直是各國政府及經濟學者所關心的問題。

在浮動匯率制度下，「貶值」這一詞的英文原名叫 “depreciation”；在可調整的固定或釘住匯率制度下，「貶值」這一詞英文原名則叫 “devaluation”。換言之，“depreciation” 這一詞通常是用在浮動匯率制度下，一國通貨匯率依市場力量而自然的改變；而 “devaluation” 這一詞則通常用在固定或釘住匯率制度下一國貨幣當局「刻意」將該國通貨的匯率加以改變。但是，無論是 “depreciation” 或 “devaluation”，中文都被翻譯成「貶值」。由於無論是在浮動匯率制度下一國通貨的貶值，或在可調整釘住匯率制度下一國通貨的貶值，這二者對進出口價格及國際收支影響的效果都一樣。因此本節對通貨「貶值」所做的分析即可適用於浮動匯率制度，亦可適用於可調整的固定或釘住匯率制。

一、匯率變動與國際收支的調整

一國在一段期間內國際收支之所以會逆差，其最直接的原因是在這段時間內外匯的需求大於外匯的供給。因此，一國若欲消除國際收支的逆差，其最直接的訴求便是想辦法增加外匯的供給及降低外匯的需求，而匯率的變動其實就是增加外匯供給及降低外匯需求的最直接辦法。因為匯率代表外匯的價格，外匯的價格一改變，外匯的需求與供給便會隨之改變，從而國際收支失衡的現象也會隨之調整。

本國通貨的貶值何以能改善本國國際收支的逆差呢？我們可以圖 8–1 來加以說明。

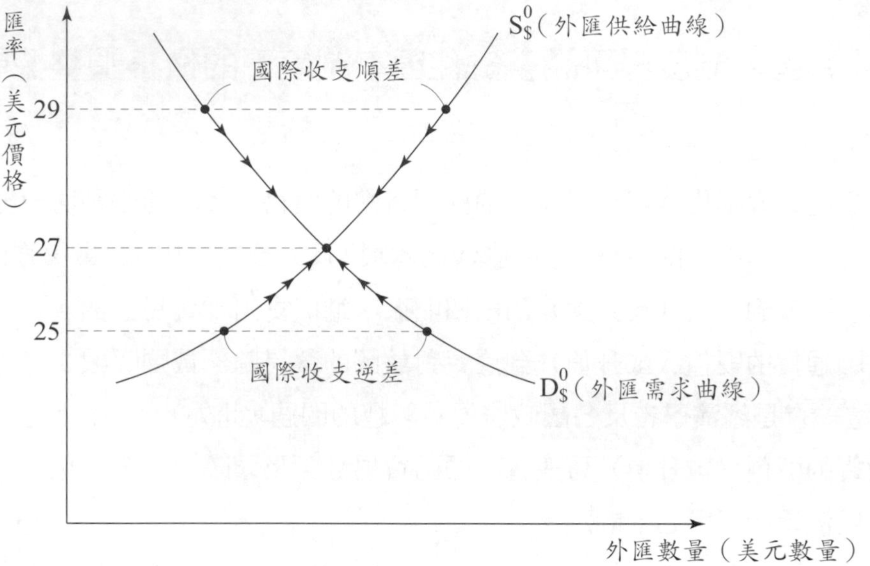

圖 8–1　匯率變動與國際收支的調整

如圖 8–1 所示，假設美元兌新臺幣的匯率為 1 : 25 時，臺灣的外匯需求大於外匯供給，因此臺灣會有國際收支逆差。但是假如美元升值（或新臺幣貶值）到 1 : 27，則外匯需求會等於外匯供給，臺灣的國際收支會回復到均衡。假設沒有國際資金移動，因此一國貿易帳餘額即代表該國的國際收支餘額，則新臺幣貶值之所以會使得國際收支回復到均衡的原因及其調整過程如下：

新臺幣貶值（或美元升值）
↗出口價格↓→出口額↑→外匯供給 (S\$)↑
↘進口價格↑→進口額↓→外匯需求 (D\$)↓
⇨ 國際收支逆差消失

以上的調整過程中，吾人只考慮到貿易帳並未考慮到資本帳（即國際資金的移動）。換言之，在以上的調整過程中，吾人假設外匯供給的唯一來源是出口收入，而外匯需求的唯一來源是進口支出。而這種假設並非很不實際，因為就大多數國家而言，出口收入確實是構成外匯供給的最主要來源，而進口支出則亦的確是構成外匯需求的最主要來源。再者讀者可能要質疑說，出口價格的下跌是否一定會使出口額增加，而進口價格的上升是否一定會使進口額減少，當然就理論而言這須視出口品與進口品的價格彈性而定，此點我們將留待第四節「馬婁條件」時再作更詳細的探討。

個案討論

康康企業將製造工廠設於臺灣，並於生產完成後，將產品外銷至美國。試探討新臺幣貶值對於康康企業的影響。

續圖 8–1，在美元兌新臺幣的匯率為 1 : 29 時，臺灣的外匯供給大於外匯需求，因此臺灣會有國際收支順差。但是假如美元貶值（或新臺幣升值）到 1 : 27，則外匯需求會等於外匯供給，臺灣的國際收支又會回復到均衡，其原因與調整過程如下：

新臺幣升值（或美元貶值）
↗出口價格↑→出口額↓→外匯供給 ($S_\$$)↓
↘進口價格↓→進口額↑→外匯需求 ($D_\$$)↑
⇨ 國際收支順差消失

在浮動匯率制度下，匯率的自由升貶會使得國際收支失衡的現象自動回復到均衡；而在可調整的固定匯率制度下，則需透過一國貨幣當局將本國通貨刻意貶值才能消除其國際收支的逆差。而在事實上，改變匯率可說是可調整固定匯率制度下，一國最終、也是最重要的調整國際收支的手段。

個案討論

安安企業的主要業務是將德國、法國等國生產的汽車進口至臺灣。試探討新臺幣升值對於安安企業的影響。

再過來讀者可能要問：對一定數額的本國國際收支逆差，到底本國的通貨要貶值多少才能將其消除？其答案是：須視外匯的供給與需求的彈性而定。如圖 8–2 所示，假設臺灣有 50 億美元的逆差，對於同樣是 50 億美元的國際收支逆差：

⑴假如外匯的需求與供給曲線為 $D_\$^0$ 及 $S_\$^0$，則新臺幣兌美元的匯率只須貶值 1 元（即從 1 : 26 貶至 1 : 27）就能消除 50 億美元的國際收支逆差。

⑵假如外匯的需求與供給曲線為 $D_\$^1$ 及 $S_\$^1$，則新臺幣兌美元的匯率須貶值 4 元（須從 1 : 26 貶至 1 : 30）才能消除 50 億美元的國際收支逆差。

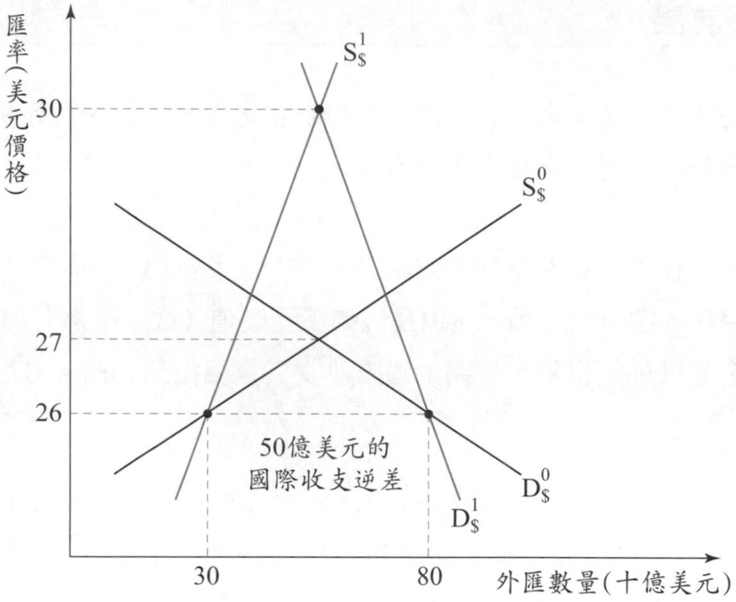

圖 8–2　外匯的供給、需求彈性與國際收支的調整

圖 8–2 很明顯的顯示 $D_\$^0$ 與 $S_\$^0$ 的彈性比 $D_\$^1$ 與 $S_\$^1$ 的彈性大了許多，這說明一個事實：對一定數額的本國國際收支逆差，到底本國通貨要貶值多少才能將其消除，須視外匯的供給與需求的彈性而定，而且：

⑴假如外匯的供給與需求彈性愈大，則本國通貨所需貶值的幅度愈小。其原因是：

$$\begin{cases}\text{外匯供給彈性愈大} \Rightarrow \text{則本國通貨貶值幅度不需太大即可大幅增加外匯的供給} \\ \text{外匯需求彈性愈大} \Rightarrow \text{則本國通貨貶值幅度不需太大即可大幅降低外匯的需求}\end{cases}$$

$\Rightarrow$ 本國通貨貶值幅度不需太大，即可大幅增加外匯供給及降低外匯的需求，進而消除本國國際收支逆差

⑵假如外匯的供給與需求彈性愈小，則本國通貨所需貶值的幅度愈大，才能消除本國國際收支逆差。其原因是：

外匯供給彈性愈小 ⇒ 則本國通貨需貶值幅度很大才能顯著的增加外匯的供給
外匯需求彈性愈小 ⇒ 則本國通貨需貶值幅度很大才能顯著的降低外匯的需求

⇒ 本國通貨需貶值幅度很大，才能顯著的增加外匯供給及降低外匯需求，進而消除本國國際收支的逆差

接下來讀者可能又要問：那麼到底外匯的需求與供給曲線的彈性又是視何而定？外匯需求曲線的彈性，基本上（或最主要）是視進口需求彈性而定。在進口供給彈性不變下，進口的需求彈性愈大，則外匯需求曲線的彈性也就愈大。其原因如下：

進口需求彈性愈大
⇒ 代表進口價格變動一點點，進口需求量就會變動很多
⇒ 匯率變動所致的進口價格變動一點點，外匯的需求量就會變動很多
⇒ 代表外匯需求曲線的彈性愈大

至於外匯供給曲線的彈性，則基本上（或最主要）是視外國對本國出口品的需求彈性而定。在本國出口品的供給彈性保持不變下，外國對本國出口品的需求彈性愈大，則外匯供給彈性也就愈大。其原因如下：

外國對本國出口品的需求彈性愈大
⇒ 代表本國出口品價格些許變動，外國對本國出口品的進口量就會變動很多
⇒ 匯率變動所致的本國出口品價格些許變動，我國出口商的外匯供給量就會變動很多
⇒ 外匯供給曲線的彈性愈大

綜合以上的分析，我們可得到如下的重要結論：

⑴到底本國通貨需貶值多少才能消除一定數額的本國國際收支逆差，須視外匯的供給與需求彈性而定。

⑵假如外匯的供給與需求彈性愈大，則本國通貨貶值幅度不需太大即能消除本國國際收支的逆差；假如外匯的供給與需求彈性愈小，則本國通貨需貶值幅度

很大才能消除本國國際收支的逆差。

⑶外匯需求曲線的彈性，最主要是視進口需求彈性而定。在進口供給彈性保持不變下，若進口需求彈性愈大，則外匯需求曲線的彈性也就愈大。

⑷外匯供給曲線的彈性，最主要是視外國對本國出口品的需求彈性而定。在本國出口品的供給彈性保持不變下，若外國對本國出口品的需求彈性愈大，則外匯供給曲線的彈性也就愈大。

⑸假如臺灣的進口需求彈性與外國對臺灣出口品的需求彈性愈大，則新臺幣只要貶值（升值）一點點即可消除臺灣的國際收支逆差（順差）。相反的，假如臺灣的進口需求彈性與外國對臺灣的出口品需求彈性皆很小，則新臺幣就要貶值（升值）幅度很大才能消除臺灣的國際收支逆差（順差）。

二、匯率變動對國內物價的影響

一國通貨的貶值固然有助於改善該國的國際收支的逆差，但是其通常亦會對國內的物價產生影響。

通常一國通貨的貶值會對該國物價產生上漲的壓力，其原因如下：

本國通貨貶值

$$\Rightarrow \begin{cases} \text{本國出口品的外幣價格下跌} \\ \text{本國進口品的外幣價格上升} \end{cases}$$

⇒ 本國的出口 (X) 增加，進口 (M) 減少

$$\Rightarrow \begin{cases} \text{本國的總需求增加 } (C + I + G + (X\uparrow - M\downarrow) = AD\uparrow) \text{ 或} \\ \text{進口品物價指數上升以及出口增加導致國內物價上漲} \end{cases}$$

⇒ 在總供給曲線保持不變下，本國物價會上漲或本國物價指數上升

由於本國通貨的貶值會造成國內通貨膨脹的壓力，因此一國如欲透過本國通貨的貶值來改善國際收支，其便必須付出國內通貨膨脹的代價。而且本國通貨貶值的幅度愈大，本國通貨膨脹的幅度通常也就愈大。職是之故，一國如欲透過貶值來改善其鉅額的國際收支的逆差，其便必須考慮到其通貨應貶值多少及其對通貨膨脹的影響。如果一國的外匯供給與需求曲線的彈性愈小，則其通貨便需大幅貶值才可能有效的改善鉅額的國際收支逆差，而通貨大幅貶值又會對物價產生大

幅上升的壓力，因此在此情形下，採取「貶值」可能變成一個不可行的策略。但是，如果一國的外匯供給與需求曲線的彈性很大，則其通貨只需貶值一點點便可大幅改善國際收支的逆差，而通貨小幅的貶值對國內物價上漲所產生的壓力便較小，在此情形下，採取「貶值」的政策便較為可行。

1993 年的上半年，中國大陸的人民幣大幅貶值，而中國大陸的物價在此期間亦大幅的上漲。這個事實說明了通貨貶值對物價所產生的壓力，但是要特別注意的一點是影響一國物價的因素很多，該國物價的升貶只是原因之一，因此在探討通貨升貶跟物價上漲的關係時，也要考慮到其他因素。例如：2005 至 2014 年間，人民幣大幅升值，但這段期間以人民幣表示的物價水準仍上漲，其原因是中國大陸經濟成長及國民所得的增加導致購買力及整體需求的增加，因此使得中國大陸的物價在這段期間仍然上漲。

三、外匯市場的穩定性與國際收支的調整

在前面第一小節我們談到新臺幣的貶值會消除臺灣的國際收支逆差，而新臺幣的升值會消除臺灣的國際收支順差，其實這都是建立在外匯市場是穩定的假設上。但是就理論上而言，國際收支的失衡是否能透過匯率的變動（或匯率的自由浮動）而自動消失，其實應視外匯市場是屬於穩定性或不穩定性而定。

所謂**穩定的外匯市場** (stable foreign exchange market) 是指，當均衡匯率受到干擾而脫離均衡時，市場的機能會自動使匯率回復到均衡匯率。在穩定的外匯市場下，匯率的變動便會使得國際收支失衡的現象消除。而所謂**不穩定的外匯市場** (unstable foreign exchange market) 是指，當均衡匯率受到干擾而脫離均衡時，市場的機能「並不會」使得匯率回復到均衡匯率，反而使匯率脫離均衡匯率愈離愈遠。在不穩定的外匯市場下，匯率的變動不但不會使國際收支失衡的現象消失，反而會使國際收支的失衡加鉅。

至於穩定的外匯市場與不穩定的外匯市場則視外匯供給曲線與需求曲線的斜率而定，其條件如下：

⑴假如外匯需求曲線 ($D_\$$) 為負斜率，而外匯供給曲線 ($S_\$$) 為正斜率，則吾人有穩定的外匯市場（見圖 8–3 的左圖）。

⑵外匯需求曲線與外匯供給曲線皆為負斜率，但外匯供給曲線的斜率較外匯

需求曲線斜率來得陡峭（亦即外匯供給彈性小於外匯需求彈性），則吾人仍有穩定的外匯市場（見圖 8–3 的右圖）。

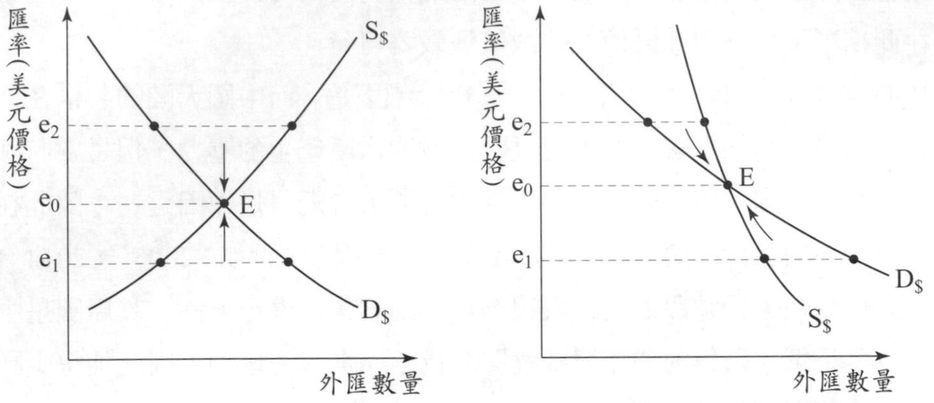

圖 8–3　穩定的外匯市場

⑶外匯需求曲線與外匯供給曲線皆為負斜率，但外匯供給曲線的斜率較外匯需求曲線來得平坦（亦即外匯供給彈性大於外匯需求彈性），則吾人將有不穩定的外匯市場（見圖 8–4）。

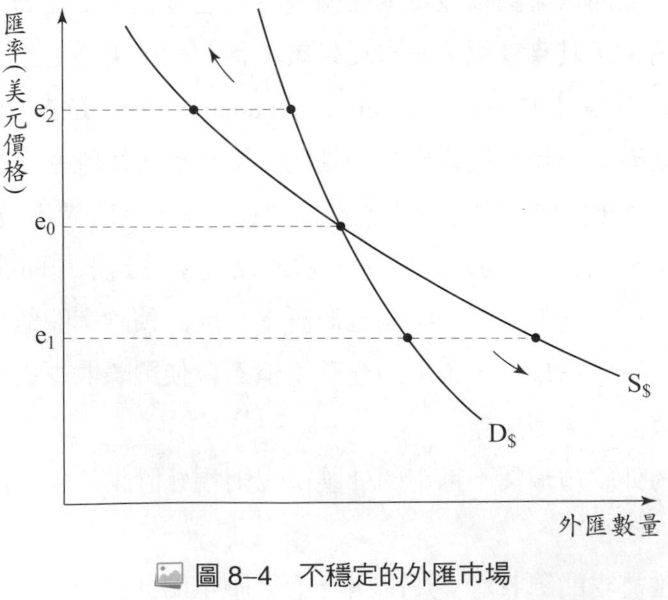

圖 8–4　不穩定的外匯市場

接下來我們要來探討為何外匯市場的穩定或不穩定須視外匯供給曲線與需求

曲線的斜率（或彈性）而定？以下我們仍將以剛才所述的三個條件配合圖 8–3 與圖 8–4 加以說明。

⑴為何當 $D_\$$ 為負斜率而 $S_\$$ 為正斜率時，則外匯市場是穩定的？

見圖 8–3 的左圖，假如 $D_\$$ 為負斜率而 $S_\$$ 為正斜率時，二條曲線相交於 E 點，均衡匯率為 e_0。在 e_0 時外匯供給等於外匯需求，國際收支處於平衡的狀態。一旦匯率下跌為 e_1，外匯的需求大於外匯供給（即國際收支的逆差），而在此外匯短缺的情形下，市場的力量會使匯率上升回復到 e_0，直到外匯需求等於外匯供給（即國際收支恢復到平衡）為止。

相反的，一旦匯率（例如 e_2）高於均衡匯率，外匯的供給大於外匯的需求（即國際收支順差），在此外匯供給過剩的情形下，市場的力量亦會使匯率下跌回復到 e_0，直到外匯需求等於外匯供給（即國際收支恢復到平衡）為止。

因此，假如 $D_\$$ 為負斜率而 $S_\$$ 為正斜率，則在自由浮動匯率制度下，市場的力量會使匯率若有失衡會自動回復到均衡，而國際收支若有失衡亦會回復到平衡；而在可調整的固定匯率制度下，本國通貨的貶值亦將會消除本國國際收支的逆差。

⑵為何當 $D_\$$ 與 $S_\$$ 皆為負斜率，但假如 $S_\$$ 的斜率較 $D_\$$ 的斜率來得陡峭（亦即外匯供給彈性小於外匯需求彈性），則吾人仍有穩定的外匯市場？

見圖 8–3 之右圖，均衡匯率為 e_0。在此均衡匯率 e_0 下，外匯供給等於外匯需求，國際收支處於平衡狀態。一旦匯率下跌至 e_1，外匯需求大於外匯供給（即國際收支的逆差），而在此外匯短缺的情形，市場的力量會使匯率上升，而匯率的上升會使外匯需求與供給皆減少，但是由於外匯供給彈性小於需求彈性，因此外匯需求減少的速度（或量）會大於供給減少的速度（或量），因此外匯需求短缺的現象（即國際收支逆差的數額）會漸漸減少。以上這個匯率上升的現象會持續的進行，直到外匯需求等於外匯供給（即國際收支回復到平衡）為止。為幫助讀者能清楚瞭解以上的道理，我們特別用以下的流程來說明：

假如 $D_\$$ 與 $S_\$$ 皆為負斜率，且外匯供給彈性小於外匯需求彈性

⇒ 若外匯需求短缺（或國際收支逆差）

⇒ 匯率上升

⇒ 外匯需求量與供給量皆減少，但是需求減少的速度（或量）會大於供給減少的速度

（或量）

⇒ 外匯需求短缺會減少，國際收支逆差亦會減少

$\overset{\text{直到}}{\Rightarrow}$ 回復到均衡匯率 (e_0)，外匯供需相等，國際收支回復平衡

同理，讀者不難推敲，假如匯率（例如 e_2）高於均衡匯率，則其調整過程如下：

假如 $D_\$$ 與 $S_\$$ 皆為負斜率，且外匯供給彈性小於外匯需求彈性

⇒ 若外匯供給過剩（或國際收支順差）

⇒ 匯率下跌

⇒ 外匯供給量與需求量皆增加，但需求量增加很多而供給量只增加一點點

⇒ 外匯供給過剩（或國際收支順差）會減少

$\overset{\text{直到}}{\Rightarrow}$ 回復到均衡匯率 (e_0)，外匯供需相等，國際收支回復平衡

因此，假如 $D_\$$ 與 $S_\$$ 皆為負斜率，但只要外匯供給彈性小於外匯需求彈性，則外匯市場仍是穩定的。亦即在自由浮動匯率制度下，市場的力量會使匯率若有失衡會自動回復到均衡，而國際收支若有失衡亦會回復到平衡；而在可調整的固定匯率制度下，本國通貨的升值（貶值）亦將會消除本國國際收支的順差（逆差）。

⑶為何當 $D_\$$ 與 $S_\$$ 皆為負斜率，但假如外匯供給彈性大於外匯需求彈性，則外匯市場為不穩定的？

見圖 8–4，均衡匯率為 e_0。在此均衡匯率下，外匯需求等於外匯供給，國際收支處於平衡狀態。一旦匯率下跌至 e_1，則市場的機能「並不會」使得匯率恢復到均衡匯率，反而使匯率脫離均衡匯率愈來愈遠。其之所以如此的原因及其調整過程如下：

假如 $D_\$$ 與 $S_\$$ 皆為負斜率，但外匯供給彈性大於需求彈性

⇒ 一旦匯率下跌至 e_1

⇒ 外匯供給過剩（或國際收支順差）

⇒ 匯率下跌

⇒ 外匯供給量與需求量皆增加，但供給的增加量大於需求的增加量

⇒ 外匯供給過剩加鉅

⇒ 匯率更加下跌，外匯供給過剩更加鉅，國際收支順差更加大

同理，假如匯率（例如 e_2）高於均衡匯率，則匯率將愈來愈高於均衡匯率，而國際收支的逆差將更加大。其原因及調整過程如下：

假如 $D_\$$ 與 $S_\$$ 皆為負斜率，但外匯供給彈性大於需求彈性

⇒ 一旦匯率上升至 e_2

⇒ 外匯需求短缺（或國際收支逆差）

⇒ 匯率上升

⇒ 外匯供給量與需求量皆減少，但供給的減少量大於需求的減少量

⇒ 外匯需求短缺加鉅

⇒ 匯率更加上升，外匯需求短缺更加鉅，國際收支逆差更加大

因此，假如外匯市場為不穩定，則自由浮動的匯率制度並無法使匯率恢復到均衡匯率，反而使匯率脫離均衡匯率愈來愈遠，而且國際收支的失衡將更加鉅。而在可調整的固定匯率制度下，假如外匯市場為不穩定，則應透過「升值」（而非貶值）政策來減少國際收支逆差，及應透過「貶值」（而非升值）政策來降低國家收支的順差。換言之，在不穩定外匯市場下，這種應升值或貶值才能改善國際收支的政策剛好與穩定外匯市場下的政策相反。

至目前為止我們在分析外匯市場穩定與否時，都假設「整條」外匯需求曲線與供給曲線都是正斜率或負斜率，因此外匯市場只能有**唯一的均衡** (unique equilibrium) 存在。但在匯率大幅變動下，不穩定的外匯市場亦可能變為穩定的外匯市場，亦即外匯市場亦可能有**多重均衡** (multiple equilibriums) 的情況發生。

如圖 8–5 所示，在均衡點 E_2 附近，$S_\$$ 為負斜率且其彈性較 $D_\$$ 來得大，故在 E_2 附近外匯市場為不穩定的。但是在均衡 E_1 及 E_3 附近，則外匯市場又變為穩定的。因此，假如匯率有大幅的變動（例如從 E_2 變為 E_1 或 E_3），則外匯市場將由不穩定變為穩定。

以上的分析告訴我們一個很重要的觀念，即一國在決定到底應採升值或採貶

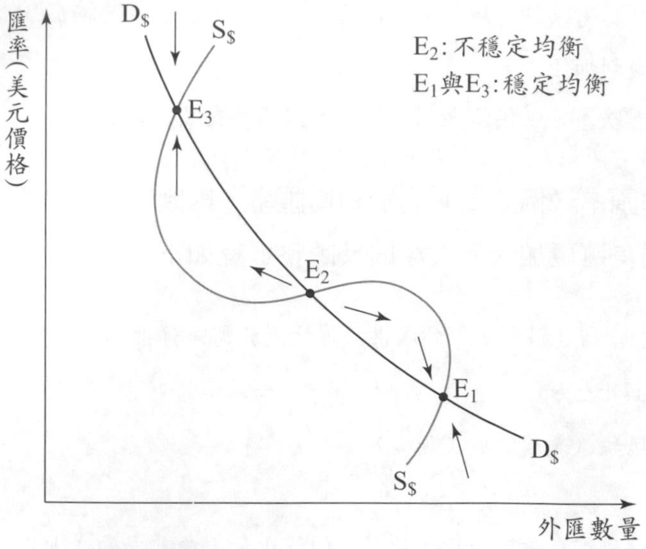

圖 8–5　外匯市場的多重均衡

值來改善國際收支前，首先便須判斷到底其外匯市場是屬於穩定或不穩定，因為惟有在穩定的外匯市場下，貶值對改善國際收支的逆差才有效。而要決定外匯市場到底穩定或不穩定，便須先估計其外匯的需求與供給彈性。此外，就如上小節所說明，貶值幅度需多少才能改善國際收支須視外匯供給與需求彈性的大小而定，而貶值幅度的大小不會對國內物價產生衝擊，因此，外匯供需彈性的估計可使一國的貨幣當局事先瞭解到貶值的可行性。

此外，外匯市場的不穩定將導致如下數點的惡果：

⑴外匯市場價格機能失靈及匯率的失控。

⑵一國的國際收支無法透過外匯市場的價格機能而自動調整。

⑶匯率的大幅波動，使得國際貿易與投資的風險與不確定性提高，阻礙國際交易活動的進行。

⑷一國的貨幣當局無法透過升值或貶值的政策來達到改變進出口數量及調整國際收支的目的。

⑸一國的外匯市場若不穩定，將可能導致該國的外匯危機甚至金融體系及貨幣制度的崩潰。如果是國際上主要通貨國家的外匯市場不穩定，將可能導致國際金融的危機，甚至整個國際貨幣制度的崩潰。

由於外匯市場的穩定是如此的重要，因此每個國家及國際間皆努力於維持外匯市場及匯率的穩定。在一般情況下，由於外匯需求曲線是負斜率而外匯供給曲線是正斜率，故外匯市場通常是穩定的。但是如果有反穩定的投機現象出現，則將可能會有不穩定的外匯市場。例如在第一次世界大戰與第二次世界大戰之間的浮動匯率下，投機熱錢便曾對匯率產生反穩定的效果。這個結果其實亦間接的影響到二次大戰末期各國在布萊登森林制度下所採取的固定匯率制度。

第四節

馬婁條件（彈性學派）與國際收支失衡的調整

一、馬婁條件的內涵

在上一節中我們已瞭解到，假如外匯市場是穩定的，則匯率的變動將會降低國際收支的逆差或順差（即國際收支的失衡）。而假如外匯市場不穩定，則匯率的變動將會使得國際收支的失衡加鉅。而外匯市場的穩定與否，則須視外匯的供給與需求彈性而定。

因此，假如吾人能真的知道實際上外匯需求與供給彈性的數值，則吾人不僅能決定外匯市場是否穩定，而且也能決定到底本國通貨需貶值多少才能消除一定金額的國際收支逆差。但很不幸的，通常吾人並無法確切知道實際上外匯需求與供給彈性的數值。既然吾人無法知道實際上外匯需求與供給的彈性，當然吾人即無法判定外匯市場是否穩定。不過由於出口收入通常是一國外匯供給的最主要來源，而進口支出則通常是一國外匯需求的最主要來源，因此吾人只好從一國的進口與出口的供需彈性來推論外匯的供需彈性，進而推論外匯市場是否穩定。而本節所要說明的馬婁條件正是要以一國出口與進口的供需彈性來判定外匯市場是否穩定，故馬婁條件一般又被稱之為**彈性學派** (elasticity approach)。

馬婁條件最主要在探討貶值是否能改善該國貿易餘額的條件，不過外匯市場的穩定與否其實亦可以馬婁條件來表示。貶值之所以會影響到一國的貿易餘額是因為一國通貨的貶值將會影響國內產品與國外產品的相對價格，進而影響到該國的進出口額（即貿易餘額）。但是一國是否能藉由本國通貨貶值來改善該國的貿易逆差，則須視該國的進口的需求彈性與出口的需求彈性而定。這也就是所謂的**馬婁條件** (Marshall-Lerner condition) 所在闡述的道理。

根據馬婁條件，一國若欲透過本國通貨的貶值來改善該國的貿易餘額（即出口額減去進口額），則其條件為：外國對本國出口品的需求彈性，以及本國對進口品的需求彈性的和，必須大於 1。換言之，馬婁條件認為：

(1)假如外國對本國出口品的需求彈性，加上本國對進口品的需求彈性的和大於 1，則一國通貨的貶值將會改善該國的貿易餘額，亦即匯率的變動可達成改善國際收支的目的，或外匯市場是穩定的。

(2)假如外國對本國出口品的需求彈性，加上本國對進口品的需求彈性的和小於 1，則一國通貨的貶值將會使得該國的貿易赤字更加惡化，或外匯市場是不穩定的。

(3)假如外國對本國出口品的需求彈性，加上本國對進口品的需求彈性的和等於 1，則一國通貨的貶值不會影響到該國的貿易餘額。

假設：

E_x = 外國對本國出口品的需求彈性

$$= \frac{\text{外國對本國出口品的需求量變動的百分比}}{\text{本國出口品價格變動的百分比}}$$

E_m = 本國對進口品的需求彈性

$$= \frac{\text{本國進口需求量變動的百分比}}{\text{本國進口品價格變動的百分比}}$$

則吾人可將馬婁條件做如下的表示：

1. 假如 $E_m + E_x > 1$，

   則本國通貨貶值可改善本國的貿易餘額。

2. 假如 $E_m + E_x < 1$，

   則本國通貨貶值將使得本國的貿易赤字更加惡化。

3. 假如 $E_m + E_x = 1$，

則本國通貨的貶值不會影響到本國的貿易餘額。

在此要提醒讀者的一點是，由於需求彈性的數值通常為負的，因此以上的 E_m 及 E_x 皆是以絕對值來表示的。

以下我們就以美國與臺灣兩國為例，假設我國的貨幣當局決定將新臺幣對美元的匯率貶值 10%，則我國的貿易餘額是否會因新臺幣貶值而有所改善，將視我國的出口額及進口額因新臺幣貶值所改變的程度，而出口額及進口額改變的大小則又視美國對我國出口品的需求彈性及我國對美國進口品的需求彈性的大小而定。茲就在不同需求彈性的水準下，新臺幣貶值將改善我國的貿易餘額及新臺幣貶值將使我國貿易餘額更形惡化，說明如下。

二、新臺幣貶值將改善我國貿易餘額的情形

見表 8–1，假設我國對美國進口品的需求彈性為 2.5，而美國對我國出口品的需求彈性為 1.5，我國的貨幣當局將新臺幣兌美元貶值 10%，則欲瞭解新臺幣貶值對我貿易餘額的影響，吾人須先瞭解新臺幣貶值對我國出口額及進口額的影響（因為，貿易餘額 = 出口額 − 進口額）。

表 8–1　新臺幣貶值將改善我國貿易餘額的情形

假設：

⑴我國對美國進口品之需求彈性 = 2.5

⑵美國對我國出口品之需求彈性 = 1.5

和 = 4.0

⑶新臺幣相對於美元貶值 10%

貿易餘額的效果

部　門	新臺幣價格變動的百分比	需求量變動的百分比	淨效果（以新臺幣表示）
進　口	+10%	−25%	進口額減少 15%
出　口	0%	+15%	出口額增加 15%
淨出口			貿易餘額增加 30%

假如進口品以美元表示的價格保持不變，則新臺幣貶值將使得進口品以新臺幣表示的價格上漲。由於進口品以新臺幣表示的價格上漲 10%，而我國對進口品的需求彈性為 2.5，因此我國對進口品的需求量將減少 25%。由於進口品以新臺

幣表示的價格上漲 10%，而我國對進口品需求量下降 25%，因此新臺幣貶值 10% 將使得我國的進口支出（或進口額）減少 15% (25% − 10%)。

再過來我們要問，新臺幣貶值 10% 將對我國的出口收入（或出口額）產生什麼影響？假設我國出口品以新臺幣表示的價格保持不變，則新臺幣貶值 10%，將使得我國出口品以美元表示的價格下跌 10%。由於美國對我國出口品的需求彈性為 1.5，因此我國出口品以美元表示的價格下跌 10% 將使得美國對我國出口品的需求量增加 15%。換言之，新臺幣貶值 10% 將使得我國的出口收入（或出口額）增加 15%。

從以上可知，新臺幣貶值 10%，一方面使得我國進口額減少 15%，另一方面使得我國的出口額增加 15%，因此我國的貿易餘額將上升（或改善）30%。由於表 8–1 中，我國對美國進口品之需求彈性及美國對我國出口品的需求彈性之和大於 1 (2.5 + 1.5 = 4 > 1)，因此新臺幣貶值能改善我國的貿易餘額。

三、新臺幣貶值將減少我國貿易餘額的情形

見表 8–2，假設臺灣對美國進口品的需求彈性為 0.2，而美國對我國出口品的需求彈性為 0.1。假設進口品以美元表示的價格保持不變，則新臺幣相對於美元貶值 10% 將使得進口品以新臺幣表示的價格上漲 10%。由於進口品以新臺幣表示的價格上漲 10%，而我國對美國進口品的需求彈性為 0.2，因此我國對美國進口品的需求量將減少 2%。

表 8–2　新臺幣貶值將減少我國貿易餘額的情形

假設：

(1)我國對美國進口品之需求彈性 = 0.2

(2)美國對我國出口品之需求彈性 = 0.1

和 = 0.3

(3)新臺幣相對於美元貶值 10%

貿易餘額的效果

部　門	新臺幣價格變動的百分比	需求量變動的百分比	淨效果（以新臺幣表示）
進　口	+10%	−2%	進口額增加 8%
出　口	0%	+1%	出口額增加 1%
淨出口			貿易餘額減少 7%

由於進口品以新臺幣表示的價格上漲 10%，而我國對進口品需求量下降 2%，因此新臺幣貶值 10% 將使得我國的進口額增加 8% (10% – 2%)。

假設我國出口品以新臺幣表示的價格保持不變，則新臺幣貶值 10% 將使得我國出口品以美元表示的價格下跌 10%。由於美國對我國出口品的需求彈性為 0.1，因此我國出口品以美元表示的價格下跌 10% 將使美國對我國出口品的需求量增加 1%。換言之，新臺幣貶值 10% 將使得我國的出口收入（或出口額）增加 1%。

由以上可知，新臺幣貶值 10%，一方面使得我國的進口額增加 8%，另一方面使得我國的出口額增加 1%，因此我國的貿易餘額減少 7% (8% – 1%)。由於在表 8–2 中，我國對美國進口品的需求彈性及美國對我國出口品的需求彈性的和小於 1 $(0.2 + 0.1 = 0.3 < 1)$，因此新臺幣貶值將使得我國的貿易餘額減少（或更加惡化）。

雖然馬婁條件告訴吾人在何種條件下，貶值可改善一國的貿易餘額。但是在此要提醒讀者的是，馬婁條件基本上是建立在如下的假設下的：

⑴當貶值發生時，該國的貿易餘額是處於均衡狀態的，亦即該國的出口額等於進口額，或該國既無貿易逆差亦無貿易順差。因為，要是當貶值尚未發生時，該國有重大的貿易逆差（即進口額大於出口額甚多），則即使進口需求彈性與出口需求彈性的和大於 1，貶值將有可能使得進口額的增加金額大大的超過出口額的增加金額，如此便有可能使貿易逆差更加惡化。

⑵在以上的分析中，吾人假設我國出口品以新臺幣表示的價格保持不變，且我國進口品（或美國出口品）以美元表示的價格保持不變。然而，在實際的國際貿易中並不見得一定如此。當新臺幣貶值時，美國出口商為了保持其價格上的競爭力，有可能降低其出口至臺灣的商品的美元價格；同樣的，當新臺幣貶值時，臺灣的出口商亦有可能提高其出口品的新臺幣價格。

儘管以上這二個假設在事實上並不全然存在，但是這並不代表馬婁條件的精神不正確。基本上，馬婁條件只是在強調當進口與出口的需求彈性愈大時，貶值愈有可能改善貿易餘額。就過去一些實證報告顯示，世界各國的進口需求彈性與出口需求彈性大多大於 1，這也就是為什麼大多數國家的政府都認為本國通貨的貶值有助於挽救本國貿易逆差的持續惡化。

另外要提醒讀者的是，一國通貨的貶值並不是立刻就會影響該國的貿易餘額，因為在國際貿易的實務上，從進出口的報價到實際收到進出口的貨款，通常至少要經過幾個月的時間，因此當貶值發生時並不會立刻影響一國的貿易餘額。

圖 8–6 描繪出貶值如何影響貿易餘額的流程圖。如圖 8–6 所示，一國通貨的貶值或匯率的變動首先將影響到進出口的價格，而透過進口與出口的需求彈性，進出口價格的變動將影響進口與出口的數量，進而影響到進口額與出口額以及貿易餘額。從這個流程圖吾人便可瞭解到，一國通貨的貶值並不會立刻改善該國的貿易逆差或增進該國的貿易餘額，從貶值到貿易餘額的改善，通常是有一些時間落差的。

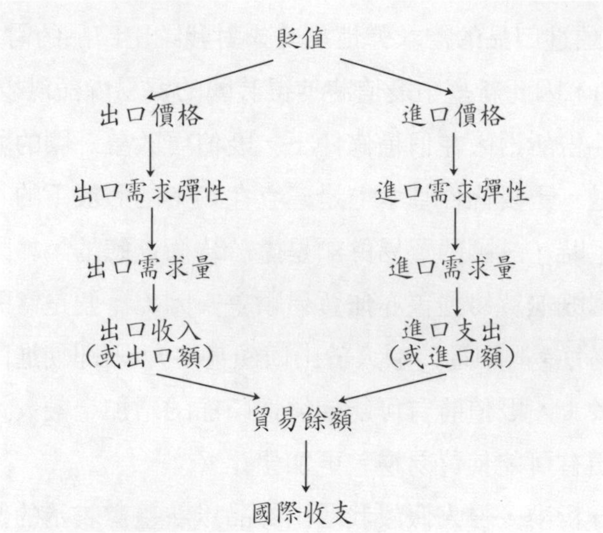

圖 8–6　貶值如何影響貿易餘額及國際收支的流程圖

最後要向讀者特別說明的一點是，外匯市場的穩定與否雖然可以馬婁條件來表示，但是馬婁條件只是外匯市場穩定的充分條件而非必要條件。因為即使外國對本國出口品的需求彈性 (E_x) 加上本國對進口品的需求彈性 (E_m) 的和小於 1，但只要本國的出口供給彈性與外國的出口供給彈性足夠小，則外匯市場的均衡乃是穩定的。只有在本國及外國的出口供給彈性皆為無窮大，或是 E_x 或 E_m 等於零的情況下，馬婁條件才是外匯市場均衡穩定的充分且必要條件。再者，就如我們在上一節所說明的，即使外匯的供給與需求曲線皆為負的，但只要外匯供給彈性小於外匯需求彈性，則外匯市場仍是穩定的。因此，馬婁條件只是外匯市場穩定的充分條件而非必要條件。

第五節

馬婁條件的實證與 J 曲線效果

一、出口與進口需求彈性的實證

根據馬婁條件，只要外國對本國出口品的需求彈性 (E_x) 加上本國對進口品的需求彈性 (E_m) 的和大於 1，則外匯市場是穩定的，而匯率的變動可達成改善國際收支的目的。但是馬婁條件只是就理論上而言，但就實行的可行性而言，由於貶值通常會帶來物價上漲，因此一國如欲透過貶值來改善國際收支則其不只需 $E_x+E_m>1$，而且需 E_x+E_m 比 1 高出很多，因為 E_x+E_m 比 1 高出很多才能使貶值的幅度不需很大就能改善國際收支，如此才不會因大幅貶值而導致大幅的通貨膨脹，如此也才能使「貶值」成為一個**可行的** (feasible) 政策。有鑑於此，實際上出口與進口的需求彈性的數值到底是多少便成為一件很重要的事了，而這通常須藉由計量經濟模型的估計才能得到答案。

在二次大戰之前，一般人普遍認為外匯市場是穩定的，且外匯的供給與需求曲線是相當具有彈性的，因此匯率的變動必能改善國際收支的逆差。持這種觀點者，被稱之為**彈性樂觀主義論** (elasticity optimism) 者。馬歇爾 (Marshall) 在其 1923 年出版的 *Money, Credit and Commercial* 一書中亦提出這種看法，但他並未對此看法提出任何的實際驗證。

在 1940 年代，很多學者採取計量經濟的方法對進出口的價格需求彈性作出實證研究，這些實證結果大都認為，平均而言進出口需求彈性的絕對值之和很接近 1 或小於 1。這些學者的實證結果使得二次大戰前的「彈性樂觀主義論」在 1940 年代便被「**彈性悲觀主義論**」(elasticity pessimism) 所取代。依照彈性悲觀主義論者的看法，由於進出口價格需求彈性絕對值的和僅接近於 1 或小於 1，其值不夠大，因此匯率的升值或貶值並無法有效的改善貿易餘額，故主張以財政或貨幣政策來改善國際收支。

但是在 1950 年經濟學者 G. H. Orcutt 又於 “Measurement of Price Elasticities in International Trade” 一文中提出一些很具說服性的原因，指出為何 1940 年代的實證會低估進出口價格需求彈性，而這些原因最主要乃是源自於 1940 年代的實證在迴歸方法上所犯的偏差。

至 1960 年代，大部分的經濟學者對進出口需求彈性又重新抱持著「彈性樂觀主義論」的看法，不少學者的實證結果顯示大部分國家的進出口的需求彈性是相當高的，由於彈性學派的經濟理論盛行於 1970 年代間，其原因是在那段期間國際資金的移動仍相當少，因此一國的國際收支最主要受到貿易帳和經常帳的影響，於是有關馬婁條件的探討及實證，亦大多集中在 1980 年代以前的研究。

二、J 曲線效果

我們在上一節已提到過一國通貨的貶值並不是立刻就會影響該國的貿易餘額，從貶值到貿易餘額的改善，通常是有一些時間落差的。

一般而言，長期的需求彈性會大於短期的需求彈性。Orcutt 曾指出 1950 年代對進出口價格需求彈性所作的實證之所以會低估的原因之一是，因為這些實證乃是以一年或一年之內數量對價格反應的資料來估計需求彈性，因此其所估計的為短期需求彈性而非長期需求彈性，故其估計的數值會較長期需求彈性大為低估。

經濟學者壯仕 (Junz) 及倫博 (Rhomberg) 於 1973 年在《美國經濟評論》(*American Economic Review*) 所發表的 “Price Competitiveness in Export Trade Among Industrial Countries” 一文中便曾指出，國際貿易上進出口數量變動對匯率及進出口價格變動的反應有五種可能造成落後的原因：

1. 認知落後 (recognition lag)

即匯率變動後，由於資訊的不足，進出口貿易商無法立刻知道所造成的時間落後。

2. 決策落後 (decision lag)

即進出口貿易商在獲知匯率或價格變動後，通常需要一段時間評估價格的變動進而形成新的貿易決策。

3. 交貨落後 (delivery lag)

價格變動所致的新訂單發出，至產品運送到達間所造成的時間落後。

4. 更替落後 (replacement lag)

即新訂單的需求增加後，廠商現有設備的生產能量並不一定能立刻滿足這些新訂單的需求，其可能需有一段時間才能更替現有的機器設備。

5. 生產落後 (production lag)

即從新訂單需求增加至廠商實際生產出來所需的時間。

Junz 及 Rhomberg 估計，從匯率變動至長期貿易數量 50% 的變動約需 3 年的時間，而至長期貿易數量 90% 的變動則約需 5 年的時間。因此，1940 年代的實證只以匯率（或進出口價格變動）及進出口數量變動的當年資料所估計的進出口需求彈性，其數值很顯然較長期進出口需求彈性大為低估。

除了上述所說明的貶值至貿易餘額的改善會有時間落差，以及長期的進出口需求彈性會較短期的進出口需求彈性大很多，這兩個重要觀念外，另外還有一個很重要的觀念及事實是，一國的通貨貶值後往往是使得該國的貿易餘額先惡化一段時間，然後再有所改善。而所謂的 **J 曲線效果** (J-curve effect) 便是指，一國通貨貶值後使得該國貿易餘額先惡化一段時間，然後再改善的這種趨勢。其之所以會被稱之為「J 曲線」效果的原因是因為，假如吾人將該國的**貿易淨額** (net trade balance) 繪於垂直軸且將時間繪於水平軸，則貶值對貿易餘額的影響對時間而言，便呈現如同英文字母 “J” 的形狀（參見圖 8–7）。同理，就通貨升值的國家而言，其貿易餘額對時間將呈現「倒 J 曲線」的效果存在。

而 J 曲線效果之所以會形成的原因是：

⑴當一國通貨貶值剛開始時，該國以國內通貨所表示的進口價格上升的速度通常會比出口價格上升的速度來得大，且進出口量亦不太會變動。亦即貶值剛開始時，對進出口貿易只有價格效果而無數量效果。因此，貶值剛開始時，該國的進口支出會大幅增加，故貿易餘額（即出口額減去進口額）反而惡化。

⑵貶值過一段時間後，出口價格的變動會漸漸的趕上進口價格的變動，進出口量的變化會漸漸反映進出口價格的變化，出口量會增加而進口量會減少，因此該國的貿易餘額會開始改善。

當然就實證而言，J 曲線效果存在與否的判斷，將會因匯率制度、估計方法，及時差長短期選擇的不同而受到影響。再者，J 曲線效果的存在需有一些前提，這些前提包括進出口簽約的幣別及短期進出口量對進出口價格的變動的反應較不

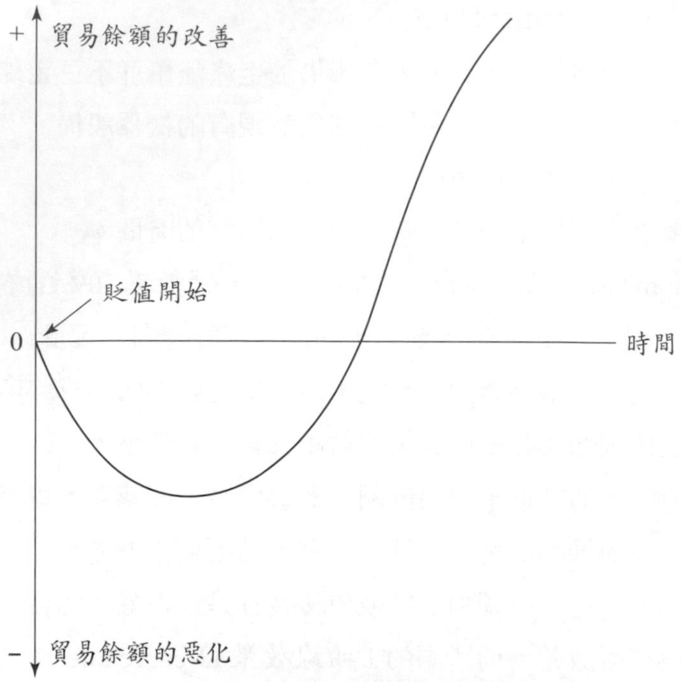

圖 8–7 J 曲線效果

具彈性。很多的實證研究皆證實，一國通貨貶值對貿易餘額的影響在時間上確實呈現有 J 曲線效果的趨勢，且貶值至貿易餘額的真正改善這個調整過程通常需要 2 至 4 年以上的時間。

在此要向讀者提醒的一點是，一國在一段期間的國際收支不只包括經常帳亦包括資本帳。就經常帳與資本帳相較之下，資本帳對匯率變動的反應較為敏感或迅速且其彈性較大，而經常帳對匯率變動的反應較不敏感且有較長的時間落差。

最後，要向讀者說明的一點是，從國際貿易的實務而言，匯率的變動對進出口價格的影響並不一定是同比例的影響。而假如匯率的變動並沒有全部轉嫁到進出口報價上，則匯率變動對進出口量、進出口額、貿易餘額及國際收支的影響便會被打折扣。而所謂**轉嫁效果** (pass-through effect)，便是在探討匯率變動與進出口價格變動之間的關係。

就理論而言，匯率變動 1 單位到底會轉嫁給出口商（供給者）或進口商（需求者），除了受報價幣別的影響外，應視出口商的供給彈性相對於進口商的需求彈性的大小而定。

換言之，匯率變動到底會真的轉嫁多少到進出口價格上，應視本國出口商與外國進口商彼此間願意接受的程度或議價能力的大小而定，而這些其實就是理論上所謂的進出口的供給與需求彈性。

就實際而言，匯率變動對進出口價格的影響，通常只是造成**部分的轉嫁** (partial pass-through) 而非**全部的轉嫁** (complete pass-through)，且這個轉嫁呈現相當顯著的時間落差。以美國為例，據估計美元匯率每變動 10%，其進口與出口價格平均只變動 6%。而就臺灣的出口商而言，每當新臺幣升值後，臺灣的出口商通常亦無法將新臺幣的升值全部轉嫁到其美元的出口報價上，究其主因乃是臺灣出口品在國際市場上替代品多或競爭程度激烈，故其需求彈性頗大，故出口商並無法將新臺幣升值全部轉嫁到出口報價上，否則將嚴重影響其出口訂單。

摘　要

1. 一國國際收支如果發生失衡，其調整的辦法大致有二種：(1)自動的調整機能；(2)調整政策。所謂自動的調整機能是指，當一國的國際收支有失衡時，經濟體系或國際貨幣制度內有使得國際收支的失衡自動回復到均衡的機能。而所謂調整政策是指，一國政府為矯正國際收支失衡所採取的特別政策，例如對外匯進出口的直接管制。
2. 國際收支的自動調整機能又可分為三種：(1)價格的自動調整機能；(2)所得的自動調整機能；(3)貨幣的自動調整機能。
3. 所謂價格的自動調整機能是指，經由國際收支逆差國或順差國價格或匯率的變動而改變本國產品與外國產品之間的相對價格，進而影響其進出口及國際收支的自動調整機能。
4. 一國的國際收支是由經常帳與資本帳所共同構成，因此，一國國際收支失衡的調整也必然是由經常帳與資本帳這二方面進行。價格與所得的調整均只考慮經常帳，而貨幣的調整則同時經由經常帳與資本帳來調整國際收支。
5. 在金本位制度下，各會員國的國際收支、黃金數量與貨幣供給有如下的關係：(1)國際收支與黃金數量有直接的聯繫關係；(2)黃金數量與貨幣供給量有直接的聯繫關係；(3)貨幣供給量與國際收支有聯繫關係。國際收支的順差國（逆差國）將獲得黃金的淨流入（淨流出），進而使其貨幣供給量增加（減少）。
6. 根據大衛休姆的「價格調整及黃金流動的機能」的觀點，一個國家的對外貿易順差只可能在短期間存在，就長期而言，由於價格的調整機能，該國的對外貿易順差將會自動消除。

7.「價格調整機能」的學說所受到的批評主要有：⑴一旦各國的中央銀行採取擴張性（或緊縮性）的貨幣政策便可輕易的抵銷黃金流出（或流入）對貨幣供給量所造成的影響。如此一來，黃金數量與貨幣供給的直接聯繫關係就被打破了。⑵在P（物價）與V（貨幣流通速度）皆保持固定下，一國國際收支發生逆差雖然會使貨幣供給減少，但是貨幣供給的減少會使該國產出減少，卻不會使物價下跌，既然物價不會因貨幣供給的減少而下跌，則國際收支的逆差便不會自動的消除了。⑶「V在短期內是固定」這個假設在事實上是否成立，頗值得懷疑。假如V不是固定，則貨幣供給的增加可能只是使得V下跌而不會改變P（物價），則國際收支的逆差便無法透過價格的調整機能自動回復到均衡了。

8.匯率的變動將改變本國財貨與外國財貨的價格，進而影響到本國（及外國）的出口數量與進口數量，同時亦會影響到本國（及外國）的出口收入、進口支出及貿易餘額。

9.在浮動匯率制度下，匯率的自由升貶會使得國際收支失衡的現象自動回復到均衡。

10.對一定數額的本國國際收支逆差，到底本國通貨要貶值多少才能將其消除，須視外匯的供給與需求的彈性而定。假如外匯的供給與需求彈性愈大，則本國通貨所需貶值的幅度愈小；假如外匯的供給與需求彈性愈小，則本國通貨所需貶值的幅度愈大，才能消除本國國際收支逆差。

11.外匯需求曲線的彈性，最主要是視進口需求彈性而定。在進口供給彈性保持不變下，若進口需求彈性愈大，則外匯需求曲線的彈性也就愈大。外匯供給曲線的彈性，最主要是視外國對本國出口品的需求彈性而定。在本國出口品的供給彈性保持不變下，外國對本國出口品的需求彈性愈大，則外匯供給曲線的彈性也就愈大。

12.假如臺灣的進口需求彈性與外國對臺灣出口品的需求彈性愈大，則新臺幣只要貶值（升值）一點點即可消除臺灣的國際收支逆差（順差）。

13.本國通貨的貶值，通常會造成本國物價的上漲。如果一國的外匯供給與需求彈性愈小，則其通貨便須大幅貶值才可能有效的改善鉅額的國際收支逆差，而通貨大幅貶值又會對物價產生大幅上升的壓力，因此在此情形下，採取「貶值」可能變成一個不可行的策略。

14.所謂穩定的外匯市場是指，當均衡匯率受到干擾而脫離均衡時，市場的機能會自動使匯率回復到均衡匯率。外匯市場穩定的條件為：⑴外匯需求曲線為負斜率，而外匯供給曲線為正斜率；⑵外匯需求曲線與供給曲線皆為負斜率，但外匯供給彈性小於外匯需求彈性。在穩定的外匯市場下，匯率的變動會使得國際收支失衡的現象消失。

15.所謂不穩定的外匯市場是指，當均衡匯率受到干擾而脫離均衡時，市場的機能「並不會」使得匯率回復到均衡匯率，反而使匯率脫離均衡匯率愈來愈遠。假如外匯需求曲線與供給曲線皆為負斜率，且外匯供給彈性大於外匯需求彈性，則外匯市場為不穩定。在不穩定的外匯市場下，匯率的變動會使得國際收支的失衡加劇。

16.根據馬婁條件，一國若欲透過本國通貨的貶值來改善該國的貿易餘額，則其條件為：外國對本國出口品的需求彈性，以及本國對進口品的需求彈性的和，必須大於 1。

17.根據馬婁條件，假如外國對本國出口品的需求彈性，加上本國對進口品的需求彈性的和小於 1，則一國通貨的貶值將會使得該國的貿易赤字更加惡化。

18.馬婁條件基本上在強調，當進口與出口的需求彈性愈大時，貶值愈有可能改善貿易餘額。

19.一國通貨的貶值並不會立刻就影響該國的貿易逆差，從貶值到貿易餘額的改善，通常是有一些時間上的落差的。

20.彈性樂觀主義論者認為外匯市場是穩定的，且外匯的供給與需求曲線是相當具有彈性的，因此匯率的變動必能改善國際收支的逆差。

21.彈性悲觀主義論者認為，由於進出口價格需求彈性絕對值的和僅接近於 1 或小於 1，其值不夠大，因此匯率的升值或貶值並無法有效的改善貿易餘額。

22.國際貿易上進出口數量變動對匯率及進出口價格變動的反應有五種可能造成落後的原因：⑴認知落後；⑵決策落後；⑶交貨落後；⑷更替落後；⑸生產落後。這五種原因可解釋為何長期的進出口需求彈性會較短期的進出口需求彈性來得大。

23.所謂「J 曲線效果」是指，一國通貨貶值後使得該國貿易餘額先惡化一段時間，然後再改善的這種趨勢。很多實證研究皆證實，一國通貨貶值對貿易餘額的影響在時間上確實呈現有 J 曲線效果的趨勢。

24.資本帳對匯率變動的反應較為敏感或迅速且其彈性較大，而經常帳對匯率變動的反應較不敏感且有較長的時間落差。

25.匯率變動到底真的會轉嫁多少到進出口價格上，應視本國出口商與外國進口商彼此間願意接受的程度或議價能力的大小而定，而這些其實就是理論上所謂的進出口的供給與需求彈性。

習　題

一、選擇題

(　) 1.下列何種方法無法使國際收支回復平衡？ (A)價格自動調整機能 (B)調整政策 (C)所得自動調整機能 (D)黃金自動調整機能

(　) 2.下列何者不是國際收支的自動調整機能？ (A)價格自動調整機能 (B)所得自動調整機能 (C)貨幣自動調整機能 (D)就業自動調整機能

(　) 3.下列何種調整需同時考慮經常帳與資本帳？ (A)價格調整 (B)所得調整 (C)貨幣調整 (D)支出調整

(　) 4.在下列何種制度下，國際收支的自動調整機能稱之為「價格調整與黃金移動的機能」？ (A)金本位制度 (B)銀本位制度 (C)銅本位制度 (D)白銀本位制度

(　) 5.根據「價格調整及黃金流動的機能」，一國的對外貿易順差可能在______期存在，______期將會自動消除。 (A)長；短 (B)短；長 (C)短；短 (D)長；長

(　) 6.在下列何種制度下，匯率的自由升貶會使得國際收支失衡的現象自動回復到均衡？ (A)浮動匯率制度 (B)固定匯率制度 (C)金本位制度 (D)銀本位制度

(　) 7.當均衡匯率受到干擾而脫離均衡時，匯率會脫離均衡匯率愈來愈遠，是下列何種市場的特性？ (A)穩定的外匯市場 (B)不穩定的外匯市場 (C)完全競爭市場 (D)寡占市場

(　) 8.根據馬婁條件，一國若欲透過本國通貨的貶值來改善本國的貿易餘額，則外國對本國出口品需求彈性，與本國對進口品的需求彈性的和，必須 (A)大於 1 (B)等於 1 (C)小於 1 (D)等於 0

(　) 9.根據馬婁條件，若外國對本國出口品需求彈性，加上本國對進口品的需求彈性的和______，則一國通貨的貶值將會使得該國的貿易赤字更加惡化。 (A)大於 1 (B)等於 1 (C)小於 1 (D)等於 0

(　) 10.馬婁條件強調，當進口與出口的需求彈性______時，貶值愈有可能改善貿易餘額。 (A)愈大 (B)愈小 (C)不變 (D)為 0

(　) 11.下列哪一派主義論者認為外匯市場是穩定的，因此匯率的變動必能改善國際收支的

逆差？ (A)樂觀主義 (B)彈性樂觀主義 (C)悲觀主義 (D)彈性悲觀主義

( ) 12.下列哪一派主義論者認為進出口價格彈性的和僅接近於1或小於1，其值不夠大，因此匯率的升值或貶值並無法有效改善貿易餘額？ (A)樂觀主義 (B)彈性樂觀主義 (C)悲觀主義 (D)彈性悲觀主義

( ) 13.下列何種原因無法解釋為何長期的進出口需求彈性會較短期的進出口需求彈性來得大？ (A)認知落後 (B)決策落後 (C)交貨落後 (D)價格領先數量

( ) 14.一國通貨貶值後使得該國貿易餘額先惡化一段時間，然後再改善的趨勢稱為 (A) H 曲線效果 (B) I 曲線效果 (C) J 曲線效果 (D) K 曲線效果

( ) 15.______對匯率變動的反應較為敏感或迅速且其彈性較大；______對匯率變動的反應較不敏感且有較長的時間落差。 (A)經常帳；資本帳 (B)資本帳；經常帳 (C)資本帳；資本帳 (D)經常帳；經常帳

二、簡答題

1. 在金本位制度下，一國的國際收支、黃金數量與貨幣供給量，這三者之間有何聯繫關係？
2. 「價格調整機能」的學說所受到的批評主要有哪些？請說明之。
3. 請說明為何在自由浮動匯率制度下，匯率的自由升貶會使得國際收支失衡的現象自動回復到均衡？
4. 試說明為何在本國出口品的供給彈性保持不變下，假如外國對本國出口品的需求彈性愈大，則外匯供給彈性也就愈大？
5. 試說明為何假如一國的外匯供給與需求彈性很小，則該國試圖以「貶值」來改善國際收支可能變成一個不可行的策略？
6. 何謂「穩定」的外匯市場？其條件為何？為何在穩定的外匯市場下，匯率的變動「會」使得國際收支失衡的現象消除？
7. 根據馬婁條件，假如 $E_m+E_x<1$，則貶值將使得本國的貿易逆差有所改善或更加惡化？為什麼？
8. 試述彈性樂觀主義論與彈性悲觀主義論的看法。
9. 依照 Junz 及 Rhomberg 兩位學者的看法，國際貿易上進出口數量變動對匯率及進出口價格變動的反應有哪五種可能造成落後的原因？請扼要說明之。
10. 試述 J 曲線效果之所以形成的原因。
11. 何謂全部轉嫁 (complete pass-through)？何謂部分轉嫁 (partial pass-through)？匯率變動到底會轉嫁到進口或出口的價格上應視哪些因素而定？

第九章 所得的自動調整機能與國際收支失衡的調整

學習目標

1. 國際貿易與國民所得的關係。
2. 影響出口需求與進口需求的決定因素。
3. 閉鎖經濟下均衡國民所得的決定。
4. 小型開放經濟下均衡國民所得的決定。
5. 國外迴響效果。
6. 吸納學派（或所得學派）與國際收支的調整。

在上一章有關價格調整對國際收支的影響的分析時，吾人皆假設國民所得保持固定，因此國際收支失衡的矯正都完全賴於價格的自動調整機能。但在本章的分析，吾人則假設所有的價格（如進出口價格）皆保持固定，而國際收支失衡的矯正則賴於國民所得變動所致的自動調整機能。

本章的目的就是在探討所得的自動調整機能。大體而言，所得的**自動調整機能** (automatic income adjustment mechanism) 之所以產生是因為國際收支的逆差或順差會造成國民所得的變動，而國民所得的變動又會使得國際收支失衡的現象自動回復到均衡。所得的自動調整機能的精神，基本上乃是凱因斯學派開放經濟下的低度就業模型，其乃是強調國民所得的變動如何改變進出口、貿易帳及調整國際收支。所得的自動調整機能與價格的自動調整機能的主要差別在於，價格的自動機能乃是基於古典經濟學派的觀點，認為價格有充分的上下伸縮性，因此透過價格的變動便可矯正國際收支失衡的現象；而本章所得的自動調整機能乃是基於凱因斯學派的觀點，認為價格具有僵固性，但在低於充分就業下，國民所得的變動會矯正國際收支失衡的現象。

至於價格的調整與所得的調整何者較適用於國際收支的調整呢？其實這應視情形而定。一般而言，在經濟處於蕭條及低度就業的情形下（例如 1930 年代發生的經濟大恐慌），所得的調整較為適用。但在經濟繁榮、接近充分就業且物價上漲壓力大的情形下，則價格的調整較為適用。

當然就實際而言，國際收支的逆差或順差不只會影響國民所得，其亦會影響匯率、價格、工資及利率等。因此，就事實而言，國民所得、匯率、價格、工資及利率皆扮演著自動調整國際收支的機能，而所有的這些自動調整機能亦都同時的在進行。但基於循序漸進起見，本章的分析仍假設一國處於固定匯率制度下，故匯率保持固定，而且亦假設價格、工資及利率皆保持不變，且假設該國處於低於充分就業之下。至於所得、匯率、價格及貨幣皆可變動下的綜合調整機能，我們將留待第十章第三節再作討論。

本章第一節首先介紹國際貿易（即進出口）與國民所得的關係；第二節則介紹影響出口需求與進口需求的決定因素；第三節則將以凱因斯模型，說明一國在無對外貿易下（即閉鎖經濟下），其國民所得水準是如何決定的；第四節則將討論一國在有對外貿易下（即開放經濟下），其國民所得是如何決定的；第五節則進而考慮到國外迴響效果對本國的乘數效果及均衡國民所得水準的影響；第六節則從吸納學派的觀點，結合價格與所得的自動調整機能，探討其對國際收支的影響。

第一節

國際貿易與國民所得的關係

國內生產毛額（gross national product，簡稱 GDP）是指，一國在一定期間內，所生產的最終財貨及勞務的市場價值的總和。而國內生產毛額中的任何財貨與勞務的價值，必然歸屬於社會中的某人所有，成為其所得，稱為**國民所得毛額**（gross national income，簡稱 GNI）。GDP 或國民所得的衡量一般有兩種方法，一為從要素所得面來衡量，一為從支出面來衡量。如果從要素所得面來計算國內生產毛額，則：

$$\text{GDP} = \underbrace{\text{工資} + \text{租金} + \text{利息} + \text{利潤} + \text{折舊} + \text{間接稅淨額}}_{\text{GNP}} - \text{國外要素所得淨額}$$

如果從最終產品購買者的支出面來計算國內生產毛額，則：

$$GDP = C + I + G + (X - M)$$

其中 GDP：國內生產毛額

C：民間消費支出

I：國內投資

G：政府支出

X：出口

M：進口

嚴格來講，所謂**國民所得**（national income，簡稱 NI），是指全體國民以其生產要素參與生產而得到的報酬之和，其在計算上為：

NI = 工資 + 租金 + 利息 + 利潤

= GDP − 折舊 − 間接稅淨額 + 國外要素所得淨額

國民所得乃是國內生產毛額減去折舊及間接稅淨額後再加上國外要素所得淨額所得的數字，因此嚴格來講，國民所得是與 GDP 不太一樣的。不過，在此有一點必須說明的就是，「國民所得」這一名詞，實際上已被廣泛用來指國民所得會計帳所衡量的 GDP。尤其在經濟理論的分析上，報章雜誌上，及一般人心目中，GDP 與國民所得幾乎是代表同一意義。本章的目的乃在分析國際貿易與國民所得的關係，而非在陳述國民所得會計帳上如何計算，因此我們在本章所謂的國民所得亦可做廣泛的解釋為 GDP，惟從「理論」的分析角度而言，刻意去區分國民所得與 GDP 的不同並無意義。

從支出面來看，我們知道 GDP = C + I + G + (X − M)，淨出口（即出口減去進口）為 GDP 的一部分，換言之，一國的進口與出口與該國的國民所得水準是有密切關係的。

第二節
影響出口需求與進口需求的決定因素

我們已經知道，淨出口為 GDP（或國民所得）的一部分，而淨出口乃是出口減去進口的淨額，因此一國的出口與進口便會影響到該國的國民所得水準。接下來吾人要問，構成淨出口的出口與進口，其決定因素有哪些，以及國民所得水準又如何影響進出口？以下我們將對此加以說明。

一、影響出口需求的決定因素

影響本國的出口需求的因素很多，例如外國所得水準、關稅及非關稅貿易障礙的程度、匯率、國內外相對物價水準等。故外國所得水準是影響本國出口量的主要因素之一，當外國的所得水準提高時，其總支出上升，因此其對本國產品的進口將增加。

換言之，如果其他條件保持不變，當國外經濟景氣愈繁榮（國外的國民所得愈高時），則本國的出口將愈高；相反的，當國外經濟景氣愈蕭條時，則本國的出口將隨之降低。當然，關稅及非關稅貿易障礙的程度、匯率、物價水準等其他因素亦會影響到本國的出口，不過由於這些因素對出口的影響，我們已在經濟學原理或在前面幾章陸續的探討過，因此本章在此不再重述。

二、影響進口需求的決定因素

出口是外國對本國產品的需求，而進口則是本國對外國產品的需求。因此，影響本國進口需求的原理應與出口相同，只是對象或方向相反。影響本國進口需求的因素很多，比較重要的因素有本國所得水準、關稅及非關稅貿易障礙的程度、匯率、國內外相對物價水準等。故本國的所得水準是影響本國進口量的主要因素之一，當本國的國民所得水準提高時，本國的進口量亦將隨之增加；反之，當本國的國民所得水準降低時，則本國的進口量亦將隨之降低。

由於進口是隨著本國所得的增加而增加，因此吾人即可定義出：

1. **平均進口傾向**（average propensity to import，簡稱 API）

所謂平均進口傾向是指，進口數額占國民所得的比例，亦即：

$$平均進口傾向 = \frac{進口額}{國民所得}$$

平均進口傾向可用來衡量進口對國民所得的依存關係，故平均進口傾向又稱之為進口依存度。世界各國的平均進口傾向差異甚大，例如我國、比利時、丹麥、荷蘭等國，由於地小人稠，天然資源缺乏，對進口依賴程度較大，故平均進口傾向較大；而美國、加拿大、德國等國，由於地大物博，對進口依賴程度較小，故平均進口傾向較小。

2. **邊際進口傾向**（marginal propensity to import，簡稱 MPI）

所謂邊際進口傾向是指，每增加一單位國民所得，進口數額所增加的比例，亦即：

$$邊際進口傾向 = \frac{進口額的變動量}{國民所得的變動量}$$

邊際進口傾向是衡量國民所得增加所誘發的進口增加，因此其是隨國民所得變化的「**誘發性進口**」(induced import)。雖然匯率或國內外商品的相對價格的變動亦會影響本國的進口，但是就凱因斯的理論模型而言，這些非國民所得變化所導致的進口變動，稱之為「**自發性進口**」(autonomous import)。

此外，亦有人以進出口總額占 GDP 的比例來衡量一國經濟的對外依存度。一國的對外依存度愈高，代表該國的經濟與對外貿易或外國經濟息息相關。以 2013 年為例，我國出口依存度便高達 61%，而進出口額占 GDP 的比例則大於 100%。

第三節 閉鎖經濟下均衡國民所得的決定

所謂閉鎖經濟 (closed economy)，是指一國沒有對外貿易。凱因斯以及其早期的追隨者認為，只有當整個經濟接近充分就業時，才有生產能量不足與物價上升的問題。由於凱因斯視失業為常態，因而在其所得決定模型中，物價水準保持不變。除了物價固定不變的假設之外，為了簡化分析，並突顯凱因斯理論的精華，**簡單凱因斯模型** (simple Keynesian model) 亦假設一國的經濟沒有政府部門及國外部門，亦即該國即無政府支出，亦無稅收，且無對外貿易。因此，在簡單凱因斯模型中，GDP 等於國民所得 (Y)，而國民所得不是用之於民間消費 (C)，不然就是成為民間儲蓄 (S)，亦即：

$$Y = C + S \tag{1}$$

而總需求（或總開支）則等於民間消費加上民間投資 (I) 的和，亦即：

$$Y = C + I \tag{2}$$

圖 9–1 的上方，為讀者在研習經濟學原理所熟知的國民所得的決定模型。消費為所得的增函數，而投資則為自發性的──其代表投資與國民所得的變動無關。當預擬開支（即總需求）等於所得時，則該國的經濟達到均衡。換言之，當圖 9–1 的 (C + I) 與 45° 線相交時，均衡的國民所得 (Y_E) 亦被決定。假如所得小於 Y_E，其代表總需求大於總供給 (總生產或所得)，凱因斯認為生產者必樂於利用其尚未完全使用的生產能量，以提高生產；若所得大於 Y_E，其代表總需求小於總供給（或總生產或所得)，則生產者將減少生產，以避免生產量過剩。這種所得或生產的調整，將持續進行下去，一直到總需求 C + I 與總生產或所得水準 Y 相等為止，而此時的所得水準謂的均衡國民所得 (Y_E)。

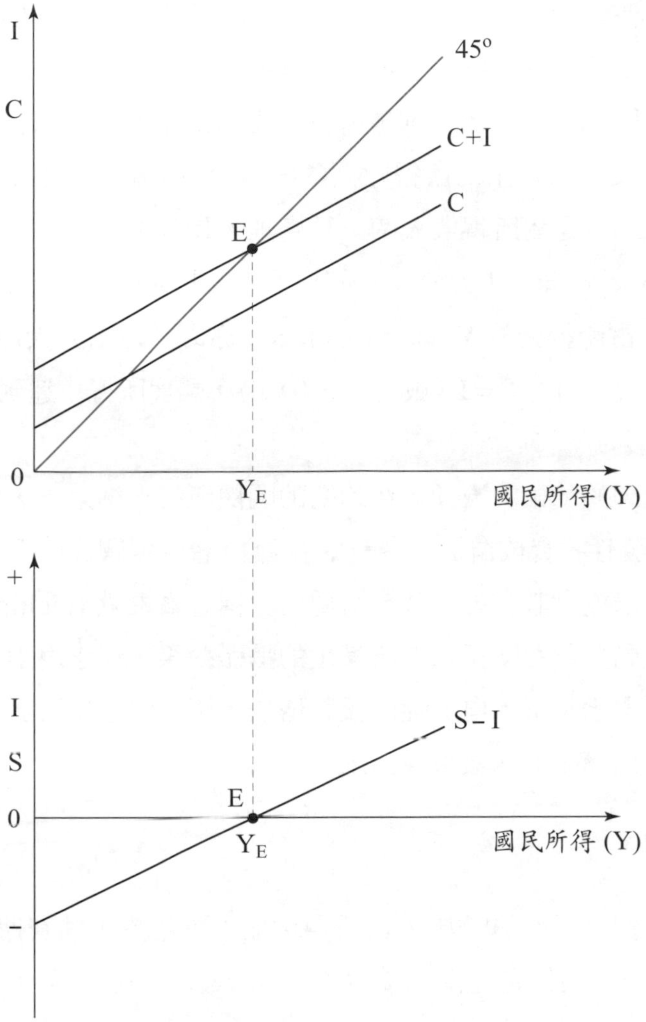

圖 9-1　閉鎖經濟下均衡國民所得之決定

由於在均衡時，總需求必須等於總生產或所得，因此吾人可將(1)式與(2)式結合而得下式：

$$Y = C + S = C + I \tag{3}$$

因此，$S = I$　(4)

或 $S - I = 0$　(5)

(4)式表示，當國民所得處於均衡狀態時，投資必須等於儲蓄（見圖 9–1 下方）。儲蓄與消費一樣，都是所得的函數，當所得增加時，儲蓄與消費皆亦將隨之增加。由於吾人假設投資保持固定，而儲蓄為所得的增函數，因此 (S − I) 為一隨所得增加而增加的正斜率形狀。在消費、儲蓄與投資的三個項目中，消費與投資對國民所得的影響相同，兩者都構成所得與支出流量的「注入」(injections)，增大了因財貨勞務支出所產生的所得收入的流量 。 但儲蓄卻是所得與支出流量的「**漏出**」(leakage)，是對所得收入的一種處理，使其不能進入國民所得的流量。因此，當所得小於 Y_E 時，I 大於 S，亦即「注入」大於「漏出」，故國民所得會上升。相反的，當所得大於 Y_E 時，I 小於 S，亦即「漏出」大於「注入」，故國民所得會下降。故唯有在 S = I（或 S − I = 0）時，國民所得才達到均衡（見圖 9–1 下方）。

根據凱因斯理論的乘數原理，在均衡的國民所得水準之下，自發性有效需求的變動（例如自發性投資或自發性消費的變動），會使得國民所得水準的變動數量為自發性有效需求變動數量的倍數，這種倍數稱之為**乘數** (multiplier)，這種自發性有效需求的變動對國民所得水準所產生的擴張效果，稱之為乘數原理。例如，假設在均衡的所得水準下，自發性的投資增加，則其將透過乘數效果使得所得增加。以下我們就以簡單的代數來導出閉鎖經濟下的乘數：

$$令\ C = a + bY \tag{6}$$

(6)式代表消費為所得的函數，當所得增加 1 單位時，消費將增加 b 單位，a 代表自發性消費，b 則代表**邊際消費傾向**（marginal propensity to consume，簡稱 MPC）：

$$b = \frac{\Delta C}{\Delta Y} \tag{7}$$

將(6)式代入(2)式得：

$$Y = a + bY + I \tag{8}$$

將(8)式移項得：

$$(1 - b)Y = a + I \tag{9}$$

由(9)式可得：

$$Y=\frac{1}{1-b}(a+I) \tag{10}$$

(10)式表示均衡所得等於自發性消費 a 與自發性投資 I 二者的和，除以 1 與邊際消費傾向 b 的差距。換言之，當自發性有效需求（包括 a 與 I）變動 1 單位，則均衡國民所得將變動 $\frac{1}{1-b}$ 單位。例如假如自發性投資增加 ΔI，則均衡所得將增加：

$$\Delta Y=\frac{1}{1-b}\Delta I \tag{11}$$

(11)式中的 $\frac{1}{1-b}$ 即是所謂的乘數。由於邊際消費傾向 b 與邊際儲蓄傾向 (MPS) 的和必須等於 1，因此(10)式與(11)式可分別改寫為：

$$Y=\frac{1}{MPS}(a+I) \tag{10'}$$

$$\text{及 } \Delta Y=\frac{1}{MPS}\Delta I \tag{11'}$$

例如，假如一國的邊際消費傾向 (b) 等於 0.8，而自發性的投資增加 100 元 (ΔI = 100)，則透過乘數原理，均衡國民所得將增加 500 元：

$$\Delta Y=\frac{1}{1-b}\Delta I=\frac{1}{1-0.8}100=500$$

由於 $b+MPS=1,\ 0\le b\le 1,\ 0\le MPS\le 1$，因此讀者從(11)式與(11')式可瞭解到，乘數的大小，與邊際消費傾向成正比例的變動，而與邊際儲蓄傾向成反比例的變動。

第四節
小型開放經濟下均衡國民所得的決定

在上一節的分析中，吾人假設一國的經濟既無政府部門亦無國外部門。從上一節分析吾人得知，當一國沒有對外貿易或處於閉鎖經濟的狀態下，均衡國民所得乃是由投資與儲蓄（或消費）所決定。但是，當一國有國外部門或對外貿易的情形下，均衡國民所得的決定將比上一節所述較為複雜，因此上一節的分析便須做一些修正。

本節乃是延續上一節的分析，假設本國的經濟為一有對外貿易的小型開放經濟 (small open economy)。所謂小型開放經濟是指，一國的進出口活動小到不足以對貿易對手國的有效需求產生顯著的影響，而使貿易對手國的國民所得因而變動的經濟社會。在小型開放經濟下，由於一國有對外貿易，因此上一節所述的國民所得均衡條件及有效需求乘數均須加以修正。因為，一國有對外貿易後，影響國民所得水準的，不僅是該國國內的投資與儲蓄，也包括了該國對外的進口與出口。

將對外貿易活動加入上一節的模型，且假設出口 (X) 為外生變數（即不受國內所得的影響），進口 (M) 為國內所得的增函數，則此時的凱因斯模型將變為：

$$Y = C + I + (X - M) \tag{12}$$

由於在均衡時，總需求必須等於總生產或所得，因此吾人可將(12)式與(1)式結合而得下式：

$$Y = C + S = C + I + (X - M) \tag{13}$$

由(13)式移項可得：

$$S + M = I + X \tag{14}$$

⑷式表示，若預擬的儲蓄與進口的和等於預擬的投資與出口的和，亦即「總漏出」等於「總注入」時，則開放經濟之國民所得水準達於均衡。出口與投資一樣，都構成所得與支出流量的注入；而進口與儲蓄一樣，都構成所得與支出流量的漏出。若 $I + X > S + M$，表示總注入大於總漏出，開放經濟的國民所得水準將提高；相反的，若 $I + X < S + M$，表示總注入小於總漏出，開放經濟的國民所得水準將降低。⑷式可進一步改寫為：

$$X - M = S - I \tag{15}$$

⒂式表示若外國對本國注入的淨額等於國內漏出的淨額，亦即出口與進口的貿易餘額（即淨出口）等於國內儲蓄與投資的差額時，則開放經濟的國民所得水準達於均衡（參見圖 9–2）。

假設出口不受國內所得的影響，而進口則是隨著國內所得的增加而增加：

$$M = \overline{M} + mY \tag{16}$$

⒃式中的 $\overline{M}$ 代表**自發性進口** (autonomous import)，而 m 代表邊際進口傾向（marginal propensity to import，簡稱 MPI)。邊際進口傾向指每增加 1 單位的國民所得，進口所將增加的比例，亦即：

$$m = \frac{\Delta M}{\Delta Y} \tag{17}$$

將⑹式及⒃式代入⑿式得：

$$Y = a + bY + I + [X - (\overline{M} + mY)] \tag{18}$$

將⒅式移項得：

$$Y(1 - b + m) = a + I + X - \overline{M} \tag{19}$$

由⒆式可得：

$$Y = \frac{1}{1 - b + m}(a + I + X - \overline{M}) \tag{20}$$

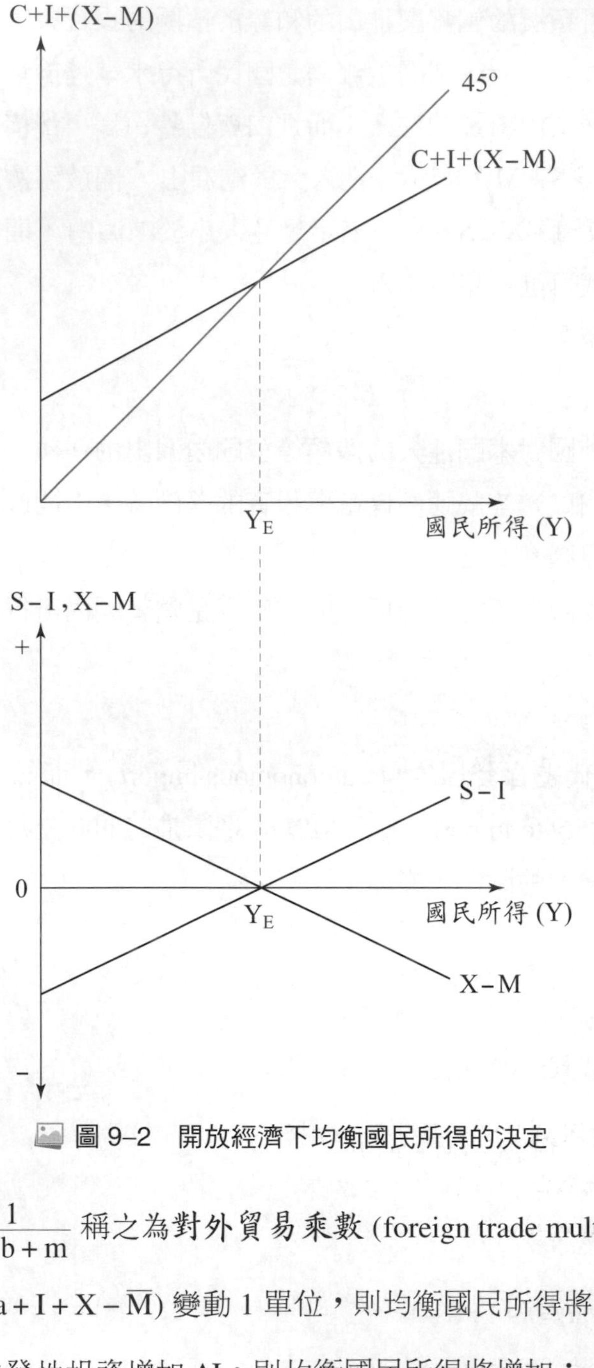

圖 9–2 開放經濟下均衡國民所得的決定

⑽式中的 $\frac{1}{1-b+m}$ 稱之為**對外貿易乘數** (foreign trade multiplier)，其代表當自發性有效需求 $(a+I+X-\overline{M})$ 變動 1 單位，則均衡國民所得將變動 $\frac{1}{1-b+m}$ 單位。例如，假設自發性投資增加 ΔI，則均衡國民所得將增加：

$$\Delta Y=\frac{1}{1-b+m}\Delta I \tag{21}$$

由於邊際消費傾向 (b) 與邊際儲蓄傾向 (MPS) 的和必須等於 1，因此對外貿易乘數又可改寫為：

$$\text{對外貿易乘數} = \frac{1}{1-b+m} = \frac{1}{MPS+m} \tag{22}$$

由上式可知，對外貿易乘數的值，等於邊際儲蓄傾向與邊際進口傾向二者總和的倒數。

舉例來說，假設一國的邊際儲蓄傾向為 0.25，邊際進口傾向為 0.25，則該國的對外貿易乘數將等於 2：

$$\text{對外貿易乘數} = \frac{1}{MPS+m} = \frac{1}{0.25+0.25} = 2$$

在對外貿易乘數等於 2 之下，假如自發性的出口增加 200 元，則該國的均衡國民所得將增加 400 元：

$$\Delta Y = \frac{1}{MPS+m}\Delta X = 2 \times 200 = 400$$

在此要提醒讀者的一點是，自發性的有效需求除自發性出口外，尚包括自發性消費、自發性投資及自發性進口，因此假如自發性消費、自發性投資或自發性進口變動，則均衡國民所得亦將透過對外貿易乘數效果而產生變動。

與閉鎖經濟相較之下，由於 $0<m<1$，所以開放經濟下的乘數效果小於閉鎖經濟下的乘數效果，亦即：

$$\frac{1}{MPS+m} < \frac{1}{MPS}$$

$$\text{或}\ \frac{1}{1-b+m} < \frac{1}{1-b}$$

其之所以如此的原因，乃是因為在開放經濟下，當所得增加一單位時，雖使誘發性消費增加 b 單位，但其中的 m 單位所購買的是進口品，故實際對本國產出的有效需求只有 $b-m$ 單位，而不再是閉鎖經濟時的 b 單位。換言之，在開放經濟下，當有效需求增加，而使國民所得提高後，其一方面會增加對國內產品的需求，而使國民所得水準進一步提高；但另一方面，其亦將會增加對國外產品的需求（即進口），而使對本國產品的需求減少，以及使國民所得水準因而下降。因此，在開放經濟下有效需求變動所產生的乘數效果，小於在閉鎖經濟下有效需求所產生的乘數效果。

第五節 國外迴響效果

在上一節的對外貿易乘數的分析中，吾人皆假設本國的進口或出口活動，對於外國的國民所得並不會產生影響。換言之，在上一節的小型開放經濟的假設下，吾人假定本國的進出口的變動小到不足以影響到貿易對手國的有效需求及國民所得水準。但是吾人若放寬此一假設，則本國進出口的變動必將影響到外國的有效需求及國民所得水準，而外國國民所得水準發生改變，將導致本國的出口及有效需求發生改變，進而使得本國的國民所得水準再發生改變。

一般而言，本國的進口是本國國民所得的函數，本國國民所得愈高，則透過邊際進口傾向，本國的進口亦隨之愈高；相反的，本國的出口是外國國民所得的函數，當外國的國民所得愈高時，則本國的出口亦隨之愈高。在兩國均非小國的開放經濟下，當本國的國民所得水準因國內有效需求的增加而提高時，本國將增加進口，而本國的進口增加即代表外國的出口增加，外國的出口增加將使得外國的國民所得水準提高，而外國的國民所得水準提高後，其進口亦隨之增加，而外國的進口增加即代表本國的出口增加，本國的出口增加將使得本國的國民所得進一步提高，本國的所得增加將使本國的進口（即外國的出口）進一步增加。如此反覆互相影響，直到兩國的國民所得水準達到均衡狀態為止。像以上這種本國國民所得變動，而使得外國的有效需求及國民所得發生變動，進而使本國的有效需求及國民所得再發生變動的動態回饋效果，稱之為**國外迴響效果** (foreign repercussion effect)。表 9–1 以 A 與 B 兩國為例，說明了國外迴響效果的調整過程。

表 9–1　國外迴響效果的調整過程

A 國進口增加→B 國出口增加→B 國有效需求增加→B 國國民所得增加→B 國進口增加→A 國出口增加→A 國有效需求增加→A 國國民所得增加→A 國進口增加→……

在上一節的小型開放經濟的假設下，吾人並不將國外迴響效果納入考慮。但是如果在非小型的開放經濟下，則在衡量對外貿易乘數時，勢必須將國外迴響效果納入考慮。從表 9–1 所說明的國外迴響效果的調整過程，吾人不難理解到一個事實，即 A 國的均衡國民所得水準及對外貿易乘數，不但取決於 A 國的邊際儲蓄傾向與邊際進口傾向，並且亦取決於 B 國的邊際儲蓄傾向與邊際進口傾向。

令 MPS_A：A 國的邊際儲蓄傾向

MPS_B：B 國的邊際儲蓄傾向

m_A：A 國的邊際進口傾向

m_B：B 國的邊際進口傾向

則 A 國自發性有效需求的變動，在有國外迴響的乘數效果將為：

$$\text{國外迴響下的乘數效果} = \frac{1+\dfrac{m_B}{MPS_B}}{MPS_A + m_A + m_B(\dfrac{MPS_A}{MPS_B})} \tag{23}$$

與沒有國外迴響的開放經濟乘數 $(\dfrac{1}{MPS_A + m_A})$ 相比較，吾人可以發現：

$$\frac{1+\dfrac{m_B}{MPS_B}}{MPS_A + m_A + m_B(\dfrac{MPS_A}{MPS_B})} > \frac{1}{MPS_A + m_A}$$

因為：

$$(1+\frac{m_B}{MPS_B})(MPS_A + m_A) > MPS_A + m_A + m_B(\frac{MPS_A}{MPS_B})$$

換言之，A 國的自發性有效需求變動，在有國外迴響下的乘數效果，大於沒有國外迴響下的乘數效果。此外從(23)式中吾人亦可知，當兩個國家的邊際進口傾向愈大，則相互產生的國外迴響效果愈大，兩國間對國際貿易依賴程度愈深，對國外迴響也就愈加敏感。因此，如果國際間貿易愈趨向自由化的話，則國與國之間相互依賴及相互影響的程度也就愈大，因為貿易愈自由化的話，各國的邊際進口傾向將會愈大，任何一國（尤其是大國，如美國）所得的變動都會影響到其他國家的有效需求及國民所得水準，因此國外迴響下的乘數效果就愈大。

當然國外迴響效果對本國所得水準的影響，亦須視本國與貿易對手國相對經濟規模的大小程度而定。就一個小國家而言，其對一個大國進口的增加，並不會對此大國的國民所得水準產生太大的影響；但是就一個大國而言，要是其對一個小國進口增加，則其將對此小國的有效需求及國民所得水準產生重大的影響。就以臺灣與美國為例，臺灣相較美國之下是一個小國家，因此臺灣經濟及所得的變動，對美國的國民所得水準並不會產生太大的影響；但是美國的經濟榮枯或所得的變動，便會對臺灣的出口、有效需求及國民所得水準產生相當大的影響。

國外迴響效果最好的例子，便是 1930 年代蔓延於各國的全球經濟大蕭條。1930 年代初期美國的經濟蕭條使得美國的進口大幅減少，再加上那時美國政府 Smoot-Hawley 關稅的實施，更是使得美國的進口更加減少。Smoot-Hawley 關稅實施的最初目的在於提供美國農人一些紓解。然而，來自美國一些工業州的參議員接著也運用同樣技巧投票贊成增加工業產品的進口關稅，其結果是美國增加了 1,000 項產品的關稅，這些被保護產品的平均名目關稅高達 53%。由於美國 Smoot-Hawley 關稅的實施阻礙其他國家的出口及就業機會，因此造成世界 12 個國家立刻決定採取提高對美國關稅的報復措施。在此背景下，美國進口的減少，使得其他國家對美出口的減少，透過國外迴響效果，如此便導致了美國及其他國家所得的更加減少。因此，國外迴響效果可說是 1930 年代全球經濟大蕭條的主要原因之一。

另外，2008 年雷曼兄弟導致的金融海嘯及 2010 年的歐債危機，都導致歐洲及美國景氣與國民所得的下滑，透過國外迴響效果，進而導致全球出口下跌、景氣下滑。

個案討論

如果你是出口奢侈品至歐洲的廠商，現在歐洲面臨歐債風暴使得歐洲國家的國民所得 (NI) 下降，試討論此事件對你所造成的影響。

第六節
吸納學派（或所得學派）與國際收支的調整

在本節中，我們將結合價格的自動調整機能與所得的自動調整機能，探討一國通貨貶值如何影響該國的進出口價格及貿易餘額，而貿易餘額的改變又如何影響國民所得。

根據彈性學派，一國通貨貶值將改變進口價格與出口價格，進而降低該國的進口量及增加該國的出口量，至於貿易餘額是否會因此而改善，則視進口與出口的需求彈性而定。其實貶值是否真的能增加該國的貿易餘額，除了視進口與出口的需求彈性的大小而定外，該國的資源是否已被充分利用的程度亦是一個很重要的決定因素。而**吸納學派** (absorption approach) 便是對此一問題提出更深入的看法。所得—吸納法的國際收支調整理論是由經濟學者亞力山德 (S. S. Alexander) 在 1952 年所發表的 “Effects of a Devaluation on a Trade Balance” 一文中首先提出而後發展而成。吸納學派與彈性學派皆只強調經常帳，但吸納學派是針對彈性學派的缺點加以修正發展而成。

吸納學派是根據凱因斯學派的國民所得均衡條件——總所得（總供給）等於總開支（總需求）而來，亦即：

$$Y = C + I + G + (X - M) \tag{24}$$

上式中，Y = 所得，C = 民間消費支出，I = 國內投資，G = 政府支出，X = 出口，M = 進口，(X − M) = 貿易餘額或淨出口。吸納學派將上式中的 C + I + G 併成一項，以 A 表示（代表國內總吸納），而將 (X − M) 以 B 表示。因此(24)式可改寫為：

$$Y = A + B \tag{25}$$

(25)式代表總所得等於國內總吸納加上淨出口。將(25)式移項得：

$$B = Y - A \tag{26}$$

(26)式表示貿易餘額（或淨出口）等於國民所得與國內吸納（或開支）的差額。假如：

$Y > A$，則 $B > 0$

亦即，假如國民所得大於國內吸納，則該國的貿易餘額將為正的。相反的，假如：

$B < 0$，則 $Y < A$

亦即，假如貿易餘額為負的，則代表的國內需求（國內吸納或國內開支）大於國內供給（國民所得）。

吸納學派認為：(1)假如一國的資源尚未達到充分就業，則貶值可改善該國的貿易逆差及增加該國的國民所得；(2)假如一國的資源已達到充分就業，則該國若欲透過貶值來改善貿易逆差的同時，必須降低該國國內的吸納。茲分別說明如下：

(一)資源尚未達到充分就業時

假設一國面對著貿易逆差且資源尚未達到充分就業的情形。由於資源尚未達到充分就業表示該國存在著資源被閒置的情形，換言之該國的經濟尚未達到最高的產能。如果一個國家存在閒置資源，則該國通貨的貶值將使得該被閒置的資源朝向出口及進口替代品的生產，進而改善該國的貿易餘額及增加該國的所得，亦即：

$$
\text{貶值} \Rightarrow \begin{cases} \text{改變出口價格} \Rightarrow \text{出口增加}\ (X\uparrow) \\ \text{改變進口價格} \Rightarrow \text{進口減少}\ (M\downarrow) \end{cases}
$$

$\Rightarrow$ 貿易餘額增加 $((X-M)\uparrow)$

$\Rightarrow B\uparrow$

$\Rightarrow (Y=A+B)\uparrow$

$\Rightarrow$ 所得增加

因此，吸納學派認為，假如一個國家面對著高度失業率（即很多資源被閒置）及貿易逆差，則貶值將是降低失業率，改善貿易逆差及增加國民所得的一個很有效的政策工具。

個案討論

若一個國家存在著大量失業，政府想透過貶值本國貨幣以改善就業以及國家 GDP，成效如何？

㈡資源已達到充分就業時

假如一個國家已達到充分就業，代表該國的資源已被充分利用，無任何被閒置資源的存在，亦即該國的總供給或國民所得已不可能再增加。在此情形下，一國若欲透過貶值來增加貿易餘額的唯一途徑，便是減少國內的總吸納（或國內總需求），因為惟有試圖降低國內的總吸納才有可能讓生產資源轉移到出口產業及進口替代產業。吾人可利用(25)式來說明這個道理：

①因為 $Y=A+B$，且資源已被充分利用，因此，Y 保持固定，即 $Y=\overline{Y}$。

②在 Y 保持不變下：$\overline{Y}=A+B$，除非 A 降低，否則 B 不可能增加。

③若欲透過貶值來改善貿易逆差（即增加 B），則國內吸納必須減少（即減少 A）。

一國政府或許可透過緊縮性的財政或貨幣政策來降低國內的總吸納，但這種降低國內消費、投資及政府支出的作法通常又會造成國內與這些部門有關人士的負擔增加或引來怨言。因此，吸納學派認為，當一國已達到充分就業時，則貶值並非解決貿易逆差的好辦法。

摘要

1. 從支出面而言，GDP = C + I + G + (X − M)，淨出口為 GDP 的一部分，因此一國的進口與出口與該國的國民所得水準是有密切關係的。
2. 如果其他條件保持不變，則當外國的國民所得水準增加，本國的出口亦將隨之增加。
3. 如果其他條件保持不變，則當本國的國民所得水準增加，本國的進口亦將隨之增加。
4. 所謂平均進口傾向是指，進口數額占國民所得的比例，平均進口傾向可用來衡量進口對國民所得的依存關係。
5. 所謂邊際進口傾向是指，每增加一單位國民所得，進口數額所增加的比例。
6. 「誘發性進口」是指因國民所得的變動所導致進口的變動；「自發性進口」是指非國民所得的變動所導致進口的變動。
7. 當總漏出等於總注入時，則國民所得水準達於均衡。當總注入大於總漏出時，則國民所得水準將提高；反之，則國民所得水準將降低。
8. 所謂乘數效果是指，自發性有效需求的變動對國民所得水準所產生的擴張效果。閉鎖經濟下的乘數等於邊際儲蓄傾向之倒數，邊際儲蓄傾向愈小，則自發性有效需求變動所產生的乘數效果愈大。
9. 出口與投資一樣，都構成所得與支出流量的注入；而進口與儲蓄一樣，都構成所得與支出流量的漏出。
10. 當出口與進口的貿易餘額等於國內的投資與儲蓄的差額時，則開放經濟的國民所得水準達於均衡。
11. 開放經濟下的對外貿易乘數的值，等於邊際儲蓄傾向與邊際進口傾向二者總和的倒數。開放經濟下的乘數效果小於閉鎖經濟下的乘數效果。
12. 所謂國外迴響效果是指，本國國民所得變動，而使得外國的有效需求及國民所得發生變動，進而使本國的有效需求及國民所得再發生變動的動態回饋效果。
13. 在考慮國外迴響效果下，一國的有效需求所產生的乘數效果，不僅取決於本國的邊際儲蓄傾向與邊際進口傾向，並且亦取決於外國的邊際儲蓄傾向與邊際進口傾向。
14. 一國自發性有效需求的變動，在有國外迴響下的乘數效果，大於沒有國外迴響下的乘數效果。

15.國外迴響效果對本國所得水準的影響，亦須視本國與貿易對手國的相對經濟規模的大小程度而定。

16.根據吸納學派，貶值是否真的能增加該國的貿易餘額，該國的資源是否已被充分利用的程度，將是一個很重要的決定因素。

17.吸納學派是根據凱因斯學派的國民所得均衡條件——總所得（總供給）等於總開支（總需求）而來。

18.吸納學派認為，假如一國的資源尚未達到充分就業，則貶值可改善該國的貿易逆差及增加該國的國民所得。

19.吸納學派認為，假如一國面對著高度失業率及貿易逆差，則貶值將是降低失業率，改善貿易逆差及增加國民所得的一個很有效的政策工具。

20.吸納學派認為，假如一個國家已達到充分就業，則一國若欲藉由貶值來增加貿易餘額的唯一途徑，便是減少國內的總吸納（或國內總需求），因為惟有試圖降低國內的總吸納才有可能讓生產資源轉移到出口產業及進口替代產業。

習　題

一、選擇題

(　) 1.如果其他條件保持不變，則當外國的國民所得水準______，本國的出口亦將隨之______。 (A)增加；減少 (B)減少；增加 (C)增加；增加 (D)減少；減少

(　) 2.如果其他條件保持不變，則當本國的國民所得水準______，本國的進口亦將隨之______。 (A)增加；減少 (B)減少；增加 (C)增加；增加 (D)減少；減少

(　) 3.進口數額占國民所得的比例稱為 (A)平均進口傾向 (B)平均出口傾向 (C)進口傾向 (D)出口傾向

(　) 4.每增加一單位國民所得，進口數額所增加的比例稱為 (A)平均進口傾向 (B)邊際進口傾向 (C)平均出口傾向 (D)邊際出口傾向

(　) 5.國民所得的變動所導致進口的變動稱為 (A)誘發性進口 (B)自發性進口 (C)突發性進口 (D)進口

(　) 6.非國民所得的變動所導致進口的變動稱為 (A)誘發性進口 (B)自發性進口 (C)突發

性進口 (D)進口

( ) 7. 自發性有效需求的變動對國民所得水準所產生的擴張效果稱為 (A)擴張效果 (B)集中效果 (C)乘數效果 (D)自發效果

( ) 8. 閉鎖經濟下，邊際儲蓄傾向______，則自發性有效需求變動所產生的乘數效果______。 (A)愈小；愈小 (B)愈大；愈大 (C)愈小；愈大 (D)愈大；愈小

( ) 9. 當總漏出______總注入時，國民所得水準達於均衡。 (A)大於 (B)等於 (C)小於 (D)等於 0.5 乘以

( ) 10. 當總漏出______總注入時，國民所得水準將提高。 (A)大於 (B)等於 (C)小於 (D)等於 0.5 乘以

( ) 11. 構成所得與支出流量的注入為 (A)進口 (B)投資 (C)儲蓄 (D)失業量

( ) 12. 構成所得與支出流量的漏出為 (A)出口 (B)儲蓄 (C)消費 (D)就業量

( ) 13. 當出口與進口的貿易餘額等於國內的投資與儲蓄的差額時，則開放經濟的國民所得水準達到 (A)高點 (B)低點 (C)均衡 (D)零

( ) 14. 開放經濟下的乘數效果______閉鎖經濟下的乘數效果。 (A)大於 (B)等於 (C)小於 (D)等於 0.5 乘以

( ) 15. 本國國民所得變動，最後將導致本國的有效需求及國民所得再發生變動的動態回饋效果稱為 (A)國內排擠效果 (B)國外排擠效果 (C)國內迴響效果 (D)國外迴響效果

二、簡答題

1. 影響出口需求的主要因素有哪些？國外所得水準與本國的出口有何關係？
2. 影響進口需求的主要因素有哪些？國內所得水準與本國的進口有何關係？
3. 何謂平均進口傾向？何謂邊際進口傾向？何謂對外依存度？這些數值所代表的涵義為何？
4. 何謂乘數效果？試說明為何開放經濟下的乘數效果小於閉鎖經濟下的乘數效果？
5. 何謂國外迴響效果？試扼要的說明國外迴響效果的調整過程。
6. 試述吸納學派的理論要旨。

第十章 貨幣的自動調整機能與國際收支失衡的調整

學習目標

1. 金本位制度下的貨幣（或利率）自動調整機能。
2. 貨幣學派與國際收支的調整。
3. 價格、所得及貨幣自動調整機能的綜合分析。
4. 自動調整機能的缺點或反效果。

我們在第八章介紹了價格的自動調整機能與彈性學派。價格的自動調整機能的基本精神來自古典經濟學派的「價格調整及黃金移動的學說」，希望經由產品相對價格的改變，來影響進出口及達到調整國際收支的目的。價格調整機能的假設為物價具有充分的韌性，國民所得水準不會改變（即充分就業是常態）。至於匯率或價格的變動是否能達到改善貿易帳及國際收支的目的，則須視馬婁條件（即 $E_x+E_m>1$）能被滿足而定。

我們在第九章則介紹了所得的自動調整機能與吸納學派。所得的自動調整機能的基本精神乃是來自於凱因斯學派開放經濟下的低度就業模型，其乃是強調國民所得的變動如何改變進出口、貿易帳及調整國際收支，其認為透過所得的自動調整機能，一國國際收支失衡的現象可自動被消除。

無論是彈性學派所談的價格調整機能或所得（吸納）學派所談的所得調整機能，二者皆完全由經常帳中進、出口的變化來闡釋國際收支，對資本帳則加以忽略。其之所以會僅以經常帳來談國際收支的原因，是因為在以前國際間的交易以實質的商品交易為主，金融資本的流動相當少，故一國國際收支的逆差或順差，幾乎是完全取決於經常帳的順差或逆差。但是，自 1970 年代之後，由於各國外匯管制逐漸放鬆，世界各地的外匯市場更加結合，因而使得國際資金的移動相當頻繁，因此在各國國際收支中資本帳的重要性亦逐漸提高。在此資本帳日趨重要的情形下，吾人分析國際收支失衡的調整，當然便不能將資本帳予以忽略。

自 1960 年代末期及 1970 年代初期開始，新的國際收支調整理論——貨幣學派的國際收支理論開始發展。貨幣學派視國際收支為一「貨幣」現象，認為「貨幣」在一國國際收支的失衡與調整中，扮演著極重要的角色。貨幣學派認為要探討一國國際收支失衡的原因與調整失衡的方法時，應同時考慮到經常帳與資本帳，其認為一國貨幣需求與供給的變動，會造成該國國際收支的失衡，而一國國際收支的失衡亦可賴貨幣需求或供給的變動而自動回復到均衡。貨幣學派的國際收支調整理論源自於**芝加哥學派** (Chicago approach)，主要由孟德爾與詹森兩位經濟學者首先提倡發展而成。

本章第一節將首先介紹金本位制度下貨幣（或利率）的自動調整機能；第二節將介紹貨幣學派對國際收支調整的理論；第三節則將前述的價格、所得與貨幣的自動調整機能作一結合後，探討國際收支失衡的調整；第四節針對價格、所得與貨幣這些自動調整機能的缺點或反效果作一探討。

第一節

金本位制度下的貨幣（或利率）自動調整機能

在第八章第二節我們已說明了，在金本位制度下，價格有自動調整國際收支的機能。其實在金本位制度下，除了價格的自動調整機能會使得國際收支自動回復到均衡外，「利率」的自動調整機能亦會使得國際收支的失衡自動回復到均衡。

「利率」之所以會對國際收支的失衡產生自動調整機能，是因為一國國際收支若發生逆差或順差，便會導致該國貨幣供給量的變動，而貨幣供給量的變動又會造成短期利率的變動，進而影響私人部門短期資金的移動及國際收支的變動。

茲舉例說明如下，假設全世界有甲及乙兩個國家，甲國享有國際收支的順差，而乙國則面臨國際收支的逆差：

$$\begin{cases}\text{甲國有國際收支順差}\\ \text{乙國有國際收支逆差}\end{cases}$$

⇒黃金由乙國流入甲國

⇒甲國貨幣供給增加，乙國貨幣供給減少

⇒在貨幣需求保持不變下，甲國的利率下跌，乙國的利率上升

⇒乙國的資金報酬率較甲國的資金報酬率來得高

⇒資金由甲國流入乙國

⇒ {甲國的國際收支順差減少
乙國的國際收支逆差亦減少}

⇒甲、乙兩國的國際收支回復到均衡

以上利率的變動所導致的短期資金移動，雖然只是具有暫時或短期的特性，而不具有持續性或長期的特性，但其還是一樣具有讓失衡的國際收支自動回復到均衡的功效。

第二節

貨幣學派與國際收支的調整

至目前為止，在前面的章節我們已對價格、所得及利率的變動如何對國際收支產生自動調整的機能作一介紹，但是對貨幣的自動調整機能則尚未考慮。所謂貨幣的自動調整機能是指，經由貨幣供給與貨幣需求的變動，而調整國際收支的機能。

貨幣學派的國際收支理論 (monetary approach to the balance of payments)，乃是 1960 及 1970 年代才新出現的理論。以往所得學派（或吸納學派）的國際收支理論將國際收支視為實質經濟變數的運作結果，其只強調經常帳而忽略了資本帳。但貨幣學派的國際收支理論則反對傳統上將國際收支只視為實質經濟變數運作結果而已，其認為應同時考慮到經常帳與資本帳。貨幣學派認為一國國際收支的失衡，最主要乃是該國的超額貨幣供給或超額貨幣需求所造成的。換言之，貨幣學派將國際收支的失衡視為最主要是**貨幣現象** (monetary phenomenon) 所造成的。

「貨幣」在一國的國際收支既扮演著「干擾」(disturbance) 的角色，亦扮演著「調整」(adjustment) 的角色。換言之，一國貨幣需求或供給的變動會造成該國國際收支的失衡，而該國國際收支的失衡亦可賴貨幣需求或供給的變動而自動回復到均衡。

一、貨幣供給與需求的變動為何會造成國際收支的失衡？

貨幣學派強調一國國際收支的失衡乃是該國貨幣需求與供給失衡的結果，其認為在固定匯率或匯率較缺乏自由浮動的情形下，一國超額的貨幣需求會導致其國際收支的順差，而一國超額的貨幣供給則會導致其國際收支的逆差。至於為什麼會如此，這是本小節要說明的重點，不過在說明其原因及調整過程前，我們將先對貨幣需求函數與貨幣供給量作一簡要的介紹。

(一)貨幣需求函數

一國的**名目貨幣需求量** (nominal money demanded) 為該國國民所得、物價及利率的函數，亦即：

名目貨幣需求量 = f (所得，物價，利率)

其中，所得或物價的上升會使貨幣需求量提高，其原因是所得或物價的上升，會增加人們交易的價值，進而增加對貨幣的需求。至於貨幣需求量則與利率成相反的關係，其原因是利率愈高，持有貨幣的機會成本愈高，因此人們會儘量減少持有貨幣，而將其存入可賺取利息的定期存款或其他投資上；相反的，利率愈低，持有貨幣的機會成本愈低，因此人們對貨幣的需求量會愈高。

(二)貨幣供給量

一國的貨幣供給量為該國的準備貨幣 (reserve money) 與貨幣乘數 (money multiplier) 二者的乘積，亦即：

貨幣供給量 = 準備貨幣 × 貨幣乘數

貨幣乘數為準備貨幣所能創造出來的貨幣供給量的倍數；而準備貨幣則是指中央銀行所發行出來的通貨，包括被銀行保有作為準備金的通貨，以及流通在社會大眾手中的通貨。準備貨幣又稱之為**強力貨幣** (high-powered money) 或**貨幣基數** (monetary base)。一國的準備貨幣或貨幣供給可歸源於兩大部分：

⑴**國內部分** (domestic component)：指一國的貨幣當局所創造的信用。

⑵**國外部分** (international component)：指一國所擁有的**外匯準備** (foreign exchange reserves)。一國國際收支有順差，則外匯準備及貨幣供給亦增加；一國國際收支有逆差，則外匯準備及貨幣供給亦減少。

㈢貨幣供給與需求變動對國際收支的影響

貨幣學派認為，一國國際收支的逆差乃是由於該國的貨幣供給大於貨幣需求所造成的，而一國國際收支的順差則是由於該國貨幣需求大於貨幣供給所造成的。至於其原因及其調整過程，則吾人可以如下的二個例子作說明。

假設在固定匯率下，一國原來的國際收支處於均衡狀態且貨幣的供給等於貨幣的需求的情形下：

⑴若該國為融資預算赤字，因而增加貨幣供給：

⇒ 該國貨幣供給大於貨幣需求（即超額的貨幣供給）

⇒ 該國利率下跌

⇒ 該國國內支出增加

⇒ 在固定匯率下，該國物價會上升

⇒ ｛該國的貨品變得較貴
　 外國的貨品變得較便宜

⇒ 該國出口減少，進口增加

⇒ 該國國際收支逆差

⇒ 該國持有的外匯準備流至國外

⇒ 該國的貨幣供給減少

⇒ 貨幣供給＝貨幣需求

以上這個調整過程將會持續進行，直到超額的貨幣供給被消除或貨幣供給等於貨幣需求為止。而在這個調整過程中，該國的國際收支將會發生逆差。因此，在固定匯率下（或匯率較缺乏自由浮動的情形下），一國貨幣供給的增加，將會造成該國國際收支的逆差。

個案討論

假設臺灣的央行為了刺激經濟，使用量化寬鬆 (QE) 政策，在公開市場大量買入債券，以增加貨幣供給，試討論央行此種政策對房地產業者及國際收支的影響。

(2)若該國因實質所得的增加，因而增加貨幣需求：

⇒ 該國貨幣需求大於貨幣供給（即超額的貨幣需求）

⇒ 該國利率上升

⇒ 該國國內支出減少

⇒ 在固定匯率下，該國物價會下跌

⇒ { 該國的貨品變得較便宜
外國的貨品變得較貴 }

⇒ 該國出口增加，進口減少

⇒ 該國國際收支順差

⇒ 該國的外匯準備增加

⇒ 該國的貨幣供給增加

⇒ 貨幣供給 = 貨幣需求

以上這個調整過程將會持續進行，直到超額的貨幣需求被消除或貨幣供給等於貨幣需求為止。而在這個調整過程中，該國的國際收支將會發生順差。因此，在固定匯率（或匯率較缺乏自由浮動）的情形下，一國貨幣需求的增加，將會造成該國國際收支的順差。

以上的二個例子，乃是將貨幣供給與需求的變動視為造成國際收支變動的外生變數或「干擾」角色，然後探討貨幣供給或需求的變動對國際收支所造成的影響。表 10–1 乃是根據貨幣學派的觀點，將貨幣供給與需求的變動對國際收支的影響作一摘要整理。

表 10–1　貨幣供給與需求的變動對國際收支的影響

改　變	國際收支
貨幣供給增加	逆差
貨幣供給減少	順差
貨幣需求增加	順差
貨幣需求減少	逆差

個案討論

假設你預期央行將採取緊縮性貨幣政策，若你是臺商，且有大量的負債（以新臺幣計），試探討你將來可能面對的情形，又你該如何解決此問題？

二、國際收支的失衡如何透過貨幣需求與供給的變動而調整

在上一小節中，我們根據貨幣學派的觀點，探討貨幣供給與需求的變動為何會造成國際收支的失衡。但根據貨幣學派的觀點，一國國際收支的順差或逆差，亦終將經由貨幣供給與需求的變動的調整而自動回復到均衡。而本小節的目的，即是在探討國際收支的失衡現象如何賴貨幣供給與需求的變動而自動回復到均衡。

假設在固定匯率（或匯率較缺乏自由浮動的情形）下：

若一國的國際收支發生逆差

⇒ 該國居民以本國通貨向中央銀行換取外匯的需求增加

⇒ 該國的外匯準備減少

⇒ 若該國央行不採沖銷政策，則該國貨幣供給減少

註：在部分準備的銀行體系下 (fractional-reserve banking system)：

　該國貨幣供給減少額 =外匯準備減少額 × 貨幣乘數 = 貿易逆差額 × 貨幣乘數

⇒ 該國利率上升

⇒ 該國的消費及投資減少

⇒ 透過乘數效果，該國國民所得減少，且物價亦下跌

⇒ { 該國進口減少，出口增加
該國的高利率使得國外資金流入

⇒ 該國國際收支逆差減少

因此，一國的國際收支若發生逆差，則經由貨幣供給的減少所帶來的調整機能，該國的國際收支將自動回復到均衡。同理，讀者不難瞭解，若一國的國際收支發生順差，則經由貨幣供給增加的調整機能，該國的國際收支亦將自動回復到均衡。

貨幣學派將國際收支的調整視為一種自動的機能，亦即透過貨幣的調整，國際收支的失衡會自動回復到均衡，並不需要政府採取特別的措施。不過在此要向讀者特別說明的一點是，以上的調整過程雖然是一種自動的機能，但很顯然的，這需要一段相當長的時間，而貨幣學派並未對這些調整過程到底需要多少時間加以說明。因此，在此吾人只能說的是，貨幣學派的國際收支理論強調的是一種最終的或長期的均衡。

貨幣學派認為，只要一國的貨幣當局不採取**沖銷** (sterilized) 或**中立性** (neutralized) 政策的話，則一國國際收支失衡所導致的外匯準備變動，必會對該國國內的貨幣供給產生影響，進而使得國際收支的失衡自動回復到均衡。但是，假如一國的貨幣當局採取沖銷的貨幣政策，抵銷掉外匯準備變動對貨幣供給的影響（例如央行在公開市場賣出債券以吸取本國通貨，如此便抵銷掉央行在外匯市場買入外匯而釋出本國通貨對國內貨幣供給增加的影響），則自動調整的機能亦將喪失，而該國的國際收支失衡亦將會持續下去，而無法自動回復到均衡了。

由於一國外匯準備的變動與貨幣供給量的變動有密切的關係，因此貨幣學派的國際收支調整理論特別重視一國官方準備交易帳的變化。依目前各國官方準備交易帳的項目而言，其包括黃金、外匯、SDRs 及 IMF 部位，但仍以外匯為最主要的國際準備。在沒有沖銷的情形下，吾人可從一國官方準備交易帳的變化所導致貨幣供給的變動，來預測一國國際收支的可能變動趨勢。但在有沖銷的情形下，外匯準備的變動則不一定能代表準備貨幣及貨幣供給的變動。

一國貨幣當局採取沖銷操作的目的，通常在於避免本國經濟受到國際收支失

衡的影響，進而得以追求獨立的貨幣政策。但是沖銷操作的結果會使得貨幣供給無法依外匯準備的變動而變動，因而便會減少國際收支的自動調整機能。當然，就實際而言，沖銷的程度有大有小，如果只是部分沖銷的話，則其雖會減少但並無法完全消除外匯準備變動（或國外資產的變動）對一國的準備貨幣及貨幣供給的影響。再者，如果一國的貨幣乘數很大的話，則該外匯準備的變動（或國外資產的變動）仍將與該國的貨幣供給之間有密切的關係。

三、貨幣學派對貶值的看法

根據彈性學派的觀點，一國的進口與出口的需求彈性的和如果大於 1（即 $E_m + E_x > 1$），則一國通貨的貶值可改善該國的國際收支。而根據所得學派（或吸納學派）的看法，假如一國的資源尚未達到充分就業，則一國通貨的貶值可改善該國的貿易逆差及增加該國的國民所得。但是，無論是彈性學派或所得學派，二者皆只能適用於國際收支中的貿易帳的調整，這二者的共同缺點是皆忽略了貶值對資本帳的影響。而貨幣學派則同時考慮到經常帳及資本帳。

根據貨幣學派的看法，貶值對實質經濟變數（例如進出口或所得）的影響只是暫時性的，就長期而言，貶值並不會影響實質經濟變數，而只是帶來國內的物價上漲。其之所以有此看法的原因如下：

假設一國的貨幣市場原本處於均衡狀態，若該國將其通貨貶值
⇒ 該國以國內通貨表示的進出口價格會上漲
⇒ 該國的物價會上漲
⇒ 該國居民須以更多的貨幣來滿足交易的需求
⇒ 該國的貨幣需求增加
⇒ 該國的利率會上升
⇒ 國外資金流入該國
⇒ 該國國際收支逆差減少（或國際收支順差增加）

但是，根據貨幣學派的觀點，以上國際收支的改善只是一個暫時現象，就長期而言，國際收支的暫時順差所導致的外匯準備及貨幣供給的增加，終將使得貨幣市場回復到均衡，而國際收支暫時的順差亦終將由於貨幣的自動調整機能而消

失。因此貨幣學派認為，貶值對實質變數的影響只是暫時性的，就長期而言，其只是帶來國內的物價上漲。換言之，根據貨幣學派的觀點，一國在其通貨貶值的同時，若其貨幣供給亦隨著增加，則貶值的效果將被抵銷，而無法達到改善國際收支的效果，只是帶來物價上漲而已。因此，根據貨幣學派的觀點，一國若欲藉由貶值達到改善國際收支的目的，必須維持貨幣供給保持不變。

第三節 價格、所得及貨幣自動調整機能的綜合分析

從第八章至此，我們已先後介紹了價格、所得及貨幣的自動調整機能。但在實際的經濟體系裡，這三者的調整機能是同時在進行的。以下我們將結合價格、所得及貨幣這三個自動調整機能，然後探討一國的總體經濟在面對失業及國際收支逆差時，這三個自動調整機能如何進行。

在自由浮動匯率制度及穩定的外匯市場下，一國的國際收支如有逆差，該國的通貨會自動貶值，而該國通貨貶值將會自動的消除國際收支逆差，以上為價格（或匯率）的調整機能。但另一方面，若該國經濟尚未達充分就業，因此本國通貨的貶值會使本國的生產及所得增加，而本國所得的增加又會使本國的進口增加，及本國進口增加代表本國國際收支的逆差會增加（或順差會減少），以上為所得的調整機能。因此如果將價格與所得的調整機能作一結合，則貶值透過價格調整機能所致的國際收支逆差的改善，有一部分將為所得調整機能所致的國際收支逆差的增加而抵銷。換言之，在自由浮動匯率制度，假如沒有所得的調整效果的話，則本國通貨所需貶值程度並不需很大就能消除國際收支逆差，但如果將價格與所得的調整效果作一結合，則本國通貨所需貶值程度將較大，才能消除國際收支的逆差。

在管理浮動匯率制度下，一國的貨幣當局通常不會為了消除國際收支逆差，而將本國通貨做充分的貶值。而在可調整的固定匯率制度下，一國匯率的貶值通常被限定在一定的幅度內，因此國際收支的逆差並無法依賴貶值所致的價格調整

機能來調整，而大部分需依賴其他的調整機能來調整。就所得的調整機能而言，在可調整的固定匯率下，本國通貨貶值會使國民所得增加，而所得的增加又會使進口增加，如此會降低了當初貶值經由價格調整機能所帶來的國際收支的改善。

就貨幣調整方面而言，一般來說，除非在完全自由的浮動匯率下，一國的國際收支逆差通常會降低該國的貨幣供給，進而使利率上升。而利率上升則將使投資及國民所得減少，國民所得減少則又將使進口減少及國際收支逆差減少。此外，利率上升亦將吸引國外資金流入該國，如此將有助於該國國際收支逆差的融資。另外，上述逆差國所得與貨幣供給的降低，亦將使該國的物價下跌，而物價下跌亦將進一步改善該國的貿易帳。

從以上的說明，讀者或許已發覺到價格、所得與貨幣的調整是相互交織在一起的。因此，就實際而言，吾人實在很難釐清這些變數間這麼錯綜複雜的關係。再加上隨著時間變動，造成所得、利率、進口、出口、價格及貨幣供給等外生變數的因素相當多且都隨時在變動，一國政府亦可能隨時採取不同的經濟政策。因此，就實際而言，若要真的去追蹤價格、所得及貨幣的自動調整所造成的實際效果，則實在是一件很困難的事。不過隨著計量經濟模型及電腦的發展，國內外已有不少的學者將其用來估計對外貿易乘數及價格、匯率、所得與貨幣供給的變動對國際收支所造成的影響。當然，這些模型都可能是相當複雜的。從這個事實，讀者當可瞭解為何經濟學唸到愈高深便愈朝向數學化與統計化，其原因是所有經濟變數間是一個非常錯綜複雜的關係，而要釐清這些關係便不得不依賴數學與統計的理論與技巧。

第四節
自動調整機能的缺點或反效果

從第八章至目前所介紹的價格、所得、利率及貨幣的調整雖然會有使一國的國際收支由失衡自動回復到均衡的功效，但是這些自動調整機能亦具有一些缺點或反效果，茲分述如下：

⑴在自由浮動匯率制度下，若外匯市場具有穩定性，則匯率的自由浮動雖然會使得外匯供給等於外匯需求，以及國際收支自動的回復到均衡的機能。但是在自由浮動匯率制度下，可能會造成匯率鉅幅波動的缺點。而匯率的鉅幅波動便會阻礙國際貿易的進行，即使進出口商可透過各種避險方式以規避匯率的風險，但任何避險措施都需額外支出避險的成本。

⑵在管理浮動匯率制度下，一國的貨幣當局雖可透過對匯率的干預而避免匯率的鉅幅波動。但無論如何的干預，一國若欲透過本國通貨的貶值來增加本國產品的國際競爭力、刺激本國經濟及改善本國的國際收支，相對來講，通常是會使其他國家產品競爭力降低、經濟衰退及國際收支惡化，而這往往會造成國與國間經濟利益的衝突。

⑶在可調整的固定匯率制度下，一國通貨的貶值雖可改善其國際收支，但這種貶值往往會造成國際熱錢的大量移動及反穩定的投機出現。

⑷就所得的自動調整機能而言，其亦有缺點。例如，在所得的自動調整機能充分發揮下，一國貿易帳的順差、逆差若要減少，便須經由本國所得的降低來調整。但本國所得的減少代表本國經濟衰退，而這往往在政治上是無法被接受之事。此外，一國的經濟若已達充分就業，則本國自發性出口的增加雖然有助於本國貿易帳的改善，但本國貿易帳改善的同時便必須接受國內通貨膨脹的事實。

⑸就貨幣的自動調整機能而言，假如一國不採取沖銷的貨幣政策，則貨幣的調整機能雖可自動矯正一國國際收支的失衡，但其通常需一段長期的時間。因此，一國國際收支的失衡若欲賴貨幣的自動調整機能來調整，往往便須消極的、被動的等待，而無法主動的採取貨幣政策去達成更重要的國內經濟目標，例如提高就業率及降低通貨膨脹。

⑹無論是價格、所得、利率及貨幣的自動調整機能，其共同的缺點是，若要讓這些自動調整機能充分有效率的發揮，各國的中央銀行便必須放棄類似「促進就業且不帶來物價上漲」的貨幣政策。換言之，若要依賴這些自動調整機能來自動矯正國際收支的失衡現象，則每個國家便須願意接受調整過程中所可能帶來物價上漲及經濟衰退的事實。

⑺就古典經濟學派的觀點，一國貨幣當局放棄其獨立的貨幣政策並不算是缺點，其原因是古典經濟學派認為透過價格的自由浮動，「充分就業」是一種常態，

因此古典經濟學派將國際收支的調整視為一國應優先考慮之事。但是，在今日的世界，充分就業並非是常態，「失業」反而是一種普遍存在且亟須解決之事。因此，各國政府往往將如何消除失業列為優先考慮，而將如何消除國際收支失衡列為次要考慮。因此，近年來，各國往往不願為了達成國際收支的均衡而犧牲國內經濟目標——即降低失業率及解決通貨膨脹。

由於依賴自動調整機能來解決國際收支失衡面臨以上所述的缺點，因此各國往往採取調整政策 (adjustment policies) 來解決國際收支失衡的現象。

摘　要

1. 無論是彈性學派所談的價格調整機能或所得（吸納）學派所談的自動調整機能，二者皆完全由經常帳中進、出口的變化來闡釋國際收支，對資本帳則加以忽略。
2. 貨幣學派視國際收支為一「貨幣」現象，認為「貨幣」在一國國際收支的失衡與調整中，扮演著極重要的角色。貨幣學派認為要探討一國國際收支失衡的原因與調整失衡的方法時，應同時考慮到經常帳與資本帳。
3. 在金本位制度下，「利率」之所以會對國際收支的失衡產生自動調整機能，是因為一國國際收支若發生逆差或順差，便會導致該國貨幣供給量的變化，而貨幣供給量的變動又會造成短期利率的變動，進而影響私人部門短期資金的移動及國際收支的變動。
4. 根據貨幣學派的觀點，「貨幣」在一國的國際收支中既扮演「干擾」的角色，亦扮演著「調整」的角色。換言之，一國貨幣需求或供給的變動會造成該國國際收支的失衡，而該國國際收支的失衡亦可依賴貨幣需求或供給的變動而自動回復到均衡。
5. 一國的名目貨幣需求量為該國國民所得、物價及利率的函數。其中，所得或物價的上升會使貨幣需求量提高，而利率的上升則會使貨幣需求量減少。
6. 一國的貨幣供給量 = 準備貨幣 × 貨幣乘數。
7. 一國的準備貨幣或貨幣供給可歸源於兩大部分：⑴國內部分：指一國的貨幣當局所創造的信用；⑵國外部分：指一國所擁有的外匯準備。
8. 貨幣學派認為，一國國際收支的逆差乃是由於該國的貨幣供給大於貨幣需求所造成的，而一國國際收支的順差則是由於該國貨幣需求大於貨幣供給所造成的。
9. 根據貨幣學派的觀點，在固定匯率且原來國際收支是均衡的情況下，貨幣供給增加會造成國際收支逆差；貨幣供給減少會造成國際收支順差；貨幣需求增加會造成國際收支順差；貨幣需求減少則會造成國際收支逆差。

10.由於貨幣的自動調整過程需要一段相當長的時間，因此貨幣學派的國際收支調整理論強調的是一種最終或長期的均衡。

11.貨幣學派認為，只要一國的貨幣當局不採取沖銷或中立性政策的話，則一國國際收支失衡所導致的外匯準備變動，必會對該國國內的貨幣供給產生影響，進而使得國際收支的失衡自動回復到均衡。

12.由於一國外匯準備的變動與貨幣供給量的變動有密切的關係，因此貨幣學派的國際收支調整理論，特別重視一國官方準備交易帳的變化。

13.一國貨幣當局採取沖銷操作的目的，通常在於避免本國經濟受到國際收支失衡的影響，進而得以追求獨立的貨幣政策。但是沖銷操作的結果會使得貨幣供給無法依外匯準備的變動而變動，因而便會減少國際收支的自動調整機能。

14.根據貨幣學派的觀點，貶值所帶來國際收支的改善只是一個暫時現象，就長期而言，國際收支的暫時順差所導致的外匯準備及貨幣供給的增加，終將使得貨幣市場回復到均衡，而國際收支暫時的順差亦終將由於貨幣的自動調整機能而消失。因此，就長期而言，貶值只是帶來國內的物價上漲而已。

15.如果將價格與所得的調整機能作一結合，則貶值透過價格調整機能所致的國際收支逆差的改善，有一部分將為所得調整機能所致的國際收支逆差的增加而抵銷。

16.就實際而言，若真的要去追蹤價格、所得及貨幣的自動調整機能所造成的實際效果，則實在是一件很困難的事。

17.無論是價格、所得、利率及貨幣的自動調整機能，其共同的缺點是，若要讓這些自動調整機能能充分且有效率的發揮，各國的中央銀行便必須放棄類似「促進就業且不帶來物價上漲」的貨幣政策。

習　題

一、選擇題

(　) 1.下列何種學派強調貨幣的自動調整是一種長期的均衡？ (A)古典經濟學派 (B)彈性學派 (C)貨幣學派 (D)凱因斯學派

(　) 2.貨幣在一國的國際收支扮演干擾的角色，是下列何種學派的觀點？ (A)古典經濟學派 (B)彈性學派 (C)貨幣學派 (D)凱因斯學派

(　) 3.一國的名目貨幣需求量的函數不包含下列何者？ (A)國民所得 (B)物價 (C)利率 (D)就業率

(　) 4.承上題，函數中所得的上升會使貨幣需求量______；利率上升會使貨幣需求量______。 (A)提高；提高 (B)提高；減少 (C)減少；提高 (D)減少；減少

(　) 5.一國的貨幣供給量為準備貨幣與貨幣乘數______的結果。 (A)相加 (B)相除 (C)相減 (D)相乘

(　) 6.下列何種學派認為，貶值會改善國際收支，但長期只會帶來物價上漲？ (A)貨幣學派 (B)理性預期學派 (C)凱因斯學派 (D)古典經濟學派

(　) 7.若其他條件保持不變，則下列何種情形比較有可能造成本國通貨的貶值？ (A)本國貨幣供給大量增加 (B)本國貨幣供給大量減少 (C)本國貨幣需求大量增加 (D)本國國際收支大幅順差

(　) 8.下列何種學派認為，探討一國國際收支失衡的原因與調整失衡之方法時，應同時考慮到經常帳與資本帳？ (A)貨幣學派 (B)理性預期學派 (C)凱因斯學派 (D)古典經濟學派

(　) 9.下列何種學派認為，只要一國貨幣當局不採取沖銷或中立性政策，則一國國際收支的失衡會自動回復到均衡？ (A)新古典學派 (B)貨幣學派 (C)凱因斯學派 (D)古典經濟學派

(　) 10.下列何種學派視國際收支的失衡為一種貨幣現象？ (A)新古典學派 (B)貨幣學派 (C)凱因斯學派 (D)古典經濟學派

(　) 11.根據貨幣學派的論點，在固定匯率且原來國際收支均衡之下，貨幣供給增加會造成

國際收支______；貨幣供給減少會造成國際收支______。 (A)順差；順差 (B)順差；逆差 (C)逆差；順差 (D)逆差；逆差

( ) 12.承上題，貨幣需求增加會造成國際收支______；貨幣需求減少會造成國際收支______。 (A)順差；順差 (B)順差；逆差 (C)逆差；順差 (D)逆差；逆差

二、簡答題

1. 為何根據貨幣學派的觀點，「貨幣」在一國的國際收支中既扮演「干擾」的角色，亦扮演著「調整」的角色？
2. 請根據貨幣學派的觀點，說明國際收支的失衡如何依賴貨幣需求與供給的變動而自動回復到均衡？
3. 請說明為何沖銷操作的結果會降低國際收支的自動調整機能？
4. 試述貨幣學派對「貶值」以改善國際收支的看法。
5. 請將價格與所得的自動調整機能作一結合後，探討「貶值」對改善國際收支的效果。

第十一章 外幣期貨市場與外幣選擇權市場

學習目標

1. 外幣期貨市場的意義、特性、保證金制度、交易形式與避險。
2. 外幣選擇權市場的意義、特性與避險、決定外幣選擇權價格的因素、外幣選擇權的案例。

國際間的外匯市場除了即期外匯市場與遠期外匯市場外，尚有外幣期貨市場與外幣選擇權市場。而外幣選擇權市場除了包括對外幣現貨的即期外幣選擇權外，自 1984 年開始，美國的芝加哥商品交易所 (CME)❶亦有了針對外幣期貨的外幣期貨選擇權。

本章第一節首先對外幣期貨市場作介紹；第二節則對外幣選擇權作介紹。第二節的第一至第六小節先針對外幣現貨的即期外幣選擇權（簡稱外幣選擇權）作介紹；第七小節則專門針對外幣期貨的外幣期貨選擇權作介紹。

第一節 外幣期貨市場

一、外幣期貨的意義及特性

所謂外匯期貨或**外幣期貨** (foreign exchange futures) 是指，由外幣的買賣雙方

❶ 芝加哥商品交易所 (CME) 現已與芝加哥期貨交易所 (CBOT)、紐約商業交易所 (NYMEX) 和紐約商品交易所 (COMEX) 合併為芝加哥商品交易所集團 (CME Group)。

以公開喊價的方式，承諾在未來一定時間及價格（即匯率）下，交割一個標準數量的外幣買賣契約。外幣期貨又稱之為**通貨期貨** (currency futures)。

外幣期貨的交易起始於 1972 年，在 1972 年**芝加哥商品交易所** (CME)❷的**國際貨幣市場部** (IMM) 開始有外幣期貨的交易。IMM 是世界最早的金融期貨市場，亦是世界最大的金融期貨市場，而外幣期貨則是最早出現的金融期貨。芝加哥商品交易所的國際貨幣市場，可說是全球最具代表性，也是最主要的外幣期貨交易所。此外，全世界有外幣期貨交易的交易所尚有美國的**紐約期貨交易所**（New York Futures Exchange，簡稱 NYFE）；**紐約商品交易所** (COMEX)❸；**倫敦的國際金融期貨交易所**（London International Financial Futures Exchange，簡稱 LIFFE）以及亞洲地區的東京、新加坡及香港等地的期貨交易所。

IMM 的**外幣期貨市場** (foreign exchange futures market) 與一般的**遠期外匯市場** (foreign exchange forward market) 主要有四點不同，玆簡要說明如下：

1.外幣期貨市場所交易的通貨種類有限

IMM 外幣期貨市場所交易的通貨有日圓、歐元、英鎊、瑞士法郎、加拿大幣、澳幣等。因此，IMM 外幣期貨只限於少數幾種的國際主要通貨，而一般的遠期外匯買賣的通貨則相對而言較多種。

2.外幣期貨交易有一定標準的契約單位

例如在 IMM 中（參見表 11–1），英鎊契約交易單位是 £62,500，只有 £62,500 的倍數才能交易；而日圓的契約交易單位是 ¥12,500,000；歐元的契約交易單位為 EUR125,000；加拿大幣的契約交易單位是 C$100,000，且亦只有這些標準契約單位的倍數才能成交。而一般的遠期外匯契約的交易金額則並無如此的金額限制。

---

❷ 見註❶。

❸ 見註❶。

表 11–1　2019 年 CME Group 外幣期貨的交易單位與價格變動的最低幅度

	交易單位	最小變動價位	每張價格變動最低幅度
英鎊	62,500	完全交易：0.0001 美元 / 英鎊增幅 連續月份價差（僅 Globex）：0.00001 美元 / 英鎊增幅 所有其他價差合併：0.0001 美元 / 英鎊增幅	6.25 美元 0.625 美元 6.25 美元
加拿大幣	100,000	完全：0.00005 美元 / 加拿大幣增幅 連續月份價差（僅 Globex）：0.00001 美元 / 加拿大幣增幅 所有其他價差合併：0.00005 美元 / 加拿大幣增幅	5.00 美元 1.00 美元 5.00 美元
瑞士法郎	125,000	0.0001 美元 / 瑞士法郎增幅 以電子方式執行的瑞士法郎 / 美元期貨貨幣間價差為 0.00005 美元 / 瑞士法郎增幅	12.50 美元 / 份合約 6.25 美元 / 份合約
日圓	12,500,000	完全交易：0.0000005 美元 / 日圓增幅 連續月份價差（僅 Globex）：0.0000001 美元 / 日圓增幅 所有其他價差合併：0.0000005 美元 / 日圓增幅	6.25 美元 1.25 美元 6.25 美元
歐元	12,500 （如果美元 / 歐元 = 1.3000，則合約 = 16,250 美元）	0.0001 美元 / 歐元	1.25 美元

資料來源：CME Group

3.外幣期貨交易的到期日 (maturity date) 有特定日期

IMM 外幣期貨的價格皆是以美元來報價——即每單位的外幣值多少美元。交易契約到期月份僅有 3 月、6 月、9 月及 12 月（標準式的每三個月為一週期），契約到期的那個月份則稱之為**即期月份** (spot month)。在即期月份，契約也有交易。

而實際上將外幣存款轉換成美元存款的過程則稱為**交割** (delivery)。IMM 外幣期貨契約的交割日為即期月份的第 3 個星期三（亦即 3 月、6 月、9 月及 12 月的第 3 個星期三），假如當天不是營業日 (business day) 的話，則順延至下一個營業日。契約交易的截止日期為交割日的二個營業日以前。

4.外幣期貨交易對每日匯率變動的幅度有所限制

IMM 對每日**外幣價格**（即匯率變動）**的幅度有最低的限制**（最小變動價位，minimum allowable price moves，又稱為 ticks）。例如，英鎊價格變動的最小變動價位為 0.0001 美元（完全交易）（參見表 11–1）。有些外幣期貨契約且有每日價格變動最高幅度的限制 (maximum allowable daily price movements)，而這是指與前一交易日的價格比較。

從以上的敘述吾人可知外幣期貨與遠期外匯最大的不同，在於外幣期貨契約是標準型式（或制式）的，而遠期外匯則通常不限通貨種類，沒有標準交易單位，到期日或交割日可在未來的任何一天，且亦無每日匯率變動幅度的限制。

由於外幣期貨契約的交易金額與到期日及交割日皆為制式化，因此其通常較難滿足一般的進出口商的所需，因為一般的進出口商很難得會有剛好能滿足外幣期貨契約所規定標準金額（或倍數）及交割日期的未來外匯收入或支出。故美國一般中小型的進出口商，較少參與外幣期貨的交易，而較常參與遠期外匯的交易。不過對一些大型的廠商及金融機構，由於其通常有大筆、固定金額的外匯收入及支出，故其往往會覺得外幣期貨與遠期外匯市場相較之下，外幣期貨則相對而言較有用且交易成本小了很多。而這二個市場彼此亦互通聲息，只要某種通貨在外幣期貨市場的匯率與在遠期外匯市場的匯率有所不同，則買低賣高的**套匯** (arbitrage) 行為便會發生。

二、外幣期貨的保證金制度

外幣期貨交易採**保證金制度** (margin system)，買賣雙方皆須繳交保證金，其目的在保障買賣雙方的權益，以作為買賣雙方皆能履行其權利或義務的保證。保證金又可分為**原始（或期初）保證金** (initial margin)、**維持保證金** (maintenance margin) 及**變動保證金** (variation margin) 三種。

當每筆契約交易成交時，買賣雙方均須依各類契約的有關規定，繳入定額的原始保證金（或稱期初保證金）。原始保證金的多寡在各交易所內並不太一樣，大致是契約金額的 5% 至 10%，且此原始保證金的比率通常亦隨著契約金額的大小及參與客戶的身分不同而不同。任何人只要開戶並繳交原始保證金後，就可進行交易。

在繳交原始保證金後，此後交易所的**清算單位** (clearing) 根據外幣期貨價格的變動，**逐日清算** (mark to market daily or resettlement daily) 未交割契約的盈虧，並通知客戶補繳或撤回部分保證金。而所謂「維持保證金」是指，經逐日清算後，保證金所必須維持的最低水準。當客戶的保證金餘額經清算後低於維持保證金時，客戶便必須補足差額以恢復到原始保證金的水準，而這筆必須補足的差額即稱之為「變動保證金」。當客戶的保證金餘額經清算後低於維持保證金，且客戶不依規定補足差額時，交易所便可公開拍賣其外幣期貨契約。而當市價有利於投資人時，交易所會自動將盈餘加到投資人的保證金帳戶上，投資人便可提領超額保證金部分的金額。

由於大多數參與期貨交易者是屬於投機者，其並非以實際買賣期貨為目的。因此大多數的期貨契約都在交割日以前以**反向交易方式** (reverse position)，即賣出再買進或買進再賣出，沖銷掉了。

三、外幣期貨交易的進行

遠期外匯契約是由客戶與銀行直接議價，並無特定的交易所組織，而銀行間的遠期外匯交易，則可透過外匯經紀商藉由電話與全球各地的銀行交易。

至於外幣期貨契約則須透過經紀商，在交易所內集中競標。外幣期貨交易是由經紀人在交易所大廳執行，所有買方及賣方的下單由場內經紀人在交易所內公開喊價（或競價）成交後決定。

參與外幣期貨交易的客戶，其參與交易的直接成本除了上小節所述的保證金的利息成本外，尚包括**佣金** (commissions)。在佣金方面，只要報價一次，或請經**紀人** (broker) 報價執行整筆交易就必須支付佣金。經紀人只是擔任中間者的角色，所有的外幣期貨契約都是**客戶** (clients) 與**清算所** (clearing house) 之間的協定，亦即買賣雙方不須直接面對，如此可以免除買賣雙方相互徵信的困難及麻煩。而由清算所擔任每一筆外幣期貨契約買賣雙方的**對手** (counter party)，清算所保證交易的順利進行及契約的履行，買賣雙方履約時不須相互直接清算，而只須分別與清算所清算。

自 1972 年美國 IMM 開始有外幣期貨交易以後，1982 年倫敦的國際金融期貨交易所 (LIFFE) 亦開始有外幣期貨交易所。自 IMM 在 1985 年在**新加坡國際貨幣**

交易所（Singapore International Monetary Exchange，簡稱 SIMEX）設立分支機構後，亞洲的投資人亦可在新加坡直接參與 IMM 的期貨交易。

四、如何利用外幣期貨交易來避險或投機？

利用外幣期貨契約來避險 (hedging) 的原理其實與利用遠期外匯契約來避險的原理差不多一樣，亦即當你未來有一筆外幣的收入或支出而又想規避匯率變動風險的話，則你可現在就賣出或買入外幣期貨，如此一來你便可避免到時候即期匯率變動所造成的風險了。以下舉一個簡單的例子來說明該如何利用外幣期貨契約來避險：

假設你未來有一筆英鎊支出且很擔心（或預期）未來英鎊升值

⇒ 為避免未來英鎊升值而造成損失，你可現在就買入英鎊期貨並繳交保證金

⇒ 在保證金帳戶餘額逐日清算下

⇒ {假如英鎊貶值超過契約所定的英鎊價位
假如英鎊升值超過契約所定的英鎊價位

⇒ {你必須補足保證金
你的保證金帳戶餘額增加

以上，假如契約到期時，英鎊的即期價位大於契約所定的價位，則你的：

到期保證金帳戶餘額

= 原始保證金 + 英鎊的即期價位大於契約所定價位所帶來的價值

如此一來，你這次購買英鎊期貨的利得便等於到期保證金帳戶餘額減去當初所繳的原始保證金（假設保證金的利息等於零的話），而你便可在即期市場以這筆利得來購買你必須支出的英鎊。

不過就如我們在本章第一節所述的，由於外幣期貨契約的交易金額與到期日及交割日皆為標準化，而一般進出口商很難得會有剛好滿足外幣期貨契約所規定標準金額的倍數及交割日期的未來外匯支出或收入，因此真正以外幣期貨來避險者並不多，大部分參與外幣期貨契約交易者都是投機者，且大多數的期貨契約都在交割日之前便以反向交易方式（即買入再賣出或賣出再買入）沖銷掉，故外幣

期貨市場為一個投機氣氛瀰漫的市場。

當然就純粹一個**投機者** (speculator) 而言，當他預期某種外幣未來會升值，則他會對此外幣採取長期部位，亦即預先買入此種外幣期貨，然後等到此種外幣的即期市價上漲時再賣出。相反的，假如他預期未來某種外幣會貶值，則他會對此外幣採取**短期部位** (short position)，亦即預先賣出此種外幣期貨，等待此種外幣的即期市價下跌時再買入補回。由此可見，對一個參與外幣期貨交易的投機者而言，匯率的正確預測是一件很重要的事。

外幣期貨市場除了可作為避險與投機的功能外，其亦具有提供**套匯** (arbitrage) 機會的功能。通常假如某種外幣在外幣期貨市場與在遠期外匯市場的匯率有差異時，買低賣高的套匯行為便會發生。

個案討論

假設你是一家從德國進口汽車的進口車商，現在你預計 1 年後會有一筆 100 萬歐元的支出，你可以如何利用外幣期貨來避險？

第二節 外幣選擇權市場

一、選擇權的一般意義及特性簡介

(一)選擇權的意義

外幣選擇權乃是選擇權其中的一種。所謂**選擇權** (options) 乃是一項權利（而非義務），這項權利的**買方** (buyer or holder) 在付出**權利金** (premium) 後，獲得在一特定期間 (expiration or maturity date) 內要求**賣方** (seller or writer) 依一**特定價**

格 (exercise or strike price) 買入 (call) 或賣出 (put) 某項標的之權利。

選擇權可分為**買入選擇權** (call option) 與**賣出選擇權** (put option)。所謂買入選擇權是指，選擇權買方所購買者為「是否依特定價格買入」某種標的（例如股票或外幣）的權利。所謂賣出選擇權是指，選擇權的買方所購買的是「是否依特定價格賣出」某種標的（例如股票或外幣）的權利。

無論買入選擇權或賣出選擇權都有買方及賣方。選擇權買方乃是指付出權利金購入選擇權權利的一方；選擇權賣方乃是指，接收選擇權買方的權利金而在選擇權買方執行權利時，有義務履約的一方。

選擇權若依是否可在到期日前任何時間內隨時要求履約，又可分為**美式選擇權** (American options) 及**歐式選擇權** (European options) 二種。美式選擇權，給予選擇權的買方可以在到期日前隨時行使權利或提早要求履約，而不須等到到期日當天才能履約。而歐式選擇權的買方則必須在到期日當天才能行使權利，要求履約。但由於目前全世界的選擇權市場是以美國為主，因此一般所謂的選擇權通常是指美式的選擇權。

其實早在古希臘時代，便有橄欖壓榨機租用權利的買入選擇權交易。17 世紀初，荷蘭亦曾發展出相當蓬勃的鬱金香球根的選擇權市場，而**荷屬西印度公司** (Dutch West India Company) 的股票，亦曾成為當時選擇權交易的標的。英國的倫敦在 17 世紀末，亦曾出現有價證券的選擇權交易，至 1958 年英國的選擇權交易便又再小規模的出現。

現代的選擇權交易制度乃是美國所創立，美國目前已成為全球最大的選擇權市場。1973 年 4 月，**芝加哥選擇權交易所**（Chicago Board Options Exchange，簡稱 CBOE）❹成立，現代的美國選擇權交易正式開始發展，而期貨交易亦產生了革命性的變化。美國主要的選擇權交易所有**芝加哥選擇權交易所** (CBOE)、美國證券交易所 (AMEX)、費城證券交易所 (PHLX)❺等。此外，英國、法國、荷蘭、瑞士、瑞典、德國、澳洲及比利時等國亦皆有選擇權的交易所。

選擇權的交易可分為傳統型的店頭市場式與定型化的交易所式。傳統型的店頭市場式並無集中的交易場所，與一般的外匯交易相同，是以**店頭交易**（或**櫃臺**

---

❹ 見註❶。

❺ 費城證券交易所 (PHLX) 已併入納斯達克 OMX 集團 (NASDAQ OMX)。

交易)(over-the-counter，簡稱 OTC) 方式進行。1973 年 4 月芝加哥選擇權交易所的成立，選擇權交易開始有了現代定型化的形式，有公開交易的集中交易場所。交易所式的選擇權交易使得權利金及手續費等交易成本大為降低，因此選擇權交易量迅速增加，並產生了次級市場。目前，選擇權的店頭交易在世界各地都有，但整體而言，選擇權交易仍以集中在交易所的公開交易為主。

選擇權的交易標的主要有股票、股票指數、債券(利率)、外幣、貴重金屬、金融期貨(包括股價指數期貨、利率期貨、外幣期貨等)及商品期貨(包括玉米、棉花、黃豆、活豬、活牛等)。

㈡選擇權的主要特性

選擇權交易的主要特性有如下幾點：

⑴選擇權是一種契約，也是一種權利，選擇權買方可決定是否要執行契約。換言之，選擇權買方如果覺得執行契約對他有利便可執行契約，如果覺得執行契約對他不利便可「不」執行契約，因此買方並無執行契約的義務，買方若不執行契約的損失為購買選擇權的權利金。但選擇權的賣方在買方要求履約時，有必須履約的義務，此點與期貨交易買賣雙方有同樣的履約權利及義務有所不同。

⑵選擇權可以轉讓契約的方式為之，亦即選擇權契約可以再買賣。選擇權的買方可要求賣方履行契約，亦可將選擇權契約再出售出去。

⑶選擇權與期貨相同，二者都有固定的(或標準的)契約單位。

⑷選擇權與期貨相同，一年只有幾個固定的(或標準的)交割月份(即期滿月份)，而不同標的交割月份並不同。例如外幣選擇權的交割月份是 3 月、6 月、9 月及 12 月。

⑸選擇權的買方損失有限(最大損失為選擇權的權利金)，但卻有無限的獲利機會。

圖 11–1 以買入選擇權 (call option) 為例，假設張三以 $2 的**權利金** (premium) 購買一個**履約價格** (exercise price or strike price) 為每股 $30 的股票買入選擇權。為簡化計算起見，吾人並假設**佣金** (commissions)、稅及保證金成本不存在。則吾人可作如下說明：

①如果在到期日之前，股票的市價低於每股 $30 的履約價格，張三(買方)

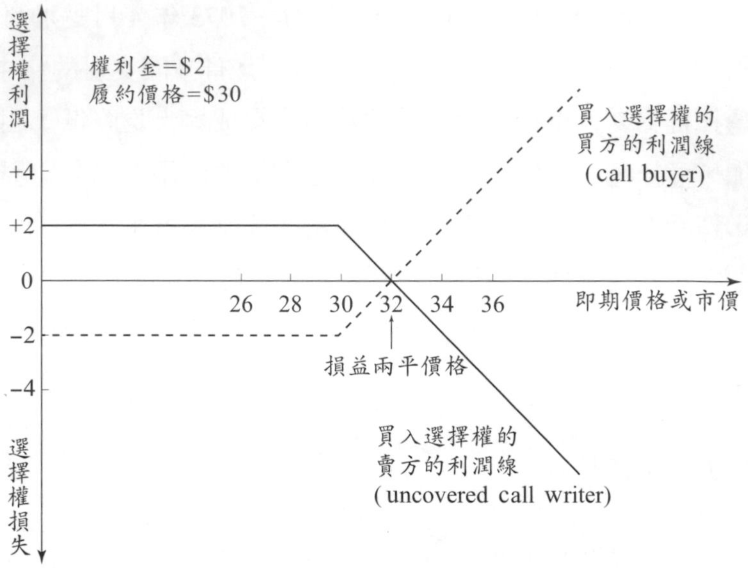

圖 11–1 買入選擇權 (call option) 買方與賣方的利潤線

覺得從市價購買股票較便宜，故張三必然不會要求履約，故張三（買方）的最大損失即為權利金 $2，所以買方的損失有限。

②如果在到期日之前，股票的市價高於 $30 而達到 $32，則張三（買方）：

依履約價格買入股票的成本
= $30（履約價格）+ $2（權利金）
= $32
= 股票的市價

因此 $32 為損益兩平價格。亦即當股票市價為 $32 時，張三依選擇權履約價格買入股票的成本等於由股票市價買入股票的成本。

③如果在到期日之前，股票的市價高於 $32，由於履約價格較市價便宜，則張三必會依選擇權履約價格買入股票。而只要股票市價高於 $32，則張三便有正的利潤存在，因為張三可要求選擇權賣方履約後然後以市價出售。而且股票的市價愈高，選擇權買方的利潤也就愈大。由於股票的市價可能非常高，因此買入選擇權買方獲利的可能性便無窮大。

④同理，對一個**未抵銷性買入選擇權的賣方** (uncovered writer of call option)

而言，其最大可能的獲利即等於權利金 $2，其損益兩平點為 $32，而其損失可能無窮大。

⑹選擇權與期貨相同，二者皆以交易所式的集中交易為主，採取公開喊價的方式進行交易。

⑺選擇權契約有到期日，在到期日以後，選擇權契約即無效。不同到期日的選擇權，其權利金也不同。由於到期日愈長，獲利的機會愈多，故通常選擇權的期限愈長，其權利金就愈高，此乃代表選擇權的**時間價值** (time value)。

⑻選擇權標的（如股票、外幣、利率或其他農產品等）的履約價格與市場的**即期價格** (spot price) 的關係有如下的情況：

①**平價或等價情況** (at-the-money)：無論是買入選擇權或賣出選擇權，當履約價格等於或趨近於市場的**即期價格** (current spot price) 時， 選擇權處於平價情況，亦即投資人無透過選擇權的履約來獲得利潤。

②**價內或有價情況** (in-the-money)：對買入選擇權的買方（或持有者）而言，當市場即期價格高於履約價格時；或對賣出選擇權的買方（或持有者）而言，當市場即期價格低於履約價格時。

在上述這二種情況，選擇權的持有者若履約都會有利益，亦即此時的選擇權契約有其實際**內涵價值或隱含價值** (intrinsic value)——即選擇權成交價與即期市價的價差，而此時的選擇權即處於價內的情況。

③**價外或無價情況** (out-of-the-money)：對買入選擇權的買方（或持有者）而言，當市場即期價格低於履約價格時；或對賣出選擇權的買方（或持有者）而言，當市場即期價格高於履約價格時。選擇權的持有者若履約都會有損失，而此時的選擇權即處於價外的情況。

選擇權市場與期貨市場一樣，提供了投資者及投機者投資、投機、避險、套利、分散風險及將決策時間延後等多項功能。一般而言，當投資者（或投機者）對某種標的之價格（例如外幣、股票或農產品等）看漲時，可以購入買入選擇權或出售賣出選擇權；而當投資者（或投機者）對某種標的之價格看跌時，可購入賣出選擇權或出售買入選擇權。

此外，選擇權市場亦提供了投資者（或投機者）將其投資（或投機）的決策時間加以延後的功能，例如當某種外幣的價格漲跌不明、多空分歧時，此時若貿然買進或賣出此種外幣風險都很大，故此時若採取投資選擇權的方式風險便較小(因為最大的損失也只是權利金而已)，如此一來便無異於延長投資決策的時間。

在此要特別提醒讀者的是，無論是買入選擇權或賣出選擇權，其買方並無履約的義務，故選擇權買方的損失有限，買方的最大損失亦不過是權利金而已。但是無論是買入選擇權或賣出選擇權，其賣方在買方執行權利時，則有必須履行契約的義務，因此選擇權的賣方的風險則可能無限大或相當大。圖 11–1 已向讀者說明了未抵銷性買入選擇權賣方的損失可能無窮大的情形，瞭解了此道理後，讀者當可輕易瞭解為何未抵銷性賣出選擇權的賣方 (uncovered writer of put option) 的損失可能相當大的原因 (參見圖 11–2)。如圖 11–2 所示，對一個未抵銷性賣出選擇權的賣方 (uncovered put writer) 而言，其最大可能的獲利即等於權利金 \$2，而其最大損失則為：

(履約價格 – 即期匯率) × 契約單位 – 權利金

而以上亦為賣出選擇權的買方 (put buyer) 的最大可能的利潤。

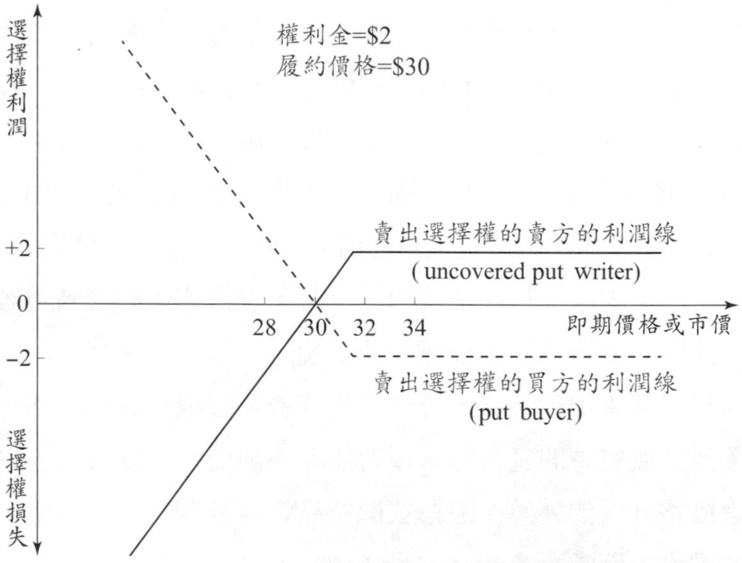

圖 11–2 賣出選擇權 (put option) 買方與賣方的利潤線

表 11–2　買入與賣出選擇權買方與賣方最大可能的利潤與損失

對　象	最大可能的利潤	最大可能的損失
買入選擇權的買方 (call buyer)	(即期匯率 – 履約價格)× 契約單位 – 權利金	權利金
買入選擇權的賣方 (uncovered call writer)	權利金	(即期匯率 – 履約價格)× 契約單位 – 權利金
賣出選擇權的買方 (put buyer)	(履約價格 – 即期匯率)× 契約單位 – 權利金	權利金
賣出選擇權的賣方 (uncovered put writer)	權利金	(履約價格 – 即期匯率)× 契約單位 – 權利金

註：本表假設選擇權的交易除了權利金外，沒有佣金、「賣方」的保證金成本及其他的交易成本。但實際上，買方的交易成本 = 權利金 + 佣金，而賣方交易成本 = 保證金 + 佣金 – 權利金。賣方須繳保證金的原因是未抵銷性選擇權賣方其獲利有限，但損失可能相當大或無限，因此規定賣方須繳保證金。

表 11–2 將前述買入選擇權及賣出選擇權的買方及賣方的利潤及損失的最大可能性作一摘要整理，以利讀者能更一目瞭然。

二、外幣選擇權的由來及定義

我們在上一小節已向讀者說明，選擇權的標的有很多種，例如股票、股票指數（例如 S&P 500 指數、S&P 1000 指數及紐約證券交易所指數等）、債券（包括 13 週國庫券、26 週國庫券、銀行定期存單及公債等）、利率、農產品（包括玉米、棉花、活牛、活豬、黃豆，糖及麵粉等）、貴重金屬（包括黃金及白銀等）、外幣（包括日圓、英鎊、加幣、瑞士法郎、澳幣及歐元等）、金融期貨（包括股票指數期貨、外幣期貨等）皆是目前美國選擇權市場的交易標的。因此吾人可知，**外幣選擇權** (foreign currency options) 及**外幣期貨選擇權** (options on foreign currency futures) 只是選擇權的其中二種。

上一小節吾人已對選擇權的意義及一般特性作了簡單的介紹，本小節吾人則將專門針對外幣選擇權作更進一步的說明。

投資者（或投機者）簽訂遠期外匯契約雖然可避免匯率變動的風險，但其缺點是買賣雙方到期時便必須以契約所訂的匯率來交割，亦即買賣雙方到期時須有交割的義務。而 1972 年 IMM 所開始的外幣期貨交易，雖可在外幣期貨契約到期前以反向交易方式（即買入再賣出或賣出再買入）來抵沖契約，但是外幣期貨契約須逐日計算未交割契約的盈虧，一旦保證金不足客戶便須依規定補足差額，否則已承作而未交割的契約將遭「斷頭」（即拍賣）的命運。

有鑑於上述遠期外匯契約與外幣期貨契約的缺點，1980 年代外匯市場乃開始有外幣選擇權的誕生。所謂外幣選擇權乃是一種契約及權利（而非義務），這項權利的買方在付出權利金後，有權利（但無義務）在**特定期間或直到到期日** (expiration date or maturity date) 前依一個**特定匯率** (exercise price or strike price) 買入或賣出一定數量的特定通貨。外幣選擇權與遠期外匯契約及外幣期貨契約在功能上最大的差異，在於外幣選擇權的買方並無交割的義務，其具有**損失有限的特性** (limited-loss feature)，這項特性使得外幣選擇權的買方不須如遠期外匯或外幣期貨契約的參與者一樣，當匯率朝向不利自己方向時會有過度患得患失的壓力。

1982 年 12 月美國的費城證券交易所❻首先開始有了標準化的外幣選擇權契約的交易，之後美國的芝加哥商品交易所❼於 1984 年及其他的交易所亦沿用 PHLX 的形式而亦開始有了外幣選擇權的交易。至 1990 年代，外幣選擇權市場已涵蓋到以費城及芝加哥為中心而包括倫敦、紐約及東京各地的銀行與銀行間市場。

外幣選擇權依其是否可在到期日前隨時要求履約，可分為**美式的** (American) 外幣選擇權及**歐式的** (European) 外幣選擇權。歐式的外幣選擇權必須在特定的日期才能履約，而美式的外幣選擇權則可以在到期日或到期日之前隨時提早履約。在此要特別說明的一點是，所謂「美式」與「歐式」的分別並不是指地理區域，而是指契約的型態是否能提前履約而言。以下我們將僅對美式的外幣選擇權加以介紹。

三、外幣選擇權的要點及特性

在上一小節我們已對外幣選擇權的定義作了介紹，以下我們則將對有關外幣選擇權的其他要點及特性作一介紹。

⑴外幣選擇權可分買入選擇權與賣出選擇權。

⑵所謂買入選擇權是指，選擇權的持有者（即買方）有在特定期間前依特定

---

❻ 見註❺。

❼ 見註❶。

價格 (exercise or strike price) 決定是否購買某一特定通貨的權利。

⑶所謂賣出選擇權是指，選擇權的持有者（即買方）有在特定期間前依特定價格（即匯率）決定是否出售某一通貨的權利。

⑷無論買入選擇權與賣出選擇權都有買方及賣方。買方是指付出權利金而獲得選擇權的一方，買方並無履約的義務；賣方是指接收選擇權買方的權利金，而在選擇權買方執行權利時有義務履約的一方。換言之，買方如果覺得執行選擇權對他無利可圖，則他可以選擇不要執行此權利。

⑸外幣選擇權有特定的契約交易單位，其大部分為外幣期貨契約交易單位的半數（見表 11–3）。

表 11–3　2019 年 CME Group 外幣選擇權契約的交易單位

通貨別	選擇權契約的交易單位
英　鎊	£62,500
歐　元	EUR125,000
瑞士法郎	SF125,000
日　圓	¥12,500,000
加　幣	C$100,000
澳　幣	A$100,000

資料來源：CME Group

⑹外幣選擇權的到期月份為 3 月、6 月、9 月及 12 月。交割日為到期月的第 3 個星期三。最終交易日為交割日前的前一個星期五。

⑺外幣選擇權所交易的通貨有英鎊、歐元、澳幣、加幣、瑞士法郎、日圓等。

⑻外幣選擇權的報價方式通常以每單位外幣值多少美分（美元的 $\frac{1}{100}$）來表示。但日圓則以 1 日圓等於 1 美元的萬分的多少來報價。

⑼交易方式以交易所的集中交易為主，並以電子化方式交易。

⑽交易成本方面：

買方交易成本 = 佣金 + 權利金

賣方交易成本 = 佣金 + 保證金 − 權利金

由於選擇權賣方的風險很大，為避免賣方因損失過大而違約 (default) 而拒不交割，故依規定賣方須繳交保證金。買方則不須繳保證金，但買方須付權利金以作為獲得選擇權的代價。通常選擇權的滿期期間愈長（即所能選擇是否執行的期限愈長），則買方所須付出的權利金愈高。選擇權賣方若欲降低損失的風險，亦可進行拋補，選擇權賣方若已進行拋補，則風險及保證金繳存情形視拋補程度而定。由於未抵銷風險的選擇權賣者需承擔很大的風險，故其需繳存的保證金亦較大。

由於外幣選擇權乃是選擇權眾多交易標的中的一種，因此我們在第一小節對「選擇權的一般意義及特性簡介」，基本上都適用於外幣選擇權。

四、進出口商與投機者如何利用外幣選擇權市場來避險與投機？

選擇權市場可作為進出口商及投機者避險及投機的場所。以下我們分別從進口商、出口商及投機者的角度來作舉例與說明。

㈠進口商如何利用外幣選擇權市場來避險？

假設有一位美國的進口商預計在 6 個月後須支付一筆 £200,000 的進口支出，他擔心 6 個月後英鎊升值則他須用更多的美元去支付這筆進口支出。為了避免這種情況發生，此進口商可利用外幣選擇權市場來避險，茲說明如下：

購入 £200,000 的 6 個月買入選擇權，假設此買入選擇權契約的條件如下：

⑴執行價格：$2 / £

⑵權利金為選擇權契約金額的 1% = $400,000 × 1% = $4,000

①假如 6 個月後（或在這 6 個月內）的即期匯率為：$1.90 / £

⇒ 此進口商可在即期市場買到比執行價格更便宜的英鎊

⇒ 此進口商應在即期市場買英鎊以支付進口支出，而不要執行選擇權

⇒ 此進口商的損失 = 選擇權權利金 = $4,000

⇒ 此 $4,000 的選擇權權利金可視為保險費

②假如 6 個月後（或在這 6 個月內）的即期匯率：$2.10 / £

⇒ 選擇權契約的英鎊價格 ($2 / £) 比即期市場的英鎊價格 ($2.10 / £) 還來得便宜

⇒ 執行選擇權 (let the option exercised) 以購英鎊來支付進口支出

簡言之，此進口商購入買入選擇權後，便可將即期市場的匯率與執行價格（或履約價格）作比較，然後再決定是否要執行選擇權。而這筆買入**選擇權權利金**(premium or option price) 則可視為支付規避匯率變動風險的保險費。

個案討論

某家進口商「魚魚」預計在 9 個月後必須支付 100 萬美元的貨款，目前美元兌新臺幣為 $1 = NTD30，為避免美元在 9 個月後大幅升值，「魚魚」購入執行價格為 NTD30 / $1，9 個月的買權，權利金為選擇權契約金的 2%。假設 9 個月後美元兌新臺幣為 $1 = NTD29，則請問：

(1)「魚魚」會不會執行選擇權？

(2)「魚魚」在這筆外匯避險中是獲利還是損失？金額共多少？

(二)出口商如何利用外幣選擇權市場來避險？

假設有一位美國的出口商預計在 3 個月後會有一筆 ¥6,250,000 的收入，他若擔心 3 個月日圓的即期匯率貶值所造成的損失，則此出口商便可購入 3 個月的賣出選擇權。如此一來，不管這 3 個月日圓貶值有多大，此出口商最大的損失亦不過是此賣出選擇權的權利金，茲簡單說明如下：

若此出口商購入 ¥6,250,000 的 3 個月賣出選擇權，假設此賣出選擇權的契約條件如下：

(1)執行價格：$0.01 / ¥（即 1 美元 = 100 日圓）

(2)權利金為選擇權契約金額的 1%

= $62,500 × 1% = $625

①假如三個月後（或在這三個月內）的即期匯率為：1 美元 = 110 日圓

⇒ 選擇權契約的日圓價格比即期市場的日圓價格來得高

⇒ 執行選擇權，將出口收入以選擇權契約價格賣出日圓

②假如三個月後（或在這三個月內）的即期匯率為：1 美元 = 90 日圓

⇒ 即期市場的日圓價格比選擇權契約的日圓價格來得高

⇒ 此出口商應在即期市場賣出日圓，而不要執行選擇權 (let the option unexercise)

⇒ 此出口商的損失 = 選擇權權利金 = $625

簡言之，此出口商在購入此賣出選擇權後，便可比較即期市場的匯率與執行價格 (即選擇權契約的匯率)，看哪一個匯率對其較有利，然後再決定是否要執行選擇權。而這筆賣出選擇權的權利金 (premium or option price)，則可視為規避日圓貶值的風險所須支付的保險費。

㈢外幣選擇權市場對投機者而言

由於選擇權的買方只須付出一些選擇權的權利金便有希望來獲得相當大的利潤。因此，對投機者而言，其便可以少許的資金來賭博，這使得投機者的**財務槓桿增高** (high leverage) 並鎖定損失的最大額度 (其最大的可能損失 = 權利金 + 其他交易成本)。

當投機者如果預期某種通貨未來會升值，則他應**購入此種通貨的買入選擇權** (purchase a call option)，因為：

假如投機者預期未來英鎊會升值

⇒ 購入英鎊的買入選擇權

⇒ 未來即期市場的即期英鎊若真的升值

⇒ 選擇權契約所訂的英鎊價格較即期市場的英鎊價格低

⇒ 投機者執行選擇權，以契約價格買入英鎊

⇒ 高價在即期市場賣出英鎊

⇒ 投機者可賺取利潤

相反的，當投機者如果預期某種通貨未來會貶值，則他應**購入此種通貨的賣出選擇權** (purchase a put option)，因為：

假如投機者預期未來英鎊會貶值

⇒ 購入英鎊的賣出選擇權

⇒ 未來即期英鎊若真的貶值

⇒ 即期市場的英鎊價格較選擇權契約所訂的英鎊價格來得低

⇒ 執行選擇權，以契約價格賣出英鎊

⇒ 以較低的價格在即期市場買入英鎊以補回

⇒ 投機者可賺取利潤

即使投機者預測錯誤，其最大的損失亦不過是選擇權的權利金及其他交易成本，損失有限。也因為如此，外幣選擇權通常被拿來當作投機的工具。

外幣選擇權市場的主要參與者有貿易商、投資者、投機者及銀行。外幣選擇權契約的賣方通常為銀行或金融機構，例如花旗銀行 (Citibank)、美國銀行 (Bank of America) 等。這些銀行之所以願意作為外幣選擇權契約的賣方，最主要是著眼於選擇權權利金所帶來可觀的收入，例如一筆值 500 萬美元的日圓選擇權的權利金收入便有約 10 萬美元之多。但不可諱言的，作為外幣選擇權的賣方，其風險是相當大的。

五、外幣選擇權與外幣期貨及遠期外匯的比較

讀者至目前為止應該對何謂外幣選擇權的功能、意義及特性有了基本的瞭解，為了方便讀者作比較，表 11–4 對外幣選擇權、外幣期貨及遠期外匯的重要特點作一摘要性的比較，以利讀者複習之用。

表 11–4　遠期外匯、外幣期貨及外幣選擇權的比較

特點或項目	遠期外匯合約	外幣期貨契約	外幣選擇權契約
外幣種類	不限	日圓、英鎊、歐元、瑞士法郎、加幣、澳幣等	同外幣期貨
主要參與者	多國公司及避險者	投機者較多	投機者與避險者
契約的交易單位	沒有限制，買賣雙方可自行議定交易數量	有固定的交易單位，須符合此固定單位的倍數才能交易，例如 12,500,000 Yen，C$100,000 等	有固定的交易單位，其為 IMM 外幣期貨契約單位的半數
契約價格或訂價方式	不限，由買賣雙方議定	在交易所內公開競價後決定	同外幣期貨
到期日	由買賣雙方自行議定	有規定的到期月份及交割日期	有固定的到期月份

保證金	通常不須繳保證金，或由買賣雙方議定，但銀行對客戶通常會限定承作額度	買賣雙方皆繳保證金，包括原始保證金及維持保證金。保證金約契約金額的 5% 至 10%	買方不須繳保證金，賣方須繳保證金（約契約金額的 10% 以下）
擔保者	無	期貨交易所	選擇權清算公司 (option clearing corporation，簡稱 OCC)
直接交易成本	很少。佣金通常隱含在買賣價差上	很大。包括佣金及保證金。付一次佣金可執行一整筆交易	很大。買方：佣金＋權利金。賣方：佣金＋保證金－權利金
合約交割與清算	大部分有實際交割，但亦可以與銀行簽訂沖銷合約沖銷	很少實際交割，大部分是在到期日以反向操作方式沖銷	美式選擇權在最後通知日（星期五）以前的任一天可隨時要求立即履約。買方並無交割的義務

六、決定外幣選擇權價格的因素

一般而言，選擇權的價格 (option price) 或權利金 (premium) 的決定是由供給與需求原理所共同決定。但從另一個角度而言，選擇權的價值（或權利金）包括隱含價值 (instrinic value) 和時間價值 (time value) 兩個部分。所謂隱含價值是指，行使選擇權的財務利得，亦即選擇權的成交價格（即契約價格）與即期市價的價差。而時間價值之所以存在的原因，是因為選擇權契約有到期日，此外幣的即期價格從現在至到期日間會有所變動，以致使選擇權有價值。通常外幣選擇權付出距離到期日愈長，時間價值愈高；反之，時間價值愈低。在到期日當天，選擇權契約即無效，其時間價值即為零。

加曼 (Garman) 和柯爾哈根 (Kolhagen) 及葛拉伯 (Grabbe) (1983) 等學者將布萊克一斯科爾斯 (Black-Scholes) (1973) 的**選擇權定價模式** (option pricing model) 應用在外幣選擇權上，其認為外幣選擇權的定價可以如下模式來表示：

$$C = SN(d_1)e^{-r_f T} - EXN(d_2)e^{-rT}$$

其中 $d_1 = \log(\frac{S}{EX}) + (r - r_f + \frac{\sigma^2}{2})T$

$d_2 = d_1 - \sigma\sqrt{T}$

C：選擇權的價值 (present value of call option)

EX：選擇權所訂的執行價格 (exercise price or strike price)

T：距離到期日的時間 (time to exercise date)

σ^2：標的外幣報酬率的變異數

S：標的外幣目前的即期價格

r：本國利率

r_f：標的外幣利率

N(d)：累積常態機率密度函數 (cumulative normal probability density function)

根據以上的定價模式，吾人可知外幣選擇權的價值乃是由以下的因素（或變數）所決定：

1. 標的外幣目前的即期價格 (S)：即市價

就買入選擇權而言，選擇權的價值（即權利金）隨著市價的上升而提高，反之則愈低；就賣出選擇權而言，市價上升則權利金減少，市價下跌則權利金亦會提高。

2. 選擇權契約所訂的執行價格 (EX)

就買入選擇權而言，執行價格愈高，則權利金愈低。其原因是，執行價格愈高，買方執行契約的可能性愈低，如此對賣方而言，其所承擔的風險也就低，所以買賣雙方願接受的權利金也就愈低。相反的，如果是賣出選擇權，其執行價格愈高則權利金愈高，反之則愈低。

3. 距離到期日的時間 (T)

無論是買入選擇權或賣出選擇權，選擇權距離到期日的時間愈長，則權利金愈高，反之則愈低。其原因是，距離到期日的時間愈長，買方碰到合適市價而去執行選擇權的可能性愈大，故所須支付的權利金也就愈高。

4. 標的外幣報酬率的變異數 (σ^2)

無論是買入選擇權或賣出選擇權，標的外幣報酬率的變異數愈大，代表此外幣即期價格的變動性（或波動程度）愈大，如此一來選擇權的買方愈有可能履行契約來獲利或達到避險的效果。故市價（即外幣的即期價格）波動性愈大的選擇權標的物，其權利金則愈高，反之則愈低。

5. 本國利率與標的外幣利率的差距 $(r-r_f)$

就買入選擇權而言，國內外利率差距愈大 $(r-r_f)$——即本國利率與標的外幣利率的差距愈大，則權利金愈高，反之則愈低。就賣出選擇權而言，國內外利率差距愈大，則權利金愈低，反之則愈高。

七、外幣期貨選擇權

㈠外幣期貨選擇權的意義

在上一小節所談的外幣選擇權乃是即期外幣選擇權 (options on spot foreign exchange)，亦即其標的物是即期外幣（或外幣現貨）而非外幣期貨契約。但在 1984 年，芝加哥商品交易所 (CME)❽的國際貨幣市場部 (IMM) 開始引進了一種新的選擇權工具，稱之為**外幣期貨選擇權契約** (option on a foreign currency futures contract)。

外幣期貨選擇權契約的發行者為一些主要銀行及交易所。外幣期貨選擇權契約的交易標的物是外幣期貨契約而不是外幣現貨的選擇權，而費城證券交易所 (PHLX)❾的外幣選擇權契約的交易標的物則是外幣現貨。

外幣期貨選擇權是一項權利，這項權利的買方在付出權利金以後，可在一特定期間 (expiration date) 內要求賣方依一特定價格買入或賣出某項外幣的外幣期貨。以上為外幣期貨選擇權的定義，根據此定義，吾人有數點要加以說明的：

⑴外幣期貨選擇權可分為買入期貨選擇權與賣出期貨選擇權兩種。

⑵**買入期貨選擇權契約**是指，選擇權的買方在付出權利金給賣方後便獲得一項權利（但不是義務），此項權利賦予買方在特定期間內及特定價格下，買入某一定數量的外幣期貨。一旦買入期貨選擇權契約的買方執行其權利（即履約）後，買方對此項期貨契約便處於長期部位，而賣方對此期貨契約便處於**短期部位** (short position)。簡言之，買入期貨選擇權的買方有權利決定是否要買入此項期貨契約。

---

❽ 見註❶。

❾ 見註❺。

⑶**賣出期貨選擇權契約**是指，選擇權的買方在付出權利金給賣方後便獲得一項權利（但沒有義務），此項權利賦予買方在特定期間內及特定價格下，「賣出」某一定數量的外幣期貨。一旦賣出選擇權契約的買方執行選擇權（即履約）後，買方對此項期貨契約便處於短期部位，而賣方對此項期貨契約便處於長期部位。簡言之，賣出期貨選擇權的買方有權利決定是否要賣出此項期貨契約。

㈡外幣期貨選擇權的舉例說明

外幣期貨選擇權的價格是以每一單位外幣多少美分表示，以下我們將舉二個例子來加以說明：

例 1　假設你持有 CME Group 5 月瑞士法郎期貨的買入選擇權，其執行價格 (strike price) 為 67 美分，這表示：

⑴你可以購入執行價格為 1 法郎等於 0.67 美分的 125,000 法郎 5 月期貨。

⑵權利金 (premium) 為每 1 法郎為 0.45 美分：由於 5 月期貨 (May future) 每 1 法郎的權利金為 0.45 美分，因此，125,000 法郎 5 月期貨的權利金為 $0.0045 \times 125{,}000 = \$562.5$

例 2　假設你持有 3 月歐元期貨 (March EURO utures) 的買入選擇權，其執行價格為 \$0.90 / EUR，而目前歐元的即期價格為 \$0.9211 / EUR，若你執行此選擇權，你將以 \$0.90 / EUR 的價格對 3 月歐元期貨契約處於長期部位。由於目前歐元的期貨價格為 \$0.9211 / EUR，故這個期貨長期部位每單位歐元的價值為：

$$\$0.9211 / EUR - \$0.90 / EUR = \$0.0211 / EUR$$

若想馬上取得以上利潤的話，你可以採取另一個短期部位（賣空）來抵銷這個長期部位，或是就你期貨保證金餘額所多出的部分提領現金。

以上的舉例說明可能會讓讀者覺得，外幣期貨選擇權契約是一項很複雜，或很多餘，或聽起來很想睡覺的金融工具。但是對一些小型的貿易商而言，當其有鉅額的外幣支出（或收入）且覺得藉即期或遠期外匯市場來避險不容易或不合算時，則外幣期貨選擇權契約將是一項頗具吸引力的金融工具。對小型貿易商而言，當其與銀行買賣即期外匯時，其買賣價差及其他交易成本通常比**批發** (wholesale) 交易高出很多。再者，銀行基於信用條件或營運成本的考量，通常比較喜愛與大企業簽訂遠期外匯契約，而不喜愛與中、小型公司簽訂遠期外匯契約。但相反的，外幣期貨選擇權市場對中小型企業並不會有歧視，當中小型的貿易商有大筆遠期外匯收入或支出時仍可很容易藉由 IMM 的外幣期貨或外幣期貨選擇權契約來避險。

摘 要

1. 國際間的外匯市場除了即期外匯市場與遠期外匯市場外，尚有外幣期貨市場與外幣選擇權市場。
2. 外幣期貨市場與一般的遠期外匯市場的主要不同點有：(1)外幣期貨市場所交易的通貨種類有限；(2)外幣期貨交易有一定標準的契約單位；(3)外幣期貨交易的到期日有特定日期；(4)外幣期貨交易對每日匯率變動的幅度有所限制。
3. 外幣期貨交易採保證金制度，買賣雙方皆須繳保證金，其目的在保障買賣雙方的權益，以作為買賣雙方皆能履行其權利或義務的保證。保證金又可分為原始（或期初）保證金、維持保證金及變動保證金三種。
4. 由於大多數參與期貨交易者是屬於投機者，其並非以實際買賣期貨為目的。因此大多數的期貨契約都在交割日以前以反向交易方式，即賣出再買進或買進再賣出，沖銷掉了。
5. 當你預期某種外幣未來會升值，則你應對此外幣採取長期部位，亦即預先買入此種外幣期貨，然後等到此種外幣的即期市價上漲時再賣出。
6. 所謂選擇權乃是一項權利（而非義務），這項權利的買方在付出權利金後，獲得在一特定期間內要求賣方依一特定價格買入或賣出某項標的之權利。
7. 選擇權可分買入選擇權 (call option) 與賣出選擇權 (put option)。所謂買入選擇權是指，選擇權買方所購買者為「是否依特定價格買入」某種標的（例如股票或外幣）的權利。所謂賣出選擇權是指，選擇權的買方所購買的是「是否依特定價格賣出」某種標的（例如股票或外幣）的權利。
8. 歐式選擇權的買方必須在到期日當天才能履約，而美式選擇權則可在到期日前提早要求履約。
9. 選擇權交易的主要特性有：(1)選擇權是一種契約，也是一種權利，選擇權買方可決定是否要執行的契約；(2)選擇權可以轉讓契約的方式為之，亦即選擇權契約可以再買賣；(3)選擇權與期貨相同，二者都有固定的（或標準的）契約單位；(4)選擇權與期貨相同，一年中只有幾個固定的（或標準的）交割月份；(5)選擇權買方的最大損失為選擇權的權利金，但獲利卻可能無窮大；(6)選擇權與期貨相同，二者皆以交易所式的集中交易為主；(7)選擇權契約有期滿日，在期滿日以後，選擇權契約即無效。通常選擇權的期限愈長，其權利金就愈高；(8)選擇權標的履約價格與市場的即期價格有 at-the-money, in-the-money 及 out-of-the-money 三種關係。

10.對賣出選擇權的買方 (put buyer) 而言，其最大可能的損失為權利金，而其最大可能的利潤則為（履約價格 – 即期匯率）× 契約單位 – 權利金；對賣出選擇權的賣方 (uncovered put writer) 而言，其最大可能的利潤為權利金，其最大可能的損失則為（履約價格 – 即期匯率）× 契約單位 – 權利金。

11.遠期外匯契約的缺點是，買賣雙方到期時便必須以契約所訂的匯率來交割。而外幣期貨契約雖可在契約到期前以反向交易的方式來抵沖契約，但是外幣期貨契約須逐日計算未交割契約的盈虧，一旦保證金不足便須依規定補足差額，否則已承作而未交割的契約將遭斷頭（即拍賣）的命運。但是外幣選擇權的買方，則其並無到期一定要交割的義務，故其具有損失有限的特性。

12.當投機者如果預期某種通貨未來會升值，則他應購入此種通貨的買入選擇權；相反的，當投機者如果預期某種通貨未來會貶值，則他應購入此種通貨的賣出選擇權。

13.選擇權的價值（或權利金）包括隱含價值 (instrinic value) 和時間價值 (time value) 兩個部分。所謂隱含價值是指，行使選擇權的財務利得，亦即選擇權的成交價格（即契約價格）與即期市價的價差。而時間價值之所以存在的原因，是因為選擇權契約有到期日，此外幣的即期價格從現在至到期日間會有所變動，以致使選擇權有價值。

14.根據外幣選擇權的定價模式，外幣選擇權價值的決定因素有：(1)標的外幣目前的即期價格（即市價）；(2)選擇權契約所訂的執行價格；(3)距離到期日的時間；(4)標的外幣報酬率的變異數；(5)本國利率與標的外幣利率的差距。

15.外幣選擇權又可細分為即期外幣選擇權與外幣期貨選擇權二種。即期外幣選擇權的標的物為即期外幣，外幣期貨選擇權的標的物為外幣期貨契約。

習 題

一、選擇題

( ) 1.外匯市場包含下列何者？ (A)即期外匯市場 (B)股票市場 (C)國際原油市場 (D)房地產市場

( ) 2.以公開喊價的方式，承諾在未來一定時間及價格下，來交割一個標準數量的外幣買賣契約稱為 (A)外幣期貨 (B)外幣選擇權 (C)即期外匯 (D)遠期外匯

( ) 3.外幣期貨市場與一般遠期外匯市場的相同點為 (A)外幣期貨交易的到期日有特定日期 (B)外幣期貨交易有一定標準的契約單位 (C)外幣期貨市場所交易的通貨種類有限 (D)二者皆為未來才交割的外幣交易

( ) 4.外幣期貨交易為了保障買賣雙方的權益，因此產生下列何種制度？ (A)保證金制度 (B)金本位制度 (C)契約制度 (D)毀約制度

( ) 5.下列何者不屬於外幣期貨市場的保證金種類？ (A)原始保證金 (B)維持保證金 (C)變動保證金 (D)守密保證金

( ) 6.外幣期貨的交易成本除了保證金的利息外，還包括 (A)期貨成本 (B)佣金 (C)期貨利息 (D)保證金

( ) 7.選擇權乃是一種 (A)權利 (B)義務 (C)權力 (D)利益

( ) 8.下列何種選擇權的特色為「買方必須在到期日當天才能履約」？ (A)日式 (B)美式 (C)歐式 (D)韓式

( ) 9.下列何種選擇權的特色為「買方可在到期日前要求提早履約」？ (A)日式 (B)美式 (C)歐式 (D)韓式

( ) 10.選擇權標的履約價格與市場的即期價格有哪些關係？ (A) at-the-money (B) in-the-money (C) out-of-the-money (D) on-the-money

( ) 11.對賣出選擇權的買方 (put buyer) 而言，其最大可能的損失為 (A)佣金 (B)權利金 (C)信用 (D)利息

( ) 12.對賣出選擇權的賣方 (uncovered put writer) 而言，其最大可能的利潤為 (A)佣金 (B)權利金 (C)信用 (D)利息

(　) 13.下列何種交易方式的缺點為「買賣雙方到期時便一定必須以契約所訂的匯率來交割」？ (A)即期外匯契約 (B)遠期外匯契約 (C)歐式選擇權 (D)美式選擇權

(　) 14.根據外幣選擇權的定價模式，外幣選擇權價值的決定因素不包含下列何者 (A)距離到期日的時間 (B)選擇權契約所訂的執行價格 (C)本國通貨利率與標的通貨利率的差距 (D)國際原油的期貨價格

二、簡答題

1. 外幣期貨市場與一般的遠期外匯市場的主要不同點有哪些？
2. 試簡述外幣期貨交易是如何進行的？參與外幣期貨交易的客戶，其直接的交易成本有哪些？
3. 當你預期某種外幣未來會升值時，則你可以如何應用外幣期貨契約來投機或避險？
4. 何謂選擇權？買入選擇權 (call option) 與賣出選擇權 (put option) 的差別何在？
5. 請舉例說明為何買入選擇權的買方損失有限，但獲利卻可能無限？
6. 請說明為何對一個未抵銷性買入選擇權的賣方而言，其獲利有限，但損失卻可能無限？
7. 試舉例說明進口商如何利用外幣選擇權來避險？
8. 試舉例說明出口商如何利用外幣選擇權來避險與投機？
9. 試說明為何當投機者預期某種通貨未來會升值時，則投機者應購入此種通貨的買入選擇權？
10. 根據外幣選擇權的定價模式，外幣選擇權價值的決定因素有哪些？並請分別說明這些決定因素與外幣選擇權價值的關係。

第十二章 境外金融中心

學習目標

1. 境外金融中心的源由與形成。
2. 全世界主要的境外金融中心。
3. 境外金融中心對全世界流動性的影響。
4. 境外金融中心所產生的正、負面效果。
5. 我國境外金融中心的運作方式及與其他國家境外金融中心的比較。

第一節 境外金融中心的源由與形成

一、境外金融中心的源由

境外金融中心（offshore banking unit，簡稱 OBU）是由歐洲通貨市場衍伸而來，所謂**歐洲通貨** (Eurocurrency) 是指，各國商業銀行或金融機構所接受本國通貨以外一切外幣存款的總稱。例如，美元存款若存放於美國國境以外的外國銀行或美國銀行的海外分行，則稱之為**歐洲美元** (Eurodollar)；同樣，英鎊存款若被存放於英國境外，則稱之為**歐洲英鎊** (Eurosterling)。在此要特別說明的一點是，「歐洲通貨」一詞中的「歐洲」(Euro) 並非指地理上的「歐洲」，而是泛指通貨發行國家以外的地區——即「境外」的意思。而境外之所以要冠以「歐洲」的名稱，乃是起源於當初美元被存放於位於歐洲的商業銀行。

而所謂**歐洲通貨市場** (Eurocurrency market) 則是指，以銀行為中介，從事歐洲通貨借貸的場所。更具體而言，任何國家、地區或城市，凡主要以外幣為存、放（或交易）標的，以非本國居民為主要交易對象，其本國銀行或外國銀行所形成的銀行體系，即可稱之為歐洲通貨市場。

歐洲通貨市場以**批發性銀行** (wholesale banking) 的業務為主 ， 通常以 50 萬美元為單位，放款金額鉅大，所需的人工及經營管理費用較低，交易對象通常是大企業、公營企業或多國籍企業，因債信較好，故借款利率較低。由於其交易方式是引進外來資金，再將資金貸放給國外，因此其主要是一種外對外的市場型態。歐洲通貨市場的存、放款業務在本質上與國內銀行的存、放款業務沒什麼差別，唯一的不同點是通貨的發行國與此通貨交易所發生的地點有所不一樣，歐洲通貨市場基本上是由通貨發行國的境外銀行來提供的服務。

基本上，一種通貨要能成為歐洲通貨市場的交易對象，其必須是在國際貿易與金融上被普遍使用的**通兌通貨** (convertible currencies)。剛開始，歐洲通貨市場只接受「美元」的借貸業務。漸漸的一些主要的國際通貨亦成為歐洲通貨市場借貸業務的通貨標的，這也就是歐洲美元市場漸漸被稱為歐洲通貨市場之因。及至後來，這些通兌通貨在通貨發行國以外的國家的銀行從事借貸的業務的方式亦漸漸在非歐地區，例如東京、香港、新加坡、科威特等國際金融中心進行，這些則通常被泛稱為「**境外存款**」(offshore deposits)，這也就是歐洲通貨市場又漸漸被稱之為境外金融中心 (OBU) 的原因。

二、境外金融中心的形成

⑴二次大戰後，美國實施「歐洲復興計畫」（又稱馬歇爾計畫）對歐洲提供大量美援以協助歐洲戰後重建及美軍駐紮歐洲，使得大量的美元流入歐洲。

⑵1950 年代東西雙方冷戰時期，蘇聯及東歐集團的中央銀行不願將其所擁有的美元存放在美國，以免在危機時被美國政府凍結，因此便將美元存款轉存於歐洲各國（尤其是英、法兩國）的銀行，而歐洲各國銀行再將這些存款轉貸予本國銀行或外國銀行，因而逐漸擴大歐洲美元市場的規模。

⑶1957 年英鎊危機，英格蘭銀行（Bank of England，英國的中央銀行）加強管制英鎊，使得原本以英鎊融資國際的「倫敦海外及商人銀行」集團，為求生存不得不改以美元融資國際貿易，這便助長了歐洲美元市場的成長。

⑷在馬歇爾計畫的援助下，歐洲各國經濟逐漸復興，對美國的貿易產生順差，美元因而大量流入歐洲，歐洲各國銀行的美元存款因而不斷增加。

⑸1960 年代，美國因越戰的龐大軍費支出使得國際收支逆差加大，大量的美元因此流向海外，尤其是流入歐洲。

⑹美國自 1960 年開始實施各項金融管制：

①1960 至 1982 年美國聯邦儲備局頒布「**規則 Q**」(Regulation Q)，限制美國的銀行給付定期存款的利率上限，使得大量的美元資金轉存入歐洲銀行。

②1963 年美國對持有外國證券的美國人開徵**利息平衡稅** (interest equalization tax，簡稱 IET)，使得外國企業無法透過證券的發行在美國境內順利籌措資金，於是美國境內的銀行乃將大筆資金移轉至歐洲的分行，而外國企業亦轉而向歐洲美元市場籌措資金，助長了歐洲美元市場的成長。

③1965 年美國實施「**對外信用限制方案**」(Foreign Credit Restraint Program，簡稱 F.C.R.P.)，限制美國銀行對外放款，設立約束海外投資方案，於是美元的貸款需求乃轉向歐洲美元市場。

④1968 年美國立法管制資金的外流，再次促使美元資金的需求者轉向歐洲美元市場以取得貸款融資。

⑺兩次石油危機，石油輸出國家組織 (OPEC) 的會員國因油價高漲而取得大量的油元 (oil-dollars)，但因政治因素的考慮將這些油元存放在歐洲的銀行；而石油進口國及一些低度開發國家則因油價高漲使得石油開支大幅增加，故轉向歐洲通貨市場借入資金以融資其經常帳的逆差。因此，油元使得歐洲通貨市場的存放款數量大幅增加，而歐洲通貨市場亦有效的扮演油元**回流** (recycled) 中介的角色。

⑻電信、通訊科技與網路的發展，使得美元能在國際間更迅速的交易，而歐洲通貨市場亦隨之更形活躍與發展。

三、境外金融中心的發展

境外金融中心自 1960 年代形成後，即呈現快速成長的局面。就亞洲而言，亞洲目前已有 12 個境外金融中心 (OBU)，其中東京、倫敦及紐約是公認的全球三大**國際金融中心** (international financial center，簡稱 IFC)，而新加坡與香港則是亞太地區的**區域金融中心** (regional financial center)。

境外金融中心成立至今，除了在「交易量」大幅擴張外，其所交易的通貨種類亦一直增加。剛成立時，其所交易的通貨僅有美元；1960 年代以後，其所交易的通貨除了美元外亦包括英鎊、日圓等國際通貨，而美元交易占所有歐洲通貨交易的比率亦隨著時間而逐漸下跌。

而境外金融中心地理位置的分布從倫敦發跡，而後擴展到其他歐洲的大都市（如蘇黎世），然後再擴展到加勒比海的巴哈馬及開曼群島，進而擴展至香港、新加坡及巴林等亞洲的金融中心。也由於境外金融中心已擴展到全球這麼多的地理區域，因此目前的境外金融中心事實上是一天 24 小時持續在全球有效營業。

此外，境外金融中心的交易工具 (instruments) 也由傳統的長期存放款，進展到**銀行團聯貸** (syndicated bank loan)。而利率亦由過去的長期固定利率進化為以倫敦銀行間拆放利率的報價 (LIBOR) 或美國國庫券利率為指標的短期貸款利率，其目的在避免通貨膨脹及利率變動所造成的風險。隨著**歐洲債券** (Eurobonds) 及其他新金融交易工具的成長，這些創新過程更是加速的進行中。

第二節 全世界主要的境外金融中心

一、境外金融中心的發展要件

一個地區之所以能發展成境外金融中心，通常具有如下的因素與條件：

1. 良好的地理位置與時區 (time zone)

例如新加坡及巴林的營業時間能與其他外匯市場銜接，使其能成功的發展境外金融中心。

2. 龐大的資金來源

例如新加坡可就近吸收附近的亞洲美元存款；巴林可就近吸收龐大的石油美元。

3. 穩定的政治、經濟環境

例如政府與鄰近國家關係良好而密切、當地沒有政變、戰爭的可能性，沒有政府接收的威脅、政府不可能公布不利於境外金融中心發展的政策等，唯有穩定的政治、經濟環境才能吸引外資流入。

4.較少的金融管制

由於境外金融中心的競爭相當激烈，若一國政府沒有外匯及信用的管制、尊重財務的隱私權 (financial privacy)、讓市場自由操作、提供優惠的租稅條件等，則該國的境外金融中心愈有可能發展成功。

5.健全的法律制度

境外金融中心當地的法律除了使外國投資者有所遵循與保障外，還要能作適時與合理的調整。

6.完整的銀行體系

欲成立境外金融中心，則其本國銀行須體系完備、實力雄厚、分支機構散布世界各地，且與各地金融市場關係良好。

7.完善的配套設施

例如全球化的金融交易系統能與全球各金融中心連線，將市場情報快速且有效率的傳遞給市場參與者。

8.充裕的專業人才

境外金融中心需要數量足夠、外語能力良好、具備國際金融、航運、保險、法律與會計等相關知識的專業人才。

二、境外金融中心的類型

境外金融中心若以其與境內市場的分離程度及組織與交易的特性來分，可分成如下三種類型：

1.內外一體型

此類型的境外金融中心其境外金融市場與境內金融市場的租稅負擔相同，資金可在這二個市場間自由流通不受限制，故這二個市場可說是同一個市場。例如倫敦及香港的境外金融便是屬於此種類型。

2.內外分離型

此類型的境外金融中心其境外金融市場與境內金融市場的租稅負擔不同，通常境外金融市場可享受較優惠的租稅條件，亦不受存款準備金及利率上限的規定或限制，而境內金融市場則無此優惠。基於前述原因，其境外金融市場通常與境內金融市場分離，亦即資金在這二個市場間無法自由流通。另外，此類型的境外金融中心通常會透過優惠的措施等人為力量來吸引國外資金來此交易。例如美國的 IBFs、東京的 JOM、新加坡的亞洲通貨市場及我國的境外金融中心便是屬於此種類型。

在此要特別說明的一點是，內外分離型的境外金融中心的「境外」二字並非指在某一地區從事境外金融交易，而是指有境外金融業務的金融機構須有國外帳與國內帳之分，國外帳記載境外的金融交易並享有優惠的措施，國內帳則記載境內的金融交易。

3. 租稅避難型

此類型的境外金融中心通常是一些小型島國經濟的國家為增加稅收，以極優惠的租稅條件吸引國外的金融機構至該地設立分行所形成，通常無實際的金融機構及金融交易存在。

外國銀行在此註冊設立的分行，通常只是虛有其名的空殼分行 (shell branch)，其目的是為了將其他地區的金融交易記入此空殼分行的帳上以逃避租稅，該分行的實際業務及帳冊皆位於總部或其他地區，而該分行的運作決策，也都是由位於總部的銀行交易室 (trading office) 所決定。

根據上述可知，此類型的境外金融中心，在實際上，只是各國銀行的記帳中心 (bookkeeping center) 或租稅避難所 (tax haven)，例如開曼群島 (Cayman Islands)、巴哈馬 (Bahamas)、海峽群島 (Channel Islands)、荷屬安地列斯等地的境外金融中心便是屬於此種類型。

三、全世界主要的境外金融中心

境外金融中心如果依地理位置來分，可分為：

1. 西歐地區

包括倫敦、巴黎、蘇黎世及海峽群島 (Channel Islands)。

2. 中美洲地區

包括開曼群島 (Cayman Islands) 及巴哈馬 (Bahamas)。

3.中東地區

杜拜 (Dubai)。

4.美國

包括美國各州內的**國際金融業務單位**（international banking facilities，簡稱 IBFs）。

5.亞洲地區

包括香港、東京及新加坡。

以下我們僅針對與臺灣金融關係較為密切的四個地區之境外金融中心作一簡要的介紹。

㈠西歐地區的境外金融中心——倫敦

倫敦是歷史上第一個境外金融中心，也是全球主要的境外金融中心之一，屬於內外分離型。倫敦之所以在全球的歐洲市場有此獨特的地位，一方面得之於大英帝國在金融歷史上的傳統優勢，另一方面則是因為英國政府一向抱持門戶開放政策及金融自由化的宗旨，對銀行從事境外金融（即英鎊以外的通貨）的業務有較少的限制。例如英國的中央銀行英格蘭銀行 (Bank of England) 免除歐洲通貨存款準備金及外國銀行在英國的分行資本額限制的規定，使得倫敦境外金融中心的主角為美國及日本的海外銀行，而非英國本身的銀行。

就全球境外金融的資產而言，倫敦為中期歐洲信用貸款 (medium-term eurocredit lending) 最主要的中心，因此倫敦銀行間同業拆放利率 (LIBOR) 便成為國際間最被廣泛使用的歐洲美元貸款的參考利率 (reference rate)。歐洲美元貸款利率通常是以 LIBOR 為計算基礎，再依貸款者本身債信的不同而給予不同的加碼 (premium)。

㈡加勒比海（中美洲）的境外金融中心——開曼群島

開曼群島的境外金融中心為國際上著名的租稅避難所 (tax haven)，參加的銀行主要目的在逃避租稅，其分行的設置通常只是虛而不實的「紙上公司」(paper company) 或空殼分行。

由於在開曼群島成立分行所需的資本額較低，且當地並無放款、利率及準備金等等的限制與規定，容易吸引外資流入，再加上開曼群島使用英語、通訊設備良好、營業時間與美國一樣等原因，使得開曼群島成為國際上知名的境外金融市場。

㈢美國的境外金融中心——IBFs

美國主管當局有鑑於 1960 年代其對國內金融及資本的限制，助長了歐洲美元市場的快速發展，使得美國的金融機構在國際金融市場的競爭力倍受打擊。因此於 1981 年 12 月 3 日成立國際金融業務單位 (IBFs)，修訂 D 及 Q 法規（其中 D 免除存款準備，Q 不受利率上限的限制），放寬對境外金融業務的管制，以期能吸引存於國外金融機構的美元回流美國本土。IBFs 成立後，美國的境外金融業務成長頗快，為世界第三大境外金融中心。美國目前境外金融業務較發達的城市有紐約、波士頓、舊金山和華府等。

美國 IBFs 屬於內外分離型的境外金融中心，因此所有成立 IBF 的美國銀行或外國銀行在美國的分行，須有國內帳與國外帳（即 IBF 帳）之分，其中國內帳記載境內金融的交易，而 IBF 帳（國外帳）則記載境外金融的交易。IBF 帳的存款（即境外金融的存款）不須存款準備金亦無利率上限的規定，但是對非銀行的存款則有最低到期日為 2 個營業日的規定，而非銀行交易的最低交易額則為 10 萬美元。

IBFs 的存放款客戶僅限於外國居民、其他銀行的 IBFs 及 IBFs 的母公司。假如一家銀行的 IBFs 對其母公司放款，則母公司銀行仍須就其境外金融的部分受一般存款準備金的規定。IBFs 的交易須繳聯邦稅，至於州稅及地區稅則視不同州而有不同的規定，有些州已通過法律免除 IBFs 州稅及地區稅的規定。

此外，最重要的一點是，IBFs 不能發行可轉讓工具 (negotiable instruments)，例如可轉讓定期存單（negotiable certificate of deposits，簡稱 NCD），亦不能獲得聯邦存款保險公司 (FDIC) 的保險，其目的在避免美國居民可在次級市場上購買並持有。此項政策減少了 IBFs 對美國的銀行的吸引力，許多美國的銀行都寧可到開曼群島成立空殼分行，以避免受到此項「不能發行可轉讓工具」的限制。因此，當美國剛允許成立 IBFs 時，最熱衷的為日本及義大利的銀行，而非美國的銀行。

㈣亞洲地區的境外金融中心——香港、東京與新加坡

亞洲地區已有東京、新加坡、香港、杜拜、雪梨等12個境外金融中心，其中香港由於中國大陸經濟成長所帶動的金融需求，使其境外金融市場蓬勃發展；東京由於日本長期為亞洲經濟大國，故其境外金融中心亦占有重要地位；新加坡則為亞洲美元市場（Asian dollar market，簡稱ADM或Asian currency unit，簡稱ACU）的中心。以下我們將就這三地的境外金融中心作一簡單扼要的介紹。

1.香港的HKMA

香港銀行體系的主管機關為香港金融管理局（Hong Kong Monetary Authority，簡稱HKMA），由於香港為內外一體型的境外金融中心，所有銀行體系皆可辦理境外金融中心業務，且香港境內外金融業務合計於同一會計帳中。為了因應新加坡亞洲通貨單位(ACU)的威脅，香港政府也逐漸採取許多自由化的措施，如1978年重新頒發外國銀行營業執照、1982年取消外幣存款15%的利息所得稅。

透過一系列開放措施，加上香港擁有的優越條件（如政治與社會穩定、經濟自由、現代化的基礎設備等），使香港一直維持其亞太地區金融中心的地位。根據HKMA的統計資料，2014年5月香港有159家持牌銀行(licensed banks)、20家有限制持牌銀行(restricted licence banks)及23家接受存款公司(deposit-taking companies)。

2.日本的JOM

日本境外金融市場（Japan offshore market，簡稱JOM）成立於1986年12月，其目的為：

⑴促使日圓更進一步國際化。

⑵促使東京金融市場國際化及提高日本銀行在國際金融市場的競爭力。

⑶提高歐洲日圓交易獲利的範圍與空間。

⑷降低未設有海外分行的日本地區銀行經營國際金融業務的成本。

JOM與美國IBFs同屬內外分離型的境外金融中心，JOM的參與對象僅限於大藏省核准的外匯指定銀行，及部分地區性的中小銀行。此外，JOM與美國IBFs一樣，二者皆不被允許發行可轉讓定期存單，且免提存款準備，免存款保險及無利率上限的規定。JOM與其他地區的境外金融中心相比，其日圓交易與外幣

交易在 JOM 內平分秋色，而其他地區的境外金融中心則以美元的交易為主。

3.新加坡的 ACU

負責新加坡境外金融中心業務的銀行分行稱為「亞洲通貨單位」（Asian currency units，簡稱 ACU），第一家成立 ACU 的銀行為美國商業銀行，設立於 1968 年 5 月。新加坡政府除了藉由法規積極推動 ACU 外，政府穩定、時區位置、足量專業人力的提供以及完善的交通、通訊設備都是新加坡能成功發展成為區域金融中心的助因。ACU 是新加坡政府致力規畫的成果，與倫敦境外金融中心的自然形成不同。

由於東南亞是全球經濟成長率最高的地區，因此 ACU 的市場成長率遠超過歐洲美元市場。ACU 為亞太地區歐洲通貨或亞洲美元市場（Asian dollar market，簡稱 ADM）的中心，而新加坡銀行間同業拆出利率（Singapore inter-bank offered rate，簡稱 SIBOR）為亞洲美元貸款常被使用的參考利率之一。

根據新加坡金融管理局（Monetary Authority of Singapore，簡稱 MAS）統計顯示，ACU 從 1996 年至 2002 年間其資產規模一直在 5,000 億元上下浮動，呈現相當穩定的趨勢，由此趨勢可判斷 ACU 的發展早已相當成熟。小小一個彈丸之地的新加坡能建立如此市場規模的境外金融中心，頗為國際上所稱羨。

第三節

境外金融中心對全世界流動性的影響

一、境外存款是否屬於貨幣供給的一部分？

由於境外存款大部分為**定期存款** (time deposits)，而非支票或活期存款等**存款貨幣** (demand deposits)，因此，到底境外存款屬不屬於貨幣供給的一部分，以及境外金融中心對全世界流動性擴張的影響，一直是常引起爭論的話題。

到底境外存款是否屬於貨幣供給的一部分，其實須視吾人對「貨幣」是作狹義的定義或廣義的定義。假如吾人對貨幣只作狹義的定義，亦即其只包含流通的現金、活期存款及支票存款，則由於境外存款大部分為定期存款及其無法簽發立即付現的支票，故其不屬於貨幣供給的一部分。不過，境外存款雖然是一種定期存款，但它的期限由一日至數年不一，貨幣性的高低也就有所不同。例如，美國較廣義的貨幣供給 (M_2) 即包括隔夜 (over night) 的境外存款在內。吾人如果再將貨幣供給加以擴大及作更廣義的定義，則較長期限 (maturity) 的境外存款亦將被視為貨幣供給的一部分。因此，到底境外存款是否屬於貨幣供給的一部分，須視吾人對貨幣是作狹義或廣義的定義而定。

二、境外金融中心對全世界流動性擴張的影響

有關境外金融中心對全世界流動性擴張的問題，有的學者用傳統的固定乘數分析法來說明歐洲美元信用創造的程序；有的學者則使用更有伸縮性的資產組合分析法來探討。以下我們將就這二個學派作一簡要的說明。

㈠固定乘數分析法

以下我們要分析民間部門 100 萬美元資金由美國銀行（代表美國的任一商業銀行）存入境外銀行後對全世界貨幣供給的影響。在此要提醒讀者的一點是，美元部分的世界貨幣供給，依定義應包括民間所持有的境外存款，但扣除境外銀行在美國銀行體系中所保有的美元現金。

假設民間部門的某廠商在美國銀行有活期存款 100 萬美元，現將此筆存款存入境外銀行成為定期存款，以獲取較高的利率報酬。以上這個存款轉帳後，境外銀行的資產負債表變化如下（不考慮在此之前的情況）：

境外銀行

資產		負債	
現金	100 萬	境外存款	100 萬

假設此境外銀行以現金形式保留 10 萬美元，其餘 90 萬美元貸放給美元借款人，則其資產負債表將變化成如下：

境外銀行

資產		負債	
庫存現金	10 萬	境外存款	100 萬
放款	90 萬		

於是全世界的貨幣供給增加。但是，接下來這 90 萬美元放款的流向卻是引起各方爭論的焦點，這筆 90 萬美元放款的流向有如下三種可能：

⑴可能流入美國銀行體系而終止全世界貨幣供給的擴張。

⑵可能被兌換成另一種貨幣，於是美元存款由某一中央銀行持有。在此吾人若假設各國中央銀行並不再將美元準備轉存境外金融中心，則世界貨幣供給將不可能再擴張下去。但是如果這個假設不存在，亦即如果各國中央銀行將其參與外匯市場所購得的美元準備存於境外銀行，投機者再向境外銀行借入這些美元投入外匯市場，各國中央銀行再買入這些美元後**回存** (redeposit) 入境外銀行，如此持續下去，境外存款的流失率將很低，存款擴張乘數及世界貨幣供給的增加將很大。為了防止此現象的發生，1971 年主要工業國家同意對於任何額外增加的外匯準備不以境外存款的方式持有，但其他國家（如石油輸出國家組織的會員國）仍將約 40% 的官方美元準備存入境外銀行（亦即以境外存款的方式持有）。

⑶可能又被轉存入另一境外銀行。在此情況下，將再度引起另一回合的貨幣創造過程，使全世界的流動性持續的擴張及增加下去，世界貨幣供給的增加額將為：

$$\Delta M = (1-r)\Delta A + d(1-r)^2\Delta A + d^2(1-r)^3\Delta A + d^3(1-r)^4\Delta A + \cdots$$

$$\frac{\Delta M}{\Delta A} = \frac{1-r}{1-d(1-r)}$$

或 $\Delta M = \Delta A\dfrac{1-r}{1-d(1-r)}$

其中 ΔM：世界貨幣供給的增加額

ΔA：最初存入境外銀行的境外存款

r：境外銀行體系保留現金占存款的比率

d：放款回流比率，即每筆放款再回存至境外銀行體系的金額占原先放款的比率，亦即 $d = 1 -$ 現金流損率由以上的公式吾人可知，世界貨幣供給增加額 (ΔM) 的大小視境外銀行體系保留現金占存款的比率 (r) 以及放款回流比率 (d) 的大小而定。以下我們來討論幾種可能的 r 與 d 的值對 ΔM 的影響：

(1)假如 $d = 0$，則 $\Delta M = \Delta A(1 - r)$。換言之，假如境外放款的回存（流）比率為零，則乘數變為 $(1 - r)$，亦即乘數必定小於 1。

(2)假如 $d = 1$，則 $\Delta M = \Delta A\frac{1 - r}{r}$。換言之，假如境外放款的回流比率為百分之百，則乘數變為 $\frac{1 - r}{r}$。

(3)假如 $r = 0$，則 $\Delta M = \Delta A\frac{1}{1 - d}$。換言之，假如境外銀行體系保留現金占存款的比率為零，則乘數變為 $\frac{1}{1 - d}$。

(4)假如 $r = 0$ 且 $d = 1$，則 $\frac{\Delta M}{\Delta A} = \infty$。換言之，假如境外銀行體系保留現金占放款的比率為零且境外放款的回流比率為百分之百，則乘數為無窮大。

從以上的討論吾人可知，境外存款擴張乘數的值取決於我們對 r 與 d 所作的假定。境外銀行體系保留現金占存款的比率愈小，則境外存款擴張乘數愈大；而境外放款回存於境外金融中心的比率愈大，則境外存款擴張乘數也就愈大。

由於境外存款並無法定準備的規定，因此假如現金流損率 (cash leakage fraction) 為零，則境外存款擴張乘數的理論值將為無窮大。而在實際上，境外銀行可能會保有相當少量的準備，故有人認為乘數的值將非常的大。

很多學者認為，在境外金融中心逐漸普遍為各界所接受下，則放款回流率（即 d 值）可能逐年增加，故境外金融中心對世界貨幣供給額的擴張影響應很強大。此外，假如各國中央銀行把愈多的美元準備存於境外銀行，則 d 值也必然愈大。

不過亦有人認為境外存款為一定期存款，存款者並不能簽發支票作為交易媒介，故其不屬於貨幣供給的一部分，而境外存款並不像商業銀行的活期存款或支票存款一般作為共同接受的交易媒介，且境外銀行貸放出去的資金回流的比率非常小。因此，持此觀點的人認為，境外存款不至於顯著的擴張世界的流動性。

㈡資產組合分析法

對於㈠以固定乘數分析法來探討境外存款的存款擴張效果，有些學者（例如休森 (J. Hewson) 或榊原 (E. Sakakibara)）則抱持反對的態度。他們認為以固定的乘數將一般銀行理論套用到境外金融中心並不適當，因為一般國內的銀行是在制度固定及法規重重的管制之下經營，但是境外金融中心則是一個極為自由與競爭的市場。在固定乘數分析法所導出來的公式中，放款回流率（即 d）及現金占存款的比率（即 r）在國內銀行體系，短期內或許還可被視為固定，但在境外金融中心，r 與 d 的數值則是極不穩定的變數，其主要取決於境外銀行的資產選擇過程也受利率結構的影響，其絕非是一個固定的常數。因此，他們認為以固定的乘數分析法來探討境外金融中心的存款擴張效果或世界流動性的擴張效果並不適當。

Hewson 及 Sakakibara 等學者認為，一般國內的銀行如果從大眾吸收「短期」存款而後對大眾作「長期放款」，則確實可增加非銀行部門的流動性。而國內銀行體系的正常營業特色亦是借入短期資金而貸放長期資金，此點通常表現在國內銀行的資產到期日與負債到期日長短不必配合一致的特性。因此，國內銀行體系存放款的增加，對非銀行部門的流動性的貢獻的確很大。但是在境外金融中心上，境外銀行的資產到期日的長短往往與負債到期日的長短密切配合，因此境外金融中心存放款的擴張並不一定有助於非銀行部門淨流動性的增加。他們認為境外存款為一定期存款，境外銀行所扮演的角色只是存款者與借款者的金融中介，其既不能創造存款貨幣（即支票存款與活期存款），亦不可能增加一般大眾的流動性。其只是將現存的流動性作不同的分配而已，亦即其只是使得已經存在的存款的所有權由一人的手上移轉到另一人的手上。因此，他們認為境外金融中心的擴張對非銀行部門的淨流動性並不一定有貢獻。

Hewson 及 Sakakibara 等學者強調，**應以到期日的轉換** (transformation of maturity) 作為境外金融中心存、放款的擴張是否能增加一般大眾流動性的主要標準。他們更指出，境外銀行存款的增加對非銀行部門流動性的影響，不能只看非銀行部門的資產面，而必須將資產與負債合併考慮，計算其對淨流動的影響才是正確。

不過，後來亦有學者以英國境外銀行的資產與負債資料作分析，且證實出境外銀行也能部分轉換到期日。準此而言，境外金融中心的擴張對全世界流動性的增加似乎仍有相當程度的貢獻。

個案討論

假設你是在中國大陸投資的臺商，面對人民幣 (RMB) 的普遍升值，你透過在香港的境外分行 (OBU) 借了一筆美元後，你會如何進行投資操作？

第四節
境外金融中心所產生的正負面效果

一、境外金融中心所產生的正面效果

境外金融中心對全世界及各國所產生有利的正面效果主要有如下幾點：

1. 提高國內銀行的競爭與效率

境外金融中心以大筆金額從事交易，且不受存款準備及利率的限制，成本便宜、效率高、收取較低的利率加碼，此種資金龐大與高效率的經營方式對各國國內銀行造成很大的競爭壓力，從而提高了各國國內銀行的經營效率。

2. 促使油元回流及避免國際流動性危機

例如在 1970 年代，境外金融中心便很成功的扮演國際間中介的角色，其一方面吸收 OPEC 會員國大量石油美元的存款，另一方面則提供貸款給因油價高漲而亟需資金以進口石油的國家。因此，有人認為境外金融中心的存在化解了 1970 年代國際流動性的危機，使油元順利地由 OPEC 會員國再度回流至石油進口國，避免國際經濟因流動力不足所產生的緊縮效果。

3. 提高全世界資金的流動性

將世界各國的金融市場整合為一，有助國際間資金融通，提供存款者更高的利率報酬且提供貸款者較低的利息成本。此外，境外金融中心尚提供投資者在外匯市場買入外幣，存入境外存款，以增加流動性的途徑。

4.為境外銀行建立良好的交易網

例如，假設有一家法國的銀行有多餘的資金，而有一家美國的銀行對資金有需求，此時若經過境外金融中心的媒介，彼此便很容易找到合適的交易對象。因為，縱使美國的境外銀行與法國的境外銀行彼此間不認識，亦可透過與其他境外銀行的鏈鎖關係而達成交易。是故，境外金融中心的每筆貸款往往可能已輾轉很多次，這也就是欲正確衡量境外金融中心的規模並非一件很容易的事的原因。

5.提高資金運用效率

境外金融中心的存在提供了更多的套匯、套利及分散風險的機會，借貸雙方皆可獲得益處，國際間資金使用的效率得以全面提高。

6.提供市場參與者迅速取得市場動態的情報

由於通信技術的快速發展，不具有有形實體的歐洲通貨市場的個別參與者，得以透過電話、電腦以及路透社、美聯社等資訊服務公司，迅速取得市場最新的情報。

7.增加就業機會，促進經濟繁榮

一國成立境外金融中心，透過金融服務業的連鎖效果，可創造一些就業機會及促進該國金融服務業及經濟的發展。因此，世界各大都市均想建立境外金融中心或國際金融中心，2013 年全世界排名前 10 大的國際金融中心為倫敦、紐約、香港、新加坡、蘇黎世、東京、日內瓦、波士頓、漢城及法蘭克福。境外金融業務對這些都市的就業及經濟發展都扮演很重要之角色。

二、境外金融中心所產生的負面效果

境外金融中心對全世界及各國所造成的負面效果主要有如下幾點：

1.降低一國經濟穩定政策的效果

例如，假設一國政府欲藉由信用管制的經濟穩定政策來減少國內通貨膨脹的壓力，但是在有境外金融中心存在的情況下，該國國內的大企業雖然因信用管制的原因，無法自國內的銀行獲得貸款，但其通常仍可向境外金融中心貸款，如此一來，便使得該國信用管制的措施所能產生的效果大打折扣。此種負面效果，對一個國內金融交易的數量比境外金融中心交易量還來得小的小型國家更是如此。

2.降低各國貨幣政策的自主權

境外金融中心的存在將使得一國無法有效的控制貨幣數量、利率及匯率，因而降低一國貨幣政策的自主性。

舉例來說，假設一國欲採取擴張性的貨幣政策以降低利率，進而刺激投資意願及經濟。但是在有境外金融中心存在的情況下，該國擴張性貨幣政策所造成貨幣供給與資金的增加，其將有部分的資金為追求高存款利率的報酬，而流向境外金融中心，使得境外金融中心的利率及其他國家的利率水準亦隨之降低。如此一來，該國貨幣當局欲藉擴張性貨幣政策來降低利率及刺激景氣的效果將大打折扣。同理，在有境外金融中心存在的情況下，一國採取緊縮性的貨幣政策（如提高本國利率或緊縮信用）將使境外金融中心的資金流入該國（亦即本國人民或企業將轉向境外金融中心貸款），如此一來，緊縮性貨幣政策的效果必然大打折扣。

不過在此要向讀者特別說明的一點是，境外金融中心的存在對一國貨幣政策自主性的影響，須視該國所採取的匯率制度及經濟規模的大小而定。對一個固定匯率制度的小國家而言，境外金融中心的存在將使其貨幣政策完全失效。因為在境外金融中心所造成全球資本市場高度整合下，該國若採擴張性貨幣政策，其資金將經由境外金融中心流至其他國家，除非該國採浮動匯率制度，否則資金的外流將抵銷掉擴張性貨幣政策的效果。

由以上簡單的分析吾人可知，境外金融中心的存在，使得一國在貨幣數量控制與匯率政策之間選擇的困難增加。不過這也告訴吾人一個事實，即在境外金融中心的存在及全球資本市場高度整合的情形下，各國間政策的互相協調實有其必要性。

3.造成匯率及利率的不穩定現象

境外金融中心的存在，使得大量與短期的歐洲通貨資金在全球各國際金融中心快速且頻繁的移動，如此便造成了匯率及各國國內利率不穩定的現象。這個負面效果在固定匯率制度時代最為明顯。

4.造成國際債務累積的問題

境外金融中心的存在，造成許多開發中國家過度依賴此市場來融資其國際收支的逆差，而不設法根本解決其國際收支的逆差。這便阻礙了其國際收支的基本調整，導致國際債務累積的問題，影響了國際間金融的穩定。

5.有可能引發世界金融的大恐慌

一般而言，國內的銀行須受存款準備金及存款保險的節制，因此即使某些國內的銀行發生呆帳過多，而有倒閉及擠兌等金融恐慌的情形，只要藉由存款保險的保障、該國中央銀行的流動性融通及最後的奧援，這些金融恐慌最終可被解除。但是，由於目前的境外金融中心普遍較不受管制，加上亦無超國家的最後貸款機構，一旦發生全球性的經濟衰退，除導致境外銀行呆帳的大幅增加及某些境外銀行的倒閉外，其既無須存款準備金及存款保險的規定，很有可能產生多米諾骨牌效應，造成境外銀行的連鎖倒閉，引發世界金融的大恐慌，進而導致國際金融制度的崩潰。

三、對境外金融中心加以管制的必要性及其評論

由於境外金融中心可能會產生上小節所述的負面效果，因此有些人士就提出對境外金融中心加以管制的建議，以下我們將對這些建議作一簡單扼要的介紹及評論：

1.加強各國政策的協調性

為了避免境外金融中心所造成各國貨幣政策自主權大打折扣及各國在貨幣數量控制與匯率政策之間選擇的困難，不少人士建議應加強各國政策的協調，提高政策的合作程度。持平而言，各國政策的協調實有其必要性，但是協調過程中，必然會有一些國家須喪失一些利益，此點各國應有所體認。

2.境外存款應有法定存款準備金的限制

有些人士認為境外金融中心由於沒有存款準備金的規定，將導致信用及世界流動性毫無節制的擴張，進而造成世界惡性通貨膨脹的惡果，故主張境外存款應如同國內存款一樣予以法定存款準備金的限制。不過，對於這個建議有如下值得評論之處：

(1)境外存款為定期存款，並無法作為交易的媒介，亦即境外金融雖然會增加世界的總流動性，但對淨流動性的增加並不如想像之大。因此對境外存款予以存款準備的限制，對控制世界流動性並不會有多大的幫助，其只會造成世界信用配

置效率的降低而已。

(2)在計算境外金融的數量時，毛額與淨額的區分及其代表的意義不應被忽略，況且淨額中尚包含許多各國央行與非境外銀行的存款，這些存款依定義並不屬於貨幣供給的一部。因此，境外金融中心對世界淨流動性的增加並不如人們想像得大。

(3)境外金融中心雖然無法創造交易媒介的流動性，但其所創造大量的準貨幣信用仍然頗受關注。因為境外存款雖無法創造新的流動性，但可能使得各國對信用需求及各國國內銀行放款增加，進而使得國內銀行的超額準備減少，國內銀行的存款擴張效果因而加大。不過，在此要說明的一點是，以上這種情況只能使國內信用或貨幣供給僅此一次 (once and for all) 的增加，其並無法持續的成長。

3.成立超越國家的最後貸款機構

為了避免境外銀行連鎖倒閉而導致的世界金融大恐慌，有些人士建議各國的中央銀行應全力支持其所核准的境外銀行，甚至有人建議境外金融中心應成立超越國家的最後貸款機構以作為境外銀行流動性融通的最後的奧援者。對於這項論點及建議有如下值得評論之處：

(1)境外存款主要為定期存款，非到期不能提領，故不太可能會有擠兌的情形發生。

(2)境外存款的一大部分是境外銀行間的轉存存款，因此除非所有的境外銀行均作了錯誤的放款決策，或是每一家銀行都無法承受呆帳損失，否則境外銀行連鎖倒閉的現象應不太可能發生。

(3)即使境外銀行有連鎖倒閉的可能，各國的中央銀行也決不會坐視不管，必然會加以聯合挽救，扮演境外銀行借款的最後奧援者 (lenders of last resort)，以維持境外金融中心及世界金融的穩定。

4.管制資本移動

為了避免國際熱錢對利率及匯率的不穩定現象，有人建議應對境外金融中心的資本移動加以管制，但此種作法的前提是必須對外匯作有效的管制。而外匯的管制除會對國際貿易與投資的進行造成不便外，還可能產生黑市及降低經濟福利水準的缺點。

此外，任何單一國家管制資本移動的結果，必然會使得資金及境外銀行轉移到其他境外金融中心，故每個國家都缺乏管制資本移動的誘因。若想有效管制資本移動，則勢必有賴各國貨幣政策的協調及合作，採取一致的行動才可能奏效。

從以上的分析可知，認為應對境外金融中心加以管制者，大多是因為對該市場的性質有所誤解而起。由於境外金融中心對所在地的地主國提供大量的利益，例如創造就業機會、外匯來源供給的便利、稅收的徵收及金融業所產生的產業連鎖效應等，因此各地主國誰也不願放棄這些利益。再者，從金融體系安定的角度而言，各境外銀行皆有其隸屬的母銀行在從事一般的國內銀行業務。而母銀行皆須受存款準備金等等法令規章及政府金融檢查的限制，因此即使境外銀行並無存款準備及利率的限制，但亦不至於從事風險過大的業務以致損害到母銀行的安全與信譽。

綜合以上討論，吾人可知，就目前境外金融中心的性質及其帶來的好處來看，各國對境外金融市場的管制實無必要，而且就實際而言，亦不可行。

第五節 我國的境外金融中心

一、我國境外金融中心的運作方式

自《國際金融業務條例》於 1983 年 12 月公布後，中國國際商業銀行❶首先成立我國第一家**境外金融單位**（offshore banking unit，簡稱 OBU），經營境外金融業務。

表 12–1　臺灣國際金融業務分行放寬經營業務的摘要表

時　間	增列的經營業務
1992 年　5 月	《國際金融業務條例》第四條 1.承辦非居民的外幣信用狀開發、通知與押匯 2.外幣保證業務和外幣票據貼現和承兌 3.辦理境外客戶的新種金融商品

❶ 中國國際商業銀行現已更名為兆豐國際商業銀行。

1997 年 10 月	《國際金融業務條例》第四條 1. 可辦理居住民的業務 2. 可承作外幣有價證券的承銷與經紀業務
2001 年 6 月	《臺灣地區與大陸地區金融業務往來許可辦法》第二條 1. 國際金融業務分行經主管機關許可可得與大陸地區銀行進行通匯
2001 年 11 月	《臺灣地區與大陸地區金融業務往來許可辦法》第二條 1. 國際金融業務分行經主管機關許可可直接與大陸當地企業、團體及個人業務往來
2002 年 8 月	《臺灣地區與大陸地區金融業務往來許可辦法》第二條 1. 國際金融業務分行經主管機關許可可進行對大陸臺商之放款業務
2003 年 12 月	放寬銀行國際金融業務分行 (OBU) 對大陸臺商放款限制，刪除申請書上「對大陸臺商授信餘額不得超過存款餘額」的條件，以助臺商取得資金，並擴大銀行授信業務
2004 年 12 月	放寬國際金融業務分行 (OBU) 對臺商放款限制，母子公司共用新臺幣擔保品借款範圍，從現行短期周轉融資，擴及長期資本支出融資
2005 年	金管會核准英商巴克萊銀行在我國設立國際金融業務分行 (OBU)
2006 年 7 月	金管會通過放寬郵政儲金投資總額與投資項目 ，投資總額將由 10% 放寬到 20%；投資項日也放寬到可投資海外標的
2007 年 10 月	中央銀行放寬 OBU 辦理授信業務時，可以接受境內外股票、不動產或其他相關新臺幣資產作為擔保品或副擔保品
2011 年 7 月	金管會開放 OBU 承作人民幣業務
2012 年 6 月	金管會陸續放寬可投資無信用評等的香港人民幣債券（俗稱點心債），同時開放 OBU 以人民幣辦理遠期外匯交割，承作大陸股票之衍生性金融商品，以增加企業的投資管道及提升 OBU 人民幣資金運用效率
2013 年 9 月	金管會開放證券商兼營期貨經紀業務者，可以因自有資金運用需要持有外幣存款，原本國專營期貨商及證券商兼營期貨自營業務者的持有額度，由淨值 10% 放寬為 20%
2015 年 2 月	《國際金融業務條例》第一條 1. 新增保險業特許設立國際保險業務分公司
2018 年 12 月	擬增訂全國農業金庫辦理國際金融業務的依據及範圍，有助我國農、漁企業拓展海外市場。12 月 20 日行政院已通過，將送請立法院審議

資料來源：樂玉佳 (2002)、陳建淑 (2003)、財政部金融局、金融監督管理委員會、《經濟日報》。

1. 我國 OBU 的資金來源

(1)國外金融機構；(2)國內金融機構；(3) OBU 相互間；(4)非金融機構。

2.我國 OBU 的資金運用

⑴國內外匯指定銀行；⑵國外金融機構；⑶ OBU 相互間；⑷對非居民的放款；⑸對居民的放款。

我國 OBU 整體資金運用變化小於整體資金來源，亦即資金的運用呈現較穩定的狀態；對非居民的放款比例大於對居民的放款比例，對國外金融機構的放款比例亦大於對國內外匯指定銀行的放款。我國 OBU 的資金來源以國內金融機構為主，綜合此兩大特徵可推論我國 OBU 的發展趨勢傾向為「內向集資中心」(collection center)，也就是說我國 OBU 主要的功能為將國內多餘資金融通給缺乏資金的國外法人或個人。

我國 OBU 的資金來源與資金運用有如下數點值得一提：

⑴我國 OBU 的資金來源（負債）中，國內金融機構的存款占相當大的比例。但是，就境外金融中心的本意而言，其資金來源應以非境內居民為主。因此，就此點而言，我國 OBU 的經營並不算很成功。

⑵我國 OBU 的資金運用（資產）中，對金融機構以外居民的放款，占整個總資產的百分比，實在微不足道；而對國內金融機構（外匯指定銀行）的放款則占相當大的比例，但對國外金融機構的放款則相對偏低。因此，我國的 OBU 並不符合境外金融中心的「外對外」的基本原則。此外，「OBU 相互間」占相當高的比例，足見我國的 OBU 似乎為一銀行間的交易市場，資金運用能力並不高。是故，我國目前的 OBU 還不是真正的資金運用市場，與真正的境外金融中心尚有一段距離。

⑶我國的 OBU 對短期存款業務的依賴程度頗高（比美國的 IBFs 還高），故只好求之於銀行間客戶才足以應付其業務需求，以避免長、短期負債與資產間搭配不當所造成的流動性風險過高的問題。

二、臺灣與其他國家境外金融中心的比較

(一)臺灣、香港及新加坡境外金融中心的比較

表 12–2　臺灣、香港、新加坡三地境外金融中心年資產規模

單位：百萬美元

	1996	1997	1998	1999	2000	2001	2002	2003	2004
臺　灣	36,590	39,126	40,632	41,268	47,337	50,906	50,318	61,090	71,870
香　港	608,622	600,630	501,170	475,783	450,481	405,221	394,439	440,280	508,070
新加坡	506,870	557,193	502,881	477,241	481,693	465,472	482,612	509,145	581,562
	2011	2012	2013	2014	2015	2016	2017	2018	
臺　灣	145,101	170,906	169,572	183,974	181,924	186,025	202,946	206,790	
香　港	3,091,208	3,462,869	3,750,231	n / a	n / a	n / a	n / a	n / a	
新加坡	1,019,532	1,093,264	1,180,617	1,190,475	1,155,822	1,134,150	1,172,872	n / a	

資料來源：《金融統計月報》、*Monetary of Authority Singapore*、*International Financial Statistics*。

由表 12–2 可明顯看出，最近數年來，香港、新加坡兩地境外金融中心資產規模有逐年向下遞減的趨勢，反觀臺灣地區雖然資產規模不及新加坡及香港，但卻呈現逐年增加的態勢。

香港從 1997 年之後，整體銀行機構的國外資產逐年下降，部分原因可歸咎於香港於 1997 年 7 月歸還中國大陸，導致部分國外資金流失及中國大陸積極發展上海為區域中心的關係；此外，香港與新加坡資產規模遞減或許亦可歸咎於 1997 年亞洲地區發生金融風暴；臺灣地區國際金融業務分行資產規模逐漸成長的原因，除了臺灣於亞洲金融風暴時期受創程度不大外，主要因素為臺灣地區境外金融機構的行政主管單位——財政部，逐年放寬我國國際金融業務分行經營業務範圍，其中最大的放寬政策為近幾年來開放我國國際金融業務分行與大陸進行直接業務往來。根據我國中央銀行統計，至 2018 年 11 月底，臺灣國際金融業務分行共 60 家，其中有 58 家開辦人民幣業務，占 96.6%，且 OBU 人民幣存款餘額高達人民幣 339.68 億元。

㈡臺灣、日本及新加坡境外金融中心的比較

表 12-3　臺灣、日本及新加坡境外金融中心的比較

	臺　灣	日　本	新加坡
一、設立背景：	人為	同左	同左
二、投資市場：	內外分離型	同左	同左
三、市場功能：	實體市場	同左	同左
四、成立日期：	1984.6.5	1986.12.1	1968.10.1
五、經營主體：	1.在中華民國境內辦理外匯業務的外國銀行與本國銀行； 2.經核准設立代表人辦事處的外國銀行； 3.經審查合格的著名外國銀行。	日本境內外匯銀行。	經新加坡金融管理局(MAS)發照特許經營亞洲美元的ACU。
六、組織型態：	分行組織	會計獨立的帳戶	同左
七、業務範圍：	1.收受金融機構或中華民國境內外的個人、法人或政府機關的外匯存款； 2.透過國際金融市場吸收與運用資金； 3.外幣買賣及匯兌； 4.對於個人、法人、政府機構或金融機構的放款； 5.外幣放款的債務管理及記帳業務。	存、放款業務。	1.新加坡幣以外的存放款業務；外匯交易；L/C開發、通知押匯業務；保證業務；承兌、貼現業務；投資基金業務； 2.經MAS同意可發行固定及浮動利率的NCD； 3.證券買賣、經紀、投資或經理人、承銷人業務； 4.金融服務的諮詢業務。
八、禁止或限制事項：	1.辦理外匯存款不得收受外幣現金； 2.外匯存款不得兌換為新臺幣提取； 3.非經核准不得辦理外	1.不得投資有價證券； 2.不得發行可轉讓定期存單； 3.境外借款者需切結所借資金不得流用於境	MAS對每一ACU規定資產負債總額上限。

	幣與新臺幣間的交易及匯兌業務； 4.不得辦理直接投資及不動產投資業務。	內； 4.國內一般帳戶與境外帳資金單日轉入淨額，不得超過上月對非居住民資產平均餘額之10%或10億日圓。單月一般帳戶不得自境外帳有資金淨轉入餘額。	
九、交易對象：	1.中華民國境內外的個人、法人、政府機關及金融機構等； 2.其他OBU。	1.境外的法人、政府機關金融機構等（不含個人）； 2.其他JOM； 3.境內的交易對象限為本身的母銀行。	不限。
十、交易幣別：	僅限外幣（新臺幣以外的幣別）。	不限。	僅限外幣（新加坡幣以外的幣別）。
十一、交易金額及期限：	由OBU自訂。	1.境外法人的最低交易金額為1億日圓或等值外幣，最低交易期間為2天； 2.外國政府、金融機構無交易金額限制，最低交易期間為1天。	由ACU自訂。
十二、優惠措施：	1.不受《管理外匯條例》、《銀行法》及《中央銀行法》等有關規定的限制； 2.免提存款準備金； 3.存放款利率與客戶自行約定； 4.免徵營利事業所得稅； 5.免徵營業稅； 6.免徵印花稅； 7.存款利息免扣稅款；	1.未限制存款利率； 2.同左； 3.同左； 4.不免； 5.同左； 6.不免； 7.同左；	1.同左； 2.同左； 3.同左； 4.盈餘需扣繳10%稅款； 5.同左； 6.免印花稅； 7.同左；

	8.免提呆帳準備； 9.不受金融業務檢查； 10.未規定應參加存款保險。	8.與境內會計處理相同； 9.需受檢查； 10.免參加存款保險。	8.同左； 9.同左； 10.同左。
十三、特許費：	每年需繳特許費。	無特許費。	同左。

參考資料來源：李麗，《我國外匯市場與匯率制度》，3 版，1992，金融人員研究訓練中心，頁 321–323 及中央銀行相關資料。行政院金融監督管理委員會銀行局，2005。中央銀行。

㈢世界各國競爭力排名

自 2001 年起，瑞士洛桑管理學院 (IMD) 發行的《世界競爭力年報》改採「經濟表現」(economic performance)、「政府效能」(government efficiency)、「企業效能」(business efficiency)、「基礎建設」(infrastructure) 等四項指標進行各國競爭力評比。

表 12–4　臺灣在《世界競爭力年報》近年的排名

項　目	2005	2006	2007	2008	2009	2010	2011
經濟表現	18	27	16	21	27	16	8
政府效能	19	24	20	16	18	6	10
企業效能	6	14	17	10	22	3	3
基礎建設	18	20	21	17	23	17	16
總排名	11	18	18	13	23	8	6
項　目	2012	2013	2014	2015	2016	2017	2018
經濟表現	13	16	14	11	15	12	14
政府效能	5	8	12	9	9	10	12
企業效能	4	10	17	14	16	15	20
基礎建設	12	16	17	18	19	21	22
總排名	7	11	13	11	14	14	17

資料來源：國家發展委員會。

表 12–5　2018 年《世界競爭力年報》東亞國家排名比較

項目	臺　灣	新加坡	香　港	中國大陸	南　韓	日　本
經濟表現	14 (−2)	7 (−1)	9 (+2)	2 (±0)	20 (+2)	15 (−1)
政府效能	12 (−2)	3 (±0)	1 (±0)	46 (−1)	29 (−1)	41 (−6)
企業效能	20 (−5)	11 (−1)	1 (±0)	15 (+3)	43 (+1)	36 (−1)
基礎建設	22 (−1)	8 (−1)	23 (−3)	19 (+6)	18 (+6)	15 (−1)
總排名	17 (−3)	3 (±0)	2 (−1)	13 (+5)	27 (+2)	25 (+1)

註：括號為與前一年排名相比，進步或退步名次幅度。其中，+ 表進步；– 表退步。
資料來源：IMD, *World Competitiveness Ranking*, 2018

摘　要

1. 所謂歐洲通貨是指，各國商業銀行或金融機構所接受本國通貨以外一切外幣存款的總稱。「歐洲通貨」一詞中的「歐洲」並非指地理上的歐洲，而是指「境外」的意思。
2. 任何國家、地區或城市，凡主要以外幣為存、放（或交易）標的，以非本國居民為主要交易對象，其本國銀行或外國銀行所形成的體系，即可稱之為歐洲通貨市場。
3. 歐洲通貨市場的業務通常為引進外來資金，再將資金貸放給國外的一種外對外的市場型態。
4. 基本上，一種通貨要能成為歐洲通貨市場的交易對象，其必須是在國際貿易與金融上被普遍接受的通兌通貨。
5. 一個地區之所以會成為境外金融中心，通常是具有如下的因素與條件：⑴良好的地理位置與時區 (time zone)；⑵龐大的資金來源；⑶穩定的政治、經濟環境；⑷較少的金融管制；⑸健全的法律制度；⑹完整的銀行體系；⑺完善的配套設施；⑻充裕的專業人才。
6. 境外金融中心若以其與境內市場的分離程度及組織與交易特性來分，可分為內外一體型、內外分離型及租稅避難型三種。
7. 內外一體型的境外金融中心是指，境外金融市場與境內金融市場的租稅負擔相同，資金可在這二個市場間自由流通不受限制。倫敦與香港便屬此類型。

8. 內外分離型的境外金融中心是指，境外金融市場與國內金融市場分離，亦即資金在這二個市場間無法自由流通。美國的 IBFs、東京的 JOM、新加坡的亞洲通貨市場及臺灣的境外金融中心皆屬此類型。

9. 租稅避難型的境外金融中心通常無實際的金融機構及金融交易存在，而只是國外的銀行為逃避租稅在此設立虛有其名的空殼分行 (shell branch)。開曼群島、巴哈馬、海峽群島及荷屬安地列斯等地的境外金融中心便屬此類型。

10. 倫敦是歷史上第一個境外金融中心，也是全球主要的境外金融中心之一。倫敦銀行間同業拆放利率 (LIBOR) 為國際間最被廣泛使用的歐洲美元貸款的參考利率。

11. 開曼群島的境外金融中心為國際上著名的租稅避難所。

12. 美國的國際金融業務單位 (IBFs) 屬於內外分離型的境外金融中心。

13. 新加坡的境外金融中心，為亞太地區歐洲通貨及亞洲美元市場的中心。

14. 由於境外存款大部分為定期存款而非存款貨幣，因此，到底境外存款是否屬於貨幣供給的一部分，須視吾人對貨幣是作狹義或廣義的定義而定。

15. 有關境外金融中心對全世界流動性擴張的影響，有的學者用固定乘數分析法來說明；有的學者則使用更有伸縮性的資產組合分析法來探討。

16. 依固定乘數分析法，境外存款擴張乘數的值取決於我們對⑴境外銀行體系保留現金占存款的比率 (r)；⑵放款回流比率 (d) 所作的假定。假如 r 愈小，則乘數愈大；假如 d 愈大，則乘數亦愈大。

17. 資產組合分析法認為，在境外金融中心上，放款回流率 (d) 及現金占存款的比率 (r) 是極不穩定的變數，其主要取決於境外銀行的資產選擇過程也受利率結構的影響，其絕非是一個固定的常數。其強調應以到期日的轉換作為境外金融中心存、放款的擴張是否能增加一般大眾流動性的主要標準。

18. 境外金融中心對全世界及各國所產生有利的正面效果主要有：⑴提高國內銀行的競爭與效率；⑵促使油元回流及避免國際流動性危機；⑶提高全世界資金的流動性；⑷為境外銀行建立良好的交易網；⑸提高資金運用效率；⑹提供市場參與者迅速取得市場動態的情報；⑺增加就業機會，促進經濟繁榮。

19. 境外金融中心對全世界及各國所產生的負面效果主要有：⑴降低一國經濟穩定政策的效果；⑵降低各國貨幣政策的自主權；⑶造成匯率及利率的不穩定現象；⑷造成國際債務累積的問題；⑸有可能引發世界金融的大恐慌。

20.認為應對境外金融中心加以管制者，大多是因為對該市場的性質有所誤解而起。就目前境外金融中心的性質及其帶來的好處來看，各國對境外金融市場的管制實無必要，而且就實際而言，亦不可行。

21.我國 OBU 的資金來源可分為(1)國外金融機構；(2)國內金融機構；(3) OBU 相互間；(4)非金融機構四類。

22.我國 OBU 的資金運用可分為(1)國內外匯指定銀行；(2)國外金融機構；(3) OBU 相互間；(4)對非居民的放款；(5)對居民的放款五類。

習題

一、選擇題

( ) 1.境外金融中心的另一個通稱為 (A) OBU (B) ECU (C) ECB (D) IMF

( ) 2.下列何者不是境外金融中心分類的方式？ (A)交易特性 (B)政治體系 (C)組織 (D)境內市場的分離程度

( ) 3.下列何者為歷史上第一個境外金融中心？ (A)倫敦 (B)巴黎 (C)伊斯坦堡 (D)柏林

( ) 4.下列哪一個境外金融中心為國際上著名的租稅避難所？ (A)英國 (B)匈牙利 (C)俄羅斯 (D)開曼群島

( ) 5.美國的境外業務，自何年始成立 IBFs 並正式合法化？ (A) 1971 年 (B) 1975 年 (C) 1981 年 (D) 1988 年

( ) 6.下列何者是為了避稅而設立的？ (A) IMF (B)空殼分行 (C)境外金融中心 (D)國際清算銀行

( ) 7.目前亞太區亞洲美元市場的中心為 (A)中國大陸 (B)新加坡 (C)日本 (D)香港

( ) 8.下列何者不是境外金融中心的類型？ (A)地區型 (B)內外一體型 (C)內外分離型 (D)租稅避難型

( ) 9.下列何者的境外金融中心配對錯誤？ (A)西歐→倫敦 (B)中美洲→開曼群島 (C)中東→巴林 (D)美國→ WEF

( ) 10.下列何者並非臺灣國際金融業務分行的資金來源？ (A)國內外金融機構 (B) IMF (C) OBU 相互間 (D)非金融機構

( ) 11.下列何者為內外一體型的境外金融中心？ (A)美國 (B)東京 (C)臺灣 (D)倫敦

( ) 12.除了「資產組合平衡理論」外，尚可使用何種方式衡量境外金融中心對全球經濟的影響？ (A)放款回流比率 (B) H-O 理論 (C)乘數分析法 (D)淨現值法

( ) 13.下列何者不是境外金融中心產生的正面效果？ (A)降低各國貨幣政策的自主權 (B)提高國內銀行的競爭 (C)增加就業機會 (D)訊息流通

二、簡答題

1. 何謂境外金融中心？一個地區之所以會成為境外金融中心，通常具有哪些因素或條件？
2. 境外金融中心若以其與境內市場的分離程度、組織與交易特性來分，可分成哪三大類型？
3. 試對新加坡的境外金融中心作一介紹。
4. 請對境外存款是否屬於貨幣供給的一部分提出評論。
5. 請以固定乘數分析法來說明境外存款對全世界流動性擴張的影響。依此分析法，境外存款擴張乘數的大小主要視哪二個因素而定？
6. 請以資產組合分析法來說明境外存款對全世界流動性擴張的影響。其對乘數分析法提出哪些批評？
7. 境外金融中心的形成，對全世界及各國所產生有利的正面效果主要有哪些？
8. 請對是否須對境外金融中心加以管制的必要性作一評論。

第十三章 馬斯垂克條約與歐元(Euro)的出現

學習目標

1. 馬斯垂克條約的意義與特性。
2. 歐元的歷史。

自 1999 年元旦歐元 (Euro) 誕生以來，其一直是全球財經、金融關注的焦點。以下，本章將對馬斯垂克條約及歐元的出現作一介紹。

第一節 1993 年馬斯垂克條約的生效

歐盟的前身歐洲經濟共同體（European Economic Community，簡稱 EEC）於 1993 年 11 月 1 日將馬斯垂克條約正式生效，該條約的主要內容在「經濟貨幣整合」與「政治整合」兩大方面。條約更新並整合了 1957 年的羅馬條約，以及 1992 年的單一歐洲法案（規範了資本、人力、財貨的自由流動）。而歐洲經濟共同體也同時改為**歐盟**（European Union，簡稱 EU）。

從經濟暨貨幣同盟的角度來看，馬斯垂克條約完全以 1989 年的戴洛斯報告 (Delors Report) 為藍圖，條約也將未來工作分為三個階段，與戴洛斯報告唯一的不同在於：馬斯垂克條約非常精準地列出，每個階段應該完成的事務，而戴洛斯報告僅將過渡時期簡單但不明確的帶過。而且，在簽訂此條約時，資本自由化的工作（第一階段）早已經在進行了。以下我們將馬斯垂克條約各階段目標與工作簡要介紹如下：

㈠ 1990 年 7 月開始的馬斯垂克條約第一階段

原則上從 1990 年 7 月 1 日起，是為準備階段。會員國彼此協調對方的貨幣政策，進行建立單一經濟及貨幣聯盟的工作。此外，各簽署國貨幣應加入歐洲貨幣制下的匯率機制（exchange rate mechanism，簡稱 ERM），但因為葡萄牙及希臘未達標準，尚未加入貨幣機制。

㈡ 1994 年 1 月開始的馬斯垂克條約第二階段

1994 年 1 月開始實施，目標是讓各國的經濟及貨幣政策，儘量趨向一致，故基本上是為到達經濟同盟境界的過渡時期。在此階段，歐盟先設立**歐洲貨幣機構**（European Monetary Institution，簡稱 EMI）作為設立**歐洲中央銀行**（European Central Bank，簡稱 ECB）的前置工作。而 EMI 的主要工作是監督歐洲的貨幣單位的發展、各簽約國貨幣政策的協調，並且致力於拉近彼此的經濟水準，以促使歐盟各國邁向第三階段。

㈢ 1997 年 1 月開始的馬斯垂克條約第三階段

自 1997 年 1 月 1 日起開始第三階段，歐洲將出現獨立的歐洲中央銀行，其主要任務為推動固定匯率制度，進而採行單一的貨幣。此階段實施前各國政府需通過單一貨幣的高標準限制，限制如下：

⑴政府預算赤字對國內生產毛額 (GDP) 比率不得超過該國 GDP 的 3%。

⑵政府負債比例不得超過該國 GDP 的 60%。

⑶通貨膨脹率不得超過物價膨脹率最低三個會員國平均值加上 1.5%。

⑷各國利率水準不得超過利率最低三個會員國平均值加上 2.0%。

⑸參加 ERM 實施窄幅（上下 2.25%）浮動匯率制度已至少兩年的會員國。

在此要特別一提的一點是，在馬斯垂克條約談判的過程中，歐盟同意會員國「非強迫性」進入第三階段，因此就算會員國的經濟條件良好，符合單一貨幣的高標準限制，但也可以選擇不實施第三階段，所以當時英國跟丹麥便決定不參加第三階段單一貨幣的發行。最後馬斯垂克條約在最後版本中為兩國設立特殊條款，以保留兩國日後進入的權力及彈性。

第二節

1999 年歐元 (Euro) 的出現

歐元的前身是**歐洲貨幣單位** (European currency unit，簡稱 ECU)。歐洲貨幣體系 (EMS) 自 1973 年 3 月正式實施以來，就以 ECU 作為歐洲各國中央銀行間清算的工具與計價的單位。

歐元於 1999 年 1 月 1 日開始正式上路，不過在正式上路的前後期間仍有一些漸進期，茲簡單介紹如下：

㈠ 1998 年 5 月開始的歐元第一階段

歐盟 15 個會員國中的法國、德國、義大利、芬蘭、荷蘭、比利時、盧森堡、奧地利、西班牙、葡萄牙及愛爾蘭等 11 個國家，於 1998 年 5 月將歐洲貨幣機構改制為**歐洲中央銀行** (ECB)，並且在此一階段之中，參與歐元發行的 11 個國家決定了歐元與本國通貨永久的兌換比率 (見表 13–1)。

表 13–1　歐元 11 國與歐元的永久轉換比例

1 歐元	= 1 歐洲貨幣單位 (ECU)
	= 1.95583 德國馬克
	= 6.55957 法國法郎
	= 13.7603 奧地利幣
	= 2.20371 荷蘭盾
	= 40.3399 比利時法郎
	= 40.3399 盧森堡法郎
	= 5.94573 芬蘭幣
	= 0.787564 愛爾蘭幣
	= 1,936.27 義大利里拉
	= 200.482 葡萄牙幣
	= 166.386 西班牙幣

資料來源：歐洲中央銀行。

㈡ 1999 年 1 月開始的歐元第二階段

歐洲聯盟 (EU)15 個會員國之中的德國、法國、義大利、荷蘭、比利時、盧森堡、愛爾蘭、西班牙、葡萄牙、芬蘭及奧地利等 11 個國家，於 1999 年 1 月 1 日起成立**歐洲經濟暨貨幣同盟** (Economic and Monetary Union，簡稱 EMU)，實行單一貨幣制度。這 11 個國家已於 1998 年 5 月 1 日成立歐洲中央銀行 (ECB)。此時歐元與各會員國匯率必須固定且由歐洲中央銀行在單一貨幣區負責貨幣政策。

至於歐元 11 國各國通貨與歐元的轉換比例，係以 1998 年 12 月 31 日下午的匯率為基準，並於 1999 年 1 月 1 日宣布該轉換比率，且比率將永遠固定，自此日起，歐元會員國貨幣彼此間的雙邊匯率，即永遠以此固定的匯率透過歐元來轉換。各會員國與歐元兌換的匯率如表 13–2 所示。

歐元自 1999 年 1 月 1 日開始被正式使用上路，這也是國際金融歷史上第一次採取跨國的相同法幣，歐元以 1 : 1 的比率取代先前以記帳為功用的歐洲貨幣單位 (ECU)，此一階段亦屬於雙重貨幣電子清算與支付時期。在這一階段中，主要的目標為：

⑴在「不強迫、不禁止」的原則下，企業與個人開始使用歐元。

⑵開始以歐元進行的大額清算 (target) 與各國的即時支付結算系統 (RTGS) 連結。

⑶政府公債開始以歐元發行。

⑷開始以歐元進行批發支付。

⑸貨幣市場開始以歐元運作。

⑹歐洲央行於單一貨幣區負責貨幣政策。

㈢ 2002 年 1 月開始的歐元第三階段

從 2002 年 1 月開始發行歐元紙幣與硬幣，這是歐元與使用歐元的 11 國貨幣的雙重貨幣流通或共存時期。歐元成為合法的貨幣，歐元的紙幣及硬幣也開始在市場上流通，並且開始使用歐元進行零售支付。

表 13–2　歐洲央行計算歐元匯率與固定兌換率的步驟

貨幣名稱	第一步驟	第二步驟		第三步驟
	ECU中各組成貨幣的權數 (A)	1998 年 12 月 31 日該國貨幣兌美元的匯率 (B)	各組成貨幣約當的美元值 (C) = (A) / (B)	歐元匯率與 EMU 11會員國兌換率 (D) = (USD / ECU) × (B)
德國馬克	0.624200	1.6763000000	0.3723677	1.955830
比利時法郎	3.301000	34.5745256500	0.0954749	40.339900
盧森堡法郎	0.130000	34.5745256500	0.0037600	40.339900
荷蘭盾	0.219800	1.8887542620	0.1163730	2.203710
丹麥克朗	0.197600	6.3842000000	0.0309514	7.448780
希臘披索	1.440000	282.5700000000	0.0050961	329.689000
義大利里拉	151.800000	1,659.5403526000	0.0914711	1,936.270000
西班牙比塞塔	6.885000	142.6065288600	0.0482797	166.386000
葡萄牙埃斯庫多	1.393000	171.8291315000	0.0081069	200.482000
法國法郎	1.332000	5.6220755180	0.2369232	6.559570
英鎊	0.087840	1.6539000000	0.1452786	0.705455
愛爾蘭鎊	0.008552	1.4814687984	0.0126695	0.787564
芬蘭馬克*		5.0959687630		5.945730
奧地利先令*		11.7936421760		13.76030
瑞典克朗		8.1320000000		9.488030

* 雖然這些貨幣不包含在 ECU 的一籃子通貨裡面，但在 1999 年發行這些貨幣的國家強制規定加入 EMU。

資料來源：歐洲中央銀行。

(四) 2002 年 7 月開始的歐元第四階段

原預計自 2002 年 7 月 1 日開始，使用歐元的 11 個國家原貨幣不再流通，全面使用歐元。但由於諸多因素，仍有部分國家還在使用原通貨。

至 2014 年，歐盟的 28 個會員國中，有 18 國加入歐元區的行列，其中較新加入歐盟的國家也陸續著手加入歐元事宜，目前還有 10 個國家尚未加入，其原因為本國國內反對加入歐元區：例如英國、丹麥、瑞典 3 國雖然在經濟條件上符合歐盟所訂定的趨同標準，但是因為國內的人民以及在野黨反對甚至舉行公投反對，所以未能加入歐元區的行列。而英國以及丹麥在 1992 年簽署歐洲聯盟條約時（馬斯垂克條約），商議了一個「選擇退出權」，允許兩國放棄歐元，但能為歐盟的會員國，但是根據丹麥於 2000 年年底所進行的公投結果，丹麥人民再次的否決了使用歐元的議題。

1999 年 1 月 1 日歐元出現之前，由於加入歐元區的歐盟 11 國聯合起來（見表 13–3） 共有 2 億 9 千萬人口、 7 兆美元的 GDP、 20.9% 的世界貿易量以及 20.6% 的世界外匯存底，當時預計將會取代日本成為全世界僅次於美國的第二大貿易體，所以那時國際金融的觀察家均十分看好歐元未來的走勢。但是，在歐元上市屆滿兩年之際（至 2000 年底），歐元兌美元的匯率，已由剛上市時的 1 歐元兌換 1.18 美元，跌到 1 歐元只能兌換 0.94 美元，引起市場上的不安，認為歐元走勢若持續低迷不振，恐將引起另一波的金融危機。

表 13–3　1999 年歐元區與全球主要經濟體經濟指標比較

經濟指標	歐元區 11 國	美　國	日　本
人口（百萬人）	292	270	127
GDP（十億美元）	7,000.9	9,345.9	3,875.5
占世界 GDP 比率 (%)	15.57	20.80	8.62
經濟成長率 (%)	2.1	3.6	−0.9
對外貿易（十億美元）	1,647.76	1,746.25	820.16
出口占 GDP 比率 (%)	12.58	8.28	9.71
進口占 GDP 比率 (%)	11.04	11.68	8.45
外匯存底（十億美元）	346.0	65.5	218.4
股市市值（十億美元）*	5,693.4	11,642.2	4,554.9
通貨膨脹率 (%)	0.84	1.93	0.8
失業率 (%)	10.87	4.20	4.73

資料來源：歐盟統計局、歐洲中央銀行、美國聯邦儲備局和 *International Financial Statistics*。

但隨著 2001 年美國遭受 911 恐怖攻擊以後，以及 2003 年美國與伊拉克的戰爭，再加上其他諸多國際因素使 2003 年開始美元走弱，歐元又轉為對美元呈升值趨勢的強勢通貨，至 2003 年 5 至 6 月間，1 歐元幾乎可兌換 1.20 美元。

2012 年 6 月間由於歐債危機持續擴大，1 歐元約可兌換 1.20 美元，之後美國宣布採取量化寬鬆政策 (QE)，使得歐元兌美元升值，到 2013 年 2 月，1 歐元約可兌換 1.37 美元，之後傳出美國 QE 將退場，到 2014 年 6 月，1 歐元約可兌換 1.38 美元。

個案討論

假設美國停止施行量化寬鬆政策 (QE)，請問你覺得歐元及黃金會升值或貶值呢？臺灣出口至歐洲及美國的出口量分別應上升還是下跌呢？

在臺灣與歐元區的貿易方面，由於歐盟各國距離臺灣遙遠，因此貿易方面也就不若日本、中國大陸及美國來得重，表 13–4 列示了 2017 年歐盟與亞洲主要貿易夥伴的貨品貿易額，讀者可自行參閱。

表 13–4　2017 年歐盟與亞洲主要貿易夥伴的貨品貿易額

單位：十億歐元

	台灣	中國	日本	南韓	印度	新加坡	香港
出口額	20.7	198.2	60.5	49.8	41.7	33.2	36.8
進口額	29.5	374.8	68.9	50.0	44.2	20.1	11.2
貿易總額	50.2	573.0	129.4	99.8	85.9	53.3	48.0
出（入）超值	−8.9	−176.6	−8.4	−0.2	−2.5	13.0	25.7

資料來源：歐盟統計局。

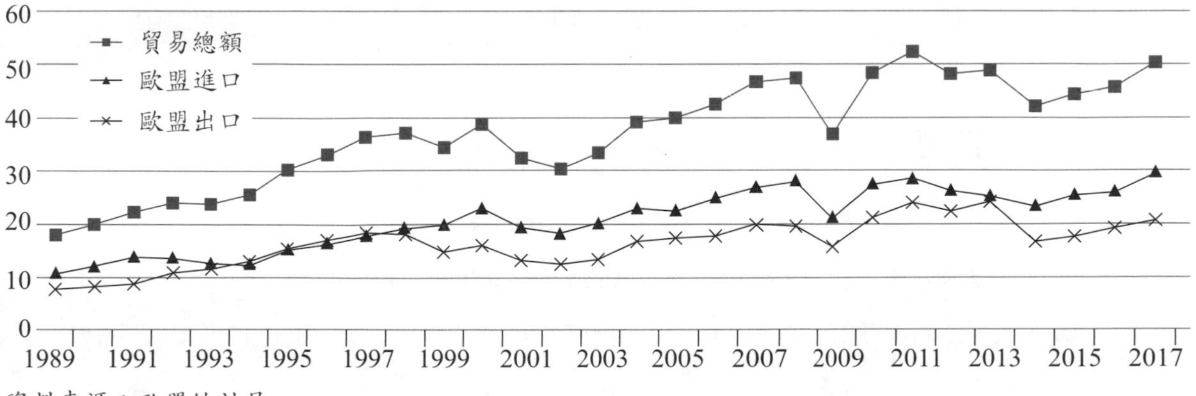

資料來源：歐盟統計局

圖 13–1　2008 至 2017 歐盟與臺灣的貨品貨易情形

摘要

1. 自 1999 年元旦歐元誕生以來，其一直是全球財金、金融關注的焦點
2. 歐盟的前身歐洲經濟共同體於 1993 年 11 月 1 日將馬斯垂克條約正式生效，該條約的主要內容在「經濟貨幣整合」及「政治整合」兩大方面。
3. 馬斯垂克條約以 1989 年的戴洛斯報告 (Delors Report) 為藍圖，將未來工作分成三階段來達成經濟暨貨幣同盟的整合工作。
4. 歐元的前身是歐洲貨幣單位 (ECU)。
5. 歐元自 1999 年 1 月 1 日開始被正式使用上路，這也是國際金融史上第一次國際上採取跨國的相同貨幣，歐元以 1:1 的比率兌換原有的 ECU。
6. 歐元第一階段從 1998 年 5 月開始，歐洲貨幣機構改成歐洲中央銀行。
7. 歐元第二階段從 1999 年 1 月開始，歐元正式上路，在「不強迫、不禁止」的原則下，企業與個人改用歐元。
8. 歐元第三階段從 2002 年 1 月開始，發行歐元紙幣與硬幣，是雙重貨幣流通期。
9. 歐元第四階段從 2002 年 7 月開始，全面使用歐元（但實際上仍有部分國家不加入歐元），原國家貨幣退出流通。

習題

一、選擇題

( ) 1. 請問歐元誕生於何年？ (A) 1999 年 (B) 1993 年 (C) 2003 年 (D) 2009 年

( ) 2. 歐盟的前身是 (A) ASEAN (B) NAFTA (C) IMF (D) EEC

( ) 3. 歐元正式啟用後，以多少比率兌換原有的 ECU？ (A) 2 : 1 (B) 1 : 1 (C) 1 : 1.5 (D) 1 : 2

( ) 4. 請問下列哪個國家尚未加入歐元區？ (A)希臘 (B)英國 (C)法國 (D)西班牙

( ) 5. 歐盟的馬斯垂克條約於何年開始第一階段？ (A) 1988 年 (B) 1990 年 (C) 1992 年 (D) 1994 年

(　) 6.馬斯垂克條約有兩個目的，除了「經濟貨幣整合」之外，另一個目的是 (A)國家整合 (B)政治整合 (C)民族整合 (D)銀行整合

(　) 7.馬斯垂克條約於何年正式生效？ (A) 1990 年 (B) 1991 年 (C) 1993 年 (D) 1994 年

(　) 8. 1997 年馬斯垂克條約第三階段採非強迫性使用歐元，請問當時哪個國家並未改用歐元？ (A)匈牙利 (B)荷蘭 (C)比利時 (D)丹麥

(　) 9.自哪一年開始，歐元實施第四階段全面使用歐元？ (A) 1999 年 (B) 2001 年 (C) 2002 年 (D) 2005 年

(　) 10.歐元的前身是 (A) ECU (B) EEU (C) ECB (D) EU

(　) 11.請問歐元會員國除了貨幣政策統一，還有何者是統一的？ (A)石油價格 (B)匯率 (C)黃金價格 (D)銀行利率

二、簡答題

1.何謂「馬斯垂克條約」？其主要內容在哪兩大方面？

2.歐元(Euro)及歐洲貨幣單位(ECU)彼此間有何關係？

3.試述馬斯垂克條約如何分成三階段來達成經濟暨貨幣同盟的整合工作？

4.歐元的第一階段從何時開始？其主要目標又為何？

5.歐元的第二階段從何時開始？其主要目標又為何？

6.歐元的第三階段從何時開始？其主要目標又為何？

7.歐元的第四階段從何時開始？其主要目標又為何？

8.試簡單說明歐元區經濟體在全球經濟所扮演的比重及地位。

第十四章 人民幣升值趨勢及其對臺灣的影響

學習目標

1. 人民幣的特性。
2. 人民幣升值對視中國大陸為出口基地或內銷市場臺商的影響。
3. 人民幣升值對擁有人民幣資產（負債）者的影響。
4. 人民幣升值對臺灣重要經濟變數的影響。

第一節 人民幣升值的原因

2006 年 12 月人民幣兌美元的匯率連續創新高，銀行間外匯市場人民幣匯率中間價為 1 美元兌人民幣 7.8226 元，因此人民幣升值的議題成為股、匯市及臺商非常關注的議題。人民幣是中國大陸的貨幣，但卻是全世界關注的焦點，人民幣應不應該升值在最近幾年來成為一項極具爭議的國際議題。自 1997 年下半年亞洲金融風暴發生以來，東亞國家的貨幣價值大部分都遭受到重新評估，並且大幅度的貶值，唯有人民幣獨撐大局，並沒有受到太大的波及。

2003 年起，國際社會強烈呼籲人民幣升值。國內外關於人民幣升值與否的論戰不斷升級。2004 年間中國大陸面臨西方國家再度掀起要求人民幣升值的聲浪，儘管如此，中國大陸政府依然強調：在改革人民幣匯率上，將不會因為強大的國際壓力與猖獗的投機性活動而調整匯率。2004 年底，在面臨西方國家強烈要求人民幣升值的聲浪下，中國大陸政府依然強調，要建立更靈活的人民幣匯率機制，必須綜合考慮中國大陸總體經濟、社會發展和國際收支狀況。中國大陸政府當局表示，在建立完整人民幣匯率形成機制方面，中國大陸已經進行大幅度地改革，包括：人民幣經常項目實現可兌換、資本項目管制的逐步放寬、資本市場開放程度的擴大、金融市場的開放以及業務限制放寬等。

美國和其他幾個貿易夥伴國一直批評中國大陸有意低估人民幣價值，以便得到不公平的出口優勢，2004 年美中的貿易赤字增至約 1,600 億美元，這是美國有史以來和一個國家之間最大的貿易赤字：中國大陸對外貿易龐大的順差，累積了鉅額的外匯。2005 年 7 月 21 日晚間 7 時起，中國大陸開始實行以市場供需為基礎、參考一籃子貨幣進行調節、有管理的浮動匯率制度。

人民幣匯率制度的改革表面上覺得太突然，甚至是出其不意的政策調整，但是從人民幣升值所面臨的諸多壓力和不斷的預期看來，這應是必要的改革舉動。

自 1949 年迄今，人民幣匯率制度歷經了由官定匯率到市場決定，由固定匯率到有管理的浮動匯率的演變過程。1981 至 1984 年，人民幣官方匯率實行貿易內部結算價和非貿易公開牌價的雙重匯率制度。1985 年，取消內部匯率結算價，重新實行單一匯率，匯率為 1 美元兌換 2.8 元人民幣。隨後，人民幣匯率逐步下調，到 1990 年底，1 美元兌換 5.22 元人民幣。在這期間，自 1980 年起，中國大陸各地陸續開始實行外匯調節制度，形成了官方匯率與外匯調節市場匯率並存的雙軌制。

1994 年 1 月 1 日，人民幣匯率制度改革做出重大調整，官方匯率與外匯調節市場匯率並軌，實行銀行結售匯、建立全中國大陸統一的銀行間外匯市場。中共官方宣布，中國大陸開始實行以市場供需為基礎的、有管理的浮動匯率制度。確切的說，即改成釘住美元的聯繫匯率制度。1998 至 1999 年東南亞爆發金融風暴，人民幣曾承受嚴重的貶值壓力，外匯資金流出的壓力極大，為了防止亞洲金融危機的擴大，中共承諾人民幣不貶值，對亞太地區乃至世界經濟、金融穩定確實具有安定的作用。

然而，2000 年以來，中國大陸經濟的持續快速成長，外貿順差不斷擴大，同時外商在中國大陸投資的迅速增長，人民幣面臨了強大的升值壓力。綜合上述，茲將敘述彙整成表 14-1。

簡而言之，1994 年以前，中國大陸先後經歷了固定匯率制度和雙軌匯率制度。1994 年匯率並軌以後，中國大陸實行以市場供需為基礎的、單一的、有管理的浮動匯率制度，初步確立了市場配置外匯資源的基本架構。中國大陸宣稱這一

表 14–1　新臺幣與人民幣兌美元匯率的變遷

時　間	美元兌新臺幣的匯率	人民幣兌美元的匯率及機制	
1985 年	39.85	2.94	廢除「貿易內部結算匯率」
1990 年	26.89	4.78	1986 至 1993 年採行「外匯調整中心匯率，雙匯率制度重新啟動」
1992 年	25.16	6.53	
1994 年	26.46	8.62	改成「釘住美元之聯繫匯率制度」
2002 年	34.58	8.28	
2004 年	33.42	8.28	
2005 年	32.17	8.19	以市場供需為基礎，參考「一籃子貨幣」（有十一種）進行調節，匯率機制更彈性
2006 年	32.53	7.97	
2011 年	29.46	6.46	一籃子貨幣約有二十種
2014 年	30.37	6.14	
2018 年	30.16	6.62	

資料來源：中央銀行、《中國統計年鑑》。

匯率制度符合中國大陸國情，為中國大陸經濟的持續快速發展以及維護地區乃至世界經濟金融的穩定做出了積極貢獻。

在此本文需要讀者特別注意，當前看待人民幣需要從「兌美元匯率」轉向「兌一籃子貨幣匯率」的視角。這是因為 2005 年人民幣匯率形成機制改革後，人民幣匯率不再單一釘住美元，而是參考一籃子貨幣。起初一籃子貨幣僅包括美元、歐元、日幣、韓圜、新加坡幣和英鎊等十一種貨幣，至 2011 年，人民幣匯率參考的一籃子貨幣約有二十種，除了十種左右已開發國家的貨幣外，還有一半是新興市場國家的貨幣。因此，人民幣兌美元升值，並不一定代表人民幣兌其他一籃子通貨也升值，不過美元仍是全世界主要貿易報價與國際間主要計價工具，因此人民幣兌美元升值，具有一定性指標及實質意義。

第二節

人民幣升值對視中國大陸為出口基地或內銷市場臺商的影響

此節將臺商區分為兩種類型，其一為將中國大陸視為出口基地者；另一則為視中國大陸為內銷市場者，人民幣的升值將對兩者產生不同的影響，以下將分別介紹其差異之處。

一、人民幣升值對視中國大陸為出口基地臺商的影響

以中國大陸為出口基地的臺商，主要在中國大陸建立廠房，之後再將生產品外銷至國外市場，因此，臺商的收入幣別為外國貨幣；生產過程則由於僱用當地中國大陸勞工，於是生產成本的支出即為人民幣。若臺商只將中國大陸視為出口基地，理應傾向希望地主國的貨幣貶值，如此可降低該企業的生產成本。再者，人民幣升值後，中國大陸出口產品的美元報價價格會相對提高，東西相對變貴了，而使得中國大陸產品出口至美、日、歐盟市場趨於減少（出口競爭力變弱）；外國產品則因中國大陸產品相對外國的出口價格變貴，反而相對具有競爭優勢，進而有利出口至海外市場。

另外，早期臺商至中國大陸投資，是將中國大陸視為出口基地，因為主要著重在其廉價的土地與勞工成本上，然而若人民幣升值，對於臺商來說，勞力成本將會提高，益加降低營業收入。綜合上述，當臺商只將中國大陸視為出口基地，會傾向希望地主國（亦即生產所在地）的貨幣貶值，而不希望人民幣升值。

二、人民幣升值對視中國大陸為內銷市場臺商的影響

臺商不僅將廠房設立在中國大陸，生產品也主要內銷至中國大陸各地的情況下，臺商的收入幣別為人民幣，支出為部分人民幣，因此，此類型的臺商會期望人民幣升值。

人民幣升值之後，中國大陸境內的生產成本會增加，使得外國出口至中國大陸的產品會相對於中國大陸境內生產產品在成本上更具有競爭力，一旦廠商的生產成本降低，該商品價格有更大的滑落空間，所以當國外商品價格較當地商品來得廉價時，將會增加當地居民對外國產品的購買意願，進而促使外國產品出口至中國大陸的數量增加。綜合以上兩部分，當臺商視中國大陸為內銷市場時，會傾向希望人民幣升值。

個案討論

假設你是一個臺灣最後裝配廠的廠商，在中國大陸廣東設廠，主要出口產品到歐美地區，且你的生產資源（包括原物料、工資等）主要是在中國大陸。請問若人民幣升值，會對你的公司產生什麼影響？你又該如何因應人民幣的升值？

第三節 人民幣升值對擁有人民幣資產（負債）者的影響

同樣地，此節也將區分成兩個類別——擁有人民幣資產與人民幣負債者，討論人民幣升值對個別的影響。

一、人民幣升值有利於持有人民幣資產者

人民幣升值下，若投資人擁有中國大陸資產者，例如：股票、債券等，其手中的資產價值也會因此而上升。以更明確的例子來看：假設目前美元兌人民幣的價格是 1:8 （1 美元兌換 8 元人民幣），若投資人手中持有 100 萬元的人民幣資產，換算成美元即為 12.5 萬美元；當人民幣升值成 1:6 的狀況下，資產的名目價格不變，同樣維持 100 萬元人民幣，然而換算成美元就變成 16.7 萬美元，資產價值明顯提高了。

對於國際市場而言，人民幣向上攀升，國際資金對人民幣長期升值趨勢有所預期，資金將大量湧入中國大陸市場（即所謂的國際熱錢的湧入），投資者不斷增加持有人民幣資產，以等待著未來人民幣升值後能享受極豐厚的收益。在這樣市場熱烈的反應之下，人們對中國大陸資產的需求上升，導致人民幣資產價格上漲，而有利於原本擁有人民幣資產者。

二、人民幣升值不利於持有人民幣負債者

在人民幣升值的情況下，對於手中持有以人民幣計價的負債者，將產生不利的效果。舉例來說，假設目前匯率為 1 美元兌換 8 塊人民幣，今天有某間美國公司自中國大陸進口 100 萬元人民幣的商品，雙方約定好 3 個月之後再付現，此時的 100 萬元人民幣換算為 12.5 萬美元 。 若 3 個月後 ， 人民幣升值 ， 匯率變成 1 : 6，則 100 萬元的人民幣就相當於 16.7 萬美元，也就是說，該美國公司（擁有人民幣負債者）必須以更多的美元去兌換人民幣。

所以，人民幣的升值，將導致手頭上的負債價值相對提高，如同變相地增加負債 ， 而不利於這些持有人民幣負債者 （未來將有一筆以人民幣計價的金額支出)。

第四節

人民幣升值對臺灣重要經濟變數的影響

由於中國大陸與臺灣也有經貿上的往來，人民幣升值也同為我們所關心的議題，本文提供下列臺灣各個重要的經濟變數與人民幣之間的關係。

㈠新臺幣匯率

在人民幣升值的情況下，國際資金將湧向亞洲，增加對亞洲主要國家的貨幣需求，進而形成未來新臺幣升值的壓力。

㈡出口額

理論上，若人民幣升值，廠商進口成本較直接在中國大陸內地採購相對來得便宜，亦即中國大陸的購買力增加，促使臺灣增加對中國大陸的出口額。

㈢就業率

人民幣升值將使得中國大陸的人力成本相對變高，若是升值幅度過大，中國大陸廉價人力優勢不再，進而使廠商轉移至人力更便宜的東南亞各國，在部分回流臺灣設廠的假設下，增加臺灣勞工的就業機會，使得臺灣的就業率提高。

㈣資金流入

人民幣升值有利吸引國際資金進駐，包括中國大陸及周邊的新興亞洲國家，因此對與中國大陸關係密切的臺灣，更會帶來顯著的資金流入。

㈤股　市

人民幣升值時，會吸引更多國際熱錢加速流向亞洲各國，對於亞洲主要國家，例如：日本、南韓、臺灣等地的股市，將產生助漲效應。

㈥觀　光

人民幣升值有助於中國大陸來臺觀光的人數及消費金額。

以上提及眾多與人民幣升值的相關議題，到底人民幣未來是否還會再升值，也同為大家所關注。本文列出以下幾點因素，可看出人民幣未來還有再升值的空間：

1. 中國大陸持續貿易順差，貿易順差（中國大陸對其他國家的出口大於進口）意味著國際市場對人民幣的需求會增加，造成人民幣的升值
2. 市場預期人民幣會再升值，國際熱錢持續流向中國大陸
3. 中國大陸龐大的外匯存底（目前為世界第一）
4. 歐美國家會持續要求人民幣升值

個案討論

近年來兩岸的觀光活動逐年增加，假設你在日月潭經營飯店，請問人民幣的升值可能會對你的公司產生什麼影響？

摘要

1. 2005 年 7 月 21 日，中國大陸開始實行以市場供需為基礎、不再單一釘住美元，而是參考一籃子貨幣進行調節、有管理的浮動匯率制度。
2. 自 1949 年迄今，人民幣匯率制度歷經了由官方匯率到市場決定，由固定匯率到有管理的浮動匯率。
3. 當人民幣升值後，對於視中國大陸為出口基地的臺商而言，其主要收入為外國貨幣，生產成本的支出則為人民幣，因此本類型臺商不希望人民幣升值，造成生產成本增加。
4. 至於視中國大陸為內銷市場的臺商，其收入幣別為人民幣，成本支出為部分人民幣，因此本類型臺商會期望人民幣升值。
5. 人民幣升值下，若投資人擁有中國大陸資產者，例如：股票、債券等，其手中的資產價值也會因此上升，即有利於持有人民幣資產者。
6. 人民幣升值將導致手頭上的負債價值相對提高，不利於持有人民幣負債者。
7. 人民幣升值對臺灣重要的經濟變數產生重要影響，這些變數包括新臺幣匯率、出口額、就業率、資金流入、股市和觀光等變數。
8. 人民幣未來還有再升值的空間，原因有：(1)中國大陸持續貿易順差；(2)預期人民幣會再升值，國際熱錢持續流向中國大陸；(3)中國大陸龐大的外匯存底；(4)歐美會持續要求人民幣升值。

習題

一、選擇題

( ) 1. 人民幣的英文名稱是 (A) GE (B) KP (C) RMB (D) SGD

( ) 2. 假設你有 60 萬美元，全部投資於人民幣，若美元兌人民幣匯率由 1 : 8 轉為 1 : 7.5，則 (A)你有匯兌收入 30 萬美元 (B)你有匯兌收入 30 萬人民幣 (C)你有匯兌損失 15 萬人民幣 (D)你有匯兌損失 5 萬美元

( ) 3. 請問面對人民幣普遍的升值趨勢，較好的資產配置方法為 (A)借人民幣以償還美元

貸款 (B)資產以美元持有，負債則轉為人民幣 (C)資產以人民幣持有，負債則轉為美元 (D)資產以歐元持有，負債則轉為人民幣

(　) 4.請問當前中國大陸採用下列何種方法制定人民幣匯率？ (A)釘住美元 (B)釘住一籃子貨幣 (C)固定匯率 (D)自由浮動

(　) 5.請問人民幣升值不會使臺灣出現下列何種情況？ (A)新臺幣升值壓力 (B)對中國大陸出口增加 (C)股市上漲 (D)失業率提高

(　) 6.下列何種情況會增加臺商去中國大陸投資的意願？ (A)中國大陸勞工薪資下降 (B)中國大陸勞工薪資上升 (C)中國大陸關稅提高 (D)中國大陸營利事業所得稅率提高

(　) 7.下列何者是促使人民幣升值的關鍵因素？ (A)中國大陸龐大的外匯存底 (B)中國大陸經濟改革逐漸開放 (C)中國大陸有龐大的政府支出 (D)外國在中國大陸投資增加

(　) 8.廠商在中國大陸建廠加工，並把完工產品銷至美國，為賺取更多收入，較希望發生下列何種情況？ (A)美元貶值；人民幣貶值 (B)美元貶值；人民幣升值 (C)美元升值；人民幣貶值 (D)美元升值；人民幣升值

二、簡答題

1.請問人民幣在 2005 年 7 月 21 日之後有何改變？

2.請問人民幣升值後對視中國大陸為出口基地的臺商有何影響？

3.請問人民幣升值後對視中國大陸為內銷市場的臺商有何影響？

4.請問為何人民幣升值後，將不利於持有人民幣負債者？

5.請問人民幣升值後，對臺灣哪些重要的經濟變數產生影響？

第十五章 歐債危機對全球及臺灣金融及經濟影響

學習目標

1. 歐債危機。
2. 歐債危機產生的原因及演變。
3. 歐債危機對全球金融及經濟的影響。
4. 歐債危機對臺灣金融及經濟的影響。

第一節 歐債危機

各位讀者在 2009 至 2019 年間的報章雜誌或媒體裡，應該常常聽見歐債危機這個名詞，心裡可能會有疑惑，到底何謂歐債危機呢？歐債危機的全名是「歐元區的國家債務危機」，指的是歐元區的會員國，在沒有其他國家的幫助下，就無法自行償還龐大債務所面臨的危機。其是指在 2008 年金融危機發生後，希臘等歐盟國家所發生的主權債務危機，所謂主權債務是指一國以自己的主權擔保向外借來的債務。當一國債務的比重擴大到一定程度，就可能會出現無法償付其主權債務的違約。

歐債危機又有人稱為希臘債務危機，原因是希臘作為歐元區的一國，為了維持歐元區普遍的薪資與福利水平，採取國家借貸方式，但由於 2008 年金融海嘯，國際經濟情勢不好，希臘債務評等不斷被調降，無法借到新貸款，遂爆發債務危機。而其所產生的連鎖反應，就是所謂的歐債危機。

表 15–1 列舉出 2009 至 2019 年間歐洲地區發生的重要事件：

表 15–1 2009 至 2018 年間歐洲地區重要財經事件

時間		事件
2009 年	10 月	2008 年金融海嘯後，希臘債務赤字擴大，歐洲主權債務危機爆發
	12 月	全球三大評級公司（惠譽、標準普爾及穆迪）下調希臘主權評級
2010 年	4 月	希臘、葡萄牙與西班牙的信用評等遭降級
	5 月	希臘宣布了大規模財政緊縮計畫
	6 月	歐元對美元匯率跌破 1 : 1.19
	11 月	愛爾蘭政府正式向第三方國家請求協助
2012 年	1 月	法國、奧地利、葡萄牙、義大利和西班牙的信用評等皆向下調整
	7 月	歐盟開始實施一籃子經濟刺激計畫
	10 月	歐洲開始實施穩定機制
2013 年	7 月	歐美雙方啟動自貿談判「跨大西洋貿易與投資夥伴關係協定」(TTIP) 談判
	12 月	愛爾蘭政府宣布退出由國際貨幣基金組織、歐盟、歐洲央行提供的國際援助
2014 年	5 月	希臘、西班牙信用評等上調
2015 年	1 月	希臘國會大選，激進左派聯盟當選，要求重新談判希臘紓困案，並削減希臘部分的沉重外債
	7 月	希臘就是否接受國際債權人救助方案舉行公投，結果逾六成反對
2016 年	6 月	英國舉行脫歐公投，決定脫離歐盟
2019 年	3 月	歐盟各國領導人同意英國所提出之延遲脫歐請求
	4 月	歐盟將脫歐限期大幅延後至 10 月底，亦允許英國於英國國會正式通過脫歐協議後隨時脫歐
	6 月	由於英國首相德蕾莎·梅伊就「脫歐協議」之相關內容無法與國會達成共識，於本月辭去保守黨黨魁的職位

資料來源：作者參考中華百科、維基百科及報章雜誌整理而得。

第二節

歐債危機產生的原因及演變

相信各位讀者們一定也很好奇，歐債危機這樣重大的國際事件發生的原因及其演變為何？歐債危機發生的導火線要追溯到 2009 年底，希臘政府新政權轉移後發現，先前的政權透過投資銀行的包裝，粉飾並隱瞞了 10 億歐元的公共債務赤字。雖然這樣的現象造成了債務赤字不斷的上升，但是因為經濟快速成長和外資持續不斷的流入，當時的政府募集資金相對的較為容易，因此債務的問題在那個時間點並沒有立即爆發出來，暫時緩解了債務問題。

歐債危機的遠因發生在 2008 年金融海嘯爆發後，金融體系開始失控，許多規模龐大的金融機構相繼倒閉，為了挽救日益增加的債務，歐元區國家政府不斷的擴張自身的財政支出，並採取擴大公共內需的方式來面對此金融危機，使得原本的政府債務在投資熱錢銳減下，籌集資金變得相當不容易，情勢也愈來愈困難。

但這樣舉債過度的行為也讓投資者開始懷疑政府的償債能力，在投資者普遍缺乏信心的狀況下，使得金融市場的供給大於需求，投資者不斷的拋售高風險國家的相關金融商品，造成這些舉債過度的國家之國債價值大幅蒸發。也因為如此，出現了一個新的名詞「歐豬五國」(PIIGS)，指的是所有歐洲國家裡，債務問題最嚴重的五個國家，包括葡萄牙 (Portugal)、義大利 (Italy)、愛爾蘭 (Ireland)、希臘 (Grcccc) 和西班牙 (Spain)，這幾個國家都有失業率高、經濟發展疲弱等共通點。

歐元區本來有所謂的「穩定與成長公約」(stability and growth pact，簡稱 SPG 公約)，規定各國政府的年度赤字不得超過 GDP 的 3%，政府債務不得超過 GDP 的 60%。但事實上，在年度赤字方面，希臘高達 GDP 的 15%，而其他歐豬四國也幾乎都超過 GDP 的 10%；在政府債務方面，希臘和義大利都高達 GDP 的 120% 左右。

2008 年因雷曼兄弟控股公司 (Lehman Brothers Holdings Inc.) 倒閉而引發全球金融海嘯，其總資產為 6,000 多億美元，但歐債危機中，歐豬五國欠下的債務卻超過 8 兆美元，其債務總額比雷曼兄弟的債務高出約 12 倍。

第三節

歐債危機對全球金融及經濟的影響

歐債危機不僅僅是影響了歐元地區，也影響了全球金融市場的穩定性，使得企業在投資或是融資等相關條件都不如以往順利，再加上整個歐洲的經濟情勢持續不振，內需愈來愈少的情況也連帶的影響了出口量。在這種不得已的情勢下，美國聯準會決定在 2012 年底持續實施扭轉操作（operation twist，簡稱 OT）❶政策，為的就是減少歐債對經濟貿易的負面影響。

除了經貿發展較先進的國家外，許多開發中的國家也受到此波危機的衝擊，舉例來說，一些新興市場的國家也面臨了經濟成長逐漸緩和的現象，可以證明此波危機是全球性的連帶影響。

表 15–2　歐盟主要國家預算赤字及政府債務

單位：%

國　家	政府債務占 GDP 比例											
	2007	2008	2009	2010	2011	2012	2013	2014	2015	2016	2017	2018
歐元區 18 國	65.2	68.9	79.4	84.9	87.0	90.1	92.0	92.2	90.2	89.4	87.2	85.3
歐盟 28 國	57.5	60.7	73.3	79.0	81.6	84.0	85.8	86.6	84.6	83.4	81.7	80.0
比利時	87.0	92.5	99.5	99.7	102.6	104.3	105.5	107.5	106.4	106.1	103.4	102.0
德國	63.7	65.2	72.6	81.8	79.4	80.7	78.2	75.3	71.6	68.5	64.5	60.9
愛爾蘭	23.9	42.4	61.5	86.0	110.9	119.9	119.7	104.1	76.8	73.5	68.5	64.8
希臘	103.1	109.4	126.7	146.2	172.1	159.6	177.4	178.9	175.9	178.5	176.2	181.1
西班牙	35.6	39.5	52.8	60.1	69.5	85.7	95.5	100.4	99.3	99.0	98.1	97.1
法國	64.5	68.8	83.0	85.3	87.8	90.6	93.4	94.9	95.6	98.0	98.4	98.4
義大利	99.8	102.4	112.5	115.4	116.5	123.4	129.0	131.8	131.6	131.4	131.4	132.2
葡萄牙	68.4	71.7	83.6	96.2	111.4	126.2	129.0	130.6	128.8	129.2	124.8	121.5
英國	41.7	49.7	63.7	75.2	80.8	84.1	85.2	87.0	87.9	87.9	87.1	86.8

資料來源：歐盟統計局 (Eurostat)，2019 年。

由於歐債危機愈演愈烈，也引發了歐洲多國的大罷工，除了歐豬五國以外，英國也爆發了罕見的動亂。德國的經濟情況雖然不錯，但由於大額經援外國而造成內部人民的反彈情緒悶燒；由美國人所發起的占領華爾街運動也蔓延歐洲，突顯了西方國家制度的嚴重弊端。由此可知，歐債危機不但已衍生成社會危機，同時亦造成了政治危機。

其中，社會危機發生的原因在於西方國家已普遍邁入人口老齡化的社會。根據聯合國人口署的統計資料指出，愈來愈多的國家已面臨嚴重的人口老化問題。除了人口老化的問題使相關社會資源支出不斷的增加外，在很多先進的已開發國

❶ 所謂扭轉操作是刺激經濟的一項措施，藉由出售短期公債，並同時買進長期公債的策略來壓低長期利率。

家，國民從出生到死亡皆享有完善的社會福利，如就學、醫療或就業等等，都有相當完整的配套措施，然而這些政策在經濟發生危機時，會使失業的年輕人口即使不用去工作也可以享有非常好的福利措施，久而久之他們的心態變得不那麼積極，甚至會故意失業，藉此享受政府所提供的福利政策。

雖然政府有注意到這樣的問題，但這些福利政策皆已行之有年，如果任意修改或是刪減福利支出，可能引發國民的抗議，即使解決了年輕人口不就業的問題，也可能會衍生其他的政治問題，故政府須針對福利國家體制和社會保障制度實施根本性的變革來解決此問題，惟有維持經濟成長的穩定性，才能徹底解決相關的問題。

第四節 歐債危機對臺灣金融及經濟的影響

歐債危機除了前面所提及對全球經濟的影響外，也衝擊了臺灣的金融及經濟。以下將分別就各個面向詳細敘述：

㈠經濟面

在股票市場方面，自希臘發生危機後，每次的歐債負面消息傳出後所造成之歐美股市重挫，臺灣的股票市場亦連帶受到負面影響。

歐債的危機造成臺灣及中國大陸出口至歐盟的商品不斷的減少，而由於中國大陸是臺灣重要的進口國，因此當中國大陸出口減少時，會使得臺灣和中國大陸之間貿易來往也間接的受到一定程度的影響。

近年來臺灣與中國大陸之間的貿易依存度不斷的攀升，面對中國大陸逐漸成長茁壯的經濟影響力，臺灣應該思考的是在未來如何加強自身的競爭優勢，利用自身的優點去面對競爭愈來愈劇烈的大環境，這對臺灣的未來發展走勢是相當重要的課題。

㈡產業面

歐債危機不但衝擊歐元區造成歐元貶值，還造成全球金融市場波動並影響到 2008 年金融海嘯後全球經濟的復甦。歐元貶值造成臺灣出口產品至歐洲的不利，而全球經濟復甦遲緩也對臺灣以出口為導向的經濟不利。此外，由於歐債危機造成全球經濟不景氣，使得企業在徵才方面也漸趨於保守。

㈢貨幣市場面

由於臺灣的貨幣、票券、拆款等交易仍以國內市場為主，因此相較於其他國家來說，較不容易受到歐債危機的影響。縱使不幸遇到惡意的炒匯攻擊，央行也會適時的進場護盤，將美元與新臺幣的匯率控制在 1 : 29 左右。即便如此，歐債危機對臺灣的金融業當然也造成一定程度的影響。舉例來說，由於臺灣的股票市場是屬於淺盤市場，故較容易因為全球的大環境趨勢影響而造成漲幅的波動。

個案討論

假設歐債持續惡化，導致歐盟國家國民所得下滑及歐元大幅貶值：

1. 如果你是出口產品至歐洲的出口商，對你的影響為何？
2. 如果你開設一間旅行社，專門帶團至歐洲旅遊，則歐元因歐債重貶對你的影響為何？

摘　要

1. 歐債危機的全名是「歐元區的國家債務危機」，指的是歐元區的會員國，在沒有其他國家的幫助下，就無法自行償還龐大債務所面臨的危機。
2. 「歐豬五國」，指的是所有歐洲國家裡，債務問題最嚴重的，包括葡萄牙、義大利、愛爾蘭、希臘和西班牙，這幾個國家有失業率高、經濟發展疲弱等共通點。
3. 除了經貿發展較先進的國家外，許多開發中的國家也受到此波危機的衝擊，舉例來說，一些新興市場的國家也面臨了經濟成長逐漸緩和的現象，可以證明此波危機是全球性的連帶影響。

4. 就產業面而言，由於歐債危機造成全球經濟不景氣，使得企業在徵才方面也漸趨於保守。
5. 就貨幣市場面而言，臺灣的貨幣、票券、拆款等交易仍以國內市場為主，因此相較於其他國家來說，較不容易受到歐債危機的影響。縱使不幸遇到惡意的炒匯攻擊，央行也會適時的進場護盤，將美元與新臺幣的匯率控制在 1:29 左右。

習　題

一、選擇題

(　) 1. 2009 年，歐洲主權債務危機在哪一個國家第一次爆發？ (A)希臘 (B)義大利 (C)葡萄牙 (D)德國

(　) 2. 為了減緩希臘的債務危機，歐元區成員國財政部長決定採取下列何種政策？ (A)財政擴張 (B)財政緊縮 (C)貨幣緊縮 (D)貨幣擴張

(　) 3. 「歐豬五國」不包含下列哪一個國家？ (A)葡萄牙 (B)義大利 (C)西班牙 (D)德國

(　) 4. 歐洲國家的社會危機是因為下列何種現象所造成的？ (A)失業率降低 (B)勞動人口增加 (C)人口老化 (D)人口外移

(　) 5. 臺灣的證券交易以何種類型為大宗？ (A)股票交易 (B)債券交易 (C)期貨交易 (D)現金交易

(　) 6. 歐元區有「穩定與成長公約」(Stability and Growth Pact，簡稱 SGP 公約)，規定各國政府的年度赤字不得超過 GDP 的多少 %？ (A) 3% (B) 6% (C) 9% (D) 12%

(　) 7. 承上題，政府債務不得超過 GDP 的多少 %？ (A) 20% (B) 40% (C) 60% (D) 80%

(　) 8. 歐債危機中歐豬五國欠下的債務總額是雷曼兄弟債務規模的約 (A) 0.5 倍 (B) 2 倍 (C) 3 倍 (D) 12 倍

(　) 9. 歐債危機爆發比較不可能導致下列何種情況發生？ (A)歐元兌美元升值 (B)美元兌歐元升值 (C)人民幣兌歐元升值 (D)新臺幣兌歐元升值

(　) 10. 歐債危機爆發比較不可能導致下列何種情況發生？ (A)全球股市上揚 (B)美股下滑 (C)臺股下滑 (D)港股下滑

(　) 11.歐債危機爆發比較不可能導致下列何種情況發生？ (A)臺灣的出口增加 (B)中國大陸減少至歐洲的出口 (C)全球景氣惡化 (D)美國景氣惡化

二、簡答題

1.請概述歐洲債務危機發生的原因？

2.歐豬五國分別是指哪五國？

3.歐債危機可能會對臺灣哪些產業造成影響？

4.何謂歐元區的「穩定與成長公約」？其與歐債危機有何關係？

第十六章 量化寬鬆政策對全球及臺灣金融及經濟影響

學習目標

1. QE3。
2. QE3 產生的原因及演變。
3. QE3 對全球金融及經濟的影響。
4. QE3 對臺灣金融及經濟的影響。
5. 安倍經濟學。

第一節 QE3

在各大媒體周刊常常出現的"QE"一詞，代表的就是所謂的「量化寬鬆」政策，Q 指的是 quantitative，E 指的是 easing，可以說是政府實施的一種貨幣政策。

QE 政策是指中央銀行透過公開市場的操作，大量買進國債或是企業債券、或是向市場注入大量的資金，換句話說，中央銀行藉由增加市場上鈔票供給的數量，提高貨幣供給的數量，目的在使利率維持於極低的水準。另外，由於量化寬鬆政策本質是增加貨幣供給，因此可能會引發通貨膨脹。在投資人預期通貨膨脹的心態下，固定收益市場的吸引力將會因為投資人擔心購買力打折而下降，這種預期心態將有助資金轉而流向股市等金融市場。

美國聯邦準備理事會（The Federal Reserve System，簡稱 FED）在 2012 年 9 月 13 日宣布實施 QE3，指的是第三次的量化寬鬆政策，此政策包含了美國每個月將購入 400 億美元的不動產抵押貸款擔保債券（mortgage backed securities，簡稱 MBS)。相信讀者心中可能會有一個疑問，到底第三次的量化寬鬆政策和先前兩次的量化寬鬆政策有什麼樣的不同呢?QE3 與前兩輪 QE 的最大不同之處在於，除了前面所提及的每個月將會購買限額 400 億美元的不動產抵押貸款擔保債券 (MBS) 以外，還將超低利率的實行期限延長到 2015 年，且沒有明確的截止期限。

2013 年 5 月 22 日，FED 主席伯南克 (Ben Bernanke) 在國會聽證時指出，未來可以依美國經濟自行復甦的力道來考慮調整 QE 的施行規模，暗示若美國經濟持續好轉，美國可能削減 QE 規模。2013 年 12 月 18 日，FED 宣布自 2014 年 1 月起，每月購債金額由 850 億美元減至 750 億美元，代表 QE 正在溫和退場。每月 FED 資產收購債券將各減 50 億美元 ， 來到美國國債 400 億美元和房貸債券 350 億美元。

表 16–1 美國量化寬鬆政策的時間、規模及其主要內容

	時 間	規 模	內 容
QE1	2009 年 3 月至 2010 年 3 月	約 1.725 兆美元	主要用於購買 1.25 兆美元的不動產抵押貸款擔保債券、3,000 億美元的美國國債以及 1,750 億美元的機構證券
QE2	2010 年 8 月底至 2012 年 6 月	約 6,000 億美元	主要用於購買財政部發行的長期債券，平均每個月購買金額為 750 億美元
QE3	2012 年 9 月起	每月採購 400 億美元的不動產抵押貸款擔保債券	沒有明確實施截止日，將持續實施至美國就業市場復甦
QE4	2013 年 1 月起	每月採購 450 億美元的美國國債來替代扭轉操作	加上 QE3 每月 400 億美元的寬鬆額度，FED 每月資產採購金額達 850 億美元
2013 年 5 月 22 日，FED 主席伯南克在國會聽證時指出，未來可以依美國經濟自行復甦的力道來考慮調整 QE 的施行規模，暗示若美國經濟持續好轉，美國可能削減 QE 規模，亦即 QE 可能退場 2013 年 12 月 18 日，FED 宣布自 2014 年 1 月起，每月購債金額由 850 億美元減至 750 億美元，代表 QE 正在溫和退場。每月 FED 資產收購債券將各減 50 億美元，來到美國國債 400 億美元和房貸債券 350 億美元			

資料來源：作者參考財經百科—財經知識庫—MONEY DJ 理財網、百度百科、人民網、聯合理財網和鉅亨網等整理而得。

第二節
QE3 產生的原因及演變

相信各位讀者一定很好奇，為什麼美國聯準會要一而再、再而三的推出量化寬鬆政策呢？原因在於 2007 年美國的「次級房貸風暴」及 2008 年於美國爆發的「金融海嘯」導致近年來美國就業成長緩慢，失業率也居高不下，各個家庭支出持續增加，然而企業固定投資成長卻已逐漸減緩。另外，雖然部分主要商品價格近來上漲，但長期通貨膨脹預期仍然穩定。因此，為持續朝著最大就業與物價穩定進展，美國政府嘗試進一步採取寬鬆性政策，希望能藉此復甦不振的經濟。

一般來說，政府是不會也不應該隨便印製鈔票的。因為如果隨便改變市場上流通的鈔票數量，可能會對金融市場造成重大的影響。但本章節所探討的量化寬鬆政策卻不包含在此範圍內，因為政府實施量化寬鬆政策的目的，主要是為了刺激景氣的復甦與消費的增加。藉由向公開市場買進債券的操作手法，來增加市場上所流通的貨幣數量。但此舉也有可能會造成通貨膨脹的發生，使其他國家面臨升值的壓力。

而前面也提到，此次的 QE3 政策並沒有截止的時間或是發行數量的上限，表示這並非短期的振興經濟政策，而是個長期的抗戰政策，故有些學者認為，美國的 QE3 政策除了經濟上的目的外，還有政治上的動機，因為 QE3 推出的時間正好離大選很接近，故有此政治化的聯想。

2013 年 5 月 FED 主席柏南克表示，QE3 有可能會退場，此話一出，立刻引起大家的討論與股票市場的波動。2013 年 12 月時，FED 宣布 QE3 將減碼 100 億美元。由於美國的經濟和就業市場逐漸升溫，就讓美國對未來的經濟發展，持以樂觀的態度來面對。

第三節

QE3 對全球金融及經濟的影響

讀者可能會有疑問，為什麼美國實施量化寬鬆會對全球的經濟貿易造成如此巨大的影響？其原因在於美國是世界上數一數二的經濟貿易強國，因此其操作任何的政策都會對世界各國有一定的影響力，何況是如此重要的貨幣寬鬆政策。

舉例來說，自 2009 年 3 月起，原物料及能源的價格漲幅便不斷的飆升。讀者一定很好奇為什麼原物料和能源的波動會如此劇烈？在市場上，價格飆升的原因不外乎最重要的需求大於供給，另外，資金市場上熱錢不斷的流竄，追求實物的投資標的，投資者的主要目標轉向民生必需品的上游原物料以及最重要的能源等等。

一般來說，理性的投資人並不會將所有的雞蛋放在同一個籃子裡，換句話說，並不會單純只購買能源或是原物料的投資標的，因為在通貨膨脹的情況下，能源或原物料等實物的投資報酬率還是會有下跌的可能。相信讀者一定知道，高風險的投資換來的是較高的投資報酬率，相反的，低風險的投資換來的是相對較低的投資報酬率，因此投資人仍有可能選擇投資相較之下風險較高的海外市場，以賺取較高的投資報酬率，讓自己的資產價值維持在一定的水準。而這也是資金和熱錢不斷在世界各國流竄的原因之一，這將迫使其他國家採取貨幣緊縮的政策來對抗惡意的熱錢攻擊。

個案討論

若你是臺灣某家公司的主管，負責進行外匯管理的業務，面對美國採取大量的貨幣量化寬鬆 (QE) 政策，你該如何調節你的資產與負債？

第四節
QE3 對臺灣金融及經濟的影響

前一節提及了量化寬鬆對全球金融及經濟的影響，本節則著重於量化寬鬆對臺灣金融及經濟的影響。QE3 對臺灣的影響，短期可推升股市、房地產表現；但長期來看，由於 QE3 會使得美元走弱，讓新臺幣匯率升值，這對臺灣出口外銷可能會造成新一波打擊。

美國陸續推出量化寬鬆政策，都會造成國際短期資金大量流入亞洲或是新興國家。另外，美國在 QE3 政策中所增加的美元資金會外流進入臺灣，在外匯市場上造成新臺幣匯率的升值及美元的供給增加（見圖 16–1）。相信讀者一定知道，新臺幣升值的話，有利進口，相反的，新臺幣貶值的話，將不利出口或是外銷活動的進行。另外，貨幣寬鬆政策使得熱錢在全球的資金市場不斷流竄，如此將會嚴重影響各國之間的物價走勢。像臺灣這種依賴進出口貿易甚深的國家，則會受到比其他國家更嚴重的影響。另外，在通貨膨脹率不斷升高的情形下，臺灣失業率相對偏高，如果一直維持這種情況，則在薪資水準無法調升下，將會使薪水較低者受害於通貨膨脹。

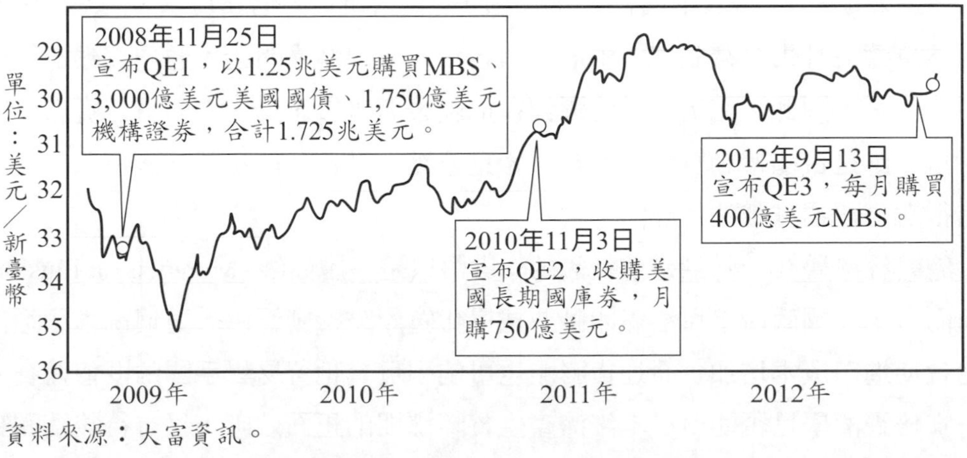

資料來源：大富資訊。

圖 16–1　三次 QE 實施期間新臺幣走勢

個案討論

你預期美國未來將採取量化寬鬆 (QE) 政策，假設你是投資人，若現在你有一筆資金可以運用，則你會將該筆資金以新臺幣或是美元存入銀行以減少損失？(假設兩國利率還有其他條件不變)

第五節 安倍經濟學

最近在各大媒體周刊上常出現「安倍經濟學」(Abenomics) 一詞，其是指日本首相安倍晉三於 2012 年年底第二次上臺後，推出一系列寬鬆經濟政策的一種稱謂。安倍經濟學以量化寬鬆及日圓貶值為主，希望能刺激日本長期低迷的經濟，該政策包括：(1)緩和金融制約，實行量化寬鬆；(2)實施財政手段，以通貨膨脹刺激經濟成長；(3)承諾進行結構改革。

日本中央銀行自 2013 年 4 月 4 日開始實施日本史上最大規模的量化寬鬆政策後，雖然短期內造成日圓大貶及日經指數大漲（以 2013 年 4 月 5 日至 5 月 22 日之間最為明顯），但長期而言，日本人口老化及沉重的債務負擔，使得經濟成長是否能持續上升仍有待觀察。由於人口老化乃人口結構問題，並非寬鬆的貨幣政策所能左右，因此，經濟復甦的關鍵在於就業與實質產出，亦即量化寬鬆所帶來的財富效應是否能帶動實體經濟產出才是重點。若企業無法提升競爭力，則光靠貶值很難實際提升就業及經濟。

總體經濟學有一句話是這樣說的：貨幣只是一層面紗 (Money is an illusion)。長期而言，一國政府不可能靠印鈔票或量化寬鬆來帶動經濟，更何況本國通貨貶值也會使進口成本增加，而通貨膨脹也可能引發其他貿易對手國的貶值競賽。因此，安倍經濟學是否能對日本經濟產生實際漲期的正面效應，仍有待後續觀察。

摘　要

1. "QE" 一詞代表的就是所謂的「量化寬鬆」政策，Q 指的是 quantitative，E 指的是 easing，可以說是政府實施的一種貨幣政策。中央銀行透過公開市場的操作，大量買進國債或是企業債券、或是向市場注入大量的資金，換句話說，中央銀行藉由增加市場上鈔票供給的數量，提高貨幣供給的數量，目的在使利率維持於極低的水準。
2. 美國聯準會 (Fed) 在 2012 年 9 月 13 日宣布實施 QE3，指的是第三次的量化寬鬆政策，此政策包含了美國每個月將購入 400 億美元的不動產抵押貸款擔保債券 (MBS)。
3. 美國推出量化寬鬆政策原因在於近年來美國就業成長緩慢，失業率也居高不下，各個家庭支出持續增加，然而企業固定投資成長卻已逐漸減緩。另外，雖然部分主要商品價格近來上漲，但長期通貨膨脹預期仍然穩定。因此，為持續朝著最大就業與物價穩定進展，美國政府嘗試進一步採取寬鬆性政策，希望能藉此復甦不振的經濟。

習　題

一、選擇題

(　) 1. QE 是下列何種政策的縮寫？ (A)量化寬鬆 (B)量化緊縮 (C)財政擴張 (D)財政緊縮

(　) 2. QE 政策的目的是 (A)使失業率大幅降低 (B)使失業率大幅提高 (C)使利率維持於極低的水準 (D)使利率維持於極高的水準

(　) 3. 美元指數下跌和下列什麼現象的發生無關？ (A)通貨膨脹 (B)原物料價格飆升 (C)市場投機資金過於浮濫 (D)人口老化

(　) 4. 通貨膨脹可能不會導致下列何種事件的發生？ (A)影響原物料價格 (B)造成投資人信心不足 (C)投資人轉而尋找其他較高報酬率的投資標的 (D)實質購買力上升

(　) 5. QE 政策下，國際短期資金大量流入亞洲和新興經濟體，會對臺灣造成什麼影響？ (A)新臺幣升值 (B)對出口增加產生折扣 (C)新臺幣貶值 (D)美元升值

(　) 6. QE 本質上是屬於下列何種政策？ (A)貨幣政策 (B)財政政策 (C)減少失業率政策

(D)減緩人口老化政策

(　) 7.量化寬鬆中的「量化」是指 (A)將會創造指定金額的貨幣 (B)市場投機資金 (C)通貨膨脹 (D)失業率

(　) 8.量化寬鬆中的「寬鬆」是指 (A)減低銀行的資金壓力 (B)原物料價格飆升 (C)市場投機資金過於浮濫 (D)失業率攀升

(　) 9.有關量化寬鬆政策的敘述，以下何者為非？ (A)要實行量化寬鬆，必須對其貨幣有控制權 (B)降低借貸成本 (C)透過借貸的過程，創造出更多的貨幣供應 (D)可有效降低失業率

(　) 10.美國實施量化寬鬆政策不可能會造成什麼樣的影響？ (A)可能會造成全球的通貨膨脹 (B)可能會惡化經濟貿易關係 (C)可能會造成持債國家的外匯貶值 (D)美元升值

(　) 11.量化寬鬆政策不包含以下哪項敘述？ (A)大量印製鈔票 (B)大量購買國債 (C)向市場注入超額資金 (D)大量出口農產品

(　) 12.美國實施量化寬鬆政策，其預期成效不包含以下哪項敘述？ (A)逐步收緊銀根 (B)市場利率上升 (C)大宗商品價格回穩 (D)失業率大幅下降

(　) 13.下列何者非日本首相安倍晉三上臺後所實施的經濟政策？ (A)採取量化寬鬆政策 (B)促使日圓升值 (C)促使日圓貶值 (D)以通貨膨脹刺激經濟成長

二、簡答題

1.請概述美國實施量化寬鬆政策的原因。

2.量化寬鬆的實施可能會對經濟貿易市場產生什麼影響？

3.請試著比較三次量化寬鬆政策的不同。

4.如果你是投資人，在面對美國實施量化寬鬆的狀況下，可能會採取什麼樣的投資行為？

5.美國實施量化寬鬆政策，對新臺幣會產生升值或貶值的影響？

6.試述安倍經濟學的主要內容。

參考書目及文獻

(一)英文部分

1. Abuaf, Niso, "Foreign Exchange Options : The Leading Hedge," *Midland Corporate Finance Journal*, Summer 1987, pp. 51 – 58.
2. Agmon, Tamir, and Rafael Eldor, "Currency Options Cope with Uncertainty," *Euromoney*, May 1983, pp. 227 – 228.
3. Alexander, S. S., "Effects of a Devaluation on a Trade Balance," *IMF Staff Papers*, Vol. II, April 1952, pp. 263 – 278.
4. Aliber, R. Z., ed., *The Reconstruction of International Monetary Alignments*, New York : St. Martin's Press, 1987.
5. Arndt, S. W., et al., *Exchange Rates, Trade, and the U.S. Economy*, Washington, D.C. : American Enterprise Institute, 1985.
6. Artus, J. R., and Young, J. H., "Fixed and Flexible Exchange Rates : A Renewal of the Debate," *IMF Staff Papers*, December 1979.
7. Balassa, B., "The Purchasing Power Parity Doctrine : A Reappraisal," *Journal of Political Economy*, Vol. LXXII, December 1964, pp. 584 – 596.
8. Balassa, B., "Adjustment Policies in Developing Countries : A Reassessment," *World Development*, 12, September 1984, pp. 955 – 972. A review of trade and macroeconomic policies in developing countries after 1973.
9. Bhagwati, J. N., and R. A. Brecher, "National Welfare in the Open Economy in the Presence of Foreign-Owned Factors of Production," *Journal of International Economics*, 10, 1980, pp. 103 – 115.
10. Biger, Nahum, and John Hull, "The Valuation of Currency Options," *Financial Management*, Spring 1983, pp. 24 – 28.
11. Black, Fischer, and Myron Scholes, "The Pricing of Options and Corporate Liabilities," *Journal of Political Economy*, May / June 1973, pp. 637 – 659.

12. Black, S. W., "International Money and International Monetary Arrangements," in R. W. Jones, and P. B. Kenen, *Handbook of International Economics*, Vol. 2, North-Holland, New York, 1985.

13. Bryand, R., and G. Holtham, eds., *External Deficits and the Dollar*, Washington, D.C. : Brookings Institution, 1989.

14. Bryant, R. C., *Money and Monetary Policy in an Open Economy*, Washington, D.C. : Brookings Institution, 1980.

15. Bryant, R. C., and R. Portes, eds., *Empirical Macroeconomics for Interdependent Countries*, Washington, D.C. : Brookings Institution, 1988.

16. Bushord, Lisa, "Dunlevie to Benchmark's Euro Base," *European Venture Capital Journal*, April 2001, p. 1.

17. Butscher, Stephan A., "The Euro－Space Race," *Brandweek*, Vol. 40, Issue 12, March 1999, p. 30.

18. Carbaugh, Robert J., *International Economics*, 4th Edition, Wardsworth, Inc., 1992.

19. Chacholiades, Militades, *International Economics*, McGraw-Hill, Inc., 1990.

20. Chalupa, Karl V., "Foreign Currency Futures : Reducing Foreign Exchange Risk," *Economic Perspectives*, Federal Reserve Bank of Chicago, Winter 1982, pp. 3 – 11.

21. Channon, D. F., *Global Banking Strategy*, New York : Wiley, 1988.

22. Chrystal, K. A., "A Guide to Foreign Exchange Markets," *Federal Reserve Bank of St. Louis Review*, March 1984.

23. Cline, W., and S. Marris, *Correcting the U.S. Trade Deficit*, Washington, D.C. : Institute for International Economics, 1989.

24. Cohn, Laura and Robert McNatt, "Maybe the Euro Isn't a Stumblebum," *Business Week*, Issue 3712, December 2000, p. 14.

25. Cooper, James C., and Kathleen Madigan, "The Euro Is Slowing Growth－Which Hurts the Euro," *Business Week*, Industrial / Technology edition, Issue 3706, November 2000, p. 38.

26. Cooper, R. N., *The International Monetary System*, Cambridge, Mass. : MIT Press, 1987.

27. Cornell, Bradford, and Marc R. Reinganum, "Forward and Future Prices," *Journal of Finance*, December 1981, pp. 1035 – 1045.

28. Cote, Marcel, "The Euro—One Year Later," *CA Magazine*, Vol. 133, Issue 4, May 2000, p. 72.

29. Cotrell, Robert, "Year Zero for the Euro," *The Economist*, Vol. 353, October 1999, pp. s11 – s12.

30. Czinkota, Rivoli, and Ronkainen, *International Business*, 2nd ed., The Dryden Press, 1992.

31. Darity, W., and B. Horn, *The Loan Pushers : The Role of Commercial Banks in the International Debt Crises*, Cambridge, Mass. : Ballinger, 1988.

32. Dornbusch, R., *Open Economy Macroeconomics*, New York : Basic Books, 1980.

33. Dufey, Gunter, and Bartram, Sohnke M., "The Impact of Offshore Financial Centers on International Financial Markets," *International Executive*, 39 (5), 1997, pp. 535 – 579.

34. Eiteman, D. K., and A. I. Stonehill, *Multinational Business Finance*, Reading, Mass. : Addison-Wesley, 1989.

35. Ezrati, Milton, "Other Voices : Let Europe Grow," *Barron's,* Vol. 18, February 2001, p. 51.

36. Fairlamb, David, "A Weak Euro Isn't a Failed Euro," *Business Week,* Industrial / Technology edition, Issue 3699, September 2000, p. 61.

37. Feiger, George, and Bertrand Jacquillat, "Currency Option Bonds, Puts and Calls on Spot Exchange and the Hedging of Contingent Foreign Earnings," *Journal of Finance*, December 1979, pp. 1129 – 1139.

38. Feldstein, M., ed., *International Economic Cooperation*, Chicago : National Bureau of Economic Research, 1988.

39. Fieleke, N. S., *What Is the Balance of Payments?*, Boston : Federal Reserve Bank of Boston, 1976.

40. "Japan's Flying Geese," *Forbes*, Nov. 23, 1992, pp. 108 – 112.

41. Frenkel, J. A., "Purchasing Power Parity : Doctrinal Perspective and Evidence from the 1920s'," *Journal of International Economics*, Vol. 8, 1978, pp. 169 – 191.

42. Frenkel, J. A., and A. Razin, *Fiscal Policies and the World Economy*, Cambridge, Mass. : MIT Press, 1989.

43. Frenkel, J. A., and Johnson, H. G., eds., *The Monetary Approach to the Balance of Payments*, London : Allen & Unwin, 1976.

44. Funabashi, Y., *Managing the Dollar : From the Plaza to the Louvre*, Washington, D.C. :

Institute for International Economics, 1989.

45. Gadkari, Vilas, *Relative Pricing of Currency Options*, New York : Salomon Brothers, May 1984.

46. Gardner, Richard N., "Sterling—Dollar Diplomacy in Current Perspective," *Readable Account of the Negotiations That Established the IMF, World Bank, and GATT*, New York : Columbia University Press, 1980.

47. Garman, Mark B., and Steven W. Kohlhagen, "Foreign Currency Option Values," *Journal of International Money and Finance*, December 1983, pp. 231 – 237.

48. Giavazzi, F., et al., *The European Monetary System*, New York : Cambridge University Press, 1988.

49. Giddy, Ian H., "Foreign Currency Futures : Some Further Aspects," *Economic Perspectives*, Federal Reserve Bank of Chicago, November – December 1983, pp. 3 – 13.

50. Giddy, Ian H., "Foreign Exchange Options," *Journal of Futures Markets*, Summer 1983, pp. 143 – 166.

51. Grabbe, J. Orlin, *International Financial Markets*, 2nd ed., Simon & Schuster (Asia) Pte Ltd.

52. Grabbe, J. Orlin, "The Pricing of Call and Put Options on Foreign Exchange," *Journal of International Money and Finance*, December 1983.

53. Harbeger, A. C., "Currency Depreciation, Income, and the Balance of Trade," *Journal of Political Economy*, Vol. LVIII, No. 1, February 1950, pp. 47 – 60.

54. Hawtrey, R. G., *The Gold Standard in Theory and Practice*, London : Longmans, Green, 1947.

55. Heller, H. R., "Optimal International Reserves," *Economic Journal*, Vol. LXXVI, June 1966, pp. 296 – 311.

56. Hogjera, "The Asian Currency Market : Singapore As a Regional Financial Center," *International Monetary Fund Staff Papers*, 25 (2), June 1978, pp. 221 – 253.

57. Hong Kong Monetary Authority, *Banking Supervision in Hong Kong*, Hong Kong, 2002.

58. Howard, Lisa S., "Euro Could Leave London Out of the Loop," *National Underwriter*, Vol. 103, Issue 13, March 1999, pp. 25 – 26.

59. Huh, Sung-Kyoo, and Kwak, Wikil, and Jin, Jong – Dae, "Performance Evaluation of Foreign Banks in South Korea," *Multinational Business Review*, 3 (2), 1995, p. 78.

60. Hulsman, John, "Where Is the EU Going?," *The World & 1*, Vol. 16, April 2001, pp. 20 – 25.

61. International Monetary Fund, *Balance of Payments Yearbook*, Washington, D.C. : Author, annual.

62. Johns, R. A., and Le Marchant, C. M., "Offshore Britain : The British Isle Financial Centers Since the Abolition of UK Exchange Controls," *National Westminster Bank Quarterly Review*, May 1993, pp. 54 – 70.

63. Johnson, H. G., "The Transfer Problem and Exchange Stability," *Journal of Political Economy*, Vol. LXIV, No. 3, June 1956, pp. 215 – 225.

64. Johnson, Harry G., "Panama As a Regional Financial Center : A Preliminary Analysis of Development Contribution," *Economic Development and Cultural Change*, 24 (2), 1976, pp. 261 – 286.

65. Krugman, P. R., *Exchange Rate Instability*, Cambridge, Mass. : MIT Press, 1989.

66. Krugman, P. R., and Maurice Obstfeld, *International Economics : Theory and Policy*, 2nd ed., Harper Collins Publishers, Inc.

67. Lessard, Donald R., *Singapore As an International Financial Centre*, Nanyang Technological University, 1993, pp. 1 – 36.

68. Lindert, Peter H., and Charles P. Kindleberger, *International Economics*, Richard D. Irwin, Inc., 1982.

69. Lomax, D. F. R., *The Developing Country Debt Crisis*, New York : St. Martin's Press, 1986.

70. Maddala, G. S., *Introduction to Econometrics*, 3rd ed., Willy, England, 2001.

71. Magee, S. P., "Currency, Pass—Through, and Devaluation," *Brookings Papers on Economic Activity*, No. 1, 1973.

72. Mann, C. L., "Prices, Profit Margins, and Exchange Rates," *Federal Reserve Bulletin*, June 1986.

73. Marston, R. C., *Misalignment of Exchange Rates*, Chicago : University of Chicago Press, 1988.

74. McCarthy, Ian, "Offshore Banking Centers : Benefits and Costs," *Finance and Development*, December 1979, pp. 45 – 48.

75. McDonald, R., and M. Taylor, eds., *Exchange Rates and Open Economy Macroeconomics*, New York : Basil Blackwell, 1989.

76. McKinnon, R., *Money in International Exchange*, New York : Oxford University Press, 1979.

77. Meade, E., "Exchange Rates, Adjustments, and the J-Curve," *Federal Reserve Bulletin*, October 1988.

78. Meese, R., and K. Rogoff, "Empirical Exchange Rate Models of the Seventies," *Journal of International Economics*, 14, February 1983.

79. Milivojevic, M., *The Debt Rescheduling Process*, New York : St. Martin's Press, 1985.

80. Mundell, R. A., "A Theory of Optimum Currency Areas," *American Economic Review*, Vol. 51, September 1961, pp. 657 – 665.

81. Mundell, R. A., "Capital Mobility and Stabilization Policy under Fixed and Flexible Exchange Rates," *Canadian Journal of Economics and Political Science*, Vol. XXIX, No. 4, November 1963, pp. 475 – 485.

82. Mundell, R. A., "The Appropriate Use of Monetary and Fiscal Policy for Internal and External Stability," *IMF Staff Papers*, Vol. IX, March 1962, pp. 70 – 79.

83. Newberry, Jon, "Euro / Dollar Deals," *ABA Journal*, Vol. 87, March 2001, p. 84.

84. Orcutt, G. H., "Measurement of Price Elasticity in International Trade," *Review of Economics and Statistics*, Vol. XXXII, No. 2, May 1950, pp. 117 – 132.

85. Payne, Beatrix, "Euro Has Broadened Definition of 'Domestic' Faster than Expected," *Pensions & Investments*, Vol. 28, Issue 26, December 2000, pp. 2 – 4.

86. Pesek Jr., William, "Current Yield : Has the Euro Turned the Corner? Don't Hold Your Breath," *Barron's*, Vol. 80, Issue 45, November 2000, pp. MW12 – 13.

87. Pesek Jr., William, Harlan S. Byrne, "Sicker and Sicker," *Barron's*, Vol. 80, Issue 37, September 2000, pp. 13 – 14.

88. Platt, Gordon, "Europe : Euro Compliance Behind Schedule," *Global Finance*, Vol. 15, April 2001, pp. 10 – 11.

89. Pool, J., and S. Stamos, *The ABC's of International Finance*, Lexington, Mass. : Heath, 1987.

90. Racanelli, Vito J., "European Trader : No, Virginia, the Euro's Fall Won't Boost Europe," *Barron's*, Vol. 80, Issue 18, May 2000, p. MW8.

91. Richken, P., *Options : Theory, Strategy, and Applications*, Glenview, Ill. : Scott, Foresman, 1987.

92. Roberts, R., ed., *International Financial Center Volume 1 : Concepts, Development and Dynamics*, Edward Elgar, London, 1994.

93. Roberts, R., ed., *International Financial Center Volume 2 : Global of Financial Centers—London, New York, Tokyo*, Edward Elgar, London, 1994.

94. Roberts, R., ed., *International Financial Center Volume 3 : International Financial Centers of Europe, North America and Asia*, Edward Elgar, London, 1994.

95. Roberts, R., ed., *International Financial Center Volume 4 : Offshore Financial Centers*, Edward Elgar, London, 1994.

96. Rodriguez, R. M., and E. E. Carter, *International Financial Management*, Englewood Cliffs, N.J. : Prentice-Hall, 1984.

97. Robert, I., and Tyers, R., "China's Exchange Rate Policy : The Case for Greater Flexibility," *Asian Economic Journal*, 2003, pp. 155 – 183.

98. Sachs, J., ed., *Developing Country Debt and the World Economy*, Chicago : University of Chicago Press, 1989.

99. Salvatore, Dominick, *International Economics*, Fourth Edition, Macmillan Publishing Company, 1993.

100. Siddiqi, Moin, "Keep the Faith with the Dollar," *African Business,* March 2001, pp. 14 – 15.

101. Sowinski, Lara L., "The Economic Outlook for Europe Seems Stable," *World Trade,* Vol. 14, April 2001, pp. 40 – 42.

102. Swan, T. W., "Longer—Run Problems of the Balance of Payments," in R. E. Caves, and H. G. Johnson , eds., *Reading in International Economics* (Homewood, Illinois : Richard D. Irwin, Inc., 1968), pp. 455 – 464.

103. *Tokyo Business Today*, "Endaka Haunts Japan Again," Nov. 1992, p. 8.

104. Walter, I., *Secret Money : The World of International Financial Secrecy*, Lexington, Mass. : Lexington Book, 1986.

105. Wang, Heh-Song, "The Euro and Its Impact on Asian Economics," *Economic Review*, January – February 2000, pp. 15 – 28.

106. Wang, Lawrence K., *International Management*, HWA-TAI Publishing Company, 1993.

107. Williamson, J., *Equilibrium Exchange Rates*, Washington, D.C. : Institute for International

Economics, 1989.

108. Zhang, Z., "Choosing an Exchange Rate Regime during Economic Transition : The Case of China," *China Economic Review*, 12, 2001a, pp. 203 – 226.

109. Zhang, Z., "Real Exchange Rate Misalignment in China : An Empirical Investigation," *Journal of Comparative Economy*, 29, 2001b, pp. 80 – 94.

㈡中文部分

1. David Smith 著，齊思賢譯，《歐元啟示錄——轉捩點上的五條路》，先覺出版社，民國 88 年 2 月。
2. 于政長，〈匯率預測〉，《臺灣經濟金融月刊》，第 270 期，民國 76 年，頁 31－51。
3. 于政長，〈我國之外匯管理〉，《華商貿易》，民國 79 年 11 月 1 日，頁 6－10。
4. 于政長，〈日本之金融市場〉，《國際金融參考資料》，第 30 輯，中央銀行經濟研究院編印，民國 80 年 10 月。
5. 中央銀行，〈臺北成為亞洲區域金融中心之展望〉，《中央銀行季刊》，第 13 卷第 3 期，頁 5－10。
6. 中國商銀，〈香港，新加坡金融制度與金融市場之比較〉，《中國商銀月刊》，第 8 卷第 7 期。
7. 中國國際商業銀行，《美日金融市場、國際外匯市場之觀察與分析》，民國 78 年 12 月。
8. 中華民國加強儲蓄推行委員會金融研究小組，《日本金融制度》，民國 72 年。
9. 中華民國加強儲蓄推行委員會金融研究小組，《日本金融現況與展望》，民國 72 年。
10. 中國評論通訊社，〈量化寬鬆政策加大全球經濟不平衡〉，民國 99 年 11 月 16 日。
11. 方振豪，〈亞太地區境外金融市場互動關係研究——以臺灣、日本、新加坡為例〉，國立成功大學企業管理研究所碩士論文，民國 85 年。
12. 毛嘉莉，〈匯率變動對出口業的影響——臺灣實證研究〉，國立政治大學國際貿易研究所碩士論文，民國 76 年 6 月。
13. 王姚月，〈歐元上市面面觀〉，《今日會計》，第 74 期，民國 88 年 3 月 25 日，頁 65－73。
14. 王重信，〈亞洲的二大國際金融市場——香港與新加坡〉，《臺北市銀月刊》，第 17 卷 8 期。
15. 王凱俐，〈全球國家風險排名出爐〉，《貿易週刊》，第 1352 期，民國 78 年 11 月 22 日。
16. 王浩，〈2005 年，擠壓下的人民幣匯率制度改革〉，《臺灣經濟研究所月刊》，第 28 卷，第 2 期，民國 94 年，頁 70－76。
17. 王騰坤，《歐洲貨幣整合——理論分析與現況探討》，商田出版社，民國 86 年 3 月。
18. 王儷容，〈國內外經濟、金融情勢轉變下的匯率政策〉，《經濟前瞻》，民國 81 年 10 月 10 日。
19. 王孟倫，〈QE3 對台影響　學者：短多長空〉，《自由時報》，民國 101 年 9 月 15 日。
20. 王婧，〈美國三輪量化寬鬆政策回顧與比較〉，《新華 08 網》，民國 101 年 9 月 14 日。

21.白俊男，《國際金融論》，自印，民國77年4月。

22.白俊男，《貨幣銀行學》，增訂再版，三民書局，民國78年8月。

23.白俊男，《國際經濟學》，三民書局。

24.白俊男，〈國際銀行貸款風險之探討〉，《產業金融》，第35期，民國71年6月。

25.白俊男，《國際金融》，東華書局，民國82年1月。

26.何淑美，〈歐洲貨幣整合之發展與前瞻〉，臺灣大學財務金融研究所未出版碩士論文，民國88年6月。

27.何憲章，《國際財務管理理論與實際》，新陸書局，民國80年8月。

28.何憲章等，《投資學》，國立空中大學，民國78年9月。

29.吳中書，〈臺灣美元遠期外匯市場效率性之檢定〉，《經濟論文》，16:1，中央研究院經濟研究所，民國77年3月。

30.吳信如，〈國際貨幣市場的新生兒：歐元EURO〉，《美歐季刊》，第13卷第1期，民國88年春季號，頁85－103。

31.李紀珠，〈一籃子貨幣制度下人民幣的調整法則〉，《經濟日報》，民國94年7月22日，臺北市。

32.李孟茂，《金融國際化之發展與經驗》，中華民國銀行商業同業公會全國聯合會，民國81年。

33.李厚高，《國際貿易論》，三民書局，民國77年。

34.李森介，《國際匯兌》，東華書局，民國81年9月。

35.李穎吾，《國際貿易》，三民書局，民國80年。

36.李麗，《我國外匯市場與匯率制度》，增訂2版，財團法人金融人員研究訓練中心，民國78年5月。

37.李麗，〈二十年來臺灣之匯率制度〉，《貨幣金融》，民國82年4月，頁5－8。

38.李麗，《外匯投資理財與風險》，三民書局，民國78年10月。

39.李麗，《金融交換實務》，三民書局，民國78年4月。

40.李沃牆，〈美國QE3對全球經濟最新影響評估及可能發展〉，國政研究報告，財團法人國家政策研究基金會，民國101年9月29日。

41.沈清界，〈歐元問市對全球金融與經貿的影響〉，《育達學報》，第12期，民國87年12月16日，頁91－99。

42.沈臨龍，〈我國境外國際金融業務之回顧與展望〉，《臺灣經濟金融月刊》，第 22 卷第 7 期，民國 75 年。

43.周大中，〈民國八十八年國內經濟之回顧與展望〉，《臺灣經濟金融月刊》，第 36 卷第 3 期，民國 89 年 3 月 20 日，頁 38 – 49。

44.周宜魁，《國際金融》，三民書局，民國 79 年 3 月。

45.周健民，〈我國遠期外匯市場理論、實證、制度之研究〉，成功大學工業管理研究所碩士論文，民國 80 年 6 月。

46.林炯垚，《財務管理理論與實務》，華泰書局，民國 79 年 2 月。

47.林大佑，〈新加坡境外金融市場簡報〉，《臺北市銀月刊》，17 卷 5 期。

48.林文琇，〈從各境外金融中心之比較探討我國發展境外金融的利基〉，《中央銀行季刊》，第 18 卷第 3 期，民國 85 年，頁 22 – 49。

49.林志鴻、曾芳明，〈我國境外金融業務分析及因應之策〉，《彰銀資料》，第 39 卷第 12 期，民國 79 年，頁 5 – 14。

50.林邦充，《國際匯兌》，三民書局，民國 79 年。

51.林倉榆，〈歐洲貨幣整合對歐元區股票市場之影響〉，成功大學企業管理學系未出版碩士論文，民國 89 年 6 月。

52.林恩從、呂雪花，〈從境外貨幣市場之整合論臺灣金融國際化、自由化之進展〉，《中國財務學刊》，第 3 卷第 1 期，民國 84 年，頁 1 – 19。

53.林維義，〈歐元建制對國際金融之影響〉，《中國商銀月刊》，第 18 卷第 7 期，民國 88 年 7 月，頁 1 – 16。

54.林鐘雄，《貨幣銀行學》，三民書局，民國 79 年 4 月六版。

55.林金賢，〈量化寬鬆貨幣政策的前因及後果〉。

56.金融人員研究訓練中心，〈世界主要金融中心之探究〉，民國 74 年。

57.金融人員研究訓練中心，〈境外金融中心概述〉，民國 74 年。

58.金慶平，〈政府為什麼要印鈔票〉，《暨大電子雜誌》，民國 101 年 2 月。

59.姚柏如，《外匯市場操作》，自印，民國 78 年 2 月。

60.柳復起，《現代國際金融》，三民書局，民國 76 年。

61.侯美惠，〈人民幣幣值升貶的議題〉，《企銀季刊》，民國 94 年，第 28 卷，第 1 期，頁 107 – 119。

62.侯美惠，〈中國大陸的匯率政策與政策目標〉，《企銀季刊》，民國94年，第28卷，第4期，頁111－123。

63.洪金和，〈金融中心之商機有賴海內外台商之支持〉，《證券櫃檯》，第20期，民國87年，頁10－24。

64.倪成彬，〈論歐洲聯盟的擴大與歐元的前途〉，《金融研訊季刊》，第95期，民國88年10月15日，頁59－69。

65.倪伯嘉，〈臺灣外匯準備最適存量與最佳投資組合之探討〉，成功大學政治經濟研究所未出版碩士論文，民國86年6月。

66.夏傳位，〈歐元走勢，前景看好〉，《天下雜誌》，第224期，民國89年1月1日，頁298。

67.孫金蘭，〈邁向亞洲區域金融中心之路〉，《臺灣經濟研究月刊》，第15卷第7期，民國81年7月，頁62－66。

68.徐億文，〈企業在遠期外匯市場運用對沖策略之研究〉，中原大學企業管理研究所碩士論文，民國75年6月。

69.高鴻興，《外匯業務》，金融人員研究訓練中心，民國81年7版。

70.高長、蔡慧美，〈大陸外匯體制變遷及人民幣升值趨勢分析〉，《經濟前瞻》，民國92年，第90期，頁64－69。

71.康信鴻、陳俊誠，〈國內電機電器業廠商因應匯率變動之研究〉，《臺灣經濟月刊》，民國82年1月。

72.康信鴻、方振豪、李承翰，〈臺北、東京及倫敦境外金融市場整合性與互動關係研究〉，《交大管理學報》，第18卷第1期，民國87年，頁101－124。

73.康信鴻、蔡玉惠，〈台灣境外金融中心經營環境之問卷調查分析〉，《臺灣經濟金融月刊》，第31卷第11期，民國84年，頁9－16。

74.康信鴻、曹捷光，〈影響臺灣新加坡兩地OBU資產規模的因素之研究〉，《東吳經濟商學學報》，第16期，民國84年，頁211－253。

75.康信鴻，《國際貿易原理與政策》，三民書局，民國81年8月。

76.張坤金，《香港國際金融市場》，巨浪出版社，民國72年。

77.張哲睿，〈歐洲貨幣整合前後歐元匯率與股價連動性分析〉，成功大學企業管理學系未出版碩士論文，民國89年6月。

78.張敏之，〈美國與日本境外金融市場暨國際金融業務創新〉，《國際金融參考資料》，第32

輯，民國81年。

79.張清溪、許嘉棟、劉鶯釗、吳聰敏，《經濟學理論與實際》，新陸書局，民國80年。

80.張雲鵬，《外幣買賣選擇權》，財團法人金融人員研訓中心，民國76年3月。

81.張嘉烈，〈匯率水準決定之實證研究〉，成功大學工業管理研究所碩士論文，民國80年6月。

82.梁國源，〈漫談預測〉，《臺灣經濟金融月刊》，第24卷第18期，民國77年8月，頁26－29。

83.梁國樹，〈我國發展區域金融中心的定位〉，《中央銀行季刊》，第16卷第4期，民國83年。

84.梁國樹，〈金融自由化的未來推動方向〉，《臺灣經濟研究月刊》，第16卷第1期，民國82年1月，頁18－23。

85.梁發進，〈臺灣之貨幣供給、股票價格與通貨膨脹〉，《臺灣銀行季刊》，第40卷第4期，民國78年12月，頁1－15。

86.梁滿潮、周宜魁，《國際貿易理論與實務》，空中大學，民國76年。

87.郭恆慶，《金融期貨》，臺北國際商學出版社，民國78年1月。

88.郭照榮，〈倫敦、新加坡與臺北三境外貨幣市場整合程度之實證分析——兼論對臺灣金融主管當局之政策建議〉，《中山管理評論》，第6卷第4期，民國87年，頁1171－1194。

89.陳文郎，〈銀行業的世界發展趨勢——兼論臺灣成為區域金融中心的問題〉，《中國商銀月刊》，第15卷第11期，民國85年，頁16－24。

90.陳文龍，《國際貿易原理》，華視文化事業，民國81年。

91.陳明進、范宏書、廖銘正，〈我國OBU經營現況及課稅問題之研究〉，《財稅研究》，第32卷第5期，民國89年，頁88－106。

92.陳建淑，〈台灣、新加坡與香港境外金融中心資產規模實證研究：兼論香港回歸及台灣與大陸直接通匯之影響〉，國立成功大學企業管理研究所碩士論文，民國92年。

93.陳若暉、陳又慈，〈我國境外金融中心營運績效之分析〉，《臺灣銀行季刊》，第53卷第2期，民國91年，頁36－55。

94.陳挹秀，〈美國商業銀行之國際放款與國家風險之評估〉，《中央銀行季刊》，第2卷第4期，民國69年12月。

95.陳蓓，〈淺談歐債危機與歐盟發展問題〉，台灣新社會智庫，民國101年4月16日。

96.許世盟，〈歐債危機影響歐元區及全球經濟成長〉，經建會財務處，民國101年10月15日。

97.章慧光，〈國家風險〉，《金融研究報導》，第27期，民國76年6月15日。
98.傅沁怡，〈台商OBU匯款半年增146%〉，《經濟日報》，第11版，民國91年3月18日。
99.彭寅昌，〈企業因應外匯風險策略之研究〉，國立中山大學企業管理研究所碩士論文，民國77年6月。
100.曾多如，《世界主要境外金融中心概況與我國創設國際金融中心》，第一銀行，民國73年。
101.曾俊賢，〈歐元穩定性之探討〉，臺灣大學國際企業研究所碩士論文，民國88年6月。
102.曾國良，《金融期貨》，華泰書局，民國80年8月。
103.程玉秀，〈國際收支的認識與應用〉，《中央銀行季刊》，第15卷第1期，民國82年3月，頁20－34。
104.黃仁德，〈臺灣地區國際收支失衡之貨幣面實證分析〉，《臺灣銀行季刊》，第41卷第2期，民國79年6月，頁105－125。
105.黃天麟，《金融市場》，三民書局，民國76年12月。
106.黃美琴，〈國家風險之分析與評估〉，《臺灣經濟金融月刊》，第245期，民國74年6月20日。
107.黃淑慧，〈遠期外匯市場效率性及其風險補償之研究〉，東海大學企業管理研究所碩士論文，民國78年6月。
108.黃翌弘，〈歐洲央行功過難定〉，《商業週刊》，第651期，民國89年8月20日，頁148。
109.黃智輝，《國際經濟學》，三民書局。
110.黃賀，〈企業外匯風險管理之研究〉，東海大學企業管理研究所碩士論文，民國72年6月。
111.黃得豐，〈歐債危機對我國經濟與金融之衝擊與影響〉，國政研究報告，財團法人國家政策研究基金會，民國101年12月14日。
112.黃世鑫，〈歐債危機對我國的影響與啟示——遠離華爾街〉，《新世紀智庫論壇》，第57期，民國101年3月30日。
113.湯紹成，〈歐債危機〉，民國100年1月10日。
114.業裕祺，《主要國際金融市場》，五南圖書出版公司，民國76年。
115.楊培塔，〈我國金融自由化與國際之研究〉，《企銀學刊》，第13卷第4期。
116.《經濟日報》，〈人民幣不會大幅波動——人行答記者問〉，民國94年7月22日。
117.經濟建設委員會，〈開發中國家債務問題〉，《國際經濟情勢週報》，第681期，民國76年5月7日。

118.經濟建設委員會，《日本之金融》，民國 79 年。

119.經濟建設委員會，《新加坡金融市場與金融機構》，民國 79 年。

120.葉國興，《國際金融理論與實務》，第五版，財團法人金融人員研究訓練中心，民國 78 年。

121.葉榮造，〈臺北外幣拆款市場簡介〉，《中央銀行季刊》，第 13 卷第 3 期，頁 15–23。

122.鄒啟駷，〈國內 OBU 業務概況及其業務管理〉，《臺北市銀月刊》，17 卷 5 期。

123.彰化銀行，〈我國境外金融業務分析及因應之道〉，《彰銀資料》，第 5 卷第 14 期，頁 5–14。

124.賓靜孫，〈歐元將取代美元？〉，《天下雜誌》，第 205 期，民國 87 年 6 月 1 日，頁 192–198。

125.《臺灣時報》，〈美國第三輪量化寬鬆的作用與對台影響〉。

126.劉邦海，《黃金期貨與選擇權》，臺北國際商學出版社，民國 77 年 9 月。

127.劉邦海，《國際外匯市場》，臺北國際商學出版社，民國 77 年 8 月。

128.劉邦海，《國際債券市場》，財團法人金融人員研究訓練中心，民國 77 年 9 月。

129.劉其昌，〈外匯匯率之決定與預測〉，《臺北市銀月刊》，18 卷 3 期，民國 76 年 3 月，頁 55–67。

130.劉星雨，〈歐元新經濟〉，《貿易雜誌》，第 50 期，民國 89 年 4 月 16 日，頁 27–29。

131.劉憶如，〈青年失業　頭號難題〉，《天下雜誌》，第 507 期，民國 101 年 10 月 3 日。

132.劉林，〈美國 QE3 與歐洲 OMT 同步救經濟〉，《看雜誌》，第 123 期，民國 101 年 10 月 11 日。

133.歐陽勛、黃仁德，《國際貿易理論與政策》，三民書局，民國 79 年。

134.歐陽勛、黃仁德，《國際金融理論與制度》，三民書局，民國 80 年。

135.蔡玉惠，〈臺灣境外金融中心之研究〉，國立成功大學企業管理研究所碩士論文，民國 83 年。

136.蔡蒔銓，〈臺灣地區 OBU 經營績效及政府開放政策效果之探討〉，國立臺灣大學財務金融學系碩士論文，民國 84 年。

137.駐英代表處經濟組，〈歐元的實施及其對企業的影響〉，《經濟部工業投資簡訊》，第 191 期，民國 87 年 8 月，頁 22–25。

138.鄭貞茂，〈歐債危機的進展與對全球經濟的影響〉，《證交資料》，第 603 期，民國 101 年 7 月。

139.賴敏慧，〈企業外匯風險管理——決策系統之應用〉，國立成功大學工業管理研究所碩士論文，民國 76 年 6 月。

140.薛琦，〈匯率政策與產業政策〉，《中央銀行季刊》，第 12 卷第 1 期，民國 69 年 3 月，頁 46－69。

141.謝明瑞，〈歐元的整合及其對台灣經濟影響之探討〉，《商學學報》，第 7 期，民國 88 年 6 月，頁 393－415。

142.謝森中，〈中華民國之國際收支調整，金融國際化及剩餘資金循環運用〉，《中央銀行季刊》，第 14 卷第 3 期，民國 81 年 9 月。

143.謝森展譯，《世界金融市場》，創意力文化事業公司，民國 75 年。

144.繆林燕，〈歐債危機動搖高福利理念〉，《中國證券報》，民國 100 年 10 月 12 日。

145.聶建中，〈美國實施第 3 輪量化寬鬆 (QE3) 政策對全球經濟影響之研析〉(The Impact of the US's Implementation of Round III Quantitative Easing Policy on the Global Economy)，《展望與探索》(*Prospect and Exploration*)，第 10 卷第 10 期，民國 101 年 10 月。

146.魏艾，〈人民幣匯率制度改革的影響與意涵〉，民國 94 年，時評。

147.邊裕淵等，《國際金融與匯兌》，國立空中大學，民國 79 年 9 月。

148.蘇導民，《歐元誕生與金融市場》，中小企業聯合輔導基金，民國 88 年。

149.蘇導民，〈歐元對我國經貿金融之影響與應注意事項〉，《金融研訊季刊》，第 91 期，民國 87 年 10 月 15 日，頁 25－29。

150.饒餘慶，《香港：國際金融中心》，臺灣商務印書館，民國 86 年。

151.霸菱投顧，〈後 QE3 投資關鍵問答〉。

152.欒玉佳，〈臺灣與新加坡境外金融中心之比較研究〉，國立成功大學政治經濟研究所碩士論文，民國 87 年。

㈢其　他

1. 日本經濟新聞社，《經濟新語辭典》，1992 年。

2. 金森久雄、香西泰編，《日本經濟讀本》，東洋經濟出版，1991 年 11 版。

3. 奥山伸弘，《日本經濟の讀み方》，日本實業出版社，1991 年。

4. 《經濟日報》、《工商時報》、《聯合報》、《中國時報》、《民眾日報》等國內各大報章雜誌。

國際貿易原理與政策　　康信鴻／著

本書專為大專院校國際貿易課程設計，亦適用於讀者自學。一、基礎理論到實務：本書詳盡說明基礎國貿理論，並延伸至近期國際熱門議題如中美貿易戰、TPP 改組、英國脫歐等，使讀者能夠全方位地理解理論與實務。二、立足臺灣看世界：各章內容皆以臺灣為出發點，詳盡說明國際貿易議題及其對臺灣之影響，擴展讀者視野，瞭解國際情勢其實與生活息息相關。三、摘要習題加討論：各章章末皆附有摘要和習題，幫助讀者複習。內文段落亦提供案例討論，有助教師授課以及讀者延伸思考。

財務報表分析　　盧文隆／著

本書特點為：一、深入淺出，循序漸進。行文簡明，逐步引導讀者檢視分析財務報表；重點公式統整於章節後方，複習更便利。二、理論活化，學用合一。有別於同類書籍偏重原理講解，本書新闢「資訊補給」、「心靈饗宴」及「個案研習」等應用單元，並特增〈技術分析〉專章，使讀者活用理論於日常生活。三、習題豐富，解析詳盡。彙整各類證照試題，隨書附贈光碟，內容除習題詳解、個案研習參考答案，另收錄進階試題，提供全方位實戰演練。